W. Jan
Zum letzten Meer

Historischer Roman

1989
Gustav Kiepenheuer Verlag
Leipzig und Weimar

Aus dem Russischen übersetzt von Horst Wolf

ISBN 3-378-00043-0

Erster Teil
Es geschah in Bagdad

Rußland war durch das Schicksal zu einer hohen Aufgabe auserkoren: Seine unübersehbaren Weiten absorbierten die Kraft der Mongolen und hielten ihre Invasion gerade noch am Rande Europas auf. Die Barbaren wagten es nicht, das unterjochte Rußland beim weiteren Vordringen in ihrem Rücken liegenzulassen, und kehrten in ihre östlichen Steppen zurück. Die Kultur des Abendlandes war durch das zerfleischte, in den letzten Zügen liegende Rußland gerettet worden...
A. S. Puschkin

»Ich werde bis zum ›letzten Meer‹ vordringen, und dann werde ich den ganzen Erdkreis unter meinen Händen haben.«
(Aus den Chroniken von Dschingis-Khan)

Duda der Petschaftstecher

Auf dem Platz vor der Bagdader Hauptmoschee saß an einem Tischchen am äußersten Rande der breiten Steintreppe ein Handwerksmeister, damit beschäftigt, geschliffene Karneolpetschafte zu gravieren; mit hübsch verschlungenen arabischen Buchstaben stach er die Namenszüge seiner Auftraggeber in die Siegel oder auch geheimnisvolle Beschwörungsformeln und Bannsprüche, die dem Träger des Ringes Kraft und Gesundheit verleihen oder ihn vor dem bösen Blick und vor verderbenbringender Magie ihm übelwollender Personen schützen sollten.

»Duda den Redlichen« – so nannte man den Petschaftstecher. Wer unter den vielen Besuchern der majestätisch emporragenden Moschee hätte wohl den über seine Arbeit Gebeugten mit dem langen roten Bart und den schwarzen buschigen Brauen, unter denen die Augen düster glommen, als verhehlten sie einen verborgenen Gedanken, übersehen können?

Eines Tages trat ein wohlgestalter Mann in teurer, aber von der Zeit schon leicht verblichener Tuchkleidung mit einem freundlichen Lächeln auf seinem ruhigen Gesicht zu dem Meister. Er legte einen halbdurchsichtigen milchig-bläulichen Stein, einen sogenannten »Mondstein«, auf das Tischchen und bat, ihn mit folgender Inschrift zu versehen: »Hassan der Behutsame, Bartscherer Seiner Heiligkeit des Kalifen.«

»Entschuldige, wenn ich mich in Dinge mische, die mich eigentlich nichts angehn«, sagte Duda, ohne seine Arbeit zu unterbrechen. »Doch solch eine Inschrift könnte unerwünschtes Gerede verursachen, ja sogar gefährliche Folgen für dich haben. Die Inschrift müßte anders lauten. Seine Heiligkeit der Kalif, der ein Vorbild der Tugendhaftigkeit und Vollkommenheit ist, darf und wird sich den Bart nicht scheren lassen. Dies würde das Volk in Unruhe und Aufregung versetzen. Maschalla, Maschalla! Daß Gott bewahre!«

»Was für eine Inschrift schlägst du denn vor?« fragte Hassan erstaunt und beunruhigt.

»Dein Vorgänger, der seine irdische Rechnung vor fünf Jahren abgeschlossen hat, führte, wie es heißt, den Titel ›Abdulla Berber, der den Bart Seiner Heiligkeit des Kalifen Behütende‹... Solch eine Inschrift

kann keinerlei Anstoß erregen ... ›Der den Bart Behütende‹ «, und Duda erhob vielsagend seinen Zeigefinger. »In solchem Falle würde sogar der Kalif selbst – Friede und Glück sei mit ihm! – deine Vorsicht gutheißen.«
»Tu es denn so!« sagte Hassan zum Petschaftstecher und wollte sich bereits zum Fortgehen anschicken, als er plötzlich einen goldenen Ring bemerkte, dessen Inschrift durch irgend etwas seine Aufmerksamkeit auf sich zog. »Was ist denn das für ein Siegel?« fragte er, indem er die Hand nach dem Ring ausstreckte.
Da ergriff der in seinen Bewegungen sonst so gemessene Duda mit einer für ihn ungewöhnlichen Lebhaftigkeit den Ring und barg ihn hastig in seinem Busen in einem ledernen Schächtelchen, worin er auch die übrigen Kostbarkeiten seiner Auftraggeber verwahrte.
»Die Arbeit an diesem Ring ist noch nicht beendet, und ich liebe es nicht, unvollendete Gegenstände zu zeigen.«
In diesem Augenblick kam ein Reiter auf einem feurigen, tänzelnden, goldroten Hengst über den Platz zur Moschee gesprengt. Sowohl Roß wie Reiter waren jung, wohlgebaut und schön. Ohne abzusteigen, rief der Ankömmling, den man auf höchstens fünfundzwanzig Jahre geschätzt hätte:
»Sei gegrüßt, mein ehrwürdiger Lehrer Duda der Redliche! Ist der Ring fertig?«
Der stets so ruhige und hoheitsvolle Duda zeigte plötzlich eine gewisse Unruhe, zog das lederne Schächtelchen hervor, entnahm ihm den goldenen Ring und stieg eilig die Treppenstufen zum Reiter hinunter, der die bescheidene Kleidung eines einfachen Nomaden, eines Beduinen, trug, doch selbst in den Lumpen noch die stolze Haltung eines kühnen, freien Mannes behielt. Der Zauber der Jugend und sein Gesicht, aus dem eine innere Kraft leuchtete, ließen ihn sehr schön und anziehend erscheinen.
»Wer war das?« fragte der Barbier, als der Reiter, nachdem er den Ring entgegengenommen, im Galopp davongesprengt und in einer Staubwolke verschwunden war.
In gereiztem Ton erwiderte Duda:
»Kann dir das nicht gleich sein? Du scherst Bärte, er zähmt Rosse. Bei den Reiterspielen der Araber ist er der Verwegenste und Geschickteste, und es hat noch keinen Hengst gegeben, der sich von seiner sicheren Hand nicht hätte zähmen lassen.«
»Doch wozu braucht er einen solchen Goldring?«
Da wurde der redliche Duda so wütend, daß er zu schreien und mit den Händen zu fuchteln begann und die Gläubigen, die die Stufen zur Moschee hinaufstiegen, voller Erstaunen stehenblieben.
»Was kümmert dich dieser Ring? Was hast du mit ihm zu schaffen? Wärest du ein Dschassus[1] des Gebieters dieser Stadt, so würde ich dir

1 Dschassus = Spion, Spitzel.

die Antwort schon nicht schuldig bleiben... Nun aber sieh zu, daß du dich fortscherst!«
Der Barbier wich zurück und entfernte sich rasch. Er eilte geradeswegs zum Palast, um dem Wekil[1] von dem Vorfall zu berichten.
»Allem Anschein nach war das doch Al-Mansurs Ring...«, wiederholte er im Laufen aufgeregt ein ums andre Mal. »Das muß man unbedingt melden... Da steckt gewiß ein Geheimnis dahinter...«

Genau zur Mitternachtsstunde

In Bagdad bricht die Nacht rasch herein, beinahe augenblicklich. Eine große Anzahl von Lichtern flammte in den Verkaufsbuden der Händler auf, als Duda, weit ausschreitend, in einer Reihe mit anderen Fußgängern durch die engen Gassen eilte.
In einer Sackgasse pochte er an eine kleine Tür. Auf sein bestimmtes Klopfzeichen wurde ihm von einem finsteren, einäugigen Wächter geöffnet, und Duda betrat einen schmalen Hof, der ganz voller zweirädriger Karren stand.
Vorsichtig bahnte er sich einen Weg durch die sich zusammendrängenden Kamele und erreichte schließlich sein Kämmerchen im Keller eines zweistöckigen Gebäudes, wo die Waren des Kaufmanns Machmud aus Urgentsch lagerten.
Der Hausherr, ein reicher Händler und gottesfürchtiger Mann, der Pilgern und Reisenden Herberge gewährte, hatte dem Petschaftstecher vor etlichen Jahren gestattet, in seinem Hause zu wohnen, weil Duda ihm in einen Goldring eine magische Formel des großen Suleiman[2] graviert hatte, welcher Machmud seinen Erfolg im Handel mit chowaresmischen Seiden und Stickereien zuschrieb.
In völligem Dunkel tastete sich Duda zu dem niedrigen Tisch hin, stellte seine mitgebrachte lederne Werkzeugtasche in eine Nische daneben und trat wieder auf den Hof hinaus, wo er sich auf die hölzerne Einfriedigung am Eingang setzte und lange und geduldig wartete, die Augen zu den Sternen erhoben, die hell und strahlend am nachtschwarzen Himmel leuchteten.
Die Kamele im Hof, von denen einige sich bereits niedergelegt hatten, während andere noch standen, schnaubten, und es schien, als ob die

---

1 Wekil = Stellvertreter des Souveräns.
2 Suleiman = der auch im Koran häufig erwähnte biblische König Salomo, der eine hervorragende Rolle in den islamischen Legenden spielt, deren Material im wesentlichen rabbinischen Ursprungs ist. So wurden dem Salomo, der die Auszeichnung genießt, als wahrer Gesandter Allahs und Vorbild Mohammeds zu gelten, von Gott viele geheime Kenntnisse verliehen, er war mit der Sprache der Vögel vertraut, er hatte Macht über Geister und Dämonen, von denen ihm Legionen auf seinen Wunsch zu Diensten standen.

rotgoldenen Lichter des Lagerfeuers, das die Kameltreiber mitten auf dem Hof angezündet hatten, unter ihren Füßen aufflammten.

Endlich zeigte und näherte sich der ersehnte Schatten. Ein Duft von Rosenöl umwehte ihn. Leise flüsterte eine sanfte Stimme:

»Unser ehrwürdiger Hausherr entbietet dir seinen Gruß und läßt dich bitten, für ihn zu beten.«

Während Duda den heißen Fladen und die Tonschüssel mit der dampfenden Brühe in Empfang nahm, kam er mit kleinen Händen in Berührung, die mit silbernen Ringen geschmückt waren, und der Saum eines Schleiers streifte sein Gesicht. Demütig wartete er, bis die redende Schattengestalt verschwunden war, nicht ohne vorher versprochen zu haben, sie werde wiederkommen und ihm glimmende Holzkohlen bringen.

Gierig starrte Duda ihr nach. Bald erschien die Schattengestalt wieder mit einem Kohlenbecken, und als sie in die Glut blies, beleuchtete der rötliche Glanz die zarten Züge eines Mädchengesichts, schwarz gefärbte Augenbrauen und ein besticktes Stirnband. Eine wohlklingende Stimme fragte:

»Weshalb zittern deine Hände so, wenn du die Suppe von mir entgegennimmst? Ich habe jedesmal Angst, daß du sie verschüttest.«

Aber die Frage klang beinahe spöttisch, und mit einem leisen Lachen verschwand das junge Mädchen im Dunkel.

In seine Kammer zurückgekehrt, fachte Duda die glimmenden Kohlen zu hellerer Glut an und entzündete Reisig im Herd. Beim flackernden Licht des Feuers begann er zu schreiben, und zwar auf die Ränder der Seiten eines dicken Korans. Ein-, zweimal zog er ein schmales Messerchen hervor und spitzte damit das ihm zum Schreiben dienende Röhrchen an. Die ganze Zeit über murmelte er seltsame Worte vor sich hin und fuchtelte dazu erregt mit den Händen, als stritte er mit jemandem:

»Um Mitternacht... heute, genau zur Mitternachtsstunde!... Das geht über meine Kraft! Mehr kann mein Herz nicht ertragen!... Es ist Zeit, dieses unstete Leben aufzugeben. Immerhin bleiben mir noch Hoffnungen... Mich zu überlisten wird keinem gelingen. Auf dem Schachbrett des Lebens rettet nur der ›Rösselsprung‹! Es ist töricht, geradeaus gehn zu wollen, wenn der Schaitan[1] einem einen Felsblock in den Weg geworfen hat. Morgen früh muß mein Genius blitzartig aufleuchten. Die Leute werden zusammenlaufen und sich in einem wahnsinnigen Reigen nach der Melodie meines Rohrpfeifchens drehn, das so schwach und unscheinbar ist. Wenn nur meine Kräfte ausreichen! Wenn mich nur der Skorpion des Unglücks nicht mitten ins Herz sticht im gleichen Augenblick, wo der Erfolg mich schon fassen und auf den Kamm der Woge emporheben kann.«

Duda schob den Riegel der Eingangstür vor, dann schlug er eine in der

1 Schaitan = Satan, Teufel.

Mitte des Raumes liegende Filzmatte zurück. Darunter zeigte sich ein Falltürchen.
Bemüht, keinen Lärm zu verursachen, stieg Duda in die schwarze Öffnung hinab, machte, indem er sich in der völligen Finsternis behutsam vorwärts tastete, ein paar Schritte und stieß auf eine zweite Treppe, die nach oben führte. Vorsichtig stieg er hinauf und befand sich in einer Kammer mit einem langen schmalen Tisch in der Mitte. Durch ein ovales Fensterchen fiel schwaches Sternenlicht herein.
Duda kniete nieder und ließ den Kopf auf die Hände sinken. Mit leiser Stimme sprach er Gebete, zuerst in arabischer, dann in einer anderen Sprache.
Er hob den Kopf, blickte zum Fenster hin, dann fuhr er im Beten fort. Dumpfes Schluchzen schüttelte ihn; mit Mühe nur gelang es ihm, es zu unterdrücken, damit es in der Stille nicht hörbar wurde. Endlich zeigte sich in der Fensteröffnung der helle, gleichsam weißglühende Rand des Vollmondes, der gleichgültig seine gewohnte Bahn am Himmel wandelte.
Der Kniende richtete sich auf und klammerte sich mit den Händen an den Tischrand... Ein bleicher, trauriger Mondstrahl beleuchtete eine auf dem Tisch stehende, aus Reisig geflochtene Bahre, auf der ein weiblicher Körper mit einem dunklen Seidengewand lag.
Der Leichnam war so abgezehrt und ausgedorrt, daß er in den weiten Falten des Gewandes kaum zu bemerken war. An den Fingern der auf der Brust gefalteten Händchen blitzten silberne Ringe.
Duda warf den Oberkörper zurück und verharrte in bebender Erwartung. Als die Mondscheibe das Fenster ganz ausfüllte, hob sich gegen den hellen Silbergrund, den es bildete, deutlich ein zartes Profil ab.
Mit wahnwitziger Leidenschaft flüsterte Duda:
»Ich bin hier, ich, dein getreuer Knecht..., hier, neben dir, wie immer! Sanfte, zarte, unschuldige Mirjam! Hörst du mich? Dann streck dein kleines Händchen aus und berühre meine Stirn! Verleih mir Kraft und Stärke!«
Gierig hafteten seine Blicke an dem zarten Profil, als hoffte er noch immer, daß über das stille tote Gesicht ein Zucken des Wiedererwachens zum Leben gehen und der Vorhang der langen Wimpern sich heben könnte.
»Schicksal! Überall Verhängnis! Furchtbares Schicksal, mit dem selbst meine unbändige Willenskraft nicht fertig werden kann... Es vereitelt alle meine Absichten, stört alle meine Pläne und Vorbereitungen, macht alle Beschwörungen zunichte... Doch ich resigniere trotzdem nicht!«
Langsam weiterrückend, entfernte sich der Mond aus dem Oval des Fensters; nun war er gänzlich verschwunden, und das zarte Profil wurde von der Finsternis zugedeckt.
Duda sank in sich zusammen und biß sich die Finger wund, um sein dumpfes Schluchzen zu unterdrücken.
»Mirjam, die strahlende, sündenreine Mirjam tot... Ich sehe sie zum

letzten Male, zum allerletztenmal ... Morgen wird man sie forttragen zur Stätte der ewigen Ruhe ...«
Plötzlich brachten ihn Rufe, die im Hofe ertönten, wieder zu sich.
»Duda! Petschaftstecher! Öffne die Tür gutwillig, oder wir brechen sie mit Gewalt auf!«
Einige Augenblicke schwankte Duda, dann erhob er sich schnell, huschte in sein Zimmer zurück und bedeckte die Falltür mit der Filzmatte.
Das Klopfen an der Tür dauerte fort. Duda schob den Riegel zurück. In die Kammer trat ein schwarzer Sklave mit einer brennenden Fackel, die den engen Raum mit Qualm füllte. Hinter dem Neger stand auf der Schwelle ein Mann in einem gestreiften ärmellosen Mantel, den Duda als den grausamsten der Henker des Kalifen kannte.
»Bist du der Petschaftstecher Duda, den man den Redlichen nennt?« fragte er.
»Du sagst es, ehrwürdiger Mansur, Schwert der Rechtspflege und mächtige Stütze des Thrones Seiner Heiligkeit!«
»Du wirst mir sofort folgen, und wir werden prüfen, wieweit du wirklich redlich bist. Sklaven, packt diesen Menschen an den Armen, und haltet ihn ja gut fest, damit er uns in der Dunkelheit nicht entkommt. Er ist ein Zauberer und könnte sich in eine Fledermaus verwandeln und fortflattern.«
»Nicht doch, mein Herr, ich füge mich in Demut!«
Damit hielt der Petschaftstecher gehorsam seine Hände hin, und zwei riesige schwarze Sklaven banden sie schnell mit festen Stricken zusammen.

Im Palast des Großkalifen

Als die beiden Neger, die den gefesselten Duda an den Armen hielten, mit ihm aus dem Keller in den Hof stiegen, erhob er ein so durchdringendes Geschrei, daß die auf dem Dache schlafenden Leute aufwachten und von allen Seiten scheltend gerufen wurde:
»Weshalb quält ihr einen rechtschaffenen Greis? Laßt ihn los, ihr Bösewichter!«
Mansur trieb die Neger zur Eile an:
»Schneller, schneller, vorwärts!«
Duda sträubte sich:
»Weshalb kugeln mir diese schwanzlosen Affen die Arme aus? Ich muß mich doch von meiner Hände Arbeit ernähren. Ich bin ja bereit, freiwillig mit euch zu gehn.«
Mit einer unbegreiflichen Kraft drehte er sich zu einem der Neger um und herrschte ihn an:
»Sieh mir in die Augen, du geräucherter Schweineschinken! Gleich wirst du selbst wünschen, dich auf die Erde zu legen, hierher, direkt in den

Mist der Kamele... Also leg dich schon hin und schlafe wie ein Murmeltier!«

Der Riesenkerl in buntem Kittel mit dem Messingring in der Nase begann plötzlich zu schwanken, sackte zusammen und wälzte sich auf die Seite.

Duda wandte sich nun dem andern Neger zu, indem er seine brennenden Augen fest auf ihn heftete, und fuhr fort:

»Auch du Faulpelz wirst ja schon vom Schlaf übermannt. Leg dich neben deinen Kameraden und schnarche wie dieser schwarze Büffel!«

Torkelnd trat der zweite Neger zu dem Liegenden hin, warf sich neben ihm nieder, und beide schnarchten um die Wette.

Rasend vor Wut, stürzte Mansur sich auf die pflichtvergessenen Schläfer, stieß sie mit Füßen und beschimpfte sie unflätig. Dann wischte er sich mit dem Ende seiner Leibbinde den Schweiß von der Stirn und drehte sich zu Duda um, der gelassen dastand, die Arme zum Himmel erhoben.

»Perlengleicher Mond!« deklamierte er. »Du leuchtest sowohl den Hoch- wie den Niedriggeborenen, sowohl den Klugen wie den Dummen. Erleuchte die Köpfe der Unverständigen, daß sie Duda den Redlichen nicht fortschleppen wie einen Hammel zur Schlachtbank!« Er verneigte sich vor Mansur und fuhr höflich fort: »Warum diese feinen kunstreichen Hände brechen, die Seine Heiligkeit, zu der du mich führst, benötigt? Ich werde ja freiwillig mit dir gehn. Zuvor aber laß mich diesen beiden groben Kamelen, damit sie nicht tagelang hier herumliegen, befehlen, was sie zu tun haben. He, ihr krepierten Schakale, lauft rasch nach Hause und schlaft euch dort aus bis morgen früh!«

Die beiden Neger sprangen auf die Beine und liefen, nachdem sie ihre weiten Pluderhosen mit den Händen heraufgezogen hatten, so schnell sie konnten, zum Hoftor hinaus.

»Schreite du voran, würdiger Mansur, Erteiler beherzigenswerter Ratschläge!« forderte Duda den Abgesandten des Kalifen auf. »Ich werde in deine Stapfen treten.«

Der Fackelträger ging voraus, ihm folgte der Henker, der sich beständig nach dem Petschaftstecher umblickte, wobei er drohend mit seinem Stab gegen das Pflaster stieß. So zogen sie durch die engen, krummen Gassen des schlafenden Bagdad, die, tagsüber von einer lärmenden Menge erfüllt, jetzt still und verödet dalagen. Nur Rudel hungriger Hunde waren zu sehen, die sich an den Straßenkreuzungen um weggeworfene Knochen balgten und bissen, sowie Nachtwächter, die, ihre Knarren schwingend, dem Zug den Weg vertraten und schon von weitem riefen: »Halt, wer kommt da? Antwortet, oder wir schlagen euch tot!«

Wenn sie hörten, daß es der oberste Henker des Kalifen sei, der da kam, traten sie respektvoll zur Seite und verbeugten sich, Worte der Begrüßung murmelnd, bis zur Erde.

Der Weg führte die drei zum Ufer des großen Flusses Didschle (wie damals der Tigris genannt wurde); dort bestiegen sie ein sie erwartendes

Boot des Kalifen und setzten zum andern Ufer über, wo sie vom Wekil und mehreren bewaffneten Kriegern empfangen wurden.
»Seine Heiligkeit zürnt ob deines Säumens«, sagte der Wekil zum Henker. »Er schläft noch nicht und hat befohlen, den gefährlichen Bösewicht sogleich vor sein Angesicht zu führen.«
»Großer Al-Mansur!« rief Duda mit zum Monde emporgehobenen Armen aus. »Du hast alles vernommen und wirst zu seiner Zeit für alles Rache üben!«
Der Henker zog den Wekil auf die Seite und erklärte ihm in erregtem Flüstertone, was für ein mächtiger Zauberer dieser hochgewachsene, rotbärtige Greis sei. Man dürfe ihn nicht reizen, sondern müsse ihn behutsam in den Palast bringen, wenn man nicht Gefahr laufen wolle, in eine Fledermaus verwandelt zu werden. Die beiden Neger habe er eingeschläfert, daß sie hingestürzt wären wie Betrunkene, dann aber wären sie auf sein Geheiß wieder aufgesprungen und davongerannt, als hätte man sie mit kochendem Wasser begossen.
»Ich verstehe, ich verstehe... Bitte, folge mir, redlicher Duda. Seine Heiligkeit – Friede sei mit ihm! – erwartet dich. Wir müssen uns beeilen.«
Der Palast und der Garten des Kalifen nahmen eine gewaltige Fläche ein, beinahe die Hälfte der Stadt. Die hohe Mauer wurde überragt von weitverzweigten Dattelpalmen, und zwischen ihren üppigen Wipfeln sah man die flachen Dächer unzähliger Gebäude, in denen unter der unermüdlichen Aufsicht von tausend Eunuchen die »Perlen« des Kalifen Mustansir – seine siebenhundert Frauen – lebten. Weiter erhoben sich die feinen pfeilförmigen Minarette des Palastes. Hier und da sah man auf der Mauer unbeweglich dastehende, mit Lanzen bewaffnete Wachtposten. Am Tor, zu dessen beiden Seiten Türmchen aufragten, stand die Wachmannschaft in erregter Erwartung der Rückkehr des obersten Henkers, der stets gereizt und wütend war.
Die Soldaten traten zur Seite, und Duda schritt an ihnen vorbei, würdig und feierlich, durch den prächtigen Garten des Kalifen, ohne sich umzublicken. Der Wekil und der Henker eilten ihm voraus und die Stufen zum Palast hinan, auf deren oberster sie bereits der Großwesir[1], flankiert von zwei Dienern, die reichverzierte Bronzelaternen hielten, ungeduldig erwartete.
»Wer bist du?« fragte er, indem er die Hand auf seinen grauen Bart legte.
»Ich bin ein Sohn Adams, meines Zeichens ein Petschaftstecher, genannt Duda der Redliche.«
»Du wirst sogleich vor dem erhabenen Antlitz des Großkalifen Mustansir[2] – die Gnade des Himmels sei mit ihm – stehen. Merke dir, daß du

1 Wesir oder Großwesir = erster Minister in islamischen Staaten.
2 Mustansir oder Al-Musta'ßim, der 38. und letzte der abbasidischen Kalifen von Bagdad, unter dessen von 1242 bis 1258 währender Regierung die Stadt die Beute der plündernden Mongolen wurde.

ihm keine Frage zu stellen, sondern lediglich die seinen zu beantworten hast.«
»Ich werde nichts sagen, als was Seine Herrlichkeit zu erfahren wünscht«, murmelte Duda.
Alle miteinander stiegen sie nun eine Wendeltreppe zum Dache des Palastes hinauf, das mit weichen Teppichen ausgelegt war. Darüber wölbte sich als grenzenlose Kuppel der mit schimmernden Diamantsternen übersäte saphirfarbene Himmel.
In einer Ecke des Daches lagen ganze Berge von Kissen aus dem berühmten Bagdader roten Saffianleder. Mitten auf diesem weichen Pfühl saß ein Mann mittleren Alters mit einem tiefschwarz gefärbten Bart und einem riesigen blütenweißen Turban. Sein rotseidenes Gewand war auf den Schultern mit goldenen Blumen bestickt. Einige seiner höchsten Hofleute, die sich seines Vertrauens erfreuten, hatten sich, die Arme auf die Knie gestützt, im Halbkreis um ihn niedergehockt. Lange stand Duda wartend da, halb abgewandt, den Blick in die Ferne gerichtet.
Jenseits des Flusses, über jenem Stadtviertel, wo sich hauptsächlich der Handel abwickelte, hatte sich schon ein leichter Nebel erhoben. Hier und da flimmerten noch Lichter. Auf der leicht gekräuselten Wasserfläche des Flusses Didschle lag der goldene Widerschein des Mondes, bei dessen hellem Licht man deutlich unterscheiden konnte, wie weit der Strom in der Richtung auf den Persischen Golf zu dahinfloß.
›Endlich bist du im Palast des mächtigen Kalifen‹, dachte Duda, vor Erregung atemlos, äußerlich aber den Anschein der Ruhe wahrend. ›Neun lange Jahre hast du auf diesen glücklichen Augenblick gewartet. Laß ihn nun nicht ungenützt verstreichen!... Und was wird weiter mit mir geschehn? – Das, wozu du dich fähig zeigst...‹
»Höre mich an, redlicher Mann«, unterbrach der sich ihm nähernde Wekil mit halblauter Stimme seinen Gedankengang. »Du wirst sogleich barfuß vor Seine Heiligkeit treten, dich vor ihm auf die Knie werfen und mit geneigtem Haupt warten, bis er dich anzureden geruht.«
Duda streifte seine Sandalen am Rande des Teppichs ab, trat dicht vor den Pfühl, ließ sich auf die Knie nieder, beugte sich vornüber und küßte den Teppich zwischen seinen Händen.
»Sei gegrüßt, Rotbart!« sprach der Kalif ihn nach einer Weile an. »Ich habe gehört, daß du Verborgenes kennst.«
»Du sprichst wie immer die Wahrheit, Unfehlbarer. Deine Macht und dein Ruhm mögen sich noch vermehren! Doch darf ich alles Wichtige, was ich weiß, nur dir allein offenbaren, ohne die Gegenwart weiterer Zuhörer. So verlangt es Al-Mansurs Gebot.«
»Meine ergebenen Freunde«, wandte sich der Kalif an die Umsitzenden, »ihr dürft euch zurückziehen, um in den Sälen des Palastes der Ruhe zu pflegen. Ich aber will allein mit meinem Großwesir hier zurückbleiben.«
Alle erhoben und entfernten sich mit kleinen, achtungsvollen Schritten, die Hände gegen die Brust gedrückt.

Schweigend blickte Duda den Kalifen an und dachte:
›Da sitzt nun vor mir der Mächtigste unter den Moslemin[1], der Nachfolger des Propheten in Person. Dieser Mann verkörpert die höchste Idee des Islams. Ihm wenden sich die Gedanken und Gebete aller Anhänger Mohammeds von allen acht Enden der Welt zu. In seiner Hand liegt es, mich auf den äußersten Gipfel des Erfolges und Glücks zu erheben oder aber mich in den bodenlosen Abgrund des Elends zu stürzen.‹
Der Kalif entnahm einem gravierten silbernen Kästchen einen goldenen Ring und fragte: »Hast du diesen Ring graviert?«
»Ich müßte ihn mir erst ansehn.«
»Da, besieh ihn.«
Auf den Knien rutschte Duda näher zum Pfühl hin, um den Ring aus der gepflegten Hand des Kalifen, bei deren Berührung es ihn vor Ehrfurcht durchschauerte, entgegenzunehmen.
Nachdem er den Ring eingehend betrachtet hatte, sagte der Petschaftstecher: »Ja, vor fünf Jahren habe ich diesen Ring graviert.«
»Und weißt du auch, daß man dir für diese Inschrift deinen unbesonnenen Kopf abschlagen sollte?«
»Das zu tun steht bei dir, Hüter des Gesetzes; doch dann nehme ich das Verborgene mit mir. Du wirst nichts erfahren, und es wird wie das geschliffene Schwert des Schicksals über deinem Haupte hängen.«
Der Kalif erbebte.
»Sag alles, was du weißt«, gebot er dem Petschaftstecher. »Du stehst unter meinem Schutz, und ich verspreche dir, daß dir kein Härchen gekrümmt werden soll...«

Der Rösselsprung

Duda rückte zur Seite, setzte sich in der Haltung eines Betenden auf seine Fersen und drehte sich hastig um. Auf der Plattform hinter ihm war niemand von der Wache mehr anwesend. Zuerst ruhig und gemessen, begann er dann immer schneller und leidenschaftlicher zu sprechen:
»Du weißt, Erhabener, daß seit dem Ableben des weisen Kalifen Harun ar-Raschid[2] die Macht und der Ruhm des großen arabischen Stammes ins Wanken geraten und eine Niederlage auf die andre gefolgt ist.«

---

1 Moslemin = Mehrzahl von Moslem, Anhänger des Islams (arab. »Hingabe an Gott«), der von Mohammed gestifteten Religion.

2 Harun ar-Raschid, der »Rechtgeleitete«, der fünfte Kalif der Abbasidendynastie (er lebte von 766 bis 809), übernahm 786 die Regierung, war aber keineswegs in seinen politischen Entscheidungen immer »rechtgeleitet«, sondern beging verhängnisvolle Fehlgriffe, wie die Teilung des Reiches unter seine Söhne Emin und Mamûn.

»Wie sollte ich das nicht wissen? Wie sollten wir darob nicht trauern?«
»Das vom unbesiegbaren Schwert der Araber geschaffene mächtige Reich, dessen Grenzen sich von den fruchtbaren Ländereien Mauritaniens bis zu den wilden, öden Bergen des chinesischen Kaschgar[1] erstrecken, wurde durch innere Unruhen und durch den Einfall feindlicher Horden wilder Mongolen erschüttert...«
»Auch das ist mir bekannt.«
»Sollen wir Rechtgläubigen uns damit zufriedengeben und das traurige Ende abwarten, zu dem uns die Schwächung der Macht der Araber führen wird, oder sollen wir alle Kräfte sammeln, damit von neuem das grüne Banner des Propheten überall siegreich wehe?«
»Der gleiche Gedanke bewegt schon lange mein Herz.«
»Dich beunruhigt der Ring, den man an der Hand eines erschlagenen Kriegers, des letzten Nachkommen des großen Feldherrn Abd ar-Rahmân,[2] gefunden hat. Vielleicht aber hinterließ er einen Sohn? Einen Sohn, der würdig und schön ist, voll klaren Verstandes? Die Araber haben immer darunter gelitten, daß ihre Scheichs sich untereinander bekämpften.«
»Ja, das ist von jeher unser ständiges Leid!« seufzte der Kalif.
»Große Männer müssen sich zur Vollbringung großer Werke mit würdigen Gehilfen umgeben. Wenn nun ein letzter Nachkomme Abd ar-Rahmâns vorhanden wäre, des großen Feldherrn, der das Frankenheer vernichtete und alle ›Abendländer‹ zu erobern drohte? ... Wenn so ein Jüngling lebte, der die höchsten Wissenschaften in der von dir gegründeten Medresse[3] studiert hätte, der von Schönheit und Männlichkeit glänzte wie der Mond am Himmel, der wilde Pferde zähmen kann und ein helles Schwert sein eigen nennt, das wie ein Blitz herniederfährt, müßtest du nicht wünschen, mächtiger Kalif, daß so ein Jüngling dir nahestünde wie ein Sohn, ergeben, rein und treu wie das Wort Allahs? ... Daß er deine Krieger zu neuen Siegen führe, daß der Ruhm arabischen Heldenmutes wieder so hell zu leuchten beginne wie einst in früheren Zeiten?«
Erstaunt blickte der Kalif seinen Großwesir an, welcher daraufhin leise und ehrerbietig sagte:
»Fraglos wäre es besser, solch einen hervorragenden Krieger zum ergebenen Freund zu haben als zum heimlichen, hinterlistigen Feinde. Jeder, der fähig ist, den Ruhm des arabischen Namens zu fördern, muß die Unterstützung und Zustimmung des allerheiligsten Kalifen von Bagdad finden.«

---

1 Hauptstadt Ostturkestans, 1218 von den Mongolen erobert.
2 Feldherr des Kalifen Hischâm, erschien 732 mit großer Heeresmacht auf französischem Boden, von Karl Martell im Oktober desselben Jahres in einer entscheidenden Schlacht zwischen Tours und Poitiers geschlagen.
3 Medresse = islamische Hochschule.

»Wo ist denn aber dieser Krieger? Zeige ihn mir, wenn er ein Mensch von Fleisch und Blut ist und nicht das Hirngespinst eines geschwätzigen Märchenerzählers auf dem Basar.«
»Ich könnte ihn dir zeigen; doch fürchte ich, später dafür büßen, Tränen des Bedauerns vergießen und mir das Haar raufen zu müssen, weil ich ihn ins Unglück gestürzt habe.«
Der Kalif beschwichtigte Dudas Bedenken:
»Wenn er so ist, wie du ihn schilderst, wenn er keinerlei Verbrechen verübt hat oder verüben wird, so verspreche ich dir, daß er unter meinem ständigen Schutz stehen wird. – Wie denkst du darüber, mein weiser Großwesir?«
»Wenn es dir nicht zu dreist und unsinnig erscheinen wird, möchte ich mir erlauben, dir einen Rat zu geben...«
»Sprich!« befahl der Kalif.
»Du hast doch gewiß von dem neuen furchtbaren und gewaltigen Eroberer Temudschin[1] Dschingis-Khan gehört, der mit Horden wilder Mongolen oder Tataren von Osten her gekommen ist und seinen Enkel in Chowaresmien zurückgelassen hat?«
»Gewiß. Sprichst du von dem schrecklichen Batu-Khan? Weshalb fragst du mich nach ihm?«
»Weil ich dir vorschlagen möchte, jenen kühnen Nachkömmling Abd ar-Rahmâns – falls er wirklich so ist, wie Duda ihn beschrieben hat – als deinen Abgesandten mit einem Begrüßungsschreiben und Geschenken zu dem furchtbaren Batu-Khan zu schicken. Befiehl diesem Jüngling, den Tatarenkhan auch weiter auf allen seinen Feldzügen zu begleiten und ihn zu überreden, daß er von der Eroberung deiner Ländereien Abstand nimmt und statt dessen gegen die Reiche des Abendlandes zieht, um sie zu vernichten und zu erobern... Wir wissen vorläufig noch nicht, worauf Dschingis-Khans Enkel sinnt. Vielleicht hat er es darauf abgesehen, auch in unser glückliches Land einzufallen; dann wird dein Gesandter, der an Ort und Stelle imstande ist, alle Vorbereitungen der Tataren zu beobachten, dich rechtzeitig warnen können, damit unsere heldenmütigen Krieger bereit sind.«
Nach einem kurzen nachdenklichen Schweigen erwiderte der Kalif:
»Du erteilst mir, wie stets, einen nützlichen Rat, mein getreuer Diener. Natürlich muß Al-Mansurs junger Nachkomme erst geprüft werden. Darum führe ihn her, Duda, direkt zu mir, und ich werde dann entscheiden, ob ich den Jüngling zum Tatarenkhan entsende oder ihn mit einer anderen Aufgabe betraue.«
»Mit Freuden werde ich deinen Befehl ausführen«, beteuerte Duda, »und den jungen Abd ar-Rahmân schleunigst zu dir bringen.«
»Zuvor aber erzähle mir, wie du diesen Jüngling gefunden hast, und alles, was du über ihn weißt.«

---

1 Temudschin = scharfer Stahl.

Duda legte die Spitzen seiner Finger zusammen und begann seine Erzählung:
»Du hast gewiß von der großen Völkerschlacht gehört, die vor fünfhundert Jahren stattfand, als die ruhmreichen arabischen Kriegsscharen, nachdem sie die Spanier unterworfen hatten und über die Pyrenäen gezogen waren, sich wie ein brausendes Meer über die blühenden Ebenen des Frankenlandes ergossen... Du Allwissender und Scharfsinniger wirst dich gewiß erinnern, daß diese Schlacht, die zuerst günstig für unsere siegreichen Löwen stand, lange Zeit unentschieden hin- und herschwankte, weil die Franken, angeführt von ihrem in eine Eisenrüstung eingeschmiedeten kühnen Feldherrn Karl Martell – der Name bedeutet soviel wie ›Hammer‹ –, ebenfalls wie wütende Wölfe kämpften... Es schien, das gnadenvolle Auge des Höchsten leuchtete vor Freude darüber, daß seine Rechtgläubigen überall den Sieg davonzutragen im Begriffe waren... Doch da geschah etwas Entsetzliches, nicht wieder Gutzumachendes: Mitten im Getümmel stürzte zusammen mit seinem Roß unser ruhmreicher Anführer Abd ar-Rahmân, und neben ihm fiel sein treuer Bannerträger. Die grüne Fahne des Propheten, die über dem Heer der furchtlosen Schachiden geweht hatte, wurde in der Hitze des Gefechts von den Hufen der Rosse zerstampft.«
»O welch ein Unglück!« seufzte der Kalif.
»Als sie unser Banner nicht mehr erblickten, verloren unsre Reiterscharen den Zusammenhalt, und ein Teil hielt im Vorgehen inne, um den nächsten Tag abzuwarten. Die Franken aber, die große Verluste erlitten hatten und von der grimmigen Schlacht sehr erschöpft waren, zogen während der Nacht ostwärts ab, im Glauben, daß sie die Schlacht verloren hätten... Vergeblich streiften unsere treuen Ritter das ganze Schlachtfeld ab auf der Suche nach dem Körper Abd ar-Rahmâns. Sie fanden ihn nicht und auch nicht sein Roß und seine Waffen... Wahrscheinlich ist er von Asrail, dem Engel des Todes, lebend empor zu Allahs Thron getragen worden... Hätte sich damals ein kühner Anführer gefunden, der das Heer gesammelt hätte und den abziehenden Franken nachgesetzt wäre, so würde uns ein vollständiger Sieg sicher gewesen sein, und wir würden das ganze Frankenland erobert haben. Die Anführer aber, die in der Nacht Kriegsrat hielten, überlegten lange und kamen zu folgendem Beschluß: ›Wir werden noch immer die Möglichkeit haben, unser Heer zu sammeln, die Reihen neu zu ordnen und wieder in das Frankenland zurückzukehren, um die Ungläubigen endgültig zu vernichten und zu unterjochen.‹ Und – wehe! Unsere Heerscharen kehrten um!«
»Das war ein unkluger, unseres Volkes unwürdiger Beschluß!«
»Die Jahre vergingen, fünfmal hundert Jahre«, fuhr Duda fort. »Die arabischen Scheichs befehdeten sich untereinander, und unter ihnen fand sich kein zweiter Abd ar-Rahmân, der mit mächtiger Hand alle

Rechtgläubigen unter der grünen Fahne vereinigt und sie von neuem wie die zerstörenden Wogen des brausenden Meeres gegen die Ungläubigen in der blühenden Ebene geleitet hätte...«

»Sind denn gar keine Nachrichten über den berühmten Abd ar-Rahmân erhalten geblieben?« fragte der Kalif nachdenklich.

Duda schlug die Hände zusammen:

»Ich habe viel gefragt bei allen, die ich fragen konnte: bei den alten Imams[1], bei den weisesten Gelehrten in der Medresse, bei umherziehenden Sängern und Derwischen, die alle Sagen aus alten Zeiten kennen... Aber Genaues konnte mir keiner sagen. Wenn man jahraus, jahrein auf den Stufen der Moschee sitzt, die ihre Errichtung dir verdankt – gepriesen sei dafür dein Name in Ewigkeit! –, so kommt mancherlei Volk aus allen acht Himmelsrichtungen vorbei, und man kriegt nicht selten Wunderliches zu hören...«

»So erzähl mir nun auch gleich das Wunderliche.«

»Einst kam ein Reisender mit finsterem Gesicht zu mir; seine Augen brannten, als beschäftigten ihn verborgene Gedanken. Mich überraschte es, daß er mir den Auftrag erteilte, einen goldenen Ring mit einer Inschrift zu versehn...«

Duda verstummte.

»Was für eine Inschrift? Sprich schneller!« rief der Kalif mit dumpfer, von heimlichem Zorn bebender Stimme.

»Er befahl mir, folgende Worte einzugravieren: ›Abd ar-Rahmân, der Frankentöter, die Hoffnung der Gläubigen‹.«

»Und du hast diese Worte auch in den Ring eingraviert?«

»Womit man mich beauftragt, das führe ich aus.«

»Wie sah der Mann aus? Bist du ihm später wieder begegnet? Hält er sich noch hier in Bagdad auf, oder ist er nach anderen Ländern gereist?«

»Ich habe ihn mehrmals wiedergesehn. Mein Leben ist lang – was sieht man da nicht alles! Zum letztenmal sah ich ihn, als er, schon stark ergraut, die Moschee betrat. Neben ihm ging ein lebensfroher Jüngling, der heilige Bücher in der Hand trug. Diesen Jüngling hab' ich mir gemerkt. Er besuchte fortan eifrig die Medresse. Einmal rief ich ihn sogar an. Er trat zu mir und setzte sich neben mich. Ich bewirtete ihn mit frischen Datteln. Wir kamen ins Gespräch und wurden Freunde. Er besuchte mich bisweilen bei mir zu Hause und übernachtete bei mir. Mir gefiel dieser fröhliche, gegen jedermann freundliche Jüngling, seine Achtung den Älteren gegenüber, sein lebhafter Geist, seine Vorliebe für alte Lieder und Sagen, die ihm viel mehr zusagten als die geistlichen Bücher, vor allem die Erzählungen von den großen Eroberungen der Araber.«

»Wo ist dieser Jüngling jetzt? Ich werde veranlassen, daß neben deinem

---

1 Imam = Schriftgelehrter und Leiter des gemeinschaftlichen Gebets der Mohammedaner.

Arbeitsplatz ein besonders gewiefter Aufpasser Obacht geben und ihn ausfindig machen soll.«
»Gestatte mir einen bescheidenen Einwand: Das ist ganz überflüssig. Ich weiß, wo der Jüngling sich jetzt aufhält. Nachdem er sein Studium in der Medresse mit höchstem Lob beendet hatte, stellte er sein altes Zelt beim Nomadenstamm der Ben-Abajaden auf. Dort haust er zusammen mit seiner Urahne, die ihm sein Essen kocht und ihm alte Lieder vorsingt. Seine Bücher hat er in einen Teppich gewickelt und verwahrt; denn seinen Lebensunterhalt verdient er mit dem Zähmen und Zureiten störrischer Rosse und mit der Jagd auf wilde Tiere. Er ist der kühnste unter allen Jünglingen des Stammes. Manchmal kommt er auch nach Bagdad, dann besucht er mich und bringt mir irgendein kleines Geschenk mit: bald Käse, bald Datteln oder Weintrauben. Er übernachtet dann auch bei mir und lauscht meinen Erzählungen aus alten Zeiten. Wenn er erfährt, daß du ihn zu sehen wünschst, wird er glücklich sein, mit seiner Stirn den Staub vor deinem Thron wegzuwischen.«
Der Kalif überlegte, dann sagte er:
»Wenn er wirklich studiert hat, wie du behauptest, und seine Seele nach Heldentaten dürstet, so werde ich ihn...« Hier stockte der Kalif, ehe er hinzusetzte: »... so werde ich ihn vielleicht erhöhen.«

Ein paar Tage später erschien Duda der Redliche mit dem Jüngling, von dem er erzählt hatte, im Palast des Kalifen. Mustansir empfing beide in einem Saal, wo inmitten prächtiger Blumenarrangements die silbernen Strahlen mehrerer Fontänen aufsprangen, angenehme Kühle verbreitend.
Abd ar-Rahmân war schlank und schön; er benahm sich sehr bescheiden, doch nicht ohne Würde; seine Kleidung war die übliche gestreifte der Nomaden. Im Gürtel steckte ein alter Dolch von Damaszener Arbeit. Der Kalif ließ den Jüngling auf dem Teppich zu seinen Füßen niedersitzen und schien ihn mit wohlwollendem Blick zu betrachten. Dem Petschaftstecher aber entging nicht ein ungutes, unheilkündendes Funkeln der zusammengekniffenen Augen. Die Fragen des Kalifen nach des Jünglings Herkunft, nach seiner Tätigkeit als Löwenjäger und Rossebändiger und nach seinen häuslichen Verhältnissen beantwortete Abd ar-Rahmân schlicht und offen und schloß:
»Ich glaube bestimmt, daß es Krieg geben wird und daß ich Gelegenheit haben werde, mein Schwert zum Schutze des Banners des Propheten zu ziehen. Gern würde ich Reisen in ferne Länder machen, besonders ins Abendland, nach Spanien, um zu erfahren, ob dort noch kühne Nachkommen unserer großen Eroberer leben.«
»Eine Reise nach Spanien«, warf Duda hier ein, »erscheint mir augenblicklich ganz und gar nicht ratsam, wohl aber eine solche nach Osten und Norden. Dort reifen große Ereignisse heran, dort werden Kriegsvorbereitungen in einem bisher nie gesehenen Ausmaß betrieben.«

»Woraus schließt du das?« fragte der Kalif und befahl, aromatischen Schiraswein zu bringen. Während seine Gäste tranken, lauschte er aufmerksam ihren Antworten.
»Leute, die wie Reisende aus fernen Ländern gekleidet waren«, berichtete Duda, indem er respektvoll seinen Bart strich, »erzählten mir, daß am Unterlauf des großen Flusses Itil[1] ein gewaltiges Heerlager eines unbekannten mächtigen Stammes der ungläubigen Tataren, die auch Mungalen genannt werden, errichtet worden sei.«
»Das ist eine sehr wichtige Nachricht. Ich muß Späher dorthin senden und meinen Gesandten.«
»Wenn du geruhen würdest, Abd ar-Rahmân zum Tatarenkhan zu entsenden unter der Bedingung, daß ich ihn als Schreiber und Arzt begleite, so bin ich überzeugt, daß es ihm bald gelingen wird, sich die Gunst des grimmigen Tatarenkhans zu erwerben, mich aber wird man gewiß dort zum Leibarzt Batu-Khans ernennen. Dann könnten wir deiner Heiligkeit durch zuverlässige Mittelsmänner über alles berichten, was der Beherrscher der wilden nordischen Horden plant, wieviel Macht er besitzt und wie es möglich wäre, ihn zu besiegen.«
»Ich werde deinen Vorschlag erwägen. Jetzt aber begebt euch in mein Gästehaus. Dort wird man Abd ar-Rahmân wie einen lieben Gast aufnehmen und versorgen. Es wird ihm alles, wonach er begehrt, zur Verfügung stehen. Und du, Duda, bleibst bei ihm. Indes wird mein Großwesir euch alles beschaffen, was ihr für die Reise braucht.«
Duda verneigte sich tief vor dem Kalifen:
»Der Höchste erhalte dich und bedecke dich mit Ruhm, der deiner und deiner erhabenen Vorfahren würdig ist.«
Als der Petschaftstecher und der Jüngling sich entfernt hatten, sagte der Großwesir:
»Über diesem Jüngling steigt am Horizont des Erfolgs ein heller Stern auf. Es ist sehr gut, daß du ihn zum Khan der Mungalen entsendest, noch besser aber wird es sein, wenn der mächtige Batu-Khan ihn mit sich bis ans Ende der Welt nimmt, von wo sie beide kaum wiederkehren, sondern zu ihren Vorfahren reisen werden.«
Der Kalif Mustansir schüttelte den Kopf und bemerkte:
»Allah, der Allwissende, allein weiß, was uns Sterblichen am meisten frommt.«

---

1 Itil = Wolga.

Zweiter Teil

Am Unterlauf des Itils

Der »Liebling der Winde«

Leise schaukelnd fuhr der steilwandige Zweimaster »Liebling der Winde« mit den schwarzgeteerten Bordwänden nordwärts über das Abeskunische Meer[1]. Der Wind blähte die Segel, die, aus grauen und roten Quadraten zusammengenäht, an ein Schachbrett erinnerten. Die abgezehrten, halbverhungerten Ruderer, an deren Fußknöcheln Ketten hingen, lagen reglos auf den Bänken neben den langen, trocken gewordenen Rudern.

Der stämmige Steuermann hatte sich seinen blauen Turban aufs Nasenbein gerückt und spähte, auf den Griff des Steuerruders gestützt, aufmerksam in die Ferne, vorbei an dem hochgereckten Schiffsschnabel, der als Raubvogelkopf zurechtgeschnitzt war. Wo der mit tief herabhängenden grauen Wolken bedeckte Himmel und die Wasserfläche zusammenstießen, zog sich ein feiner Streifen von Schilf hin. Dort mündete mit seinen zahlreichen Armen der große Strom Itil ins Abeskunische Meer.

Auf dem gebogenen Hals des hölzernen Raubvogelkopfes am Schiffsbug saß rittlings ein kleiner Neger, dem der Steuermann jetzt zurief:

»Said, schwarzer Frosch, siehst du endlich die Mündung? Hast du eine Meerenge zwischen dem Schilf entdeckt?«

»Ich sehe viele, viele Meerengen!« rief Said zurück.

»Suche nach einem Hügel am Ufer, auf dessen Gipfel sich ein steinerner Götze erhebt. Weshalb kannst du ihn nicht erblicken, kleine schwarze Schlange? Wisch dir die Augen aus!«

»Ein steinerner Götze ist nirgendwo zu sehn. Ich sehe jedenfalls keinen.«

»Klettere auf den Mast, auf die höchste Spitze! Hurtig!«

Auf einer an Deck stehenden Kiste aus Palmholz, die den würzigen Duft eines fernen Landes ausströmte, saß ein junger Araber in einem weiß und rot gestreiften Gewand, das von einem andersfarbigen Stoffgürtel zusammengehalten wurde. Die weiten blauen Pluderhosen waren in grobe Schuhe aus gelbem Leder hineingesteckt. Der Wind zauste die

1 Abeskunisches Meer = Kaspisches Meer.

schwarzen Locken und den Zipfel des schneeweißen Turbans, der als Zeichen des Gelehrtenstandes über das linke Ohr herabhing.
Über dem dichten Röhricht flogen riesige Schwärme von Sumpfvögeln.
»Wo ist die Mündung des Itils?« rief der Araber.
»Der gewaltige Itil hat siebzig Mündungen«, antwortete der Steuermann. »Man muß den Hauptarm finden. Wenn das Schiff in einen der Nebenarme einliefe, bliebe es im Röhricht zwischen den Sandbänken stekken... Suche den steinernen Götzen, Said!«
Das Negerlein schrie von der Mastspitze herab:
»Ich sehe einen Haufen Steine! Daneben liegt auf der Erde irgendeine Steinfigur.«
»Die alten Götter sind gestorben! Die alten Götter haben sich in den Sümpfen versteckt!« lachte der Araber spöttisch. »Im altersmorsch gewordenen Weltall herrschen neue Götter, die zusammen mit den grimmen Tatarenkhanen herbeigeflogen sind. Sie sind es, die den Mungalen Glück bringen.«
»An die Ruder!« kommandierte der Steuermann mit schallender Stimme. »He, Aufseher, wach auf! Legt euch ordentlich ins Zeug! – Sieh dir mal das Wasser an, Scheich Abd ar-Rahmân«, fuhr der Steuermann zu dem Araber gewandt fort. »Wir fahren schon nicht mehr im Salzwasser des Meeres, sondern im Süßwasser des Stromes. Siehst du die Schwärme der silbrigen Fische? Über ihnen kreisen die Möwen... Rudert rascher! Der Itil ist schon nah!«
»An die Ruder!« rief, nun auch erwachend, der sonnverbrannte finstere Aufseher, der auf einer Taurolle geschlummert hatte. Nachdem er seinen zerknautschten roten Turban zurechtgerückt hatte, knallte er mit einer Peitsche, deren sehr langer Riemen auf die nackten Rücken der sich müde erhebenden Ruderer niedersauste. Zugleich begann er mit einem Holzhämmerchen auf einem Brett den Rudertakt zu klopfen.
»Strengt euch an, ihr Nichtstuer! Ihr habt genug geschlafen, solange wir günstigen Wind hatten. Jetzt legt euch ins Zeug! Faulenzern werde ich das Mittagbrot entziehn.«
»Das wirst du nicht tun!« ließen sich einige Stimmen vernehmen. »Ohne uns kämst du ja nicht hin.«
Die graurot gewürfelten Segel hingen schlaff herab, klatschten nur leicht unter den schwachen Windstößen.
»Hadschi-Tarchan![1]... Dort sehe ich schon Hadschi-Tarchan!« rief der kleine Neger vom Topp herab.
»Oije, Islam-Agha[2], wach auf!« rief der Steuermann nun in die Richtung, wo sich die Kajüte des Schiffseigentümers befand. »Hadschi-Tarchan ist schon nah!«

---

1 Hadschi-Tarchan = alter Name für die Stadt Astrachan, früher die reiche Hauptstadt des Chasarenreiches, die vom Fürsten Swjateslaw von Kiew zerstört wurde.
2 Agha = Herr (türk. eigentlich »älterer Bruder«).

Aus der mit einer schmalen Türöffnung versehenen Kammer drang das durchdringende Gekreisch einer Frauenstimme.
»Fahr geradeaus, Maksum! An Hadschi-Tarchan vorbei! Laß keinen an Deck! Jage jeden, der mit seinem Boot anlegen will, davon! Fahr den Itil flußaufwärts!« ließ sich von ebendorther eine heisere Männerstimme vernehmen.
Maksum legte sich mit dem ganzen Gewicht seines stämmigen Körpers auf das lange Steuerruder und bewirkte dadurch eine leichte Seitwärtsdrehung des Schiffes.
Langsam fuhr man an einer mäßig großen Siedlung vorüber; einstmals war das die reiche Chasarenhauptstadt gewesen. Am Ufer erblickte man Hütten, die auf einem Pfahlrost über dem Wasser standen und mit nachgedunkeltem Schilf gedeckt waren. Ihre Bewohner liefen auf die weit in den Fluß hineinragenden Landungsstege, von deren Ende aus sie die Vorüberfahrenden anriefen und ihnen mit bunten Lappen zuwinkten. Viele sprangen auch in schmale lange Nachen und ruderten hastig auf den »Liebling der Winde« zu, an dessen Deck die mit Stangen bewehrten Matrosen standen und jeden ins Wasser zu stoßen drohten, der sich's einfallen ließe, an Bord zu klettern.
Zusammen mit den Nachen näherte sich auch ein mit mehreren Ruderern bemanntes Boot, worin ein wohlgestalter langbärtiger Mann saß, seinem Aussehen nach ein Kaufmann.
»Oije, Islam-Agha! Holt Islam-Agha herbei!« rief er. »Befindet er sich wohl und munter? Ich bin sein alter Freund, und oft habe ich ihn unter meinem Dach beherbergt. Viele Male bin ich auch mit dem ›Liebling der Winde‹ gefahren. Sagt eurem Herrn, daß Abdul-Fatch aus Bagdad hier sei.«
Der junge arabische Gesandte ging zu der geschnitzten Kajütentür und klopfte laut an.
»Islam-Agha, laß diesen Mann an Bord! Ich habe von ihm gehört und muß mit ihm sprechen.«
Die geschnitzte Tür öffnete sich, und heraus torkelte der wohlbeleibte, breitschultrige Schiffseigner. Er hatte ein dunkelblaues, bis zu den Knien reichendes Hemd an, das von keinem Gürtel zusammengehalten wurde. Sein aufgedunsenes, zerknittertes Gesicht mit dem struppigen schwarzen Bart und den verschwollenen Augen ließ auf eine durchzechte Nacht schließen. Islam-Agha kratzte sich mit der sommersprossigen Hand den Bauch, schlüpfte mit bloßen Füßen in hellgelbe Pantoffeln mit nach oben gebogenen Spitzen und schlurfte zur Deckbrüstung hin.
Neugierig spähte Abd ar-Rahmân durch die halboffene Tür ins Innere der Kajüte. Aus dem dämmrigen Dunkel hob sich die Gestalt einer zierlichen kleinen Frauensperson ab. Sie trug ein nonnenhaft streng anmutendes rauchgraues Kleid von byzantinischem Schnitt, das von einer roten Paspel umsäumt war. Von dem schlanken, nur ganz wenig sichtbaren Hals hingen Perlenschnüre auf die Brust herab. Aus ihren

in dem wachsbleichen Gesicht ungemein groß wirkenden grünlichen Augen heftete sie unter den aufwärts gebogenen langen Wimpern hervor einen erstaunten und fragenden Blick auf den jungen Araber, doch nur für einen Moment, dann wandte sie den hübschen Kopf hastig dem Meere zu, und dic korallenroten Lippen flüsterten:
»Ein fremdes, wildes Land... Nichts als Röhricht und Sumpf... Und weiter, arme Daphne, steht dir neue Gefangenschaft bevor...«
Eine feine weiße Hand, am Gelenk von einem silbernen Armband geschmückt, legte sich mit einer unbeschreiblich schmerzlichen Bewegung auf die Augen, und das junge Weib trat in den dunkelsten Winkel der Kajüte zurück.

Seltsame Dinge

Im Glanz der Morgensonne tauchte die Karawane des alten Nurali Tschowdur aus der blauen Steppe auf. Vor den Nomaden lag die fast unübersehbare Wasserfläche des weit über seine Ufer getretenen großen Stromes Itil. Die Hammel, von halbnackten braunhäutigen Kindern angetrieben, trotteten gemächlich den Uferpfad entlang. Ihnen folgten in langer Reihe, an Schwänzen und Nüstern aneinandergebunden, die Kamele, zwischen deren Höckern auf Ballen zusammengeschnürten Hausrats und auseinandergenommener Jurten dunkelgesichtige, abgezehrte Greisinnen saßen mit Säuglingen auf den Armen. Frauen in himbeerroten, aber sehr verblichenen Fetzen schritten mit stolzem, wiegendem Gang auf der einen Seite der Karawane, die Männer, getrennt von ihnen, auf der anderen. Sie sprachen erregt, aber mit gedämpfter Stimme untereinander und fuchtelten dazu heftig mit den Händen. Einige erklommen behutsam und gebückt die sandigen Hügel, kamen aber schnell wieder heruntergelaufen. Alle schienen von Entsetzen gepackt.
Es waren die ihnen vertrauten fetten Wiesen und Weiden. Jahraus, jahrein hatte Nurali Tschowdurs kleiner Nomadenstamm im Frühling hier seine Zelte aufgeschlagen. Früher waren hier Herden gelber Steppenantilopen vorübergejagt, mitunter hatte auch eine Herde scheuer wilder Pferde hier geweidet. Diesmal aber sahen sie auf einer ehedem öden Stelle, auf dem Gipfel eines Hügels mit sanften Hängen ein goldschimmerndes Haus stehen, wie durch Zaubermacht aus dem Boden herausgewachsen. Es wurde gekrönt von einem hohen schlanken Türmchen, das mit farbigen Ornamenten verziert war. Auf allen Pfaden und Wegen galoppierten in der Nähe wie in der Ferne seltsame Reiter, ihre Pferde waren merkwürdig klein von Wuchs und struppig wie Bären, sie entwickelten jedoch eine unglaubliche Geschwindigkeit.
Das Mannsvolk von Nurali Tschowdurs Sippe – insgesamt waren es, Söhne, Enkel und Urenkel, ihrer neunundneunzig – blickte sich unter-

einander an diesem hellen Morgen mit schreckgeweiteten Augen an, und die Älteren riefen verdutzt:
»Was ist das? Narren uns Dschinns[1]?... Nur in Allahs Garten kann es solche goldnen Paläste geben! Oder sollte gar ein mächtiger Ifrit[2] sich hier in der Einöde ein Schloß errichtet haben? Wer könnte sonst in einem so prächtigen Hause wohnen?«
Und alle warteten, was das Oberhaupt der Sippe, der weise Urahn, sagen und beschließen würde. Ungeduldig blickten alle ihn an. Doch Nurali Tschowdur, eingehüllt in einen von der Sonne verblichenen wollenen Umhang, das ehrwürdige Haupt gekrönt von einem hohen weißen Turban, quer vor sich über den Sattel gelegt einen Stock mit von der Zeit abgenutzter Silberkrücke, ritt schweigend auf seinem alten rotgefleckten Falben dahin. Unentwegt starrte er mit seinen tränenden Augen, als traute er ihnen nicht, in die Richtung, wo der märchenhafte Palast stand, wie er in seinem ganzen langen Leben keinen gesehen.
Endlich zog er die Zügel an. Laute Rufe brachten sofort die ganze Karawane zum Stehen. Söhne und Enkel eilten herbei und umstanden den Patriarchen, in dessen weißem Bart der Wind spielte. Mit heiserer, keuchender Stimme flüsterte Nurali Tschowdur die leiderfüllten Worte:
»Neue, schwere Zeiten sind angebrochen... Alles, was wir ringsum sehen, gereicht uns nicht zur Freude. Wenn es aber der Wille des Allmächtigen ist, so müssen wir alles daransetzen, aus der Salzwüste grauen Elends auf den sicheren Pfad der Rettung hinauszugelangen... Hier sind wir vom Verderben umlauert... Auf unseren uralten Weideplätzen grasen bereits fremde Herden... Unsere Herden werden geraubt und fortgetrieben werden, unsere stolzen Frauen geschändet, unsere geliebten Kinder nach fremden Ländern verschleppt und dort verkauft werden... Treibt unsere Herden schleunigst in die fernen Steppen am Großen Stein![3] Rasch fort von diesem furchtbaren Ort, möglichst weit fort von den grausamen, erbarmungslosen Mungalen! Allahs Zorn hat diese wilden Krieger vom Aufgang der Sonne her in die uns seit undenklichen Zeiten gehörenden Gebiete hergetrieben. Ob wir es freilich anderswo besser haben werden?... Schwarze Wolken ziehen sich über unserem Wege zusammen. O welche Zeiten!«
Ächzend und stöhnend reckte Nurali Tschowdur die Hand, in der er den Krückstock hielt, zum Himmel. Er murmelte Gebete, in denen er Allah

---

1 Dschinn = geisterhaftes (sowohl teuflisches wie engelhaftes) Wesen, imstande, unter wechselnden Formen zu erscheinen und übermenschlich schwere Arbeiten zu verrichten.

2 Ifrit = im späteren Sprachgebrauch soviel wie Dschinn; ursprünglich eine besondere Gattung unter den Geistern und Dämonen, denn es heißt im Koran »ein Ifrit, von den Dschinns«.

3 Großer Stein = der südliche Ural.

anflehte, ihm seine Söhne, Enkel und Urenkel zu erhalten. Dann schlug er mit den Sohlen seiner Kawuschen[1] gegen die Flanken seines alten falben Hengstes.

Die Wache der Mongolen

Kreischend rutschte der krausköpfige Negerknabe Said am vorderen Mastbaum, von dessen oberster Rahe aus er Ausschau gehalten hatte, herab und sauste in wilder Hast über das Deck.
»Islam-Agha! Islam-Agha! Vor uns liegt eine auf Rädern rollende Stadt und ein großes goldenes Haus!«
»Du bist wohl mit deinem Hohlkopf gegen den Mastbaum gerannt? Wo soll denn hier eine Stadt herkommen?«
»Der Junge hat recht«, mischte sich ein junger Matrose, der am Steuerruder stand, ein. »Vor uns befindet sich die neue Tatarenstadt, eine bewegliche Stadt, die auf Rädern durch die Steppe rollt.«
»Ich kann beim besten Willen nichts sehn.« Der Schiffer rieb sich mit dem weiten Ärmel seines blauen Hemdes die Augen. »Ihr phantasiert wohl alle miteinander wie die Betrunkenen, seit ihr in diesen Sumpfnebel geraten seid.«
»Schau nur dorthin, Agha!« beharrte das Negerlein und hüpfte aufgeregt auf seinen dürren Beinen hin und her. »Siehst du, dort auf jenem Hügel, dort steht das leuchtende Haus!«
»Ich seh' schon. Aber das sind Lagerfeuer, die brennen.«
»Gar keine Lagerfeuer sind das! Es ist ein Haus aus purem Golde. Es schimmert und flimmert nur in den Strahlen der Sonne wie Feuer.«
»Was faselst du da, du kleiner Frosch? Wie sollte denn hierher mitten in die öde Steppe ein Haus aus Gold kommen?«
»Das ist ein Hinterhalt der Wüstenräuber«, behauptete der junge Matrose. »Hier lauern sie den Pilgern auf, die auf der Wallfahrt nach Mekka sind, und plündern sie aus; ihre Leichen aber werfen sie in den Fluß.«
Die halbnackten, an die Bänke gefesselten Sklaven ließen ihre Ruder fahren. An die Bordwand geklammert, starrten sie gierig in die Ferne, wo das goldglänzende Schloß weiterhin wie Feuer sprühte und leuchtete.
»Ein Haus aus purem Gold, tatsächlich!« riefen sie mit ihren rauhen, groben Stimmen und zerrten an ihren Ketten, als wollten sie sich losreißen. »Wenn man nur ein Stück davon abbricht, so kann ein jeder von uns sich seine Freiheit erkaufen. Laßt uns hingehn und das Haus von Gold niederreißen, das Allah selbst uns geschenkt hat!«
»Es ist eine Stadt! Ich habe die Wahrheit gesagt! Es ist eine Stadt!« jubelte der Negerjunge, indem er vor Freude einen Luftsprung nach dem andern vollführte. »Islam-Agha, du versprachst einen silbernen Dir-

1 Kawuschen = Fußbekleidung aus grobem Leder.

hem[1] demjenigen, der als erster die Mauern der Tatarenstadt erblicken würde. Ich habe sie zuerst gesehn, gib mir also gleich den Dirhem.«

»An die Plätze! An die Ruder!« brüllte der Schiffer.

Der lange Riemen der Peitsche des Aufsehers klatschte auf die nackten Rücken der Ruderer. Vor Schmerz schreiend und heulend, nahmen sie ihre Plätze auf den Bänken wieder ein.

»Vielleicht ist es ein Masar[2]?« meinte der Schiffer ärgerlich. »Gewiß, so wird's sein: ein Gebäude, das irgendein Steppenkhan über dem Grabe eines seiner Vorfahren hat errichten lassen. Ja, ein Masar, ein Grabmal, aber keine Stadt! Wo sind denn die Moscheen, wo die Häuser der Einwohner? Wo ist die Medresse, wo der Basar der Kaufleute? Nein, von mir wirst du keinen Dirhem bekommen, du schwarzes Ferkel, weder einen silbernen noch einen kupfernen.«

»Doch, es ist eine tatarische Stadt«, widersprach der Mann am Steuer im Brustton der Überzeugung, »und zwar die neue Hauptstadt des furchtbaren, unbesiegbaren Stammes, der zum Schrecken aller Völker aus dem Osten hergezogen kam, eine Zeltstadt auf Rädern, die bald hierhin, bald dorthin rollt, je nachdem, wo sich die besten Weiden für das Vieh finden. In jenem goldenen Hause aber wohnt ihr höchster Khan, ihr Kagan[3], der, wie es heißt, einen Kopf von der Größe eines Kochkessels hat. Ein einziger Blick seiner Schielaugen bringt jeden zum Stehen, der es wagt, zu nahe an ihn heranzutreten, ja er wirft ihn glatt um...«

»Rudert schneller! Vorwärts!« brüllte der Schiffer wütend. »Aufseher, peitsche das faule Viehzeug!«

Die Rudersklaven setzten ihre ganze Kraft ein, so daß der Schweiß ihnen in Strömen über den Rücken rann. Aber nur langsam bewegte sich der schöne Zweimaster mit den hohen Bordwänden vorwärts; denn die Gegenströmung war sehr stark.

Auf beiden Seiten des Verdecks standen Matrosen mit langen Staken, um die Wassertiefe zu messen.

»Eine Sandbank! Der Kiel kratzt schon den Grund.«

»Anker werfen!« gebot der Schiffer.

Zwei Anker klatschten ins Wasser, die Taue strafften sich, und das Wasser schäumte gegen die Bordwände. Auf der heftig dahinströmenden Wasserfläche tanzten und wirbelten Strohhalme und kleine grüne Zweige. Das mit hohem Schilf bewachsene Ufer war nicht fern.

Auf der Ebene erschienen Reiter, die langschößige Pelzröcke und spitze Fellkappen trugen. Sie näherten sich dem Fluß, ritten ins Wasser hinein und hielten auf der Sandbank, wo sie ihre schnaubend das Wasser beschnuppernden Rosse zügelten und ihre verhältnismäßig kurzen

---

1 Ein Silberdirhem hatte einen Wert von etwa 20 Kopeken, als Kupfermünze hingegen war ein Dirhem nur 2 Kopeken wert.

2 Masar = Mausoleum über dem Grab eines Heiligen oder Märtyrers.

3 Kagan = Kha-Khan = Khan aller Khane, Großkhan.

Lanzen schwenkten, dazu riefen sie gebieterische Worte in einer dem Schiffsvolk unverständlichen Sprache. Die tieferen Stellen im Wasser verwehrten den kurzbeinigen Rossen, noch näher an den Zweimaster heranzukommen. Die Reiter hatten von Wind und Sonne gegerbte und gebräunte dunkle Gesichter und waren von unterschiedlichem Alter, blutjunge und auch Greise waren darunter. Einer dieser Greise, angetan mit einem prächtigen gelbgestreiften Chalat[1], löste sich aus der Schar, trieb sein Pferd noch etwas tiefer, bis zu den Steigbügeln, ins Wasser hinein und rief erst auf persisch, dann auf arabisch und schließlich in der Kiptschakensprache:

»Wer seid ihr? Woher kommt ihr? Wem gehört dieses Segelschiff, und was hat es geladen? Antwortet! Ich bin der Terdschuman[2] des großen Eroberers des Erdkreises.«

Der Steuermann, der viel in der Welt herumgekommen war, antwortete in der Sprache der Kiptschaken[3]:

»Dieses Segelschiff gehört dem ehrwürdigen Kaufmann Islam-Agha vom ›Eisernen Tor‹[4]. An Bord des Schiffes befindet sich der außerordentliche, erhabene Gesandte Seiner Heiligkeit des Großkalifen Mustansir von Bagdad. Ist es noch weit bis zu den Stufen des Thrones des großen Eroberers des Erdkreises? Der Schiffseigner möchte den Staub des Teppichs vor ihm küssen und ihm wertvolle Geschenke darbringen.«

Der Dolmetscher befahl barsch:

»Laßt ein Boot herab! Fahrt ans Ufer und weist den Firman[5] vor, der euch die Einreise in die Gebiete des mongolischen Reiches gestattet!«

Die anderen Reiter fielen ein:

»Zeigt uns, was ihr für die Krieger des Dschichangirs[6] mitgebracht habt!«

Mit bebenden Lippen gab Islam-Agha seinen Matrosen halblaut hastige Anweisungen:

»Versteckt im Schiffsraum, was sich nur irgend verstecken läßt, und schließt die Luken!«

Ein schmales geteertes Boot schoß aus dem dichten Röhricht am Ufer

---

1 Chalat = morgenländisches Obergewand in Form eines Schlafrocks.

2 Terdschuman = Dragoman = Dolmetscher.

3 Kiptschaken = ein zu den Türkvölkern gehörendes großes Nomadenvolk, das sich das riesige Gebiet vom Aralsee bis zum Dnepr aneignete, von den Europäern auch Kumanen genannt. Zu Ehren ihres Khans Usbek nahmen die Kiptschaken später den Namen Usbeken an.

4 Das Eiserne Tor = die Stadt Derbent am Westufer des Kaspischen Meeres, Eisernes Tor hieß die Stadt, weil ihre starke Festung den Landweg nach dem Iran verschloß.

5 Firman = persisch: fermañ = kaiserlicher Erlaubnisschein oder Paß.

6 Dschichangir = (arabisch) Erschütterer oder Beherrscher des Erdkreises; Titel des Oberbefehlshabers der mongolischen Kriegsmacht.

hervor und auf das Segelschiff zu. Seine Insassen, tatarische Krieger, enterten mit ihren hakenbewehrten Speeren den »Liebling der Winde« und kletterten auf Strickleitern, die sie entrollten und über die Deckbrüstung warfen, an Bord. Im Nu zerstreuten sie sich über das ganze Schiff, kehrten alle Säcke und Ballen um, schlitzten sie mit ihren krummen Messern auf, trugen Pelze und andere Kleidungsstücke, die ihnen in die Hände fielen, auf einen Haufen zusammen und auf einen anderen Ballen mit Datteln und getrockneten Weintrauben.
Von diesem Lärm aufgeschreckt, kamen einige Passagiere aus dem Innern des Schiffs an Deck gestürzt und starrten nun aus ihren im grellen Sonnenlicht zusammengekniffenen Augen voller Entsetzen auf die fremden wilden Krieger.
Der junge arabische Gesandte stand, mit dem Rücken gegen einen Mast gelehnt, die Hand am Griff seines Dolches, in stolzer, unerschrockener Haltung da und neben ihm sein gleichfalls die Fassung bewahrender rotbärtiger Schreiber, einen Beutel aus Teppichstoff und einen großen Koran[1] in den Händen.
Lautlos schlichen sich von hinten zwei Tataren an den jungen Araber heran und versuchten, ihm seinen Rock vom Leibe zu zerren, doch der kräftige Jüngling schüttelte sie mit Leichtigkeit von sich ab und zog dann seinen Dolch zur Verteidigung.
Im selben Moment kam der greise Dolmetscher die Strickleiter heraufgestiegen und rief, nachdem er den Schiffer mit einer hoheitsvollen Geste begrüßt hatte, im Tone eines Gehorsam gewohnten Mannes den tatarischen Kriegern zu:
»Wer wird denn einen vornehmen Fremden kränken, der als Gesandter des Kalifen zum Dschichangir kommt? Laßt ihn gefälligst in Ruh'! Er mag uns seinen Namen nennen!«
»Man beleidigt den Gesandten des Kalifen!« brüllte wie ein Rasender Islam-Agha. »Diese Räuber plündern ihn aus!«
»Das sind keine Räuber«, erklärte der Terdschuman bedeutungsvoll, »sondern die tapferen Bahadure[2] Batu-Khans, des erhabenen Herrschers der Tataren.«
Neben dem Terdschuman war indessen ein junger Krieger aufgetaucht. Er trug eine stählerne Rüstung und einen Helm mit silberner Nasenschiene in Form eines Pfeiles.
»Achtung und Gehorsam!« rief er mit gebieterischer Stimme.
»Achtung und Gehorsam!« wiederholten die mongolischen Krieger wie aus einem Munde und standen unbeweglich wie Bildsäulen an der Stelle stramm, an der ein jeder sich gerade befunden hatte, alle mit dem Gesicht dem gepanzerten jungen Krieger zugekehrt, welcher sich jetzt

1 Koran (Alkoran) oder Kuran = das Glaubensbuch der Mohammedaner, eine nach dem Tode des Propheten zusammengetragene Sammlung seiner ihm zuteil gewordenen Offenbarungen.
2 Bahadur oder Bahatur = Held, Recke.

dem mit gesenktem Kopf und hochgezogenen Schultern dastehenden Schiffseigentümer zuwandte mit der Frage:
»Wer ist dieser unüberlegte junge Mensch, der es gewagt hat, wider die tapferen Bahadure des großen Dschichangirs den Dolch zu zücken?«
Dem zornigen Schiffer blieb vor Verblüffung der Mund offenstehen, dann, nachdem er seine heruntergerutschten Pluderhosen wieder heraufgezogen hatte, stotterte er:
»Das ist ja der Gesandte des Kalifen von Bagdad.«
Der junge Araber hatte inzwischen, mit einem wütenden Blick auf seine Angreifer, sein im Handgemenge zerrissenes Obergewand wieder in leidliche Ordnung gebracht und starrte dem gepanzerten Anführer der Mongolen trotzig ins Gesicht. Dieser fuhr, ohne ihn zu beachten und sich erneut an seine Krieger wendend, fort:
»Ihr wißt, Bahadure, daß Gesandte unverletzlich und unantastbar sind, und ganz ungehörig ist es, ihnen die Kleider vom Leibe zu reißen. Bedankt euch bei dem außerordentlichen Gesandten des Kalifen von Bagdad und bei dem Eigentümer dieses Schiffes für die von ihnen erhaltenen Geschenke.«
»Wir bedanken uns für die Geschenke!« riefen die Krieger.
»Eine Zehnermannschaft bleibt hier an Bord des Schiffes. Die andern schaffen die Geschenke ans Ufer und ins Lager Batu-Khans.«
In diesem Augenblick stürzte aus der Kajüte des Schiffers ein schieläugiger alter Mongole, gefolgt von einer zierlichen, schreckensbleichen Frauensperson, der er einen Beutel aus gemustertem Teppichstoff aus den Händen zu reißen suchte. Die Beraubte, an deren Fußknöcheln ein silbernes Kettchen klirrte, war eben im Begriff, ein Jammergeschrei zu erheben, als der alte Räuber beim Anblick seiner strammstehenden Kameraden den Beutel losließ und ebenfalls unbeweglich strammstand.
»Ich bin sicher, daß niemand an Bord, weder der Eigentümer noch der Gesandte oder einer der Passagiere, sich über meine Krieger zu beklagen hat«, sagte der Gepanzerte.
»Wieso sollten wir uns nicht beklagen?« rief der Schiffer empört. »Sie haben doch geraubt, was ihnen nur zwischen die Finger kam.«
»Still!« unterbrach ihn der Anführer. »Merke dir, daß die tapferen Bahadure des erhabenen Dschichangirs niemanden berauben. Sie nehmen sich nur die ihnen als Eroberer des Erdkreises gesetzlich gebührende Beute. Da du aber so vermessen warst, meine Krieger zu beleidigen, indem du sie Räuber nanntest, werde ich sofort, hier an Ort und Stelle, über dich Gericht halten und dir nach den Gesetzen der Jassa[1] die verdiente Strafe zuerkennen, die sogleich nach der Verkündung vollzogen werden wird: ein Keulenhieb auf den Scheitel! Umgewandelt kann diese Strafe werden: in Aufknüpfen am Mastbaum.«
»Niemand hat sich beklagt! Keiner ist beschuldigt worden!« beteuerte

---

1 Jassa = Dschingis-Khans Sammlung von Gesetzen zur Regelung des Alltagslebens.

Islam-Agha mit zitternder Stimme, indem er sich die trocken gewordenen Lippen leckte. »Wir sind alle hocherfreut, wenn unsere bescheidenen Geschenke den ruhmreichen Kriegern des gerechten Herrschers der Tataren gefallen.«
Der Gepanzerte ließ seinen spöttischen Blick eine Weile auf dem Schiffer ruhen, dann sagte er:
»Gut, ich hebe das Urteil auf, aber meinen Anordnungen habt ihr euch ohne Widerspruch zu fügen. Alle an Bord Befindlichen – Schiffer, Matrosen, Passagiere – haben sich dort drüben in einer Reihe aufzustellen ... mit Ausnahme des Gesandten, der sich auf die andere Seite begeben mag ... So ... und nun – Choni und Munke – durchsucht sie sorgfältig!«
Ein alter Mongole mit einem Raubtiergesicht, in dem die schiefsitzenden Augen wie zwei schmale Schlitze wirkten, trat zum ersten der Reisenden, die sich in Reih und Glied aufgestellt hatten, und unterwarf ihn einer gründlichen Leibesvisitation. In aller Gemütsruhe nahm er ihm die Leibbinde und den Geldbeutel, der dahinter verborgen war, ab, zog ihm den mit einem Türkis geschmückten goldenen Ring vom Finger und die hellgelben Lederschuhe von den Füßen und überreichte diese Gegenstände einen nach dem andern einem zweiten Mongolenkrieger, der einen Schafpelz auf dem Boden ausgebreitet hatte, worin er alles, was ihm eingehändigt wurde, sammelte.
Furchtsam sahen die Reisenden nach der Stachelkeule, die an einem Lederriemen dem alten Mongolen mit dem Raubtiergesicht über der Schulter hing.
Während die Ausplünderung vor sich ging, stellte der Dolmetscher an jeden, der an die Reihe kam, die gleichen Fragen:
»Wer bist du? Was treibst du? Woher kommst du? Wohin willst du? Warum und wozu? Auf wie lange Zeit?«
Ein halbergrauter, sehr reich gekleideter Reisender, der einen gestreiften Seidenchalat, rosa Pluderhosen und einen hellblauen Turban trug, antwortete:
»Ich bin Kaufmann und komme aus der Stadt Urgentsch[1] im großen Reich Chowaresmiens. Ich führe Seidenstoffe bei mir, Edelsteine und Haschisch[2], eine Droge, die jedem, der seine Zuflucht zu ihr nimmt, Seligkeit verschafft ... Was muß ich nach den Vorschriften der weisen Jassa mit meinen Waren tun?«
»Du darfst sie hier alle frei verkaufen, nachdem du zuvor ein Fünftel

---

1 Urgentsch oder Gurgandsch = Stadt und Chanat in Turkestan in Mittelasien. Damals war es Hauptstadt des bis zum 12. Jahrhundert unter der Herrschaft der seldschukischen Türken stehenden (schon von Herodot erwähnten) Reiches Chowaresmien (auch Chorasmien oder Charism), in das um 1230 die Mongolen einfielen. Auch Timur verwüstete das Land 1372 und 1379. Später kam es unter die Herrschaft der Usbekenkhane.

2 Haschisch = ein aus indischem Hanf gewonnenes Rauschmittel.

für unseren gerechten Dschichangir und ein weiteres Fünftel für den großen Kagan aller Mongolen als Tribut erlegt hast. Das zweite Fünftel wird nach der Residenz Kara-Korum[1] gesandt werden.«
Ein anderer Reisender, der äußerst ärmlich in einen verblichenen Umhang gekleidet und durch seine hohe spitze Mütze als Derwisch kenntlich war, begann in singendem Tonfall eine lange Litanei herzuleiern:
»Ich bin ein unsteter Wanderer auf der flachen Erdscheibe. Mein Name ist Scheich Muslich ad-Din. Ich verfasse anmutige Verse. Ich habe weder Haus noch Garten, um Steuern zahlen zu können. Mein ganzes Hab und Gut trage ich bei mir. Meinen ganzen Reichtum schöpfe ich aus diesem Bronzetintenfaß.«
Der Mongole mit der Keule tastete ihn ab, fand in seinem Busen einen Beutel mit Silbermünzen, nahm ihn an sich, riß auch das an des Scheichs Gürtel hängende Bronzetintenfaß ab und besudelte sich die Hände, als er es öffnete.
Der Derwisch jammerte mit zum Himmel gereckten Armen:
»Wenn mir mein Tintenfaß genommen wird, muß ich meine Leber den Raben zum Fraß vorwerfen.«
Choni, der Mann mit der Keule, entgegnete ungerührt:
»Deine Bronzeschatzkammer können unsere Schreiber brauchen.«
Munke, der zweite Mongole, riß dem Derwisch seinen weiten Mantel ab, breitete ihn auf dem Deck aus und warf die abgenommenen Sachen darauf.
Muslich ad-Din sank auf die Knie nieder, bedeckte sein Gesicht mit den Händen, wiegte den Oberkörper vor und zurück und murmelte unverständliche Worte, zwischen denen er ein klägliches Winseln hören ließ.
Der Gepanzerte trat zu ihm hin und berührte ihn mit der Hand an der Schulter.
»Was bist du eigentlich: ein Bettler, ein Schamane[2], ein Sterndeuter? Worüber jammerst du?«
»Ich bin kein Bettler. Ich war reicher als der mächtigste Herrscher, jetzt aber bin ich ärmer geworden als ein Vogel oder ein wildes Tier, denn ein Vogel hat seine Federn, ein Tier sein Fell. Dreißig Jahre bin ich in diesem Mantel über den Rücken der Erde gewandert. Er war mein Kleid, mein Bett- und mein Tischtuch. Tagsüber hüllte ich mich darein, nachts lag ich darauf, und zu den Mahlzeiten legte ich Brot und Käse darauf. Selbst auf die Gefahr hin, daß du mir den Schädel mit der Keule zerschmetterst, muß ich es aussprechen: Es kann nicht sein, daß die weise Jassa befiehlt, einem Sänger, der die Heldentaten der großen Völker-

---

1 Kara-Korum = älteste Residenz der Mongolenkhane (1235–1260). Auf ihren Trümmern steht das 1585 gegründete buddhistische Kloster Erdenitse.

2 Schamane = Heil- und Zauberkundiger bei Tiefkulturvölkern (besonders Sibiriens).

beherrscher besingt, seinen Mantel und sein Tintenfaß wegzunehmen.«
Choni hatte unterdessen die Enden des Mantels zusammengeknüpft und hob das Bündel in die Höhe. Durch die Löcher und Risse fielen Münzen, Ringe und andere kleine Gegenstände, die man den Reisenden abgenommen hatte, heraus.
Der Gepanzerte sagte zu dem Scheich:
»Du wirst mit mir zu unserem gerechten Khan kommen. Er wird entscheiden, was mit dir geschehen soll... Choni, gib ihm seinen Mantel und sein Tintenfaß zurück!« Dann deutete er mit der Hand auf einen hageren Mann mit einem zerzausten roten Bart, der einen weiß und schwarz gestreiften Tschekmen[1] nach arabischem Schnitt trug: »Und wer bist du?«
»Das ist mein Schreiber«, erklärte der arabische Gesandte. »Er ist gleichzeitig ein weiser Sterndeuter und Wahrsager und ein äußerst geschickter Arzt.«
»Ein Arzt?« rief der Gepanzerte. »Ich brauche dringend einen erfahrenen Arzt! Was bewahrst du in deinem Ledersack auf?«
»Meine Arzneien, mit denen ich die Gläubigen von ihren Krankheiten kuriere und sie vor dem Tode errette. Und dies hier ist die ›Erhabene Rolle‹[2] des Propheten, gelobt und gepriesen sei er!«
Die Mongolen beluden ihr Boot mit den geraubten Sachen; mehrmals mußte es zwischen dem Zweimaster und dem Ufer hin- und herfahren, ehe alles an Land geschafft war.
Bei der vorletzten Fahrt nahmen sie auch das junge Weib mit dem silbernen Kettchen an den Füßen, den Derwisch und den Negerknaben mit.
Zehn Mongolen blieben als Wache auf dem Schiff; sie hockten auf dem Achterdeck in engem Kreis nieder und stimmten ein wehmütiges Lied an.
Islam-Agha stand an der Deckbrüstung und starrte fast tränenblind dem Boote nach, das ihm die junge Frau entführte.
»Dafni[3] hat mich verlassen«, murmelte er schließlich ganz verzweifelt, indem er die Tränen mit der Faust abwischte, »sie, die wie ein Splitter in meinem Fleische war, die giftige Assel!«
Der arabische Gesandte legte ihm teilnehmend die Hand auf die Schulter.
»Wahrlich, auch ein Grund zum Trauern... Auf jedem Markt gibt es Sklavinnen zu kaufen, so viele du nur willst. Wirst eine andre finden, die noch besser ist.«
»Eine bessere als Dafni werde ich niemals finden! Sie stammte von den

1 Tschekmen = ein ziemlich kurzer, auf Taille gearbeiteter Rock.
2 Erhabene Rolle = eine bei den Moslemin für den Koran übliche Bezeichnung.
3 Dafni = (griechisch) Daphne (d. h. Lorbeer).

großen Komnenen-Kaisern[1] ab. Es würde mich nicht gereuen, für sie hundert Goldmünzen und einen Sack getrockneter Pfirsiche zu geben. Weshalb hat man sie mir entführt?«
»Was fandest du bloß an ihr? Klein war sie und blaß, trocken wie eine Erbse. Immer hat sie mit dir gestritten, hat dich gebissen und gekratzt und sogar gedroht, dich zu töten...«
»Das ist wahr«, gab der Schiffer zu, dann aber flüsterte er dem Gesandten ins Ohr: »Doch sie verstand es, tiefe Leidenschaft zu wecken.«
»Das ist freilich ein seltenes Verdienst«, meinte der Gesandte.

Abd ar-Rahmân bei der Wahrsagerin

Abd ar-Rahmân sprang aus dem Boot ans Ufer – ans Ufer des geheimnisvollen Landes der Steppenvölker; um es zu erreichen, hatte er die beschwerliche und gefährliche Reise durch die Hochgebirge des wilden Kurdistans gemacht.
Er fühlte festen Boden unter den Füßen, stolperte im Dunkeln aber über Erdhügel, und das harte scharfe Gras, das auf ihnen wuchs, schnitt ihm in die Beine. Trotzdem empfand er es als einen Freund.
»Hassan! Wo ist Hassan?« rief er in die Finsternis nach dem Matrosen, der ihm versprochen hatte, seine Sachen zur Karawanserei[2] zu schaffen.
»Hassan ist hier!« antwortete aus dem Dunkel die Stimme des Matrosen. »Wart ein Weilchen, Agha! Ich muß erst noch die Sachen aus dem Boot tragen und dabei aufpassen, daß keiner von den Halunken was maust. Ich habe da einen Tagedieb gefunden, der bereit ist, mir beim Tragen des schweren Ballens zu helfen. Doch muß ich ihm zuvor eine Schlinge um den Hals legen, damit er mir in der Dunkelheit nicht davonläuft.«
Abwartend stand Abd ar-Rahmân da. Allmählich gewöhnten sich seine Augen an die Finsternis, und er gewahrte zwei Gestalten, die sich ihm näherten: den Matrosen Hassan und den erwähnten »Tagedieb«, beide schwer beladen mit Säcken, in denen sich die kostbaren Geschenke des Kalifen für den Mongolenkhan befanden. Zwar hatte der Schiffer versprochen, einen zuverlässigen Begleiter zu stellen, der den Weg zu den arabischen Kaufleuten zeigen sollte; in der Dunkelheit war aber bei dem Gewimmel von hastenden und schreienden Menschen alles durcheinandergeraten, und der junge Abd ar-Rahmân war von dem treuen Adsum, den die mongolische Wache mitgenommen hatte, getrennt worden.

---

1 Komnenen = ein byzantinisches Fürstengeschlecht, das (1057–1059 und 1081–1185) auf dem Thron von Konstantinopel und (1204–1462) auf dem Throne von Trapezunt saß. Als Herrscher von Trapezunt nannten sie sich Groß-Komnenen.
2 Karawanserei = Reiseherberge.

›Wohin gehen?‹ fragte sich der Jüngling.
Ein kalter Wind blies ihm rauh ins Gesicht, das sich mit feinem Staub bedeckte. Vor ihm, in der Ferne, flimmerten Lichter. Schwarze Schatten huschten vorüber. Man mußte auf der Hut sein: Überall lauerten Menschen, die sich kein Gewissen daraus machten, zu rauben und zu morden. Ob man nicht lieber bis zum Morgengrauen am Flußufer wartete und dann erst auf die Suche nach den gastfreundlichen Landsleuten, den arabischen Kaufleuten, ging? ... Sie würden ihm Unterkunft gewähren, ihm ein sicheres Zelt und flinke Diener geben, ein mit Seidenblumen besticktes Tischtuch auf den Teppichen ausbreiten und die herrlichsten Speisen ihm zu Ehren, der als Gesandter des heiligen Kalifen zu ihnen kam, auftragen lassen.
Ein Händchen, fast so klein wie das eines Kindes, berührte zutraulich Abd ar-Rahmâns muskulöse starke Hand, und eine sanfte, wohlklingende weibliche Stimme ertönte freundlich und einschmeichelnd in einer unbekannten Sprache. Das sagte die gleiche Stimme auf arabisch:
»Werter Reisender, wenn du in dieser kalten Nacht ein warmes Obdach suchst, so folge mir. Für dich als Fremden ist es zu gefährlich, nachts durch ein Lager rauher Krieger der verschiedensten Stämme zu streifen. Ganz in der Nähe aber findest du eine angenehme Unterkunft, wo dir schon ein freundlicher Empfang bereitet ist auf einem reinen Teppich, seidenen Kissen, und wo ein warmes Nachtmahl und ersehnte Ruhe nach den Beschwerden der Reise deiner warten.«
Hassan brummte unwirsch:
»Wer bist du denn? Wir kennen dich ja gar nicht, Tochter der Finsternis und der Sünde.«
»Höre auf mich, Reisender! Ich wünsche nur dein Bestes. Bleib nicht hier am Fluß! Und die Übernachtung wird dich auch gar nicht teuer zu stehen kommen. Nur drei Silberdirhem.«
»Hassan, folgen wir ihr. Irgendwohin müssen wir doch sowieso gehn. Also überlassen wir es dem Zufall, wohin.«
»Ich gehorche, Agha, aber Allah bewahre dich vor neunundneunzig Mißgeschicken.«
Beharrlich zog die kleine Hand den jungen Araber fort ins Unbekannte.
»Ich folge dir ja schon«, sagte er. »Und ich will dir fünf Dirhem geben, wenn alles, was du versprichst, sich als wahr erweist. So ziehst du dein Glück hinter dir her.«
»Dir aber wird als Zugabe noch Seligkeit geschenkt werden«, verhieß die einschmeichelnde, sammetweiche Stimme.
Sie schritten über Hügel, durch Gesträuch hindurch. Die roten Lichter verschwanden bald, bald leuchteten sie von neuem auf. Schließlich ging es wieder hügelan. Endlos war der Weg. Auf einmal tauchten dunkle Zelte auf, vertraute arabische Zelte aus Wollgewebe. Durch die Risse in der Zeltwand schimmerte rötliches Licht.
»Wir sind angelangt!« sprach die kleine Führerin und schlug den Vorhang vor dem Eingang zurück.

In der Mitte des Zeltes glimmte ein offenes Kohlenfeuer, darüber hing ein rußgeschwärzter Kumgan[1] aus Bronze.
Unter dem von Holzstangen gestützten Zeltdach hing ein Tonlämpchen, dessen Schein im Verein mit dem Feuer das Zelt leidlich erhellte.
Abd ar-Rahmân stellte seine Reisetaschen ab, dann band er seinen Gürtel mit dem Köcher und dem Krummsäbel in silberner Scheide los und legte alles vor sich auf einen bunten Samt- oder Plüschteppich, auf dem er dann niederkniete, um mit erhobenen Händen ein leises Gebet zu sprechen.
Hassan und der »Tagedieb«, ein zerlumpter Kerl mit unstetem Blick, hatten ihre Lasten gleich am Zelteingang niedergeworfen und wischten sich, während sie auf Bezahlung warteten, den Schweiß mit dem Ärmel vom Gesicht.
Als Abd ar-Rahmân sein Gebet verrichtet und sich wieder erhoben hatte, warf er den beiden einige Geldstücke zu.
»Du mußt noch etwas zulegen. Das war ein schwerer Packen, oh!« stöhnte der Tagedieb. »Man könnte wahrhaftig meinen, es wäre Eisen drin, aber vielleicht ist es auch Gold, dann sei dir Allah gnädig und verdoppele das Gewicht deines Packens.«
Aufmerksam musterte Abd ar-Rahmân den Menschen: seine lange Hakennase, das runde Mützchen, den halbergrauten zerzausten Bart.
»Wie heißt du?« fragte er, indem er ihm noch ein paar kleine Münzen hinwarf.
»Wie ich heiße?« Der Tagedieb zuckte die Achseln und bückte sich, um das Geld aufzusammeln. »Jetzt nennt man mich Samuil den Seufzenden, einst aber war ich Samuil ben-Abram und besaß in Jeruschalaim ein eigenes Haus mit einem Orangenhain ringsum. Damals trieb ich einen Handel mit raren Artikeln und gebot über ein ganzes Hundert solcher seufzenden Diener, wie ich jetzt selber einer geworden bin. An allem sind die Franken, die Kreuzritter, schuld. Der Teufel muß in sie gefahren sein, daß sie nicht ruhig in ihrem Heimatland bleiben können, sondern die friedlichen Einwohner Jeruschalaims in Schrecken und Unruhe versetzen, weil sie glauben, das ›Grab des Herrn‹ befreien zu müssen. Wovon befreien? – Ein Grab ist ein Grab, und ich denke, es braucht keinerlei ›Befreiung‹. Arme Leute aber gerieten dadurch in Not und Verderben. Erst machten die Franken mich zu ihrem Gefangenen, und ein Baron machte mich zu seinem Koch. Es gab bloß nichts zu kochen und zu braten, und ich selbst mußte für meinen Herrn das Hammelfleisch und die Datteln herbeischaffen, das heißt natürlich: stehlen... Später geriet ich in arabische Gefangenschaft und wurde als Sklave in die Fremde verkauft, so weit weg von meiner Heimatstadt, daß ich nun hier am Ufer des Itils bin.«
»Wieviel soll ich dir denn noch zulegen, ehrwürdiger Samuil ben-Abram?«

1 Kumgan = Teekanne oder Teekessel aus Metall mit langer Tülle.

»Wieviel? Bei mir heißt es: Je mehr, desto besser.« Und er schlug die Hände zusammen.
»Ich weiß nicht, welches Geld hierzulande im Gebrauch ist und wie die Preise stehen.«
»Hier sind alle möglichen Geldsorten im Gebrauch, wenn es nur wirklich klingendes Gold oder Silber ist... Gold, ach! Wie lange ist mir kein Golddinar mehr in die Hände gekommen! Und einmal hatte ich in meiner Handlung einen Diener bloß eigens dafür, daß er Gold in Silber und Silber in Gold umwechselte. Weißt du, Herr, was ich dir sagen will?«
»Nun, was willst du mir denn sagen, Samuil ben-Abram?«
»Wenn du eine Handvoll Gold besitzt, so läßt sich diese Handvoll in wenigen Tagen in drei Handvoll verwandeln. Hier strömt jetzt unendlich viel Gut zusammen, geraubtes... Oh, was sage ich da? Natürlich nicht geraubtes, sondern nur von Batus Kriegern aus anderen Ländern hierher mitgebrachtes, aus Ländern, die sie gründlich ›ausgekämmt‹ haben. Aber diese Mongolen haben keine Ahnung von dem wahren Wert der Dinge, die sie in den Händen haben. Jetzt tut ein kluger Mann gut daran, alles, was sie hierhergebracht haben, billig aufzukaufen, um es später für einen teuren Preis wieder zu verkaufen. Wann und wo sollte man wohl ein gutes Geschäft machen können, wenn nicht jetzt und hier?... Du wirst morgen sehen, daß hier eine große Stadt gleichsam aus der Erde emporwächst, eine bemerkenswerte Stadt mit vielen Bewohnern, die alle essen und trinken wollen und was nicht sonst noch alles. Ach, armer Samuil ben-Abram, oh, daß du frei wärest und nicht einen Messingring im Ohr trügest und ein Brandmal deiner Herrschaft, mit einem glühenden Eisen auf deiner rechten Hüfte gebrannt! Du könntest der reichste Kaufmann in dieser jungen mongolischen Hauptstadt werden!«
»Wer ist denn dein Herr?«
»Ich habe keinen Herrn, sondern eine Herrin – Bibi-Gündus... Pst! Sie wohnt hier. Und sie ist klug. Sie braucht einen Menschen nur anzuschauen und weiß sogleich die ganze Wahrheit über ihn, so durch und durch geht ihr Blick. Man zahlt ihr große Geldsummen für das, was sie wahrsagt, als läse sie aus dem Buch des Schicksals.«
»Welche Summe wäre denn nötig, um dich aus der Sklaverei loszukaufen?«
»Geld? – Meine Herrin wird mich nicht verkaufen. Sie bedarf meiner. Sie berät sich in allen Dingen mit mir: darüber, was gekauft werden soll und was verkauft. Zwar hat sie versprochen, mich später freizulassen, doch«, setzte er flüsternd hinzu, »kann man denn einem Weibe trauen? Pst! Leiser... Sie kommt!«

Die weise Bibi-Gündus

Der Vorhang aus Teppichstoff wurde beiseite geschoben, und herein trat eine Frau in einem roten Seidengewand, ihr Haupt war von einem bunten Turban gekrönt.
»Sei gegrüßt, Fremdling. Rast und Ruhe sei dir nach deiner beschwerlichen Reise gegönnt!«
Sie ließ sich am Rande einer Schilfmatte auf die Knie nieder und musterte den fremden Jüngling mit einem klaren, durchdringenden Blick, der gleichsam sagte: ›Ich bin klüger als du!‹ Ihr Gesicht von arabischem Typus mit sehr regelmäßigen Zügen wurde von einem Lächeln erhellt. Die Augen wetteiferten an Glanz förmlich mit der Smaragdkette, die den bräunlichen Hals schmückte, und mit den Diamantohrringen, die bläuliche Funken sprühten.
»Du kommst, scheint es, aus dem glücklichen Arabien oder aus dem fernen vielgerühmten Bagdad? Deine Kleider und die Ornamente auf deinen Reisesäcken deuten darauf hin.«
»Alles erkennt, alles versteht sie!« murmelte Samuil vor sich hin.
Ohne die Bemerkung ihres Sklaven zu beachten, fuhr Bibi-Gündus zu lächeln und zu sprechen fort:
»Falls dir hier in dieser Stadt Sorgen erwachsen sollten, dann höre auf mich, es wird dir Glück bringen. Ich möchte verhüten, daß du, dem hier alles neu und unbekannt sein muß, Fehler machst, die sich nicht verbessern lassen. Wer wartet und wägt bei der Wahl des richtigen Weges, dem erfüllt sich seine Hoffnung; wer aber übereilt handelt, ohne seine Handlungen vorher auf der Waage der Vernunft zu wägen, der wird es zu bereuen haben ... Hier in diesem merkwürdigen Heerlager herrschen ganz eigene Gesetze, Sitten und Gebräuche. Man muß sie kennen, um keine Torheiten zu begehn, die sich nicht wiedergutmachen lassen. Die Tataren sind hier die Herren, und gefällst du ihnen nicht, so können sie dich festnehmen, dir deinen ganzen Besitz wegnehmen, und du verschwindest spurlos in den kalten Fluten des Itils.«
»Sie werden es nicht wagen, den Gesandten des Kalifen anzutasten!« rief Abd ar-Rahmân voll Überzeugung.
»Das dachte ich mir«, meinte Bibi-Gündus immer mit dem gleichen, allmählich nervös machenden Lächeln. Abd ar-Rahmân fühlte sich von ihrem Blick festgebannt wie unter dem Blick einer großen Schlange, die, auf dem Schwanz aufgerichtet, ihr Opfer fasziniert.
»Samuil, bereite den Kebab[1]!« befahl die Herrin dem Juden, ohne sich zu rühren und ohne ihren prüfenden Blick von ihrem Gast abzuwenden. Abd ar-Rahmân beobachtete den Diener, der ein Bündel eiserner Bratspieße herbeiholte und aus einem rotgestreiften Tuche gehacktes Fleisch auswickelte.
In ihrer Unbeweglichkeit verharrend, kommandierte Bibi-Gündus:

1 Kebab = Gericht aus feingehacktem, auf Spießen gebratenem Fleisch.

»Samuil, hole den versiegelten Krug mit süßem Schiraswein! – Und du, mein lieber Gast, wäre es dir angenehm, wenn meine Sklavin Sulfija dir in der Zeit bis zum Nachtmahl Lieder aus deiner Heimat vorsingt? Vielleicht vermag die Musik die Unruhe zu zerstreuen, die sich auf deinem Gesicht ausdrückt... Fürchte nichts, ich sehe dich im Lichte großer Erfolge.«

Abd ar-Rahmân erbebte bei diesen Worten.

»Mein Mädchen singt wie eine Nachtigall. Du solltest ihre Lieder nicht verschmähen«, meinte Bibi-Gündus.

»Nein, ich mag jetzt keine Lieder hören. Wenn du so hellsichtig bist, daß sich vor deinem Blick der Vorhang der Zukunft öffnet, so offenbare mir lieber, was mir in diesem Jahre bestimmt ist.«

Aus dem Gesicht der Wahrsagerin war das Lächeln plötzlich wie weg gewischt, und die Züge nahmen einen strengen Ausdruck an. Sie schlug ihre Augen sinnend nieder, hob sie aber nach einer Weile mit einem unverkennbar traurigen Ausdruck wieder zu ihm auf und sagte:

»Ich will dir nicht alles sagen, was ich in deinem Gesicht lese. Willst du, so erzähle ich dir nur von den hellen Tagen des Sieges, verschweige aber die dunklen der Schmach und des Kummers.«

»Der Schmach?« rief Abd ar-Rahmân. »Wie könnte mir Schmach und Unehre auf meinem Wege begegnen? Ich werde niemals etwas Schmähliches und Unehrenhaftes tun oder zulassen. Verschweige mir nichts, sage mir alles, nichts soll mich schrecken. Die Zukunft aber wird zeigen, ob du die Wahrheit gesprochen hast oder nicht. Ich will wissen, was mir droht, um nicht mit geschlossenen Augen am Rande des Abgrunds hinzutaumeln.«

»An dem Kismet[1], wie es im Buch des Schicksals vorgezeichnet ist, vermögen weder Mut noch List etwas zu ändern. Seinem Schicksal entrinnt keiner!«

Bibi-Gündus klatschte in die Hände und rief: »Sulfija!«

Das junge Mädchen, welches den jungen Araber hierher geleitet und bis jetzt in der Tiefe des Zeltes gekauert hatte, in einen schwarzen Schleier mit Silberflitter gehüllt und den Kopf auf die Knie gelehnt, warf den Schleier ab, sprang behend auf und holte mit lautlosen leichten Bewegungen ein Beutelchen aus Wildleder herbei, dazu ein Schilfstäbchen und eine mit Wasser gefüllte Tonschale.

Bibi-Gündus entnahm dem Beutelchen bunte Steinchen und warf sie auf dem Teppich aus, wobei sie unverwandt in das Wasser der Schale starrte, die sie vor sich hingestellt hatte. Dann sammelte sie die Steinchen wieder ein und warf sie von neuem aus.

Abd ar-Rahmân, spürbar erleichtert, weil der forschende Blick der Wahrsagerin nicht mehr auf ihm haftete, beobachtete gespannt ihr Tun. Tief über die Schale gebeugt und ins Wasser starrend, das plötzlich zu

---

1 Kismet = (arabisch) das Zugeteilte; Ergebung ins Kismet ist religiöse Pflicht des Mohammedaners.

wallen anfing, als wäre Feuer darunter, begann Bibi-Gündus kaum vernehmbar zu flüstern:
»Ich sehe Schlachten, viele Schlachten... Dahinjagende Reiter, die von ihren Rossen stürzen... Feuerschein und schwarzen Rauch, der bis zu den roten Wolken aufsteigt... Ganze Städte stehen in Flammen... Die Erde färbt sich rot von dem vielen vergossenen Blut... Doch weder Pfeil noch Schwert werden dir etwas anhaben bis zu dem schwarzen Tag... Ich sehe einen jungen Krieger, der dir ähnlich sieht, auf einer Treppe emporsteigen, die in Fels gehauen ist; höher und immer höher klimmt er bis zum schneebedeckten Gipfel des Berges... Du trägst einen goldenen Talisman bei dir, der dich beschützt... Doch du schwankst, du hältst dich nur mit Mühe aufrecht, um nicht in den Abgrund zu stürzen... Auf der obersten Plattform steht ein junger Krieger, neben ihm eine Frau mit goldschimmerndem Haar... Der Krieger liebt sie, ist bereit, ihr zu vertrauen... Doch hüte dich vor ihr wie vor dem Tod! Verderben droht dir von ihr... Sie will dich in den Abgrund stoßen... Höre! Hüte dich vor der Frau mit dem Goldhaar!«
»Finde ich mein Ende durch diese Frau?« fragte Abd ar-Rahmân mit bebender Stimme.
»Ich warne nur...«
»Werde ich Reichtümer gewinnen?«
»Reichtümer? – Nein! Du strebst nach Ruhm, nicht nach Reichtum... Dein Leben lang wirst du den Erdkreis durchwandern und viele ferne Länder sehen... Doch der Reichtum wird dir wie Sand durch die Finger rinnen. Du bleibst ein Krieger, in den rauhen Mantel der Enthaltsamkeit gehüllt, vom Panzer des eisernen Willens umschlossen.« –

Abd ar-Rahmân ruhte auf dem Teppich. Das Feuer sank in sich zusammen, die glimmenden Kohlen bedeckten sich mit grauer Asche, die das Rot auslöschte. Es wurde ganz dunkel im Zelt. Durch die Risse in der Zeltwand flimmerten zwei blasse Sterne. Aber kein Schlaf wollte sich auf Abd ar-Rahmâns Augen senken. Eine unklare Erregung, die ihn durchwühlte, verscheuchte den Schlummer immer wieder. Er dachte an die Audienz beim Khan, die er hoffte am nächsten Tag gewährt zu bekommen, an die Prophezeiungen der Wahrsagerin, deren Blick er noch auf sich ruhen fühlte, an die anmutigen Bewegungen Sulfijas, als sie ihm beim Nachtmahl, das er mit Bibi-Gündus zusammen eingenommen, die Schalen mit dem berauschenden aromatischen Wein gereicht hatte... Dann drängten Erinnerungen an die beschwerliche Reise auf ihn ein... Dann wieder glaubte er den Juden Samuil mit dem Käppchen auf dem Scheitel und dem zerzausten Bart ganz deutlich vor sich zu sehen, wie er bei der Zubereitung des Kebab mit den Bratspießen hantierte... Als endlich der Schlaf das Bewußtsein mit einem leichten Nebel überziehen wollte, verspürte er einen unmerklichen Lufthauch, der ihn aufscheuchte. Eine kleine, sammetweiche Hand legte sich auf seine Lippen und deckte ihm die Augen zu.

Er streckte den Arm aus und fühlte die Rundung eines biegsamen Frauenrückens, über den zwei dicke Zöpfe herabhingen. Der Duft von Nelken stieg ihm in die Nase ... Ein kleiner, feuchter Mund bot sich ihm halbgeöffnet lockend dar ...

Abd ar-Rahmân kam zu sich, weil jemand ihn in den großen Zeh seines rechten Fußes gekniffen hatte. Die Schatten der nächtlichen Träume waren entschwunden. Im Zelt glimmten die Kohlen des offenen Feuers und verbreiteten zusammen mit der Wärme eine wohltuende Behaglichkeit.

»Wer ist da?« fragte Abd ar-Rahmân.

»Ich – Adsum, ich bin's, Herr! Der Tatarenkhan hat mich wieder freigelassen, als er erfuhr, daß ich in Diensten des Gesandten des Kalifen von Bagdad stünde. – Man hat dir auch Reitpferde geschickt.«

Die Erinnerung an die Nacht überflutete den Jüngling heiß. Er richtete sich auf und blickte umher. Wo war denn die nach Nelken Duftende? ... Statt ihrer kniete der rotbärtige Diener am Rande des Teppichs, eine Messingschüssel und einen Krug mit eingravierten Ornamenten in den Händen.

»Ich habe dir frisches Wasser gebracht, damit du dich waschen und dein Gebet verrichten kannst.«

»Und wer hat die Pferde geschickt?«

Von draußen ließ sich eine Männerstimme vernehmen:

»Deine neuen Freunde, die darauf brennen, von dir Nachrichten aus der Heimat zu hören.«

Abd ar-Rahmân betete, nachdem er seine Kleider geordnet und die rituelle Waschung vorgenommen, drei Rakas Salât[1], dann erhob er sich, nicht ohne zuvor noch einmal vergebens seine Augen auf die Suche nach der nelkenduftenden Sulfija geschickt zu haben.

Der Diener brachte ihm eine große Tonschüssel voll gekochtem Reis mit Rosinen und Hühnerfleisch, die er niederkniend vor seinen Herrn hinsetzte, daneben legte er ein zusammengefaltetes rotes Tuch, das er aus seinem Busen zog.

»Was hast du für Befehle?«

»Wo ist denn ...«, fragte Abd ar-Rahmân hastig, besann sich aber des Unschicklichen der beabsichtigten Frage und fuhr mit Würde fort:

»... die Herrin des Hauses?«

»Hier!« rief es hinter dem Vorhang, und mit strahlendem Lächeln erschien Bibi-Gündus, wie stets im Glanz ihres reichen Schmuckes aus Diamanten und Smaragden; sogar um den hellblauen Turban mit orangefarbenen Streifen war eine Perlenkette gewunden.

Den Faltenwurf ihres weiten seidenen Gewandes ordnend, ließ sie sich auf dem Teppich nieder.

---

1 Salât = das rituelle Gebet der Mohammedaner, das in mehrere Teile zerfällt, ein solcher Teil heißt Raka.

Abd ar-Rahmân hatte einige Fragen auf der Zunge, beherrschte sich jedoch, eingedenk des Spruches: »Man soll nicht durch Fragen preisgeben, was einem auf dem Herzen brennt«, und erkundigte sich bloß noch einmal nach den Reitpferden:

»Wer hat sie denn geschickt? Wer erwartet mich?«

Seine Gastgeberin wies mit einer hoheitsvollen Geste auf einen am Zelteingang stehenden Mann, der ehrfürchtig die Hände gegen seine Brust drückte.

»Dies ist der Abgesandte der hier ansässigen arabischen Kaufleute. Er wird dir ausrichten, was ihm aufgetragen worden ist«, sagte Bibi-Gündus.

Der Diener beugte sich zu seinem Herrn hinab, als wollte er ihm ein Kissen im Rücken zurechtrücken, und flüsterte ihm ins Ohr:

»Reite nicht allein, Sajid[1], sondern nimm mich mit. Du weißt nicht, ob du nicht in Augenblicken der Gefahr Beistand brauchst.«

Abd ar-Rahmân fragte den Boten der arabischen Kaufmannschaft:

»Würde sich ein zweites Pferd für meinen Schreiber finden?«

»Es steht schon eins bereit. Und die Rosse sind deiner würdig – schön und feurig.«

»Feurig liebe ich höchstens den Wein, nicht aber die Pferde. Ich bin kein Abenteuer suchender Dschigit[2], sondern ein Ruhe und meine Bücher liebender Fakih[3]«, brummte der Diener.

Abd ar-Rahmân hatte sich erhoben und befahl:

»Höre, du bleibst hier und läßt mein Reisegepäck nicht aus den Augen.«

»Ich gehorche«, entgegnete der Diener. Ärgerlich zog er eine Kalamniza[4] und ein ledergebundenes Buch aus seinem Beutel und legte beides auf den Teppich in der Nähe des Feuers. Dann holte er einen wollenen Reisemantel herbei und war seinem Herrn behilflich beim Anziehen der grünen Saffianlederstiefel mit roten Absätzen und beim Umgürten des Krummsäbels. Auch vergaß er nicht, ihm zwei Dolche in den Gürtel zu stecken. Zuletzt reichte er ihm ehrerbietig den kunstreich gewundenen grünen Turban, das Abzeichen der Nachkommen des Propheten.

»Merke dir«, schärfte Abd ar-Rahmân seinem Diener nochmals ein, ehe er das Zelt verließ, »laß die Sachen ja nicht aus den Augen. Vielleicht werde ich sie sogleich brauchen.«

Vorm Zelt blieb er unwillkürlich wie gebannt stehen. Zwei stämmige Negersklaven mit roten Kopfbinden waren unter Aufbietung ihrer ganzen Körperkraft bemüht, einen ungebärdig stampfenden und sich

---

1 Sajid = Herr (eigentlich: fürstlicher Gebieter).

2 Dschigit = Held (insbesondere Reiterheld der kaukasischen Bergvölker), Recke.

3 Fakih = ursprünglich jemand, der Kenntnis von etwas oder Verständnis für etwas besitzt, später: Belesener, Schriftgelehrter und Gesetzeskundiger.

4 Kalamniza = Federkasten, Pennal.

bäumenden Hengst festzuhalten. Es war ein prächtiges Tier, dessen Fell auf eine höchst seltene Art gescheckt war.
Mit zusammengekniffenen Augen beobachtete der Jüngling ein Weilchen die angestrengten Bemühungen der Neger.
›Man will mich auf die Probe stellen‹, dachte er bei sich, ›ob ich mir getraue, dieses Roß zu besteigen. Aber wer gewöhnt ist, wilde Rosse zu zähmen, freut sich, seine Geschicklichkeit wieder einmal beweisen zu können.‹
Aber nicht nur der prächtig gezäumte Hengst, von dessen Lefzen Geiferflocken auf die Brust niederfielen, nahm des Jünglings Aufmerksamkeit in Anspruch. Gegen einen Steinhaufen zeichnete sich im rosenroten Licht der Morgensonne die Silhouette eines schlanken jungen Mädchens ab, das in graziöser Haltung einen Krug auf der Schulter trug.
Mit sicherem Schritt trat er zu dem Hengst hin, der ihn mißtrauisch beäugte, ergriff mit der linken Hand den Zügel und saß wie durch Zauberei plötzlich in dem arabischen Sattel mit den breiten Steigbügeln.

Bei den arabischen Kaufleuten

Die Diener ritten voraus, auf schmalen Pfaden zwischen niedrigen schilfgedeckten Hütten ihren Weg suchend. Auch eine Menge fahrbarer Jurten war zu sehen. Die Familien der mongolischen Krieger machten sich neben den großen, schweren, aus einem Stück gearbeiteten Rädern zu schaffen: In Tontöpfen und Messingkesseln wurde Essen und Wasser gekocht, auf den Kohlen zerstückeltes Fleisch gebraten.
Vor einem kleinen, von dürftigen Bäumchen umstandenen Hause hatten sich die arabischen Kaufleute versammelt. Jeder war mit mehreren Gehilfen und Dienern gekommen; denn alle wollten sie die letzten Neuigkeiten aus der Heimat erfahren und vor allem, was der Kalif von Bagdad zu dem Einfall der Tataren meinte.
Zu Ehren seines Gesandten waren Teppiche auf dem Weg vor dem Hause ausgebreitet. Auf einem stand der Vorsteher der Kaufmannschaft, der als Zeichen des vollbrachten Haddsch[1] eine weiße Binde an seiner schwarzen Schaffellmütze trug, nebst seinen beiden Enkelkindern, von denen jedes dem Gast ein Tablett mit Weintrauben präsentierte.
Als Abd ar-Rahmân vom Pferde gesprungen war und die Zügel den Dienern übergeben hatte, ließ er sich von dem Ältesten an der Reihe der sich tief verneigenden Kaufleute entlangführen und wechselte mit jedem ein paar Begrüßungsworte. Einige der älteren Leute behaupteten, ihn schon als Knaben gekannt zu haben, ja ein paar Greise versicherten

1 Haddsch = die jedem Korangläubigen wenigstens einmal im Leben vorgeschriebene Wallfahrt nach Mekka.

sogar, sie könnten sich noch deutlich seines im Kampf gegen die Ungläubigen gefallenen Vaters erinnern. Dann wurde er ins Haus genötigt, in das außer ihm nur ein paar der geachtetsten und einflußreichsten Kaufleute Zutritt erhielten. Dort lagerte man sich im Halbkreis auf weichen Teppichen, und Diener schoben jedem Gast ein Seidenkissen als Stütze unter den Arm.
»Wir wollen wissen, wie wir uns verhalten sollen«, sprachen ein paar von den Greisen ängstlich. »Sollen wir hierbleiben und weiter Handel treiben, oder sollen wir alles im Stich lassen, unsere Waren zu einem Spottpreis verschleudern und heimkehren oder anderswohin ziehen? Wir wissen nicht, was die Mongolen im Schilde führen, und trauen ihrem Khan Batu nicht. Zwar hat er uns Handelsfreiheit zugesichert, doch vorläufig darf noch jeder beliebige Anführer einer seiner Horden sich ungestraft alles, was ihm gefällt, von unserm Hab und Gut aneignen. Freilich, wenn hier erst einmal eine zuverlässige, dauerhafte Ordnung hergestellt sein wird, ließen sich Umsatz und Gewinn verzehnfachen. Aber wer bürgt uns dafür? Was meinst du dazu, werter Gast? Und vor allem sage uns die Meinung des Kalifen von Bagdad, den Allah schützen und erhalten möge!«
Nach einigem Nachdenken antwortete Abd ar-Rahmân:
»Der Kalif – Friede sei mit ihm! – wünscht, daß der arabische Name sich auch weiterhin überall der Achtung erfreue, die er seit fünf Jahrhunderten genießt. Er wünscht, daß der arabische Krieger sich durch sein tapferes Schwert und seinen Mut, der arabische Kaufmann aber sich durch Treue und Ehrlichkeit und durch die Güte seiner Waren die Achtung der Welt erringe und erhalte.«
Das war nun allerdings eine äußerst vorsichtig formulierte, den Kern der Frage umgehende Antwort und wurde auch so von den Kaufleuten empfunden, die ihm des langen und breiten erzählten, welch äußerst günstigen Platz Batu-Khan für seine künftige Residenz hier am Ufer des Itils gewählt habe, wo alle Handelsstraßen zwischen dem Morgen- und dem Abendland, zwischen nördlichen und südlichen Ländern sich schnitten und diesen Schnittpunkt zum Zentrum des Erdkreises machten. Kein Zweifel, daß die junge Residenz Kedschi-Sarai[1] bald die erste unter den Hauptstädten der Welt sein würde und daß Schiffe und Karawanen aus allen Ländern, beladen mit allen nur erdenklichen Erzeugnissen des Landbaus und des Kunst- und Gewerbefleißes, hierherkommen würden, sobald nur erst das Vertrauen der Kaufleute auf Sicherheit des Leibes und Lebens und ihres Hab und Gutes gefestigt sei.
Abd ar-Rahmân fragte:
»Ehrwürdige Söhne meiner fernen Heimat, ihr habt viele Länder ge-

1 Batu-Khan, der seines Vaters Dschutschi Reich (das ehemalige Kiptschakenreich) geerbt hatte, gründete 1242 an der Wolgamündung die Stadt (Ketschi-)Sarai als Hauptstadt und Residenz seines Reiches der »Blauen Horde«.

sehen, Länder, in denen die Sonne aufgeht, und Länder, in denen sie untergeht. Sagt mir offen eure Meinung: Werden die Tataren imstande sein, die Völker des Abendlandes zu besiegen und ihre Gebiete zu erobern? Scheut euch nicht, mir eure geheimsten Gedanken zu enthüllen.«

Der Vorsteher der Kaufmannschaft antwortete:

»Worauf sich die Überlegenheit der Heere der Tataren über die Heere aller anderen Völker gründet, das ist die blinde Ergebenheit des tatarischen Kriegers gegenüber seinem Anführer und der bedingungslose Gehorsam, mit dem er jeden Befehl seines Vorgesetzten ausführt. Dazu kommt noch das Entsetzen, das die Wildheit dieser Mongolenhorden allen friedlichen Völkern einflößt. Wenn die Völker des Abendlandes nicht die zwischen ihnen seit alters herrschende Zwietracht begraben und nicht einmütig zusammenstehen in der Abwehr gegen die vieltausendköpfigen wilden Horden der Tataren, sondern fortfahren, sich im Bruderhaß gegenseitig zu zerfleischen, so wird Batu-Khan wie ein Wirbelsturm über ihre Länder hinwegfegen und überall Dschingis-Khans Jassa zum Gesetz erheben.«

»Wer ist eigentlich dieser Batu-Khan? Ist er ein erfahrener und umsichtiger Feldherr, ein kühner und großer Eroberer wie Iskander Dsul-Karnain[1]? Ist er ein weiser Herrscher wie Harun ar-Raschid?«

Ihm wurde erwidert:

»Ob er seiner Umsicht, seiner Kühnheit, seiner Erfahrung, seinem Willen und seinem Scharfsinn zu verdanken hat, daß jede seiner Unternehmungen ihm gelingt, oder ob er mit allen Dschinns und Peris[2] im Bunde und unter ihrem Schutze steht, das vermöchte selbst der Weiseste der Sterblichen nicht zu sagen.«

»Und welcher Art sind seine Waffengefährten? Ein Fürst oder Feldherr ist um so größer, je besser er es versteht, sich mit fähigen Gehilfen zu umgeben, die seinen Willen beharrlich ausführen.«

Man antwortete ihm:

»Gewiß hat Batu-Khan sich äußerst fähige Mitkämpfer und Mitarbeiter ausgewählt. Aber entscheidend ist, daß das Heer ihm widerspruchslos gehorcht. Es hat ihm ja auch den Namen ›Sain-Khan‹ gegeben, das heißt: der Heldenmütige, Freigebige, Großmütige ... Daher bin ich der Ansicht, daß Batu-Khan auf seinem Zug ins Abendland alle ihm sich entgegenstellenden Heere und Völker schlagen und unterwerfen und

---

1 Iskander Dsul-Karnain, der Doppelhörnige = Alexander der Große von Makedonien, der größte Feldherr des Altertums (355–323 v. u. Z.). Auf späteren Münzen ist er als Sohn des Jupiter-Ammon mit Widderhörnern abgebildet.

2 Peri = Name guter überirdischer Wesen (männlichen und weiblichen Geschlechts) von wunderbarer Schönheit (ähnlich den guten Feen unsrer Märchen); in der ältesten Zeit aber böse, den guten Geschöpfen feindliche Unholdinnen (unseren Hexen und bösen Feen vergleichbar).

daß seine Macht sich über alle Länder des Erdkreises erstrecken wird bis ans letzte Meer.«
Abd ar-Rahmân stellte eine neue Frage:
»Es ist mir aufgetragen worden, ihn auf seinen Feldzügen zu begleiten. Soll ich das tun?«
»Gewiß sollst du das tun, ganz gewiß!« riefen alle Anwesenden. »Damit kannst du auch uns helfen und dem arabischen Handel Vorteile sichern auf dem ganzen Weg, den Batu-Khan ziehen wird.«
Die Kaufleute erwiesen dem Gesandten ihres Kalifen eine so großzügige Gastfreundschaft, daß man mit den erlesenen Gerichten, die in zahllosen Schüsseln aufgetragen wurden, gut und gern zehn Gesandte samt einer zahlreichen Dienerschaft hätte sättigen können. Nach arabischer Sitte kostete Abd ar-Rahmân nur von jeder Schüssel, die ihm vorgesetzt wurde, kargte aber nicht mit Dank und Lob.
»Verüble uns eine unbescheidene Frage nicht«, sagte der Vorsteher während des Gastmahls. »Doch nur um dir mit Rat und Tat beistehen zu können, hätten wir gern gewußt, was für Geschenke du für den Tatarenkhan mitgebracht hast.«
Abd ar-Rahmân zählte auf: einen goldenen Ring mit einem kostbaren seltenen Stein und einer eingravierten Inschrift (einer magischen Formel des weisen Suleiman), ein Schwert mit einer gravierten Damaszener Klinge, einen goldenen Trinkbecher mit einem gegen Gifte feienden Talisman und noch etliche andere Kostbarkeiten.
»Gestatte mir, dir einen nützlichen Rat zu geben«, sagte der Älteste. »Du weißt, daß wir Araber außer wegen unserer Damaszener Klingen besonders wegen unserer edlen Rosse berühmt sind.«
»Seine Heiligkeit der Kalif hat mir aber kein Roß mitgegeben. Und wo sollte ich jetzt eins hernehmen?«
»So werden wir uns erlauben, dir aus der Verlegenheit zu helfen. Auf demselben Hengst, auf dem du hierhergeritten bist, wirst du auch zum Zelt Batu-Khans reiten. Zwar müssen sich alle gewöhnlichen Sterblichen diesem Zelte zu Fuße nähern, du aber wirst den Wachen erklären, du wolltest auf eben dem Rosse vor dem Sain-Khan erscheinen, das der Kalif von Bagdad ihm als Zeichen seiner Freundschaft sende. Sollte sich der Tatarenkhan zunächst über deine Dreistigkeit erzürnen, so wird sich sein Zorn gewiß besänftigen, sobald er nur erst das wunderbar schöne und edle Tier erblickt.«
Und die übrigen Kaufleute setzten hinzu:
»Und als Geschenk für die Frauen des Khans nimm noch von uns farbige Seidenstoffe mit, und für seine junge Lieblingsfrau Juldus-Hatun[1] ein Halsband aus siebenundzwanzig kostbaren Perlen.«
Abd ar-Rahmân antwortete:
»Ich finde keine Worte, um euch für eure Liebenswürdigkeit zu danken, meine lieben und werten Landsleute. Ihr ehrt mich, als wäre ich der

---

1 Juldus = Stern, Hatun = Frau, Herrin.

Älteste und Würdigste unter euch, wiewohl ich doch der Allerjüngste und Unwürdigste bin. Aber ihr tut es ja auch nicht um meiner geringen Verdienste willen, sondern als Zeichen eurer Achtung für den Kalifen von Bagdad; Frieden sei mit ihm, und seine Macht mehre sich von Tag zu Tag!«
Der Vorsteher der Kaufmannschaft versicherte, er würde sich selbst dringlich bemühen, dem Gesandten des Kalifen einen möglichst baldigen Empfang beim Khan zu erwirken, und bot dem Jüngling Gastfreundschaft in seinem Hause an bis zum Tage dieses Empfangs.

Dritter Teil
Im Hauptquartier Batu-Khans

»Das goldene Häuschen«

Der Tumen[1] der »blauen Unbesiegbaren« war nach einem nächtlichen Gewaltritt eben am Unterlauf des gewaltigen Flusses Itil, ganz in der Nähe seiner Mündung ins Abeskunische Meer, angelangt, und die Reiter hatten sich in der Ebene zerstreut, wo ihre erhitzten Rosse die vertrockneten Halme des silbrigen Reitergrases rupften.

Die erste Hundertschaft der Leibgarde des Dschichangirs schlug, nachdem sie auf ihren milchweißen Rossen einen tiefen Mündungsarm des Stromes durchschwommen hatte, ihr Lager auf einem langgestreckten schmalen Inselchen auf, an dessen nördlichem Rande sich auf einem steinigen Hügel ein Häuschen erhob, klein wie ein Spielzeug und von höchst seltsamem Aussehen. Es schillerte in allen Farben des Regenbogens und wurde gekrönt von einem schlanken Türmchen, das mit farbigen Kacheln ausgelegt und mit einem spitzenartig durchbrochenen Ornament geziert war. Jede Kachel wies die Zeichnung eines phantastisch verschnörkelten Blümchens auf, und in jedes Blümchen war ein dünnes Blättchen Dukatengold hineingeschmolzen. In den hellen Strahlen der Morgensonne glitzerte und gleißte das ganze Häuschen, als bestünde es aus lauter glühenden Kohlen.

Dieses Spielzeughäuschen war auf Befehl des jungen Batu-Khan in kürzester Zeit auf den Ruinen einer alten Stadt von dem bedeutenden chinesischen Baumeister Li Tun-Po, den schon Batu-Khans Großvater Dschingis-Khan aus China mitgebracht hatte, errichtet worden.

Zusammen mit dem Architekten hatten mehr als dreitausend chinesische Handwerker die weite Reise antreten müssen, doch nur ein kleiner Teil von ihnen war bis an den Itil gelangt.

Groß und massig stand Li Tun-Po unbeweglich am Eingang des Märchenhäuschens, in einem weiten schwarzen Seidengewand, das ihm bis zu den Füßen reichte, ein kleines Mützchen auf dem Hinterkopf, dessen lange Pfauenfeder ihm auf den breiten Rücken herabhing. Das glatte gedunsene Gesicht, von dem der Ausdruck unerschütterlicher Ruhe niemals wich, der graue, zu beiden Seiten des Mundes lang her-

1 Tumen = Korps (Division) von zehntausend Reitern, befehligt von einem Nojon.

abhängende Schnurrbart und die verschwommenen schmalen Äuglein schienen von einem seltsamen Mißverhältnis zwischen der beschaulichen Gemütsart eines Philosophen und dem phantastisch-kapriziösen Schöpferdrang eines schönheitstrunkenen Träumers zu zeugen. Die Hände über dem dicken Bauch gefaltet, ließ Li Tun-Po gleichmütig seine Augen über eine lärmende, schreiende Menge erbittert streitender Sklaven, die in zwei dichten Reihen am Wege standen, hinwandern, bis sie auf einem jungen tatarischen Krieger haftenblieben, der sich ihm mit raschen, aber lautlosen, katzenhaft geschmeidigen Schritten näherte. Der mit einem Türkis und mehreren Diamanten besetzte Griff des in einer grünen Scheide steckenden Krummsäbels legte Zeugnis dafür ab, daß der junge Krieger, an dessen schlanker Hüfte die kostbare Waffe mit einem silbernen Gehänge gegürtet war, das Wohlwollen des Khans genoß.

»Mögest du noch tausend Jahre leben, weiser, kunstreicher Li Tun-Po!« grüßte er, und ein Lächeln erhellte dabei sein sonnengebräuntes Gesicht.

Mühsam zwang Li Tun-Po seiner Leibesfülle eine so tiefe Verbeugung ab, bis er mit den Fingerspitzen die bunten Steinfliesen berührte, auf denen er stand.

»Dir wünsche ich gleichfalls noch ein tausendjähriges Leben und dann einen ruhmvollen Heldentod auf dem Schlachtfeld, werter Taidschi[1] Mussuk. Der ›Blendende‹ ist anscheinend schon nahe?«

»Noch vor Sonnenuntergang wird er hier sein«, sagte der Prinz. »Du bist nun wohl sehr glücklich, weiser Li Tun-Po?«

»Ich war es, solange ich mit der Ausführung des Befehls des großen Dschichangirs beschäftigt war«, seufzte der Chinese und schüttelte bekümmert den Kopf. »Doch nun, da der wunderbare Palast errichtet ist, worüber sollte ich mich jetzt noch freuen? Was mich nun erwartet, ist die Teilnahme an einem blutigen Feldzug, wo man von mir verlangen wird, Wurfmaschinen zu konstruieren, die anderen Menschen Tod und Verderben bringen... Und du willst mich verlassen?«

»Ja, an der Spitze einer Abteilung der allerkühnsten Späher werde ich dem Heere vorausreiten. Ich werde den Dschichangir übrigens selbst darum bitten; er liebt es nicht, mir in seinem Standquartier oft zu begegnen.«

»Er schätzt dich als einen tapferen Nuker[2], deshalb sieht er dich nicht gern unter den Spaßmachern und Geschichtenerzählern, die ihm bei seinen abendlichen Gelagen Gesellschaft leisten.«

Mussuk legte seine Stirn in bekümmerte Falten und machte eine Hoffnungslosigkeit ausdrückende Handbewegung.

»Vielleicht hat es auch noch einen anderen Grund... Doch es ist

---

1 Taidschi = Titel mongolischer Prinzen.

2 Nuker = Krieger, Berufssoldaten insbesondere der Leibgarde eines Fürsten, von dem sie ganz und gar erhalten wurden und dem sie darum auch zu persönlichen Dienstleistungen verpflichtet waren.

schmerzlich, darüber zu sprechen. Erinnern wir uns lieber daran, wie wir beide alle unsere Kräfte angespannt haben, um den Befehl des Dschichangirs innerhalb der gestellten Frist auszuführen. Ob er uns unsre Mühen danken wird?«
Und beide riefen sich noch einmal die Zeit in die Erinnerung zurück, die sie gemeinsam beim Bau des goldenen Palastes verbracht hatten: Neun Monate – eine glückliche Vorbedeutung! – hatte die Errichtung des Rohbaus gedauert, weitere neun Monate hatten sie für die Einrichtung der Töpferwerkstatt und für das Brennen der verschiedenfarbigen glasierten Kacheln gebraucht, für die Installierung der Tonröhren für die Wasserleitung und der schmalen chinesischen Öfen, kurz, für die gesamte Innenausstattung.
Vielen Gefangenen hatte dieses forcierte Arbeitstempo das Leben gekostet. Ihre von den Peitschenhieben der Aufseher übel zugerichteten, ausgemergelten Leichname wurden kurzerhand in den Strom geworfen, auf dessen Wellen sie, begleitet von Schwärmen kreischender Möwen, schaukelnd ins stürmische Abeskunische Meer trieben.
Jetzt erhofft sich der kunstreiche Architekt aus den Händen des Dschichangirs die höchste Belohnung – vielleicht gar die Erlaubnis zur Rückkehr in seine Heimat. Auch andre erhoffen sich Belohnung. Da haben sich schon die grausamen Sklavenaufseher mit den dreischwänzigen Peitschen am Schultergehänge in Reih und Glied aufgestellt. Es hat sie nicht wenig Energie gekostet, die stöhnenden, schimpfenden Sklaven immer wieder zu unaufhörlicher, pausenloser Fron zu zwingen, ohne Rücksicht auf die Tages- oder Nachtzeit; denn des Nachts hat man beim Schein hochlodernder Feuer gearbeitet. Der Dschichangir ist als freigebig bekannt, gewiß wird er auch den armen geschundenen Arbeitern eine Belohnung zukommen lassen. Um seine Augen nicht durch den abstoßenden Anblick dieser elenden, schmutzigen Kreaturen zu beleidigen, hat man sie allesamt in lange, bunte, der Kriegsbeute entnommene Kittel gesteckt, aus denen unten bloß ihre nackten Füße hervorschauen oder höchstens der ausgefranste Rand eines Hosenbeins.
Wo bleibt denn aber Batu-Khan? Schon hat man in der Ferne die staubbedeckten Hundertschaften aus dem Tumen seiner Leibwache vorbeireiten sehen, jede Hundertschaft auf Rossen von gleicher Farbe, die einen auf Füchsen, die andern auf Schecken, die dritten auf Schimmeln, die vierten auf Rappen und so fort, und alle sind sie zwischen den Hügeln verschwunden.
Endlich kam ein Meldereiter auf schaumbedecktem Roß herangeprescht und rief, ganz außer Atem, schon von weitem:
»Der Khan ist schwer erkrankt! Zündet Feuer an! Überall sollen lodernde Feuer brennen, damit der Dschichangir sich an ihnen wärmen kann..., denn seine Glieder erstarren schon... Und die Schamanen sollen beten und singen!«

Batu-Khan spricht

Aus der Steppe näherte sich eine lange, von Reitern eskortierte Kamelkarawane. Einige besonders hochgewachsene Kamele, deren Fell von auffallend gelber Farbe war, trugen Palankine[1] von leuchtend bunter Farbe, hinter deren Vorhängen sich Batu-Khans sieben Hauptfrauen, sein Siebengestirn, verbargen. Mit lauter Stimme riefen sie nach Li Tun-Po und verlangten, daß er sofort zu ihnen käme. Der Chinese leistete dem Rufe unverzüglich Folge, ließ sich über den Mündungsarm ans andere Ufer rudern und kniete der Reihe nach vor jedem der sieben Palankine nieder, aus denen ungeduldige, ärgerliche und eigensinnige Frauenstimmen in mongolischer und kiptschakischer Sprache sich vernehmen ließen:
»Was soll das heißen? Warum setzt man uns nicht zur Insel über? Was bedeutet dieser Aufenthalt? Wir sind gekommen, um in dem neuen Palast zu wohnen. Wenn man uns nicht unverzüglich übersetzt, werden wir ein Boot besteigen und selbst hinüberrudern... Wenn uns dabei etwas zustößt oder wenn gar eine von uns ertrinkt, so mag es derjenige, der uns hier zurückzuhalten wagt, vor Batu-Khan verantworten.«
Li Tun-Po beteuerte, daß er von dem Dschichangir den allerstrengsten Befehl erhalten habe, niemanden in das goldene Haus einzulassen, selbst die Frauen nicht, ehe nicht der Khan das Innere des Palastes (welches bisher außer den am Bau beschäftigten Arbeitern noch keines Menschen Fuß betreten) in Augenschein genommen und über die Räumlichkeiten verfügt habe. Wenn er – Li Tun-Po – gegen dieses Gebot verstoße, so müsse er gewärtigen, daß Batu-Khan ihm den Kopf abschlagen lasse.
Eine der Frauen hatte den Vorhang ihres Palankins zurückgeschoben und machte Miene, vom Kamel zu steigen. Dabei schimpfte sie:
»Schweig, du dicke Schildkröte! Wenn der Dschichangir schwerkrank ist und keine Befehle erteilen kann, so vertritt ihn seine älteste Frau, und das bin ich. Und wehe dem, der mir nicht gehorcht!«
Jetzt aber griffen die Reiter der Eskorte ein; sie trieben die Kamele der zeternden Weiber mit Peitschenhieben an, und die Karawane entfernte sich unter dem Klang der Schellen und dem Geschrei der Treiber.

Eine zweite Karawane kam in Sicht, voran eine Hundertschaft auf Falben, die von dem Staub der Steppe eine dunkelbraune Färbung angenommen hatten. Große Tangutenkamele trugen Zeltgerüste und Zeltplanen. Mehrere Hengste von seltener Schönheit wurden von erfahrenen Pferdeknechten, deren Obhut sie anvertraut waren, am silbernen Zaumzeug geführt. Eines der Tiere, Batu-Khans Lieblingsroß, war wie ein Panther gefleckt.

1 Palankin = Sänfte.

Zwischen zwei Kamelen hing an langen Bambusstangen ein Tragkorb; darin lag, in kostbarste Zobelpelze gehüllt, starr wie ein Leichnam, der Dschichangir.
Als die Kamele das hohe Ufer des Stromes erklommen hatten, wurden Rufe laut:
»Da ist er, der große Fluß Itil!«
Da richtete sich plötzlich Batu-Khan in seinem Tragkorb auf, stemmte ein Knie gegen den Rücken eines der Kamele und spähte aufmerksam und gespannt in die neblige Ferne nach dem in allen Regenbogenfarben schillernden Märchenpalast, auf dessen schlanken Türmchen das neunschwänzige Yakbanner des Dschichangirs aufgepflanzt war.
»Ein Pferd!« rief Batu-Khan.
Eilends führten zwei Turgauden[1] den gefleckten Hengst herbei. Batu-Khan sprang aus dem Korb und schwang sich in den Sattel. Man merkte ihm aber deutlich an, welche Anstrengung es ihn kostete. Mit einer großen Geste wies er auf die vom Sonnenlicht überflutete Ebene hin und auf die blaue Wasserfläche des majestätisch dahinfließenden Stromes, auf dem ein Zweimaster mit geblähten rotgewürfelten Segeln gegen die Strömung ankämpfte.
Unstet, wie die eines Irren, schweiften Batus Augen in der Runde umher, dann rief er mit geller, infolge seiner Erregung und seiner Krankheit gebrochener Stimme:
»Hier will ich mein Hauptquartier aufschlagen, und hier wird die neue Hauptstadt meines großen, den ganzen Erdkreis umfassenden Reiches emporwachsen!«
Da verließen ihn seine Kräfte. Er schwankte und sank vornüber auf den Hals seines Hengstes, in dessen Mähne er sich festkrallte.
Die Turgauden stützten ihn von beiden Seiten, dann hoben sie ihn behutsam aus dem Sattel und legten ihn auf eine mit prächtigen Ornamenten bestickte Satteldecke.
Unter den Kriegern und Dienern gab es ein hastiges Hinundherlaufen. Mit Zeltplanen und Zeltstangen beladene Kamele wurden eiligst herbeigeführt, und bald war über dem am Boden liegenden Kranken ein goldglänzendes Seidenzelt errichtet.

Der Flügel des Todes

Reglos der Länge lang ausgestreckt, lag Batu-Khan auf dem Teppich. Sein krampfhaft verzerrtes Gesicht hatte die Farbe einer Pomeranze. Die entblößten Zähne hatten sich in den Ärmel seines Zobelpelzes verbissen. Sein rechtes Auge war gänzlich, das linke nur halb geschlossen. Die unter dem Lid hervorstierende Pupille starrte unentwegt auf

1 Turgauden = Leibwächter, Trabanten.

einen Punkt an der Zeltwand, genau dorthin, wo durch eine Ritze der Flackerschein eines Lagerfeuers von draußen hereinschimmerte.
Zu seiten des Khans kauerte mit angezogenen Knien seine Lieblingsfrau Juldus-Hatun, ganz in einen schwarzseidnen indischen Schal mit goldner Kante gehüllt, aus dessen Falten hervor jetzt ihre schmale weiße Hand schlüpfte und sich dem Kranken auf den lange nicht rasierten Scheitel legte. Aber in Batus strengem Gesicht zuckte bei dieser Berührung kein Muskel, als wäre sein Geist so weit fort, daß nichts Irdisches ihn mehr anrühren konnte.
Wie Geisterhauch drang das Geflüster der wachhabenden Nuker herein, die hinter dem Türvorhang ganz leise miteinander sprachen:
»Vierzig Tage schon ringt er mit dem Engel des Todes. Der einundvierzigste muß die Entscheidung bringen, er wird ein Tag der Gnade oder der Trauer sein.«
»Ob man nicht an die Ernennung eines Stellvertreters denken sollte?«
»Hüte dich, einen solchen Gedanken auszusprechen! Die Wände haben Ohren... Für ihn, den Einzigen, gibt es keinen würdigen Stellvertreter...«
Hufschlag wurde hörbar... Nur ein sehr hoher Würdenträger durfte es wagen, sich zu Pferde dem Zelt des Oberbefehlshabers des unbesiegbaren Tatarenheeres zu nähern. Jetzt verstummte das Getrappel, statt dessen vernahm man Geklirr von Zaumzeug.
Ein alter Nuker schlug den Türvorhang zurück, und ein großer massiger Mongole trat, den Fuß hochhebend, über die Schwelle, warf sich auf die Knie und kroch zu dem Kranken hin, auf dessen lebloses Gesicht er lange blickte.
Juldus-Hatun, die beim Eintreten des Mannes hastig ihren Schal dichter vors Gesicht gezogen hatte, fiel jetzt vor ihm nieder und küßte den Boden zwischen ihren aufgestützten Händen. Dann richtete sie sich wieder auf, schlug ihren Schal zurück und warf ein Büschel Wacholderzweige auf die erlöschenden Kohlen. Das aufflackernde Feuer tauchte alles in einen rötlichen Schein.
»Sei gegrüßt, Juldus-Hatun«, sagte der Gast. »Was ist mit meinem jüngeren Bruder geschehn? Er verliert anscheinend die letzten Kräfte... Warum ist sein Gesicht so gelb? Welche bösen Geister quälen ihn?«
»Du bringst uns neue Hoffnung, durchlauchtigster Khan Ordu[1].«
Schnaufend hatte sich Batus Bruder erhoben und ging nachdenklich brummend im Zelt hin und her. Dann ließ er sich wieder neben dem Kranken nieder und fragte, in dessen Gesicht forschend:

---

1 Ordu-Khan, Batus älterer Bruder, hatte diesem freiwillig die Herrschaft über die Goldene Horde abgetreten, aber in den Jarlyks[2] des Kagans wurde Ordus Name vor dem Batus genannt.

2 Jarlyk = Erlaß, Vorschrift, die an Stelle schon bestehender Gesetze tritt oder Ausführungsbestimmungen zu diesen enthält.

»Was soll man da tun? Wen soll man rufen? Welche Opfer den unterirdischen Göttern bringen? Je zehn schwarze Rinder, Rosse und Hammel? Oder je neunundneunzig?«
»Das ist alles schon getan worden...«
»Dann muß man sich noch etwas anderes ausdenken... Ich selber werde mich auf mein Pferd schwingen und davonjagen... Doch wohin, wonach?«
Juldus blickte ihn ratlos mit Augen voller Tränen an.
»Man muß einen erfahrenen Arzt rufen«, fuhr Ordu-Khan mit zitternder, heiserer Stimme fort. »Im ganzen Heerlager soll man es bekanntmachen lassen... Und Li Tun-Po soll seine chinesischen Arzneien anwenden: zu Pulver gestoßene Perlen, das Herz einer Fledermaus, getrocknete Seewürmer...«
»Auch das ist alles schon geschehn. Der weise Li Tun-Po hat alle seine Arzneien ausprobiert, und als alles nichts gefruchtet hat, ist er verzweifelt davongestürzt, in die Steppe hinaus, um sich, wie er sagte, den Schädel an einem Stein einzurennen... Jetzt hat man Leute ausgesandt, die nach ihm suchen.«
Ordu bekam einen Tobsuchtsanfall; er riß seine Mütze vom Kopf und in Fetzen, schlug sich mit den Fäusten auf die Knie, mit den Handflächen auf die Wangen.
»Wo nur gleich Hilfe finden? Morgen kann es bereits zu spät sein!« rief er verzweifelt. »Mein Lieblingsbruder wird sterben, und wer soll dann den großen Feldzug gegen die Völker des Abendlandes unternehmen? Niemand hat so fest wie er das Heer in der Hand!«
Juldus-Hatun, die ihren Schal abgeworfen hatte, preßte die Handflächen gegeneinander und flüsterte:
»Ein letztes Mittel bleibt noch. Ich will es ausprobieren!«
Mißtrauisch verfolgte Ordu-Khan die Anstalten der Lieblingsfrau seines sterbenden Bruders. Sie breitete die Arme aus, erhob ihre glänzenden Augen und sprach in singendem Tonfall:
»Gerechter, hilfreicher Chysr[1]! Habe Mitleid und Erbarmen mit uns, die wir hilflos sind wie blinde junge Hunde und nicht mehr ein und aus wissen!«
Wie eine Antwort auf diesen Anruf erklang von draußen eine Stimme:
»Ja, ich bin's! Laßt mich durch!«
Hastig drehte Ordu sich nach dem Teppich am Zelteingang um. Mit einer tiefen Verneigung trat ein alter Nuker ein, der seine Fellkappe

1 Chysr (auch Chidhr) = in mohammedanischen Legenden ein Greis, der, unsichtbar für andre, durch die Welt streift und Seefahrern, Wanderern und Hirten und deren Herden Beistand gewährt, wenn sie seinen Namen in der Not anrufen. Manche identifizieren ihn mit dem Propheten Elias, andre machen ihn zu einem Zeitgenossen Abrahams. Der Name bedeutet soviel wie »Immergrün«, weil Chysr im Reich der Finsternis bis zum Lebensborn vordrang und durch einen Trunk daraus Unsterblichkeit erlangte.

in der Hand hielt und seinen Leibriemen um den Hals geschlungen hatte, ein Zeichen dafür, daß er soeben bei der Verrichtung eines Gebetes gestört worden war.
»Der Hundertschaftsführer Arapscha hat fremde Leute hergeführt. Er sagt, du bedürftest ihrer, großer Khan Ordu.«
»Sie mögen eintreten!«
Der Kranke machte in diesem Moment eine Bewegung mit dem Kopfe, knirschte mit den Zähnen und murmelte:
»Mich friert!«
Juldus-Hatun deckte noch zwei Pelze über ihn.
Die fremden Leute traten ein und knieten auf der Schwelle nieder: als erster ein finsterer hagerer Mann mit einem struppigen roten Bart und einer scharfen Hakennase; dunkle Augen sandten förmliche Blitze unter buschigen Brauen hervor; mit seiner knochigen Hand drückte er einen alten Lederbeutel an seine Brust; als zweite eine junge Frauensperson in einem langen rauchgrauen Kleid von eigentümlichem Schnitt, in ihrem wachsbleichen durchsichtigen Gesicht brannten unruhig große grünliche Augen; auch sie trug einen Beutel bei sich; als dritter ein Negerjunge, der mit dreister Neugier seinen Krauskopf nach allen Seiten drehte, damit ihm ja nichts entgehe.
Arapscha, der die drei Fremden hergeführt hatte, stand mit gebeugtem linkem Knie hinter ihnen und wartete darauf, von Ordu-Khan angesprochen zu werden.
»Erkläre, was sind das für Leute!« befahl dieser endlich, als er sich von seinem Erstaunen wieder erholt hatte.
»Achtung und Gehorsam!« rapportierte Arapscha mit gedämpfter Stimme. »Ein Zweimaster mit wertvollen Handelswaren ist in die Strommündung eingelaufen. Ich ließ ihn von meinen Wachtposten entern und erlaubte ihnen, sich's an Bord etwas wohl sein zu lassen, sie haben ja lange genug gehungert. An Deck ließ ich eine Zehnermannschaft als Wache zurück. Diese Leute aber brachte ich hierher. Der Rotbart ist ein arabischer Khatib[1], zugleich ein kundiger Arzt, dazu noch Petschaftstecher, Sterndeuter und Verfertiger von Talismanen. Er ist der Diener eines jungen arabischen Scheichs, der nach seiner Aussage vom Kalifen von Bagdad als Gesandter zu uns geschickt worden ist.«
»Und jenes Weib, das so bleich ist wie ein in der Sonne gebleichter Hundeknochen?«
»Sie behauptet, aus einem in Rûm[2] ansässigen kaiserlichen Geschlecht

---

1 Khatib: Jan übersetzt dieses Wort in einer Fußnote mit »Schreiber«, eigentlich aber bedeutet es in seinem ursprünglichen Gebrauch »Wortführer eines Stammes«.

2 Rûm = arabische Form des lateinischen Roma, bei den Mohammedanern das alte Byzantinische Reich bzw. dessen Hauptstadt Byzanz (später Konstantinopel).

zu stammen, und rühmt sich, die allerschwersten Krankheiten heilen zu können, und unser Terdschuman hat außerdem noch aus des Schiffers eignem Munde gehört, daß sie Greise wieder jung machen kann.«

»Und der kleine Mohr dort, ist der auch ein Heilkundiger?«

»Ich habe ihn für alle Fälle auf Anraten unseres großen Schamanen Beki mitgenommen, welcher meinte, wenn alle anderen Mittel versagten, müsse man aus dem Fett dieses schwarzen Kerls eine Salbe herstellen und damit den Kranken einreiben.«

Der Negerjunge, der erriet, daß von ihm die Rede war, begann kläglich zu schluchzen. Der Rotbart mischte sich ein, indem er tadelnd bemerkte: »Man spricht nicht in Gegenwart eines Kindes aus, was nur Erwachsene zu wissen brauchen!«

Ordu-Khan drehte sich hoheitsvoll zu der jungen Frau um. Er begegnete ihrem kühnen, selbstbewußten Blick.

»Wer bist du?« fragte er sie.

»Ich bin eine griechische Prinzessin aus dem alten Kaisergeschlecht der Komnenen von Rûm.«

»Setz dich dort ans Feuer, Prinzessin aus Rûm.«

Mit graziösen Bewegungen erhob sich Daphne von den Knien und näherte sich dem Feuer, vor dem sie sich niederließ. Als sie ihr langes Gewand aufraffte, gewahrte man, daß ihre kleinen Füßchen, die in roten Schuhen steckten, über den Knöcheln mit einem dünnen Silberkettchen gefesselt waren.

»Wie bist denn du, eine Prinzessin von Rûm, hierher zu uns in die wilde Steppe geraten? Wo sind deine Zofen und Mägde, wo die Eunuchen und Sklaven?«

»Ich befand mich mit meinem Gefolge an Bord eines Schiffs auf der Fahrt zu meinem Verlobten, einem grusinischen Prinzen, als uns ein Sturm überraschte und das Schiff vernichtete. Die Heilige Mutter Gottes bewahrte mich gnädig vorm Tod des Ertrinkens. Ich klammerte mich an den zerbrochenen Mast und wurde von den Wellen ans Ufer geworfen. Dort fanden mich die Kurden, die wie wilde Tiere sind, und schleppten mich mit sich in ihre Berge. Weil ich mich aber weigerte, grobe Arbeiten zu verrichten, und mich vor Peitschenhieben nicht fürchtete, sondern um mich biß, wollten meine neuen Herren mich nicht behalten, sondern brachten mich nach der Stadt Kaswin am Ufer des Abeskunischen Meers. Von dort bin ich auf einem Segelschiff entflohen, auf dem sich auch der arabische Gesandte Abd ar-Rahmân befand, der hierher in euer Lager reiste.«

»Worauf verstehst du dich denn?«

»Ich verstehe mich darauf, in den Büchern der Weisen zu lesen, in denen Geheimes enthalten ist. Ich kenne die Lehre des Hippokrates über die Krankheiten der Menschen und ihre Heilung...«

Ordu-Khan hielt seine breite Hand an die Ohrmuschel, um besser zu hören. Er war aber im Zweifel, ob man den Aussagen der angeblichen Prinzessin Glauben schenken dürfe. Er schaute sie prüfend an und

begegnete wieder dem scharfen Blick ihrer grünen Augen, der dem seinen ohne zu blinzeln standhielt.
»Dse-dse![1] Und was verlangst du?«
»Ich verlange, daß man mich mit der mir gebührenden Achtung behandelt. Ist man dazu bereit, so willige ich gern ein, hier am Hofe des großen tatarischen Feldherrn zu bleiben. Ich werde Kranke heilen, ihre Wunden behandeln... Ich besitze aber noch andere Fähigkeiten: Ich kann Vergangenes enthüllen und den Vorhang vor dem Künftigen lüften.«
»Das haben wir sehr, sehr nötig«, nickte Ordu beifällig. Dann wandte er sich an Arapscha und bestimmte: »Diese nützliche Person wird hierbleiben...« Und nach kurzem Nachdenken fügte er hinzu: »Man weise ihr bei meinem Zelte eine Wohnung an.«
Der Kranke machte abermals eine Bewegung und ließ ein leises Stöhnen hören.
Ordu deutete mit dem Zeigefinger auf den rotbärtigen arabischen Arzt und fragte:
»Traust du dir zu, den Kranken zu heilen?«
»Meine Kunst hat bisher nur bei Toten versagt.«
»Wenn du ihn wieder gesund machst, erhältst du eine ansehnliche Belohnung, stirbt er aber unter deinen Händen, so lasse ich dich lebendigen Leibes auf einen Pfahl spießen und auf dem Scheiterhaufen verbrennen. Mach dich ans Werk!«
Mit vorsichtigen Bewegungen rutschte der rotbärtige Heilkünstler auf den Knien zu dem wieder ganz unbeweglich daliegenden Batu-Khan hin. Juldus-Hatun erbebte, sie schien bereit, mit ihrer Brust den Kranken zu schützen. Ordu-Khan hatte einen blitzenden Dolch aus der Scheide gezogen und zückte ihn gegen den Arzt. Dieser befühlte erst behutsam den unrasierten Scheitel Batu-Khans, dann dessen Puls, wobei die abgemagerte Hand des mächtigen Feldherrn kraftlos in der seinen lag. Bedenklich schüttelte der Rotbart den Kopf, beugte sich dann über die Brust des Kranken und behorchte das Klopfen des Herzens, dann näherte er sein Ohr dem klaffenden, zähnebleckenden Mund und lauschte auf die Atemzüge. Sein ohnehin schon finsteres Gesicht verdüsterte sich noch mehr, und er begann zu zittern.
»Ich fürchte...«, stammelte er.
»Wag es nicht, dich zu weigern! Mach ihn gesund!« herrschte Ordu-Khan ihn an und setzte ihm die Spitze seines Dolches auf die Schulter.
»Ich fürchte, es ist schon zu spät, und ich habe das gegen diese Krankheit wirksame Heilkraut des weisen Suleiman, des Sohnes des Daud[2], nicht bei mir.«
Daphne rief heftig:
»Die byzantische Kaisertochter aber fürchtet sich nicht, ihn wieder

---

1 dse-dse = ja, ja; auch: ei, ei.
2 Daud oder Dawud = David, König von Israel.

gesund zu machen! Ich kenne diese furchtbare Krankheit, wobei das Gesicht des Kranken einen goldgelben Ton annimmt. Es ist das ›goldene Fieber‹.«

»Er ist kein weiser Tabib[1], sondern ein feiger Wurm!« murmelte Ordu-Khan verächtlich. »Mach du meinen Bruder gesund, Prinzessin aus Rûm! Doch merke dir, wenn er stirbt, so wird sein Bestattungsscheiterhaufen mit deinem Blut begossen werden. Steht er aber von seinem Krankenlager geheilt auf, so sollst du neunundneunzig Geschenke erhalten und eine Herde auserlesener Stuten.«

»Und auch die Freiheit?«

Ordu überlegte einen Augenblick, dann sagte er:

»Ja, auch die Freiheit. Ich schwöre es dir beim ewigen Himmel!«

Ein rätselhaftes Lächeln huschte über das wachsbleiche Gesicht der Griechin. Sie zog ihren Beutel, den der Mongole auf dem Schiff ihr hatte wegnehmen wollen, zu sich heran und entnahm ihm ein silbernes Kästchen. Daraus holte sie neun dunkle Kügelchen hervor, die sie in der Hand behielt. Dann beugte sie sich über den Kranken und berührte mit den Fingerspitzen dessen unbewegliche Augenlider, die sich unterdessen beide fest geschlossen hatten. Mit einer jähen Wendung zu Ordu-Khan sagte sie:

»Jetzt heißt es rasch handeln! Der Tod rückt heran. Der Rotbart soll mir beistehn!«

Der arabische Arzt schlug die Hände zusammen und verwahrte sich: »Das ist wider die Abrede. Du hast dich erboten, ihn gesund zu machen, also tu es auch!« Und er richtete den Blick empor und begann in einer unverständlichen Sprache Beschwörungen zu murmeln.

Ordu hielt den Dolch in der erhobenen Rechten, mit der Linken packte er den Arzt am roten Bart und brüllte ihn an:

»Steh ihr bei, roter Fuchs du!«

Der Arzt verstummte und kroch schnell zu der Griechin hin. Aufmerksam betrachtete er die dunklen Kügelchen, die auf ihrem schmalen Handteller lagen.

»Was ist das?«

»Als wenn du das nicht ganz genau wüßtest!« sagte Daphne spöttisch. »Dem Aussehen nach Muskatnüsse ... Doch auf jeder einzelnen ist das Auge des weisen Suleiman[2] eingeritzt.«

»Du sprichst die Wahrheit. Doch nun befolge meine Befehle! Röste diese Nüßlein in einer Bronzeschale, zerstoße und zerreibe sie zu Pulver. Dieses löse in Wasser auf und gib dem Kranken davon dreimal zu

---

1 Tabib = Arzt.

2 Suleimans, d.h. Salomons berühmte Weisheit umfaßte auch die »Weisheit«, um derentwillen Ägypten so berühmt war, d.h. die Geheimwissenschaft. Pythagoras soll seine Kenntnis von Salomon in Ägypten erhalten haben. Salomon übte seine Zauberkraft vermittels eines Ringes aus, auf dem der »erhabenste Name« Gottes eingraviert war.

trinken: jetzt gleich, am Nachmittag und gegen Abend. Es ziemt sich nicht für eine kaiserliche Prinzessin, sich mit solchen einfachen Handreichungen zu befassen, die von Sklavenärzten, wie du einer bist, verrichtet werden können. Ich werde aber bei dem Kranken sitzen und ihn unausgesetzt beobachten. Bald wird er wieder so gesund und stark sein, daß er sich auf sein Streitroß schwingen kann.«
Mit untergeschlagenen Beinen ließ sie sich neben Juldus nieder, faltete die Hände im Schoße und verharrte in dieser Stellung mit gesenktem Kopf und Blick.
Der Arzt tat, was man ihm befohlen hatte. Als die Muskatnüsse in der Bronzeschale über dem Feuer zu knistern begannen, zerrieb er sie mit einem Stößel in einem kleinen Mörser zu Pulver, schüttete es in ein Trinkgefäß voll Wasser und verrührte es mit einem Löffelchen aus Bein.
»Diese Arznei wirst zuerst du selber versuchen!« schnaubte Ordu-Khan grimmig, indem er sich vor der Griechin aufpflanzte.
»Jawohl, aber auch du wirst sie versuchen, mit mir zusammen«, antwortete diese mit zärtlich girrender Stimme.
Der Arzt ließ beide kosten.
»Sehr bitter!« konstatierte Ordu-Khan mit einer Grimasse.
Dann beugte sich der Arzt über den unbeweglich daliegenden Batu-Khan. Lange mußte er sich plagen, bis es ihm gelang, dessen fest zusammengebissene Zähne auseinanderzubekommen. Daphne goß die Arznei dem Kranken in den Mund, wobei ihm ein Teil davon übers Kinn und über die Wangen floß.
Aller Blicke waren gespannt und unverwandt auf Batus Gesicht gerichtet.
Daphne sagte im Brustton der Überzeugung:
»Jetzt wird er schlafen, und seine über den Wolken umherirrende Seele wird in seinen Körper zurückkehren.«
Sie warf einen rätselhaften, betörenden Blick ihrer grünlichen Augen auf den Khan Ordu und schlug sie seufzend nieder.
Ordu machte sich an seinem Gurt zu schaffen und schob dabei unauffällig den blanken Dolch wieder in die Scheide.
Von draußen klang das Klagen und Jammern weinender Frauenstimmen herein.
»Ai-wach! Was für ein Unglück!« stöhnte Ordu, sich an die Schläfen greifend. »Da kommen die ›Zierden des Erdkreises‹. Mit ihrem Gejammer werden sie meinen armen Bruder vollends umbringen!«

Die »Zierden des Erdkreises«

Ins Zelt traten drei junge Frauen in bunten Seidengewändern. Auf dem Kopf trug jede ein goldgesticktes Mützchen mit einer langen weißen Reiherfeder.
»Unser vergötterter Gebieter geht von uns und läßt uns als Witwen

zurück!« kreischten sie, wobei jede die andern zu überschreien suchte. »Wer soll dann für uns sorgen? Ach, verlaß uns nicht! Verlaß uns nicht!«
»Still!« brüllte Ordu wütend. »Entweder ihr verhaltet euch ruhig, oder ich gebe Befehl, daß man eine jede von euch in einen Teppich einrollt und zu ihren Eltern zurückschickt.«
Die drei Frauen verstummten und kauerten sich eingeschüchtert abseits hin, untereinander Blicke tauschend und nur dann und wann noch einmal aufschluchzend. Schweigen herrschte im Zelt. Der Negerjunge hatte sich niedergehockt und war mit auf die Knie gesunkenem Kopf eingeschlafen. Die Prinzessin aus Rûm schien, in anmutiger Pose auf ihren Beutel gestützt, ebenfalls zu schlummern; aber hin und wieder blinzelte sie durch das halbgeöffnete Lid bald des rechten, bald des linken Auges, um sich über die Vorgänge im Zelt zu vergewissern. Khan Ordu hatte sich ebenfalls auf die Seite gelegt und gab bald schnarchende Töne von sich, in die der arabische Arzt einstimmte, indem er dazwischen einen dünnen Pfeifton hören ließ. Der Nuker am Eingang schlief im Stehen, auf seinen Speer gestützt.
Da rutschten die drei »Zierden des Erdkreises« näher zu Juldus hin und zischelten:
»Du bildest dir doch wohl am Ende nicht ein, du wärest Juldus-Hatun? Du bist ein Geschöpf niederster Herkunft und wirst immer Juldus-Karakys[1] sein und bleiben.«
»Meinst du, wir wüßten nicht, was du heimlich treibst?«
»Du betrügst unsern Gebieter mit einem Nuker, der es verstanden hat, sich des Dschichangirs Gunst zu erschleichen.«
»Der Dschichangir ist bloß krank, weil du ihn vergiftet hast.«
Juldus zog schweigend ihren Schal über Kopf und Gesicht, als ob sie sich damit gegen die Anwürfe schützen wollte.
»Schon lange hast du ihn behext!«
»Sieh zu, daß du von hier fortkommst, ehe wir dich mit unseren Händen erwürgt haben.«
»Was hast du hier zu suchen? Es ist Sache der älteren Frauen, unsere Sache, ihn zu pflegen!«
Urplötzlich flogen die Pelze, unter denen Batu gelegen hatte, beiseite. Der Khan sprang auf seine Füße und stand aufrecht vor den drei boshaften Weibern, die zu Tode erschrocken ihre Gesichter vor ihm in den Staub drückten.
»Endlich bist du wieder zu dir gekommen, du, unser leuchtender, herrlicher Gebieter!« schmeichelten sie ihm.
Batu rief mit heller Stimme nach dem wachhabenden Nuker und fragte: »Wer von den hohen Temniks[2] hat heute nacht hier Dienst?«
Der Nuker schüttelte den Schlaf von sich ab und antwortete strammstehend:

---

1 Ein einfaches Aschenbrödel.
2 Temnik = Titel eines Kommandeurs über zehntausend Mann.

»Achtung und Gehorsam! Burundai, Kurmischi und der alte Narin-Kechen... Sie sind im Zelt nebenan.«
»Hole sie her und zugleich auch Subudai-Bahadur, meinen Bruder Scheibani und Munke-Khan!«
»Achtung und Gehorsam!« antwortete der Nuker und entfernte sich. Seinen Posten nahm ein anderer Leibgardist ein. Inzwischen war auch Ordu-Khan erwacht und blickte, halb aufgerichtet, mit schlaftrunkenen Augen verwundert um sich, ohne recht zu begreifen, was eigentlich vorging.
Batu taumelte, nachdem er die sich an seine Beine klammernden Frauen mit dem Fuße weggestoßen hatte, in die Arme seines Lieblingsbruders.
»Mein ehrwürdiger älterer Bruder, aus weiter Ferne bist du herbeigeeilt, um mich aus den Klauen böser Geister zu retten. Immer und immer, so weit ich zurückdenken kann, warst du mir ein liebevoller, treuer Beschützer!«
Der etwas schwerfällige, biedere Ordu schmiegte sich an seinen Bruder, beleckte ihm zärtlich beide Wangen[1] und flüsterte ihm ins Ohr:
»Ich bin herbeigeeilt, um dir alle Steine aus dem Weg zu räumen und von deinem Lager alle verräterischen und tückischen gelbohrigen Hunde zu verscheuchen... Ich weiß ja, daß du noch für große Ruhmestaten aufgespart bist.«
Juldus-Hatun warf trockene Wacholderzweige ins aufflackernde Feuer, und zuckende Schatten huschten über die Zeltwände.
Drei Temniks traten ein, alle drei noch verschlafen und sich mit den Ärmeln über Mund und Augen fahrend. Es waren: der knickebeinige, rundrückige Narin-Kechen, runzlig wie ein vertrockneter Pilz; der hochaufgeschossene Burundai, hager und quittegelb; der vierschrötige, stämmige Kurmischi mit bleckenden Pferdezähnen.
Hinter ihnen kam der einäugige Subudai-Bahadur angehinkt, der beim Gehen das rechte Bein nachzog.
Batu-Khan wartete ab, bis die Eingetretenen den Kotau[2] vollführt und sich niedergehockt hatten, dann begann er in feierlichem Ton zu sprechen:
»Meine getreuen Diener Burundai, Kurmischi und Narin-Kechen, im Feldzug gegen die Urussuten[3] und in den Kämpfen gegen die Kiptschaken habt ihr alle drei tapfere Taten vollbracht und große Siege errungen. Längst schon hatte ich den Wunsch, euch dafür würdig zu belohnen. Tapferer Temnik Burundai, Besieger der Urussuten am Flusse Sit, ich trete dir eine Kostbarkeit ab, einen von meinen sieben glänzenden Sternen – mein Weib Erke-Chara-Nüdün (Macht der schwarzen Augen). Doch du wirst gewiß auch ihrer Macht nicht erliegen. Dir, mein

---

1 Die Mongolen kannten den Kuß auf den Mund unter Männern nicht.
2 Kotau = Begrüßung eines Höhergestellten durch Niederknien und ein- oder mehrmaliges Aufschlagen der Stirn auf die Erde.
3 Urussuten = Russen.

braver Kurmischi, schenke ich ein zweites Kleinod – mein Weib Alja-Mindasun (Schelmischer Faden). Ich weiß, daß du diesen Faden fest zwischen den Zähnen halten und dich weder durch Zärtlichkeit noch durch Schlauheit täuschen lassen wirst. Dir aber, ehrwürdiger Narin-Kechen, Kampfgefährte meines Großvaters, dir schenke ich die jüngste dieser drei Schönen – Nabtschi (Süße des Lebens). Mit ihr wirst du ein Leben in eitel Glückseligkeit führen.«

Die drei Temniks warfen sich zu Boden, die drei Frauen aber brachen in ein verzweifeltes Wehgeschrei aus:

»Gib uns nicht fort! Laß uns nicht von dir! Vergib uns unsre Fehler, die wir nur aus Liebe zu dir begangen haben. Wir werden unglücklich sein ohne dich. Nimm uns zurück!«

Batu gebot ihnen mit einer energischen Handbewegung Stillschweigen.

»Ein einmal ausgesprochenes Wort kehrt nicht auf die Lippen, denen es entfloh, zurück. Ihr habt Dinge gesagt, die sich nicht fortwischen lassen wie Puder von der Wange. Bei euren neuen Männern werdet ihr euren Schnabel nicht so scharf wetzen, ihr schwatzhaften Elstern... Temniks, führt eure Frauen hinweg! Gleich soll hier ein Kriegsrat abgehalten werden, dabei haben sie als Frauen von Temniks nichts mehr zu suchen. Geht, schnell!«

Die drei Temniks packten die sich Sträubenden mit derber Hand und schleppten sie aus dem Zelt.

Khan Ordu befahl dem Leibgardisten:

»Nuker! Bring den schwarzen Jungen und den roten Fuchs zum nächsten Jurtdschi[1]. Er soll sie vernehmen. Nachher werde ich selbst noch ein Verhör mit ihnen anstellen. Du aber, Prinzessin aus Rûm, du wirst die versprochene Herde auserlesen schöner Stuten erhalten.«

»Und dazu noch neunundneunzig Geschenke und die Freiheit!« sagte Daphne nachdrücklich, dabei den Bruder des Dschichangirs fest anblickend. »Khan Ordu steht doch wohl zu seinem Wort?«

»Dein Schicksal wirst du später erfahren. Vorläufig wirst du in der Jurte neben meiner wohnen.«

Der Nuker entfernte sich mit der Griechin, dem Araber und dem Negerjungen. Batu-Khan ließ sich auf die Kissen nieder. Sein sonst so strenges, verschlossenes Gesicht war jetzt von zahllosen Fältchen eines innerlichen Lachens überzogen. Zufrieden sah er zu Juldus hinüber, die an der Wand saß und ihn ganz erschrocken anstarrte. Da verdüsterte sich sein Antlitz wieder, und er sagte:

»Um klug zu regieren, muß man alles wissen. In den schlimmen Tagen meiner Krankheit, als alle dachten, ich sähe und hörte nichts, habe ich manches erfahren und erkannt, unter anderem auch, wie man das Mongolenheer bis zum ›letzten Meer‹, in dem allabendlich die Sonne zerschmilzt, führen muß.«

---

1 Jurtdschi = Quartiermeister.

Der arabische Gesandte beim Tatarenkhan

Als Abd ar-Rahmân in das geräumige Zelt geführt wurde, an dessen Wänden wundervolle Teppiche mit darauf gestickten Blumen, Störchen und Drachen hingen, blieb er am Eingang stehen, in dem Wunsche, herauszufinden, wer unter den Anwesenden nun derjenige sei, dem die größte Ehre gebühre. Da aber keiner von den etwa zehn Männern, die im Halbkreis auf einem großen Perserteppich saßen, sich durch seine Kleidung wesentlich von den anderen unterschied (alle trugen sie lange, blaue, kittelartige Gewänder, die um die Hüften von einem Ledergürtel zusammengehalten wurden) und Abd ar-Rahmân nicht dem falschen die Ehre erweisen und sich dadurch lächerlich machen wollte, ließ er sich auf die Knie nieder und begann, gerade vor sich hinsehend und ohne sich an jemanden besonders zu wenden, zu sprechen:

»Der große und heiligste Kalif der islamischen Völker entbietet seinen Gruß dem jungen Befehlshaber des tapferen Tatarenheers und wünscht ihm Gesundheit, langes Leben und zahllose Siege.«

Ein alter, etwas abseits kniender Dolmetscher übersetzte sofort Wort für Wort aus der arabischen in die tatarische Sprache.

»Der Beherrscher aller Rechtgläubigen hat mich, den letzten Abkommen des ruhmreichen arabischen Feldherrn Abd ar-Rahmân, der einstmals die Heere der Franken schlug, hierher zum Herrscher der Tataren gesandt mit der Bitte, mir zu gestatten, daß ich an seinem Feldzug gegen das Abendland teilnehme und meinem erhabenen Herrn Berichte über die geschlagenen Schlachten und über die eroberten Länder schicke.«

Einer von den zehn, ein Einäugiger mit einer quer über das ganze Gesicht verlaufenden roten Narbe, fragte:

»Und wenn wir von Feinden überfallen werden sollten, wirst du dann, wie wir alle, dein Schwert zum Schutz unseres Gebieters, des erhabenen Sain-Khan, ziehen, oder wirst du es in der Scheide schlummern lassen?«

»Ich bin ein Krieger und biete mich und mein Schwert für diesen Feldzug dem Sain-Khan an.«

Hierauf ergriff ein junger Mann das Wort, der sich in seiner Kleidung durch nichts von den anderen unterschied; doch dem Klang seiner Stimme und dem Blick seiner Augen merkte man an, daß er gewohnt war zu befehlen.

»Wenn du als Freund zu uns gekommen bist, so sei dir gestattet, dich dem Tumen der Unbesiegbaren anzuschließen und dem Kalifen von Bagdad durch einen Kurier Berichte über unseren Siegeszug gegen das Abendland zu senden, ohne uns darüber Rechenschaft geben zu müssen, was du ihm schreibst. Ich stelle aber die Bedingung, daß du mir die reine Wahrheit sagst über alles, was du siehst...«

Abd ar-Rahmân, der bei dem letzten Satz begriffen hatte, daß wirklich Batu-Khan zu ihm sprach, rief:

»Gepriesen sei deine weise Entscheidung!«

Batu-Khan ignorierte diese Unterbrechung und fuhr fort:

»Doch jetzt erzähle uns von deinem ruhmreichen Vorfahren und seinem Feldzug gegen die Franken.«

»Bevor ich dir diesen Wunsch erfülle, gestatte mir, die Geschenke, die dir mein erhabener Gebieter schickt, zu deinen Füßen niederzulegen.« Er wandte sich nach einer hinter ihm kauernden Person um.

»Da sind sie!« flüsterte Duda, denn niemand anders als er war Abd ar-Rahmâns Begleiter, und rutschte auf den Knien näher, um seinem Herrn ein in einen prächtigen Seidenstoff gewickeltes umfangreiches Paket einzuhändigen.

Der Gesandte wickelte es auf und breitete seinen Inhalt vor Batu-Khan aus: einen mit herrlichen Edelsteinen verzierten Säbel in einer Scheide aus grünem Samt, einen goldenen Trinkbecher, eine Buchrolle – den Koran – in einer mit geschmackvollen Ornamenten geschmückten Lederhülle, zwei Dolche mit Elfenbeingriffen und noch viele andere Kostbarkeiten.

Gleichgültig blickte Batu-Khan darauf nieder; aber unversehens streckte er seine Hand nach einem schlichten Goldreif aus, den ein Stein zierte, dessen Farbe bald ins Grünliche, bald ins Rötliche spielte.

»Auf jenem Ring da sehe ich eine Inschrift eingraviert. Besitzt sie eine magische Kraft und welche?« fragte er den Gesandten, der sich zu antworten beeilte:

»Jener Ring, auf dem die Worte Allahs ›So geschehe es!‹ eingraviert sind, hat dem großen König und Magier Suleiman ben-Daud gehört und bringt seinem Träger Glück, indem er ihm alle seine Wünsche erfüllt.«

Batu-Khan zeigte das Kleinod dem neben ihm sitzenden Einäugigen mit der großen roten Narbe im Gesicht. Dieser betrachtete es prüfend, nickte dann zustimmend mit dem Kopfe und steckte es dem Khan an den Zeigefinger, indem er sagte:

»Das ist ein deiner würdiges Geschenk!«

Und zu Abd ar-Rahmân gewandt, fügte er hinzu:

»Mein Gebieter dankt dir. Wenn er neunhundertneunundneunzig Siege errungen haben wird, so wird er diesen Ring anschauen und sprechen: ›Ja, so ist es geschehen, wie Allah gewollt hat!‹ ... Jetzt aber wartet er auf deine Erzählung.«

Die Geburt der »himmlischen« Residenz

Ein plötzlicher kalter Windstoß drang ins Zelt, ließ den Türvorhang heftig auf und nieder flattern, warf die glimmenden Kohlen des offenen Feuers auseinander und hüllte alles in einen dichten, erstickenden Rauch ein.

Als sich der beizende Qualm etwas verzogen hatte, sagte der große Bahadur Subudai:

»Das war der Kriegsgott Sulde, der nachsehen kam, ob der Dschichangir

wohl nun bald sein Heer ins Feld führt oder ob er es vorzieht, auf seinen Lorbeeren auszuruhn und sich dem friedlichen Aufbau seiner Residenz und der Errichtung geräumiger Warenspeicher für die ausländischen Kaufleute zu widmen.«
Alle Schmeichler erstarrten. Nur der alte Atalik und Erzieher Batus durfte sich erlauben, so frei ein Tadel enthaltendes Wort auszusprechen.
Batu-Khan maß die Versammlung mit einem stechenden Blick und fragte:
»Wer vermag mir zu sagen: Was ist eigentlich Ruhm?«
Der Erbauer des goldenen Palastes, der kunstfertige Li Tun-Po, antwortete:
»Ruhm bringt nicht nur der Sieg auf dem Schlachtfelde. Wenn ein Herrscher um das Wohl seines Volkes besorgt ist, wenn er neue Städte und Straßen erbaut, wenn er gerecht zu seinen Untertanen ist und sie nicht mit drückenden Steuern belegt, die ihre Kräfte übersteigen, wenn er den Wohlstand seines Volkes sichert, dann erfreut er sich der Liebe seiner Untertanen und eines nie verblassenden Ruhms.«
Der Gesandte des Kalifen sagte:
»Nach Ruhm streben wir alle, und wir erringen ihn am sichersten mit Hilfe unseres Schwertes. Ruhm, das ist die Macht über unterworfene Völker.«
Batu-Khan wandte sich an seinen Chronisten und Sterndeuter Hadschi Rachim:
»Mein weiser Lehrer, du weißt viel. Weshalb erfreut Iskander Dsul-Karnain sich bis auf den heutigen Tag eines ungetrübten Ruhmes unter allen Völkern?«
»In einem alten Buch steht geschrieben: Iskander, der alle Heere besiegte, die sich ihm entgegenstellten, blieb gleichwohl den von ihm unterworfenen Völkern gegenüber gnädig und gerecht. Er unterdrückte sie nicht, sondern machte sie zu gleichberechtigten Kindern der von ihm vereinigten Völkerfamilie. Daher ist Iskanders Ruhm ein wahrer, unvergänglicher Ruhm.«
»Nein, das ist nicht richtig«, widersprach Batu-Khan lebhaft. »Hat denn Iskander irgend etwas geschaffen, das nach seinem Tode unerschütterlich fortbestanden hätte? Sein Reich ist zerfallen... Seine junge schöne Frau, die Perserin Rouschanak[1], wurde zusammen mit ihrem und Iskanders Sohn, dem Erben seines Reiches, ins Gefängnis geworfen und später von seinen Freunden und Mitkämpfern erwürgt. Sein großes Reich zerstückelten sie in lauter kleine Teile, die allmählich wie Eisstücke an der Sonne schmolzen.«
Die Zuhörer tauschten bedeutsame Blicke untereinander, manche taten leise Ausrufe des Entzückens, während Batu-Khan fortfuhr:
»Ein Herrscher, der nach Ruhm strebt, muß etwas errichten, was seine

1 Rouschanak = Roxane, Tochter des baktrischen Fürsten Oxyartes, seit 327 v. u. Z. Alexanders Gemahlin, gebar nach seinem Tode 323 v. u. Z. einen Sohn.

Lebenszeit überdauert und seinen Namen auch noch nach seinem Tode verkündet, viele Jahrhunderte, Jahrtausende lang.«
»Wie wahr, wie weise gesprochen!« hörte man rufen.
»Ihr dürft euch glücklich preisen, ihr seid vom Schicksal begünstigt!« fuhr Batu-Khan schwungvoll fort. »Euch ist es vergönnt, der Geburt eines neuen Reiches beizuwohnen, das hier in den öden Steppen entsteht und wachsen und immer weiter wachsen wird, bis es den ganzen Erdkreis umfaßt... Ihr steht gleichsam an der Wiege eines neugebornen Kindes, das zu einem mächtigen Helden ohnegleichen heranwachsen und einstens sogar der Sonne ihren Strahlenkranz entreißen wird!«
Batu-Khan hielt inne. Nach einem längeren Schweigen wurden Zurufe und Fragen laut:
»Nenne uns den Namen dieses Helden, dieses Reiches! Von der Geburt welches Kindes, welcher neuen Stadt sprichst du? – Sind wir denn nicht ausgezogen, um die alten Reiche unter den Hufen unserer Rosse zu zerstampfen? Und du sprichst von der Gründung eines neuen? – Dein neues Reich – soll es ein mongolisches oder ein kiptschakisches sein?«
»Nein!« rief Batu-Khan. »Weder das eine noch das andre! Ein mongolisches kann es nicht sein, weil ein solches schon existiert: das Reich des großen Kagans, meines Ahns, mit der von ihm gegründeten weltberühmten Hauptstadt Kara-Korum... Ich aber habe verschwindend wenig Mongolen in meinem riesigen Heer – bloß die viertausend Krieger meiner Leibgarde. Jedoch – dieses Reich kann auch kein kiptschakisches genannt werden, weil schon sehr viele andere Völker dazugehören und noch sehr viel mehr dazukommen sollen. Die Kiptschaken könnten sonst zu stolz werden; sie haben aber gar nichts, worauf sie stolz sein dürften – sie haben gegen mich gekämpft und sind von mir besiegt worden. Ich habe sie dann gezwungen, mir und meinen Zwecken zu dienen.«
Der weise Li Tun-Po fragte:
»Wie soll also dein neugeborenes Reich heißen?«
Nach einigen lauernden Seitenblicken auf die gespannt auf seine Antwort wartenden Khane sprach Batu-Khan ganz langsam und ruhig:
»Batu-Khans Reich soll heißen – die Blaue Horde. Sie ist vom Himmel berufen, über die Völker des ganzen Erdkreises zu herrschen, tausend, zehntausend Jahre lang, ewig! – Und bis in alle Ewigkeit wird dann auch mein Ruhm die ganze Welt erfüllen!«

Vierter Teil
Nowgorods Gesandter bei Batu-Khan

Das Verhör der russischen Gefangenen

In Batu-Khans belebtem Heerlager saß in einer kleinen Filzjurte auf einem Teppich Hadschi Rachim, der Hofchronist des großen Tatarenherrschers, und machte, über sein »Reisetagebuch« gebeugt, beim schwachen Flimmerlicht eines tönernen Leuchters sorgfältig in arabischer Schrift seine täglichen Eintragungen.
Folgendes schrieb er:
»Mehrmals schon habe ich den erhabenen Sain-Khan darüber reden hören und auch mich selbst davon überzeugen können, daß er über Nachrichten aus einer weit im Norden liegenden reichen russischen Handelsstadt, die den stolzen Namen »Stadtherrschaft Groß-Nowgorod« führt, recht beunruhigt ist. Es ist anscheinend diejenige unter den russischen Städten, die am meisten freiheitsliebend und daher auch am gefährlichsten ist. Sie hat noch nicht die Schwere der herrischen Mongolenfaust verspürt. Als Batu-Khan vor zwei Jahren mit seinem Heer gen Norden zog, gelangte er ungeachtet aller seiner Anstrengungen nicht bis nach Nowgorod, sondern mußte umkehren, weil sein Heer beinahe in den Sümpfen ertrunken wäre. Vielleicht halten sich deshalb die Nowgoroder für unbesiegbar.
Es geht schon lange die Rede, daß Batu-Khan ein neues Heer gegen Nowgorod schicken will. Ich hörte aus seinem eigenen Munde die Worte: »Wenn Subudai-Bahadur das ganze Nowgoroder Gebiet in Schutt und Asche gelegt und alle Einwohner in die Sklaverei getrieben haben wird, erst dann wird an der Nordgrenze meiner Horde die Ruhe eines Nasarestans[1] herrschen.«
Neulich morgens bei einem Gästeempfang im Zelte des Dschichangirs geschah folgendes: Arapscha, Batus Lieblingsleibwächter, trat ein und meldete:
»Erhabener Sain-Khan, du wolltest, daß man dir Gefangene vorführe, die im Norden und in der Stadt Nowgorod gewesen sind. Unter den bei uns befindlichen russischen Gefangenen habe ich zwei gefunden, auf die das zutrifft und die recht verständig aussehn, so daß sie dir gewiß viel erzählen können.«

1 Nasarestan = Friedhof.

»Führ sie sofort zu mir, und rufe auch Subudai-Bahadur hierher, damit er bei dem Verhör zugegen sei. Allen anwesenden Gästen aber entbiete ich hiermit mein ›Selam‹[1].«
Die Anwesenden (bis auf den Hadschi) entfernten sich daraufhin schleunigst unter tiefen Verbeugungen und dem Gemurmel von Segenswünschen, dann erschien Subudai und gleich darauf Arapscha mit den zwei Russen, einem silberhaarigen, sehr hochgewachsenen Greis, dessen Gesicht von einer tiefen roten Narbe entstellt wurde, und einem jungen Mann, fast von gleich hohem Wuchs wie sein Gefährte, aber viel breitschultriger, dessen lebhafte Augen einen aufgeweckten Sinn verrieten. Gewöhnlich pflegten die Gefangenen barfuß und in Lumpen zu gehen, damit die beiden aber vor dem Dschichangir einigermaßen anständig erscheinen konnten, hatte man sie in lange Kittel gesteckt und ihnen auch lederne Kawuschen gegeben. Die Hände hatte man ihnen vorsichtshalber mit Lederriemen fest zusammengebunden.
Auf seine kurze Lanze gestützt, blieb Arapscha neben den Gefangenen stehen und ließ sie keinen Moment aus den Augen, damit sie nichts Unerlaubtes tun konnten. Auch diente er, da er der russischen Sprache mächtig war, als Dolmetscher und übersetzte ihre Antworten und die Fragen Batus, die sich zuerst auf ihre Herkunft und auf Zeit und Ort ihrer Gefangennahme bezogen.
Der Greis erzählte (augenscheinlich sehr wahrheitsgetreu):
»Ich heiße Sawwa Babrownik und hauste im Wald. Mein Gewerbe ist der Biberfang, wie schon mein Name sagt, aber gelegentlich stellte ich auch anderm Wild nach. Häufig fuhr ich nach Perejaslawl zu unserem Fürsten Jaroslaw Wsewolodowitsch und brachte ihm Wild und allerhand Pelzwerk. Mein Gefährte heißt Koshemjaka und ist besonders geschickt im Gerben von Rinder- und Pferdehäuten. Vor zwei Jahren fielen wir am Oberlauf der Wolga einer Tatarenpatrouille in die Hände, und es gelang uns nicht, der Übermacht zu entkommen.«
»Warst du auch in Nowgorod?«
»Ja, viele Male bin ich in meinem langen Leben dort gewesen, ich habe sogar mehrere Male kürzere oder längere Zeit dort gewohnt.«
»Wer regiert dort?«
»Zu meiner Zeit regierten dort die Bojaren, aber es herrschte meist Uneinigkeit unter ihnen, und wenn sie sich dadurch in Ungelegenheiten gebracht hatten, so schickten sie Boten zum Fürsten Jaroslaw von Perejaslawl und baten ihn um Beistand. Der Fürst erschien dann mit seinen Mannen und stiftete Ordnung und Frieden.«
»Hat dieser Fürst so tüchtige Truppen?«
»Oh, seine Truppen sind berühmt, jeder einzelne seiner Krieger trägt einen silberschimmernden Panzer, und wenn seine Reiter auf ihren prächtigen Rossen Einzug halten, dann läuft ihnen alles Volk entgegen und singt ihnen Loblieder.«

---

1 Selam oder Salam = Frieden.

»Nun, der silberne Panzer allein macht den Helden nicht«, meinte Batu-Khan. »Hat Konas[1] Jaroslaw denn seine und seiner Mannen Tapferkeit auch in anderen Kämpfen als im bloßen Schlichten der Zwistigkeiten der Nowgoroder Bojaren bewiesen?«
»Und ob er die gezeigt hat!« rief Sawwa stolz. »Vor vier Jahren trat ich zusammen mit anderen Jägern in eine neugebildete Hilfstruppe ein, die den Fürsten in seinem Kampf gegen die ihn bedrängenden deutschen Ritter unterstützen sollte, deren Absicht es war, Nowgorod unter ihre Botmäßigkeit zu bringen. An der Mündung des Flusses Omowsha in den Tschudskoje Osero[2] kam es zu einer furchtbaren Schlacht, in der die deutschen Ritter vom Fürsten Jaroslaw aufs Haupt geschlagen wurden. Die Hälfte von ihnen ertrank unter dem Eis des Sees.«
»Wer waren die Unterführer und Verbündeten des Konas?«
»Er hatte ausgezeichnete Heerführer, der tüchtigste aber war sein junger Sohn Alexander. Daß er damals noch keine fünfzehn Jahre alt war, daran darfst du dich nicht kehren. Er kämpfte an der Spitze seiner Hundertschaft ebenso tapfer wie ein erwachsener und erfahrener Krieger.«
»Von diesem neuen Iskander habe ich schon gehört«, sagte Batu-Khan. »Man hat mir berichtet, er übe jetzt die Herrschaft in Nowgorod aus und verstärke unablässig sein Kriegsheer. Ich muß von diesem nordischen Iskander mehr und Genaueres erfahren. Vielleicht werde ich ihm noch einmal im Kampfe gegenüberstehn... Man führe die Gefangenen ab!«
Zwei Wächter bemächtigten sich der beiden und hatten mit ihnen schon beinahe den Ausgang des Zeltes erreicht, da rief Batu:
»Halt! Sagt mir erst noch genau, wie groß das Heer des Konas von Nowgorod ist.«
Der Greis wollte nach einigem Zögern eben den Mund auftun, da ließ sich sein junger Landsmann, als wäre er über den Rand des Teppichs gestolpert, gegen ihn fallen und flüsterte ihm rasch zu:
»Hüte deine Zunge!«
»Gnädiger Khan«, sagte Sawwa bedächtig, »das kann ich dir leider nicht genau sagen. Ich bin damals nicht länger bei der Hilfstruppe geblieben und habe seither nicht in der Stadt, sondern nur im Walde gelebt. Wie könnte ich da wissen, wie viele Krieger der Fürst inzwischen um sich gesammelt hat...«
Batu-Khan furchte die Stirn unmutig.
»Geht jetzt!« gebot er.
Die Gefangenen verbeugten sich und wurden aus dem Zelt geschleppt.
»Dieser junge Iskander des Nordens könnte mir gefallen«, meinte Subudai-Bahadur. »Er ist der geborene Krieger. An deiner Stelle würde ich ihn zum Anführer einer Tausendschaft seiner Landsleute machen, und er müßte mich auf meinem Zug gegen das Abendland begleiten.«

---

1 Konas = Umbildung des russischen Wortes Knjas = Fürst.
2 Tschudskoje Osero = Peipussee in den der Embach oder Emaingi mündet.

»Zunächst müssen wir herausbringen, was dieser Konas mit seinen Truppenrüstungen vorhat«, sagte Batu. Dann fuhr er fort, indem er Arapscha fest ansah: »Und dich betraue ich mit dieser wichtigen Aufgabe.«
»Achtung und Gehorsam!« antwortete Arapscha.
»Du wirst zehn der zuverlässigsten Nuker mit dir nehmen und nach Perejaslawl oder bis nach Nowgorod reiten, um in Erfahrung zu bringen, was für Pläne man dort schmiedet. Du reitest noch heute. Durch zuverlässige Leute sendest du mir Berichte.«
»Das soll geschehn, Erhabener!« versicherte Arapscha und verließ eiligen Schrittes das Zelt.

Russische Flöße kommen an

Batu-Khan befand sich mit den Vertrautesten aus seinem Gefolge auf dem flachen Dach des goldenen Hauses. Vom Südufer des Abeskunischen Meeres war ihm gemeldet worden, daß dort einer seiner Verwandten, Khan Chulagu, ein Heer gesammelt und einzelne Abteilungen nordwärts zum Fluß Kura an die Grenze des Gebietes der Blauen Horde entsandt habe, mit dem Auftrag, dort Zusammenstöße mit Abteilungen Batus zu provozieren, dabei Gefangene zu machen und aus ihnen herauszubringen, was im Heere des Dschichangirs vor sich gehe. Der Bote, der diese Meldung gebracht hatte, ein alter erfahrener Kämpfer, der sich noch an Dschingis-Khan erinnern konnte, war der Überzeugung, daß Chulagu einen Überfall großen Ausmaßes plane.
Alle hatten gespannt in Batu-Khans Gesicht geforscht, wie er auf diese Nachricht reagieren würde, aber er war undurchdringlich geblieben. Aufmerksam hatte er den Boten angehört, seine Meinung über die Sache aber für sich behalten.
Gleich darauf meldete ein Soldat der Palastwache, daß von Norden her, aus der Kiptschakensteppe, ebenfalls ein Eilbote auf schweißbedecktem Roß angelangt sei und darum bitte, sogleich vor das Antlitz des Blendenden geführt zu werden.
»Führ ihn her!«
Der Bote, ein junger Kiptschakenkrieger in einem gestreiften chowaresmischen Chalat mit Aufschlägen aus Fuchsfell, warf sich vor Batus Thronsessel nieder, küßte den Boden und breitete dann als Geschenk für den Khan vor sich das Fell eines Blaufuchses mit langem buschigem Schwanz aus.
»Sei auf der Hut und bereite dich zum Kampf, Erhabener!« rief er. »Den Strom herab kommt ein Russenheer geschwommen. Ich bin hergaloppiert, um dir seine Annäherung zu melden.«
Ein wenig zogen sich Batus Brauen zusammen, dann nahm sein Gesicht sogleich wieder den gewöhnlichen unerschütterlichen Ausdruck an. Er erhob sich, trat zur gegitterten Brüstung und spähte nordwärts über die

Baugerüste und die Holz-, Lehm- und Schilfhütten seiner im Entstehen begriffenen Residenzstadt hinweg in die Ferne. Auf dem breiten blauen Band des Stromes gleißten die Sonnenlichter wie goldene Fische und Schlangen.
Der Bote, der respektvoll zu ihm getreten war, deutete mit der Hand: »Schau dorthin! Dort kommen sie und führen gewiß nichts Gutes im Schilde!«
»Wo aber sind denn ihre Schiffe? Ich sehe weder Masten noch Segel.«
»Sie haben auch keine Schiffe. Sie kommen auf zusammengebundenen langen Balken, auf denen kleine Strohjurten stehn. Mehr als fünfzig solcher Flöße habe ich gezählt.«
»Seht!« rief Batu-Khan. »Dieser nowgorodische Konas hält sein Versprechen, das er mir gegeben. Er schickt mir da das Bauholz für meine künftige Hauptstadt der Welt. Ich will dir danken, Kiptschakenkrieger, für dein scharfes Auge und für die frohe Botschaft! Turgaud, hol einen samarkandischen Chalat für den Überbringer so guter Nachricht!« –

Die aus jahrhundertealten riesigen Baumstämmen zusammengebundenen Flöße hatten nicht ohne Mühe die lange Fahrt aus den tiefen Wäldern von Murom bis nach Nishni-Nowgorod und dann weiter hierher ins Mündungsgebiet der Wolga gemacht. Sie wurden von langen Booten, sogenannten »Dubs«, begleitet, von deren Insassen (Dubowiki) das Floß gesteuert wurde.
Allen Begleitern des schwimmenden Holztransports war vom Khan persönliche Sicherheit, hohe Belohnung und außerdem die Freilassung ihrer etwa in tatarische Gefangenschaft geratenen Verwandten zugesagt worden.
Fast auf der ganzen Floßfahrt hatten die Russen das schönste Wetter gehabt, vor allem am Anfang, und sie hatten untereinander gesprochen: »Die barmherzige Mutter Gottes hält ihre schützende Hand über uns!« Nur zweimal waren bedrohliche Wolken aufgezogen, und einmal hatte sich Sturm erhoben und den Strom bis in seine Tiefen aufgewühlt, daß das graue Wasser doppeltmannshohe Wellen schlug. Da hatte es Awksenti, der älteste Wataman[1], für rätlich befunden, am Ufer anlegen zu lassen und abzuwarten, bis das Unwetter sich gelegt und der eigensinnige Fluß sich beruhigt haben würde.
Endlich zeigte sich den Auslug haltenden Flößern und Ruderern in der Ferne ein schimmernder Punkt, ein schlanker goldener Turm, der unzählige Filzjurten, Holzbaracken und Buden, Lehm- und Schilfhütten, aber auch Steinhäuser überragte und den Russen anzeigte, daß sie dem Orte, wo sich aus einem Heerlager eine Weltstadt entwickeln sollte, nicht mehr fern waren.
Da verstummten sie kleinlaut, von banger Besorgnis angerührt, und nur

---

1 Wataman = eigentlich Ältester und Oberhaupt einer Wataga, so heißt an der Wolga, am Kaspischen und am Schwarzen Meer eine Fischereigemeinschaft.

das Plätschern der Wellen und das Knarren der mit starkem Lindenbast zusammengebundenen Stämme war noch zu hören.
Plötzlich klang aus der Ferne ein wehmütiges Lied:

»Wie der Nebel sich aufs Meer senkt,
so legt der Kummer sich mir aufs Herz...«

»Das sind doch die Unsrigen, die da singen! Hier also ist es uns beschieden, ein heimatliches Lied zu hören!«
Den Flößen kamen Boote entgegengerudert, in denen bewaffnete Mongolen in grellbunter Kleidung saßen, auf den Ruderbänken aber Russen, die Sänger des Liedes. Beim Anlegen an die Flöße riefen sie: »Wie hat Gott euch hierhergeführt, Rechtgläubige?«
»Wir sind Nowgoroder«, antworteten die Flößer ihren Landsleuten, »und kommen auf Befehl unsres Fürsten Alexander Jaroslawitsch, um dem grimmen Mongolenkhan Holz und euch die Freiheit zu bringen!«
Die Mongolen hatten schon mit ihren Bootshaken einige der Flöße geentert und wollten sich hinaufschwingen, aber der Wataman Awksenti befahl seinen Leuten:
»Laßt niemanden herauf! Sonst werden uns die Bösewichter womöglich alle Geschenke stehlen!«
Und er ließ die riesigen Hunde losbinden, die laut bellend von einem Floß aufs andre sprangen und bösartig die Zähne fletschten, wenn einer der Mongolen Miene machte, sich ihnen zu nähern.
Etwa drei Werst oberhalb des Tatarenlagers legten die Flöße am Ufer an, und sogleich kamen von allen Seiten die russischen Gefangenen, unter denen sich die Kunde von der Ankunft ihrer Landsleute in Windeseile verbreitet hatte, herbeigelaufen, um Neues aus der Heimat zu hören. Batus Wache, die am Ufer Aufstellung genommen hatte, war ihnen gegenüber fast machtlos. Die abgemagerten, ungeschorenen, in Lumpen gehüllten Elends- und Jammergestalten stürzten sich ins Wasser und schwammen zu den Flößen hinüber, um ihre Brüder zu umarmen.

Belustigung mit Bären

Gawrila Oleksitsch, der Wortführer der Gesandtschaft aus Nowgorod, welche samt ihren Wagen in Nishni auf die Flöße übernommen worden war, hatte von Batu-Khans Palastaufseher Anweisung erhalten, die wertvollsten der mitgebrachten Geschenke zum goldenen Häuschen schaffen und dort im Hof aufstellen zu lassen, und war selbst für den nächsten Morgen dorthin beordert worden. Er möge aber ja die Bären nicht vergessen, war ihm eingeprägt worden.
Gawrila hatte persönlich jeden Wagen einzeln überprüft, ob alles noch in Ordnung sei, dann war einer nach dem andern abgefahren und am Ort seiner Bestimmung entladen worden.
Neben jeder Fuhre stand ein russischer Doppelposten Wache, der allzu

aufdringlichen Neugier der Mongolen mit Speeren wehrend. In der Mitte des Hofes war ein schwerer Pfosten eingerammt worden. An ihm wurde jetzt der größte der mitgebrachten Braunbären festgekettet. Es war eine furchteinflößende Bestie, die unter wütendem Gebrumm mit den Tatzen die Erde aufscharrte und versuchte, den Pfosten umzureißen.

Ein zweiter Bär lag über einer metallbeschlagenen Truhe, die er mit seinen Vordertatzen umfangen hielt. In der Truhe befand sich allerlei silbernes Gerät und Geschmeide, welches die Nowgoroder als Lösegeld für ihre Gefangenen mitgeschickt hatten.

Auf der anderen Hofseite, wo die Pfähle ragten, an denen sonst die Rosse der den Khan besuchenden Gäste festgebunden wurden, stand ein schönes, außergewöhnlich großes Roß, ein Beutestück, das die Nowgoroder einem von ihnen besiegten schwedischen Heerführer abgenommen hatten. Alles an diesem Tier setzte die Mongolen in Erstaunen: der wie ein Sessel bequeme Sattel, die breiten Steigbügel, die Satteldecke, worauf in Gold ein Leu mit einem Schwert in der erhobenen Pranke gestickt war.

Die Karnai, die langen ledernen Trompeten, begannen heiser zu blasen, als der Dschichangir, in einem Brokatchalat und mit einem edelsteinverzierten Schwert umgürtet, auf der Palastvortreppe erschien und auf einem breiten, niedrigen Thronsessel Platz nahm, dessen Armlehnen von goldenen Löwen getragen wurden. Dieser Thron stammte aus einem chinesischen Kaiserpalast und wurde von Batu, der ihn von seinem Großvater ererbt hatte, als ein Symbol der Macht des großen Eroberers gehütet.

Links vom Thron hatte der Gesandte des Kalifen von Bagdad auf einem Teppich mit goldbestickten Seidenkissen einen Ehrenplatz angewiesen bekommen; rechts vom Thron saß der finstere, einäugige Subudai. Im weiteren Kreise saßen die übrigen mongolischen Heerführer.

Das flache Dach des Hauses erblühte plötzlich, als hätten sich märchenhaft gefiederte Vögel darauf niedergelassen. Es waren Batu-Khans Frauen, die in Begleitung mehrerer Hofleute herausgetreten waren, um sich an dem bevorstehenden Schauspiel zu ergötzen. Entlang der gegitterten Brüstung nahmen sie auf Teppichen und Kissen Platz.

Nach dem zweiten Ruf der Karnai öffnete sich das Tor für den Wortführer der Nowgoroder Gesandtschaft, einen hochgewachsenen, noch jungen Mann von wohlgebildetem Angesicht und Gliederbau, der in seinem silbernen Ringpanzer mit Arm- und Beinschienen und seinem blitzenden Helm neben dem ihn begleitenden mongolischen Dolmetsch, den er weit um Haupteslänge überragte, wie ein sagenhafter Recke wirkte.

Als er vor Batus Thron stand, nahm er seinen Helm ab, ließ sich auf ein Knie nieder, führte ein an einem Silberkettchen ihm um den Hals hängendes aufklappbares dreiteiliges Heiligenbildchen an seine Lippen und sprach, nachdem er es inbrünstig geküßt, mit flüsternder Stimme ein Gebet, das mit den Worten begann: »Der Herr behüte und beschirme

unser Heimatland...« Das übrige ging in dem von neuem losbrechenden Lärm der Menge verloren.
Batu-Khan wies gnädig auf ein zu seinen Füßen liegendes Kissen, den Gesandten zum Sitzen einladend.
Nun führten Batu-Khans Pferdeknechte das schwedische Roß vor dem Throne hin und her, damit man es von allen Seiten betrachten konnte, dann blieben sie damit dicht vor dem Thron stehen. Ein Diener präsentierte dem Khan auf einem Servierbrett kleine Fladen, von denen er einige nahm und damit das Roß fütterte. Dann tätschelte er ihm den Hals.
»Wie gefällt euch dieses schöne Tier?« fragte er zu seinen Frauen hinauf, die oben lange Hälse machten.
»Es ist ein Tier wie aus einem Märchen!« riefen sie herab. »Doch wir möchten gern, daß der Gast aus Nowgorod uns auch seine dressierten Bären zeigt.«
Der Terdschuman übersetzte den Wunsch der Frauen, und Oleksitsch erhob sich.
»Sage den Herrinnen, daß ich ihnen gleich meine Zöglinge vorführen lassen werde.«
Die Frauen stießen kleine Freudenschreie aus, als ihnen diese Worte übersetzt wurden.
Gawrila schaute hinauf. Neben Batus Lieblingsfrau Juldus erblickte er ein junges Mädchen, auf dessen Gesicht sein Blick haftenblieb, weil ihm alles daran ungewöhnlich erschien: Die mandelförmigen schwarzen Augen blitzten wie Edelsteine, beschattet wurden sie von langen, wie Schmetterlingsflügel bebenden Wimpern; die nachgezeichneten dunklen Brauen zogen sich in schön gewölbten Bögen von einem Ohr zum andern; der kleinc korallenrote Mund lächelte rätselhaft. Als sie Gawrilas Blick auf sich ruhen fühlte, streckte sie eine schlanke biegsame Hand mit leuchtend rot gefärbten Fingernägeln nach einer Silbervase aus, zog eine Rose mit langem Stiel heraus und warf sie lachend dem jungen Russen zu, der sie im Fluge auffing und den Dolmetscher leise fragte:
»Was ist denn das für eine Zauberin?«
»Eine der Lieblingstänzerinnen des Erhabenen, Serbiet-Hanum, eine Polowzerin[1]. Aber sie tanzt nicht nur wie eine Libelle, sie singt auch wie eine Nachtigall. Laß dir ja nicht etwa einfallen, sie auszuschlagen, falls der Dschichangir sie dir zum Geschenk anbieten sollte. Es könnte sonst deinen Kopf kosten.«
»Das wäre unverhofftes Pech!« murmelte Gawrila. Dann erteilte er seinen Leuten Befehl, die Bären ein wenig in Bewegung zu bringen.

---

1 Polowzer oder Polowezer, auch Kumanen genannt = ein ursprünglich östlich der unteren Wolga ansässiger Volksstamm, der um die Mitte des 11. Jahrhunderts in Europa einbrach und sich an den nördlichen Ufern des Schwarzen Meeres bis zur unteren Donau und den östlichen Karpaten ausbreitete.

»Ist es auch nicht gefährlich?« fragte Batu-Khan bedenklich.
»Im Leben ist vieles gefährlich«, lautete Gawrilas kecke Antwort. »Wenn man aber die Gefahr scheut, kann man sie auch nicht bestehn, und es lohnt überhaupt nicht zu leben.«
»Gut gesagt!« lobte Batu.
Der alte Subudai aber schüttelte mißbilligend den Kopf und ordnete an, zehn Pechlewane[1] möchten sich jedenfalls bereit halten.
Zwei russische Krieger machten den auf der Truhe schlafenden Bären munter. Er kroch herunter, ergriff einen kleineren Balken und ging, ihn auf der Schulter balancierend, auf den Hinterpfoten bis zu der Stelle hin, wo sich Batu-Khan befand. Dort ließ er den Balken vorsichtig zur Erde gleiten, setzte sich darauf und winkte mit den Vorderpfoten, als bäte er um etwas zu fressen. Batu ließ ihm durch einen Nuker einen Fladen reichen.
»Wenn du gestattest, großer Khan«, sagte Oleksitsch, »wird dieser Bär mit einigen deiner Krieger kämpfen. Befiehl dreien deiner allerstärksten Männer, ihn zu Boden zu werfen!« Dabei machte er einem seiner Leute ein Zeichen, näher zu kommen: »Komm her, Kirscha, stell dich neben Mischka und paß auf, daß er sich anständig aufführt!«
Kirscha tat, wie ihm geheißen wurde, und ergriff das Ende der Kette, die am Halsband des Bären befestigt war. Auf einen Wink Subudais näherten sich drei von den Pechlewanen dem Bären.
Kirscha sagte gutmütig zu ihm:
»Na los, Mischenka, zeig ihnen mal, wie bei uns in Nowgorod die Ziegenböcke stoßen.«
Der Bär sprang auf und stürzte sich ungestüm auf die drei Kraftmenschen, die vor Entsetzen davonrannten, so schnell ihre Beine sie trugen, und der Bär lief ihnen über den ganzen Hof nach, mit der losgerissenen Kette klirrend, unter dem Jubel und Gelächter der Zuschauer.
»He, Mischka!« rief Kirscha. »Bleib stehn! Komm mal her zu mir und zeig uns, wie du deine Hausfrau liebhast.«
Der Bär blieb stehen, machte kehrt und watschelte auf Kirscha zu, legte ihm die Vorderpfoten auf die Schultern und leckte ihm mit der Zunge das Gesicht.
Der Dolmetscher hatte laut Kirschas Worte übersetzt, und die Mongolen schrien vor Begeisterung »Kchu! Kchu!«. Die Frauen auf dem Dache aber klatschten, kreischend vor Entzücken, in die Hände und wollten sich ausschütten vor Lachen.
Auf ein Zeichen Oleksitschs wurde der Bär zum Wagen zurückgeführt.
Batu-Khans Frauen riefen herunter:
»Können die russischen Bahadure mit dem an den Pfosten geketteten großen Bären kämpfen?«
»Probieren kann man's ja mal«, meinte Oleksitsch. »Was allerdings

1 Pechlewan = Kraftmensch, Athlet.

dabei herauskommt, bleibt abzuwarten. He, Leute, kettet mal den Leschi los und führt ihn her!«

Bald näherte sich die mächtige Bestie dem Thron Batus; an zwei straff gespannten Ketten, von denen die eine am eisernen Halsband, die andre an einem breiten Ledergurt um den Leib befestigt war, wurde sie von sechs starken Männern fest- und zurückgehalten, damit sie nicht zu nahe an den Tatarenkhan heranging.

Die Bestie setzte sich und warf schnaubend den Kopf hin und her, wobei sie mit ihren kleinen bösen Augen mißtrauisch auf die Menschen ringsum schielte.

Kirscha trat zu dem Bären hin, schlug ihm auf die Schulter und sprang behend einen Schritt zurück. Gleich darauf versetzte er ihm einen zweiten Schlag und rief:

»He, Leschi! Weshalb hast du denn neulich meinen Hammel zerrissen? Gib ihn mir zurück!«

Das Tier ließ ein gereiztes Brummen hören.

»He, Leschi! Weshalb hast du neulich mein Weib gekränkt, indem du ihr einen Hahn stahlst?«

Die Bestie warf den Kopf noch heftiger hin und her, als wollte sie die ihr zugeschobene Schuld verneinen.

»Was schüttelst du deinen Kopf, als wolltest du deine Untaten ableugnen?« fuhr Kirscha fort. »Hab' ich vielleicht nicht die Wahrheit gesprochen? Komm, laß uns miteinander ringen! Wer siegt, der ist im Recht! Zeig mal deinem neuen Herrn, was du für Kräfte hast!«

Und er stieß den Bär mit der Spitze seines Stiefels an.

Dieser faßte rasch mit beiden Tatzen zu, ließ aber das Bein gleich wieder los, als Kirscha ihn bei beiden Ohren packte. Da richtete er sich auf und ging auf seinen Gegner los. Unversehens warf sich dieser auf das Tier, faßte es um den Leib, hob es mit einer furchtbaren Anspannung aller seiner Kräfte aus und warf es, geschickt mit der Schulter nachdrückend, um. Doch flink sprang das Tier wieder auf und stürzte sich zornig brüllend auf den Menschen. Die Menge erstarrte.

»Du meinst es ernst, wie ich sehe«, sagte Kirscha. »Na, da komm mal in meine Arme!«

Mensch und Tier umschlangen sich wie Ringer und führten, auf der Stelle hin und her tretend, eine Art Ringkampf auf. Plötzlich stellte der Mensch dem Bären ein Bein und warf ihn blitzschnell zum zweitenmal um.

Ein Jubelschrei ging durch die Menge. Kirscha trat, sich den Schweiß von der Stirn wischend, ruhig beiseite. Oleksitsch wandte sich an die sechs Männer, die noch immer die Ketten festhielten, und sagte leise:

»Kettet ihn schnell wieder an den Pfosten, sonst zerreißt er den Kirscha tatsächlich noch. Ich spür' es: Er fängt an, wütend zu werden.«

Die sechs zogen den sich sträubenden Bären zum Pfosten und legten ihn wieder an die Ketten.

Batu-Khan winkte den Dolmetscher zu sich heran und sprach leise mit ihm. Dieser beugte sich daraufhin zu Gawrilas Ohr und sagte:
»Unser großer Dschichangir ist sehr zufrieden und möchte dir und deinen Nukern eine Gnade erweisen. Er läßt dich fragen, wonach dein Herz dürstet.« Und noch leiser riet er ihm: »Erbitte dir die schönste Rose seines Gartens, und er wird sie dir geben!«
Gawrila Oleksitsch würdigte ihn keiner Antwort. Schnell stand er auf und begann, sich an Batu wendend, rasch und eindringlich zu sprechen:
»Erhabner Khan, ich habe deine Hauptstadt Sarai gesehn, die zu wachsen und zu blühen beginnt wie eine märchenhafte Blume. Die Leute werden hier reich werden, und die wieder abreisenden Gäste werden die Erzählungen über die Größe und den Ruhm deines Namens und deiner Taten in alle Welt hinaustragen. Ich aber habe hier auch meine unglücklichen Brüder gesehn; sie sind vor Hunger und schwerer Arbeit ausgemergelt, und viele von ihnen werden nicht mehr lange leben. Du kannst sie und uns alle glücklich machen, und wir werden bis ans Ende unsrer Tage für dich beten.«
»Von welchen Brüdern sprichst du?« fragte Batu-Khan unwillig, und eine steile Unmutsfalte bildete sich auf seiner Stirn.
»Von den Menschen, die deine tapferen Krieger aus unseren zerstörten Städten und Dörfern hierher in die Gefangenschaft getrieben haben. Gib sie frei und laß sie in ihre Heimat zurück!«
Da Batu-Khan unwillig schwieg, flüsterte plötzlich eine sanfte Stimme neben ihm:
»Erfülle die Bitte deines Gastes, erhabener Sain-Khan! Es wird dir bestimmt Glück bringen.«
Gawrila blickte auf und sah Juldus-Hatun, die vom Dache herabgestiegen und im Begriff war, sich neben Batu auf den Thron niederzusetzen. Hinter ihr stand die schöne Polowezerin mit einer Blume zwischen den Zähnen. Sie sah Gawrila jetzt nicht an, lächelte aber mit gesenkten Wimpern verträumt vor sich hin.
»Gut«, willigte Batu-Khan ein. »Ich erlaube dir, die russischen Gefangenen zu sammeln. Du selbst sollst auch dafür Sorge tragen, daß sie unbehelligt in ihre Heimat gelangen.«
»Erhabener Dschichangir!« fiel ihm hier Subudai ins Wort. »Mir fällt ein, daß du einmal den Gedanken äußertest, aus den russischen Gefangenen ein besonderes Regiment aufzustellen...«
»Das habe ich auch nicht vergessen«, entgegnete Batu. »Darum versprich mir, tapferer Batyr[1], daß du zuvor jeden einzelnen deiner Landsleute befragst, ob er nicht Lust hat, in dieses Regiment einzutreten, das mein Heer auf seinem Zug in das Abendland begleiten soll. Jeder Krieger wird von mir Waffen, Kleidung und ein Roß erhalten, in den Schlachten aber soll er Ruhm und Beute mit meinen Batyren teilen.«

---

1 Batyr = Streifzügler, Held.

»Heute, großer Dschichangir, hast du nicht nur viele meiner russischen Brüder, sondern auch mich glücklich gemacht.«
»Du sollst doppelt glücklich werden«, erwiderte Batu. »In der Nähe meines Palastes soll man für dich ein Zelt aufschlagen, in dem du die schönste Blume meines Gartens finden wirst. Jene dort!« Und er deutete mit der Hand auf die schöne Polowezerin.

Als sich nach Beendigung des feierlichen Empfangs die Gäste zerstreuten, trat Gawrila Oleksitsch auf den arabischen Gesandten zu, der auf ihn einen freundlichen, angenehmen Eindruck gemacht hatte, und richtete an ihn die Frage:
»Weißt du nicht, erlauchter Khan, was aus unserem tapferen greisen Heerführer Ratscha geworden ist? Ich sehe ihn nirgends.«
Abd ar-Rahmân wandte sich verlegen ab. Er suchte einer Antwort auszuweichen, aber Gawrila fuhr fort:
»Fürst Alexander von Nowgorod hatte ihn hierhergesandt, um unsere gefangenen Brüder zu erfreuen und ihnen zu versichern, daß sie nicht vergessen seien, daß man ihrer gedenke und Lösegeld und Geschenke schicken werde, um ihnen die Freiheit zu erkaufen.«
Da der andere nicht abließ, sagte Abd ar-Rahmân endlich im Flüsterton:
»Ich habe gehört, es stehe sehr schlimm um ihn. Er hat sich geweigert, in irgend etwas Batu-Khans Willen zu erfüllen, und dafür ist er in Ketten gelegt worden. Ich weiß nicht einmal, ob er noch am Leben ist.«

Lästige Besucher

Eine zweite Audienz beim Dschichangir zu erlangen wollte dem Wortführer der Nowgoroder Gesandtschaft lange Zeit nicht glücken. Endlich erschienen eines späten Abends in dem ihm zugewiesenen Zelt zwei in prächtige Brokatchalate gekleidete Würdenträger Batu-Khans samt ihrem Schreiber. Sie rangen nach Luft und wischten sich die erhitzten Gesichter mit den Zipfeln ihrer Stoffgürtel, gaben sich dabei aber die größte Mühe, einen würdigen, gesetzten Eindruck zu machen, der gleich erkennen ließ, daß sie in einem wichtigen und verantwortungsvollen Auftrag kamen. Auf ihren Fersen hockend, ließen sie die Perlen ihrer Bernsteinketten durch die Finger gleiten, bis sie wieder zu Atem gekommen waren.
Oleksitsch ließ ein flaches Gefäß mit starkem, süßem Honigmet öffnen und kredenzte davon seinen Gästen in silbernen Humpen, um sie zum unbedachten Sprechen zu bringen und ihre verborgenen Absichten zu ergründen.
Ein erfahrener Dolmetscher, der früher einmal in Gefangenschaft der Kiptschaken geraten war und dort ihre Sprache erlernt hatte, vermittelte nicht nur die Verständigung zwischen Oleksitsch und seinen Besuchern, sondern notierte sich alles genau, was gesprochen wurde. Aber weder

er und erst recht nicht die beiden Gäste ahnten, daß Oleksitsch, der am Hofe Mstislaws des Kühnen aufgewachsen war, dort von seinen Polowezer Kinderfrauen deren Sprache erlernt hatte und ihrer durchaus mächtig war.[1]
Zuerst stellten die beiden Würdenträger ziemlich belanglose, vom eigentlichen Zweck ihres Besuches ablenkende Fragen:
Wieviel Tage der Nowgoroder Gesandte zu seiner Reise hierher gebraucht und durch welche Städte ihn sein Weg geführt habe? Ob diese Städte arg zerstört gewesen seien und dergleichen mehr. Auch recht alberne Fragen taten sie: Ob es wahr sei, daß Biber und Blaufüchse auf den Straßen der russischen Städte umherliefen und mit Netzen gefangen würden? Dann erkundigten sie sich, wie viele Frauen der Fürst Alexander von Nowgorod hätte und wie seine Lieblingsfrau hieße. Auch Zahl und Namen seiner Kinder wollten sie wissen.
Oleksitsch antwortete rasch, scheinbar ohne erst nachzudenken, aber er war sehr wohl auf seiner Hut und blinzelte dem Krieger, der das Amt des Mundschenken versah, zu, er möge nur den Gästen fleißig von dem berauschenden Getränk nachfüllen.
Der mit den Würdenträgern gekommene Schreiber hatte von seinem Gürtel ein Bronzetintenfaß losgehakt, es vor sich hingestellt und schrieb mit seiner Rohrfeder ebenfalls alles gewissenhaft nach, wobei er sich dann und wann Städte- und Personennamen wiederholen ließ. Er notierte sich, als das Gespräch darauf kam, sogar die Zahl der Schweden und ihrer Schiffe, die an der Schlacht an der Newa teilgenommen hatten.
Plötzlich begann der jüngere der beiden Besucher grundlos zu lachen und das närrischste Zeug zu fragen, sei es, daß er wirklich schon einen Rausch hatte oder sich nur so stellte.
Ob es wahr sei, daß in den russischen Wäldern ein großes furchtbares Tier mit nur einem langen Horn auf der Nase vorkomme? Ob der Fürst von Nowgorod nicht gern noch eine Mongolin zum Weibe nehmen möchte, und ob dies etwa der eigentliche Grund sei, weshalb der Recke aus dem Norden sich hierherbemüht habe? Ob der hohe Gast Näheres über die Stadt Kyjuw[2] wisse? Khan Mongu habe erzählt, daß dort die Dächer der ›Häuser Gottes‹ aus purem Golde seien. Und in Nowgorod – wären sie da ebenfalls aus Gold?
»Wieviel Tagesritte sind es eigentlich bis Nowgorod? Und sind unterwegs Ausspannen, wo man die Pferde wechseln kann?«
Gawrila vermied es, diese Fragen zu beantworten, vielmehr sagte er ausweichend:
»Wenn euer erhabener Gebieter dies und noch anderes von mir erfahren möchte, so werde ich das nur ihm allein erzählen.«
Dann übernahm er selbst die Führung des Gesprächs:

---

1 In den von den Mongolen eroberten Gebieten war die Kiptschakensprache zur allgemeinen Umgangssprache geworden.

2 Kyjuw = Kiew.

»Würdet ihr mir wohl bloß drei Fragen beantworten?«
»Natürlich werden wir das tun, falls es uns möglich ist.«
»Stimmt es, daß der große Batu-Khan mit einem glühenden Pfeil auf hundert Schritt Entfernung mitten durch einen Goldreif schießen kann, den das kleine Händchen seiner Lieblingsfrau hält?«
»Kcha, kcha!« machten die Würdenträger vor Überraschung, indem sie einander betroffen ansahen.
»Stimmt es, daß der weise Batu-Khan des Nachts im Traum bis über die Wolken hinauffliegt zum heiligen Regenten[1], seinem Ahn, und von ihm Unterweisung erhält, wie man den ganzen Erdkreis erobern könnte, aber auch seinerseits dem Verstorbenen ehrerbietige Ratschläge erteilt, wie man die aus den Seelen der auf den Schlachtfeldern gefallenen tapferen Krieger bestehenden Geisterheere jenseits der Wolken führt. Ich habe gehört, Dschingis-Khans heiliger Schatten sei sehr dankbar für jeden Besuch des von ihm am meisten geliebten seiner Enkel und für dessen kluge Rede.«
Die letzten Worte sprach Oleksitsch in kaum noch vernehmbarem Flüstertone, wobei er sich dicht zu seinen Gästen hinbeugte, die wie zu Stein erstarrt mit offenen Mündern dasaßen. Dann tranken sie schnell ihre Humpen leer, der ältere ließ sich von seinem Schreiber die Rolle des Protokolls reichen und steckte sie in seinen Busen, der jüngere stammelte, seine Stimme ebenfalls zum leisesten Flüsterton herabdämpfend:
»Wir haben keine Weisung erhalten, was wir auf so heikle und wichtige Fragen antworten sollen. Wir werden ein andermal wiederkommen und dir melden, wann der erhabene Sain-Khan dich zu empfangen geruhen wird. Und dann werden wir dir vielleicht auch alles das erklären können, was du zu wissen verlangst.«
Mit Bücklingen entfernten sich beide, nach dem bei ihnen üblichen Brauch die Silberhumpen, aus denen sie getrunken hatten, mit sich nehmend. Draußen schwangen sie sich auf ihre Rosse und ritten eiligst zu dem zurück, der sie geschickt hatte.
Am nächsten Morgen, als die ersten rosigen Strahlen der aufgehenden Sonne durch die Zweige der das Ufer säumenden Bäume drangen, hatten die Krieger schon neben Gawrilas Zelt unter einem an Gabelhölzern hängenden Kupferkessel Feuer angezündet. Sie waren gerade dabei, einen Hammel zu zerteilen und die einzelnen Stücke auf die mit der wolligen Seite nach unten gekehrte, im Gras ausgebreitete Haut zu legen, als sich drei bewaffnete Reiter näherten und etwa zehn Schritte vom Zelte ab von ihren Pferden stiegen. Gawrila, der in zweien von ihnen seine gestrigen Gäste wiedererkannte, erwartete gleichmütig ihre Annäherung, ohne sich von seinem Klappstuhl vor dem Zelteingang zu

1 Heiliger Regent = Bezeichnung Dschingis-Khans. Da die Mongolen sich scheuten, seinen Namen auszusprechen, gebrauchten sie gern dergleichen ehrerbietige Umschreibungen.

erheben. Der dritte war ein stattlicher junger Krieger, an dessen linker Hüfte ein wunderschöner, mit Edelsteinen besetzter Säbel an goldenem Wehrgehenk hing.
Alle drei kamen auf Gawrila zu, die zwei Würdenträger von gestern verbeugten sich tief und nahmen dann eine Haltung an, wie sie Männern ziemt, die einen wichtigen Auftrag auszurichten haben. Auf Oleksitschs Wink war der Dolmetscher wie durch Zauberei plötzlich aufgetaucht und begann die Worte des jungen Kriegers zu übersetzen, welcher, nachdem er eine hoheitsvolle Geste der Begrüßung vollführt hatte, also anhub:
»Unser erhabener Gebieter, der heldenmütige und mächtige Batu-Khan...«
Bei der Nennung dieses Namens stand Gawrila respektvoll auf und entblößte sein Haupt.
»... hat uns befohlen, dir mitzuteilen, edler und tapferer Gesandter von Nowgorod, daß er, abgehalten durch wichtige und unaufschiebbare Geschäfte, bisher nicht in der Lage gewesen ist, dir die nötige Aufmerksamkeit zu erweisen, und erst jetzt die Zeit gefunden hat, dich zu einer Unterredung zu empfangen. Er gestattet dir, werter Bojar[1], morgen um die Mittagsstunde in seinem Zelt zu erscheinen. Am Vormittag wird er dir durch seine Knechte Pferde senden, auf denen du mit deinem Gefolge dorthin reiten wirst, wo unser erhabener Gebieter dich zu empfangen geruht.«
Gawrila, noch immer barhaupt und die Biberfellmütze in der Hand, erwiderte:
»Ich danke deinem erhabenen Gebieter für die mir durch deinen Mund übermittelte huldvolle Einladung. Bestelle ihm, daß sein unwürdiger Diener zur gegebenen Stunde zu erscheinen sich gestatten wird. Es ist mir doch wohl nicht verwehrt, auch einige bescheidene Geschenke mitzubringen?«
»In bezug auf Geschenke habe ich keinerlei Anweisungen erhalten. Darüber wird man dir später noch Bescheid geben.«
Abermals vollführte der Krieger, ohne sich zu verbeugen, eine Geste des Grußes, indem er seine Brust in der Gegend des Herzens, seine Lippen und seine Stirn leicht mit den Fingerspitzen seiner rechten Hand berührte; dann machte er eine scharfe Kehrtwendung und schritt auf seinen Rotfuchs zu, der ungeduldig am Mundstück seines Zaumes knabberte.
Leicht und behend sprang der junge Krieger in den Sattel und spornte sein Roß an, zügelte es jedoch noch einmal, als er einen letzten Blick auf den ihm nachgegangenen Gesandten geworfen.
»Dir schwebt noch eine Frage auf der Zunge, werter Bojar?«
»Du hast's erraten, heldenmütiger Dschigit. Ich möchte gern deinen ruhmreichen Namen wissen.«

---

1 Bojar = Edelmann, vornehme Standesperson.

»Mein Name ist Mussuk, ich gehöre zur Leibwache des Blendenden.« Er wiederholte seinen Abschiedsgruß und sprengte davon.

Die ganze Nacht lag Gawrila Oleksitsch schlaflos auf einer Pferdedecke, die Arme unterm Kopf verschränkt, und seine Gedanken nahmen einen wunderlichen Lauf. Bald sah er im Geiste die Eichenpalisaden von Perejaslawl, die sich im stillen See spiegelten; bald die matt schimmernden Lichter verschneiter Dörfer, die sich an Abhängen hinzogen; bald die ragenden Kathedralen des reichen freien Nowgorod, und er glaubte das feierliche Geläut ihrer Glocken zu vernehmen, welches sich auf einmal in den beharrlich mahnenden, eintönigen Klang der Wetscheglocke verwandelte, die das Volk zur Versammlung rief... Dann wieder wanderten Gawrilas Gedanken zu der bevorstehenden Audienz bei Batu-Khan hin. Schon mancher war von einer solchen Audienz nicht wieder zurückgekehrt... Was mag Baty[1] von ihm wollen? Was führt der Unergründliche im Schilde?... Ja, wird er überhaupt heil hingelangen bis zu Batys gelbseidenem Zelt, das bewacht wird von schweigsamen Kriegern und kreischenden Schamanen, Betreuern der zwischen Opfersteinen brennenden reinigenden Feuer, vor denen sich jeder, auch der Fremde, ehrfürchtig verneigen muß. Werden Stolz und Wille eines rechtgläubigen russischen Recken sich zu solchem Götzendienst zwingen lassen? Wird sich sein Rücken gehorsam beugen?... Oder wird sein Los das gleiche sein wie das der unglücklichen Fürsten, die nach der unseligen, mörderischen Schlacht an der Kalka als Gefangene in die Hände ihrer unbarmherzigen Feinde fielen und denen unter den Brettern, die man auf sie legte, alle Glieder gebrochen und sämtliche Knochen zermalmt wurden, während die obenauf sitzenden Tatarenkhane beim Ächzen und Stöhnen der von ihnen Besiegten ihr lärmendes Siegesgelage hielten... Brütet Batyga[2] über einem neuerlichen Einfall in die russischen Gebiete, die er schon einmal verheert hat? Und wird er, wenn dem so ist, diesmal auch bis vor Nowgorod ziehen?... Von wem wohl droht der Heimat die größere Gefahr: von den hochmütigen Deutschen und Schweden, die das Land schon hart bedrängen, oder von Batyga, der im Verborgenen bleibt, bis seine Zeit gekommen ist?...

Der Leidensgang

Als zur festgesetzten Stunde die Krieger mit den versprochenen Rossen eintrafen, stand Gawrila in seinem Zelt schon in seinem blitzenden Ringpanzer bereit, an der Linken in silbergefaßter grüner Scheide das Schwert mit einem Griff aus dem Stoßzahn eines Walrosses, auf dem

---

1 Baty und 2 Batyga, beides abgewandelte russische Formen von Batu-Khans Namen.

Kopf der schimmernde Helm mit eingelegter Ornamentarbeit, unter dem das leichtgewellte lichtbraune Haar hervorlugte. Die Füße steckten in bestickten roten Saffianstiefeln mit aufwärts gebogenen Spitzen.
Einer seiner Mannen kam erregt zu ihm hereingestürzt und stotterte: »Eben sind die Rosse vom Khan gekommen, nur – sei nicht böse, Herr! – sie sind nicht zu gebrauchen. Es würde sich nicht schicken, daß du einen solchen Gaul besteigst! Die Tataren würden dich verhöhnen!« Und er schlug den Vorhang am Zelteingang beiseite.
Draußen stand spreizbeinig eine alte Schindmähre, der die Hälfte des Schwanzes fehlte, mit hängender Unterlippe, hinter der schlechte gelbe Zähne bleckten. Der Sattel war wohl ein Khansattel, jedoch ebenso wie die schäbige rote Samtdecke und das ganze Zaumzeug im Zustand äußerster Abnutzung und Verwahrlosung. Die beiden anderen Stuten, die mitgeschickt worden waren, sahen nicht besser aus. Einem kühnen Reiter konnte es nicht zur Ehre, sondern nur zur Schande gereichen, wenn er sich auf einen solchen Klepper gesetzt hätte, obwohl die Tiere von schmuck gekleideten schweigsamen Tatarenkriegern feierlich am Zügel gehalten wurden.
Gawrila riß sich wütend den Helm vom Kopf, ließ sich den Panzer abschnallen und die Stiefel ausziehen. Er vertauschte die kriegerische Tracht mit einer ganz unsoldatischen und trat dann hinaus in einem hellblauen Seidenhemd, das am Kragen mit feiner Perlenstickerei besetzt war, darüber trug er einen tuchenen Oberrock mit aufgeschlitzten Ärmeln, der zusammengehalten wurde von einem schlichten Ledergurt. Waffen trug er keine bei sich.
»Man rufe Nikodim!«
»Hier bin ich, Herr!« meldete sich der Gerufene, Gawrilas Reiseschatzmeister.
»Hör gut zu, Nikodim, und tue, was ich dir sage! Du wirst die Mähre da mit dem besten Stück Brabanter Samts bedecken. Als Sattelgurt schnall ihr einen goldenen Gürtel um, und such ja einen recht kostbaren aus. Das Maul umwinde ihr mit Perlenketten. Den beiden anderen Gäulen decke zwei Frauenpelze aus Marderfellen über und befestige sie mit hübschen Gürteln, damit sie unterwegs nicht herunterfallen.«
Nikodim warf einen bedenklichen Blick auf Gawrila Oleksitsch, zu widersprechen wagte er ihm aber nicht.
Oleksitsch erblickte abseits den Hofchronisten seines Fürsten, den Priester Warsonofi, der ihn auf dieser Reise zur Blauen Horde begleitet hatte.
»Hör, Vater, zieh deinen besten Rock an, nimm auch das Räucherfaß mit. Du wirst mich auf diesem Gang begleiten, und ich fürchte, es wird ein schwerer, bitterer Gang werden, von dem wir vielleicht nicht wieder zurückkehren werden.«
»Ich höre, mein Sohn, und ich will auch noch ein Tontöpfchen mit glühenden Kohlen mitnehmen zum Anzünden des Räucherwerks.«
Die mongolischen Krieger standen wie aus Stein gemeißelt; nur ihre

Augenbrauen hoben und senkten sich, während Nikodim mit seinen Leuten die drei Stuten schmückte.
Gawrila war noch einmal ins Zelt gegangen; Batus Dolmetscher, der ihm unaufgefordert hatte folgen wollen, kam sofort, wie von einer kräftigen Hand an die Luft befördert, wieder herausgetaumelt. Endlich hob der Schatzmeister den Türvorhang und meldete:
»Alles ist getan, wie du es befohlen hast, Herr!«
Da trat Gawrila mit einer Mütze aus Biberfell auf dem Kopfe abermals heraus und sagte zu den Mongolen:
»Diese Stuten sind mir versehentlich geschickt worden. Jeder weiß, daß tatarische Khane und russische Fürsten nur auf Hengsten reiten. Stuten wie diese aber dienen Weibern als Reittiere oder werden als Packtiere benutzt. Deshalb führt diese Stuten zur ehrwürdigen Mutter des erhabenen Dschichangirs« – bei diesen Worten nahm er respektvoll seine Mütze ab – »und entschuldigt mich bei ihr, daß ich ihr meiner Armut wegen keine besseren Geschenke schicken konnte. Ich bäte sie, sie von ihrem ergebenen Diener, dem Gesandten von Nowgorod, huldvollst anzunehmen.«
Batu-Khans Diener wollten etwas erwidern, aber er schnitt ihnen barsch das Wort ab:
»Ein Khan steht zu seinem Wort, ein russischer Recke gleichfalls! Was ich euch geboten habe, werdet ihr tun!«
Und langsamen, schweren Schrittes ging er, ohne sich noch einmal umzusehen, nachdenklich gesenkten Hauptes seinem neuen rätselhaften Schicksal entgegen. Ihm folgte der Zug von Menschen, Pferden und Fuhren, welch letztere mit den Geschenken schon immer bereitgestanden hatten für den Fall, daß Batu-Khan seinen Gast aus dem Norden zu sich entbieten würde.
Der holprige Weg führte am Ufer entlang, vorbei an noch im Bau befindlichen Häuschen, an kleinen Buden, in denen gebratene und geräucherte Fische, Roggen- und Weizenmehlfladen feilgeboten wurden. Überall arbeitete eine Menge äußerst abgezehrter russischer Gefangener.
Dann begann der Weg anzusteigen, und der in Gawrilas Nähe gehende Dolmetscher sagte, indem er mit der Hand in die Ferne wies:
»Dort hinter dem Hügel wirst du das Lager und den goldenen Palast des Gebieters der Mongolen sehn.«
Da zeigte sich auch schon das schlanke Türmchen aus buntglasierten Kacheln, das in der Sonne wie eine Fackel brannte. Der Weg bog seitwärts ab, und Gawrilas Augen bot sich ein Schauspiel, bei dessen Anblick ihm ein Schauer eiskalt über den Rücken lief. Längs des ganzen Weges waren in einer Entfernung von mehreren Schritten voneinander Pfähle von Manneshöhe eingerammt, und auf jedem von ihnen steckte ein Menschenkopf. Gawrila verlangsamte seinen Schritt und hemmte ihn schließlich ganz. Auch seine Begleiter blieben stehen.
»Vater Warsonofi, wo bist du denn?«

Der alte Priester trat hinzu, das silberne Rauchfaß und das an einer Schnur hängende Tontöpfchen mit den glimmenden Kohlen in den zitternden Händen.
»Was meinst du, Vater? Laß uns beten!«
»Ich bin bereit!«
»Das sind doch die Unsrigen..., jene, denen Khan Baty die Freiheit versprochen hatte und die mit mir in die Heimat zurückkehren sollten...«
Ein Windstoß zauste das braune, schwarze und graue Haupt- und Barthaar der abgeschlagenen Köpfe. Es waren ihrer gar zu viele; die Pfähle zogen sich hin, so weit das Auge reichte. Auf den entfernteren saßen Krähen und Elstern und hackten, sich gegenseitig lärmend ihre Beute streitig machend, den Köpfen die erloschenen Augen aus.
Vater Warsonofi sprach mit singender Stimme Gebete und schwenkte dazu sein Räucherfaß, aus dem bläulicher Rauch als leichtes Wölkchen zu den toten Gesichtern emporstieg und sie umschwebte, als böte es ihnen einen Abschiedsgruß.
Langsam ging Gawrila weiter, indem er sich fortwährend bekreuzigte. Plötzlich blieb er abermals vor einem Pfahle stehen, auf dessen Spitze ein Greisenkopf steckte, der keinen Kinnbart, nur einen langen Schnurrbart hatte. Der halboffene Mund schien seinen letzten Schrei noch nicht getan zu haben. Unter buschigen, über der Nasenwurzel zusammengewachsenen Brauen starrten zwischen halbgeschlossenen Lidern die noch nicht ausgehackten Augen herab.
»Oh, Ratscha, Großväterchen, liebes...!« stöhnte Gawrila aus tiefster Brust.
Dann bedeckte er sein Gesicht mit der Hand und ging festen Schrittes, ohne mehr stehenzubleiben oder sich umzusehen, weiter.
Vater Warsonofi fuhr fort, mit tränenerstickter Stimme Gebete für die Seligkeit der Hingeschiedenen zu flüstern.

Batys Gunst

Von dem Tage an, da es Batu-Khan in den Sinn kam, seinen Gast aus Nowgorod freundlich zu behandeln, fing für diesen ein neues Leben an. Diener in langen, farbigen Kitteln geleiteten ihn zu einem großen bunten Zelt, das inmitten eines Haines am hohen Ufer aufgeschlagen war. Nahebei standen noch viele andere transportable und weniger prächtige Jurten, deren Bewohnerinnen, mongolische Frauen in grellbunter Tracht mit weißen Turbanen auf dem Kopfe, sich neugierig vor den Eingängen drängten, als man den russischen Fremdling zu seiner neuen Wohnung führte, vor deren mit einem seidenen Teppich verhängten Eingang mongolische Sänger Aufstellung genommen hatten, die bei Gawrilas Ankunft Loblieder ihm zu Ehren anstimmten.
Einige Meter vor dem großen Zelt blieb Gawrila stehen, willens, sich

den fremden Bräuchen zu fügen und auch die sonderbarsten Ansinnen, die man ihm stellen würde, zu erfüllen, sofern sie nur nicht seine Ehre kränkten. Diener breiteten auf der Erde Teppiche aus, der Zeltvorhang wurde von einer unsichtbaren Hand beiseite geschoben, und heraus glitt mit den geschmeidigen Bewegungen einer Pantherkatze ein junges Weib, das bei Gawrilas Anblick wie angewurzelt stehenblieb. In der grellen Sonne glitzerte ihr Geschmeide, die goldenen und silbernen Ringe, Reifen und Spangen, welche die feinen Knöchel ihrer schlanken Arme und Beine, ihre Finger und Zehen schmückten. Rasch tat sie noch ein paar Schritte auf Gawrila zu, sank mit anmutiger Bewegung vor ihm nieder und umfaßte seine Knie.

Der neben Oleksitsch stehende tatarische Dolmetscher, der heute gleichsam als Zeremonienmeister fungierte, soufflierte dem Russen, was er zu tun hätte:

»Umschlinge die schöne Braut mit deinen starken Armen und trage sie in dein Zelt!«

Dem jungen Recken wurde weit ums Herz. Alles war ihm wie ein wunderlicher Traum. Er bückte sich und nahm seine neue, ihm vom launischen Schicksal bescherte junge Braut wie ein Kind auf seine Arme, sie aber schmiegte sich dicht an seine Brust.

»Küß sie, küß sie auf die strahlenden Augen!« soufflierte der Dolmetscher.

»Behalt deine Belehrungen gefälligst für dich! Ich weiß schon selber, was ich zu tun habe.«

Und er trat mit seiner federleichten Bürde über die Schwelle, nach altem Aberglauben behutsam darauf achtend, sie nicht mit dem Fuß zu berühren.

Mitten im Zelte brannte ein Feuer. Sorgsam ging Oleksitsch darum herum und legte das junge Weib auf einen Berg seidener Kissen nieder. Mit einer Entschiedenheit, die kein Widerstreben duldete, schlug er ihr den Schleier vor dem Gesicht zurück und bedeckte die schön geschwungenen Korallenlippen und die vor Freude und Sinnlichkeit aufleuchtenden Augen mit heißen Küssen.

Hinter Gawrilas Rücken hörte der Dolmetscher, der dem Brautpaar nachgegangen war, nicht auf zu soufflieren, doch Gawrila winkte ihm ungeduldig mit der Hand ab.

Draußen tönte der Gesang fort zur Begleitung rhythmischer Schläge auf Schellentrommeln und Messingplatten.

Die Braut entwand sich der Umarmung und hockte sich auf ihren Fersen an der hinteren Zeltwand nieder.

»Setz dich neben sie«, wies der Dolmetscher den Bräutigam an, »und nehmt die Geschenke entgegen. Der erhabene Sain-Khan will dir seine hohe Gunst erweisen.«

Ins Zelt kamen nun hintereinander alte und junge Mongolen und Kiptschaken. Unter hochtönenden Worten der Begrüßung und blumigen Glückwünschen legte jeder seine Geschenke auf einen Teppich vor dem

Brautpaar nieder: Krüge und andere Gefäße aus Silber und Bronze, Trinkschalen, Seidenstoffe und so weiter. Dann entfernte sich jeder rückwärts gehend. Für alle, die erschienen waren, hatte man in den Nachbarjurten auf Teppichen und bronzenen Tabletts eine reiche Bewirtung bereitgestellt.

Als letzte traten zwei junge Krieger von verwegenem Aussehen ein und riefen laut:

»Der Blendende – er lebe tausend Jahre! – hat dir das schnellfüßigste Roß der Welt zum Geschenk gesandt.«

Der Dolmetscher belehrte den Russen:

»Du mußt sofort hinausgehn und es neben deiner Jurte eigenhändig anbinden.«

Oleksitsch sprang auf und eilte hinaus, wo auf einem rosafarbenen Seidengewebe ein ungeduldig stampfender, schön gefleckter, prächtig aufgezäumter Hengst stand, den die beiden Knechte, die ihn festhielten, vergeblich zu beruhigen versuchten. Oleksitsch streckte seine Hand nach den Nüstern des schnaubenden Pferdes aus. Dann ließ er einen Honigkuchen bringen und reichte ihn auf der Handfläche dem Hengst hin, der ihn schließlich, wenn auch noch etwas mißtrauisch, mit seinen weichen warmen Lippen fortnahm.

Auch tags darauf erschienen noch zahlreiche Besucher mit Glückwünschen und Geschenken in Oleksitschs Zelt, darunter, als einer der ersten, auch der arabische Gesandte Abd ar-Rahmân, mit dem Oleksitsch ein langes Gespräch führte, bei dem der junge Araber sprunghaft von einem Thema zum andern wechselte, ganz offensichtlich aber nur, um von einer Sache, die ihm am Herzen zu liegen schien, nicht selber anfangen zu müssen.

Oleksitsch, dem dies nicht entging, wagte endlich eine direkte Frage:

»Kannst du, ruhmreicher Emir[1], mir vielleicht Aufklärung geben über ein entsetzliches Vorkommnis, über das hier im Lager ein jeder zwar Bescheid zu wissen scheint, worüber aber niemand sich mit mir zu sprechen getraut?«

»Bezieht sich deine Frage etwa auf den Tod des greisen Ratscha?«

»Ja. Mir ist unbegreiflich, wodurch mein Großvater Ratscha, der doch so weltklug und erfahren war, sich den grimmigen Zorn des erhabenen Sain-Khan hat zuziehen können.«

»Nach allem, was ich darüber gehört habe, hat sich das so zugetragen: Batu-Khan, der wohl wußte, was für ein ausgezeichneter Heerführer dein tapferer Großvater war, bekam Lust, ihm die höchste Ehre zu erweisen, die einem Ausländer in diesem Feldlager zuteil werden kann: ihn nämlich zum Anführer eines mongolischen oder fremden Truppenteils zu machen. Er schlug dem Russen also vor: ›Tritt in mein Heer ein!‹ – ›Und was dann?‹ fragte Ratscha. – ›Du wirst aus deinen gefangenen Landsleuten ein besonderes Regiment aufstellen und es zu

1 Emir = arabischer Fürstentitel.

einer zuverlässigen Kampftruppe ausbilden. Dann werde ich euch Waffen und Pferde geben, und ihr werdet mit meinem Heere zu Felde ziehen.‹ – ›Gegen wen willst du denn zu Felde ziehen?‹ – ›Gegen die widerspenstigen Städte der Russen.‹ Ratscha hielt diesen Vorschlag gar nicht erst einer Erwägung wert, sondern wies ihn glattweg zurück. ›Weder werde ich selbst mich dazu bereit finden, noch werde ich andere dazu überreden.‹

Der maßlos erzürnte Khan befahl, deinen Großvater in eine Grube zu werfen, damit er sich eines andern besänne. Doch als er ihn nach etlichen Tagen wieder vor sich rufen ließ, um seinen Vorschlag zu wiederholen, war die Antwort des standhaften Mannes die gleiche. Da ließ der Khan in seinem Grimme hundert russischen Gefangenen die Köpfe abschlagen, und der erste, den man enthauptete, war dein Großvater...«

»Ja«, sagte Oleksitsch erschüttert, »etwas andres habe ich von meinem furchtlosen Großvater auch nicht erwartet.« –

Für Oleksitsch begannen nun Tage voller Aufregung und Unruhe. Er stellte aus denjenigen seiner Landsleute, die Batu freigab, Trupps zusammen, immer zwanzig bis dreißig Mann, teilte ihnen entsprechende Quantitäten Brot, Mehl, Stockfisch[1] und anderen Proviant zu, gab ihnen auch Pferde zur Beförderung teils der Lasten, teils der Kranken und Schwachen und brachte einen Trupp nach dem andern auf den Weg, der zuerst stromaufwärts an der Wolga entlang und dann durch die Steppe nach Rjasan führen sollte.

Und er drängte und mahnte sie:

»Beeilt euch, seht zu, daß ihr so schnell wie möglich von hier fort- und heimkommt. Der Tatarenkhan könnte es sich anders überlegen und uns alle für seine Neubauten oder für einen neuen Feldzug zurückhalten.«

Mitunter wurde Gawrila Oleksitsch auch zu einer der häufigen militärischen Beratungen der mongolischen Heerführer zugezogen, um Auskünfte und Informationen über die Reiche des Abendlandes zu erteilen. Niederdrückend war es für ihn, mit anhören zu müssen, mit was für aggressiven Absichten gegen russische Städte wie Kiew, Tschernigow und andere, noch weiter westlich liegende, sich die Tataren trugen, deren Vorhut schon ihren Vormarsch nach Westen durch die Polowezer Steppen angetreten hatte. Am meisten aber fürchtete Gawrila Oleksitsch, daß Batu-Khan ihm befehlen könnte, während des ganzen Feldzugs in seinem Gefolge zu bleiben.

So vergingen die Tage... Bei Morgengrauen verließ Gawrila sein Zelt und stieg zum Fluß hinunter, wo längs des Ufers Feuer brannten, um die herum die Flößer saßen und ihre anspruchslose dünne Suppe aus Tonschüsseln löffelten.

»Nährt ihr euch von Fischsuppe?« fragte er, indem er sich auf einen Balken neben einen Greis in einem völlig zerfetzten Schafshalbpelz

---

1 Stockfisch = getrockneter Fisch.

setzte. Durch die Löcher im Pelz schimmerte überall die nackte braune Haut durch.
»Von was denn sonst? Fische gibt es ja wenigstens in Hülle und Fülle, sie krabbeln gleichsam von alleine ans Ufer. Bloß an Salz fehlt es.«
Gawrila ließ einen Pfiff hören, und sogleich tauchte hinter ihm ein finsterer tatarischer Diener auf, der ihm überallhin wie ein Schatten folgte.
»Hast du Salz bei dir, Schakir?« fragte Oleksitsch, der sich schon einige Kenntnisse der Tatarensprache angeeignet hatte.
»Alles, was du nur befiehlst, ist da, mein Khan, und falls es nicht da ist, so hole ich es.«
Und er wühlte in einem Säckchen, das er stets hinter Oleksitsch hertrug, zog eine Lederschachtel hervor und reichte sie Gawrila hin, der ihr eine Handvoll Salz entnahm; als er es aber dem Alten in den Suppentopf streuen wollte, wurde er von dem Greise daran gehindert:
»Halt, halt! Salz ist bei uns kostbarer als Gold. Ich werde es in meinem Ärmel aufheben, um meinen Knust Brot damit zu bestreuen.«
Und der Greis zog aus seinem Busen einen abgerissenen Hemdärmel hervor, verknotete eines der offenen Enden, und Gawrila schüttete ihm mehrere Handvoll Salz hinein.
»Wo ist denn dein Hemd, Alter?«
»Das ist schon längst in Fetzen. Nur der Ärmel ist davon übriggeblieben. Wenn ich erst wieder zu Hause bin, näht mir meine Alte ein neues.«
»Schakir, ein neues Hemd!« befahl Gawrila.
Der Diener warf einen mißtrauischen Blick auf den alten Flößer und erwiderte halblaut:
»Es wäre schon eins da, aber doch nicht für einen solchen Lumpenkerl.«
»Hast du nicht gehört, was ich dir befohlen habe?«
Widerwillig, mit mürrischem Gesicht zog der Diener ein himbeerfarbenes Seidenhemd aus seinem Sack und reichte es Oleksitsch.
Der Alte sprang auf und schlug die Hände zusammen:
»Wo denkst du hin, Gawrila Oleksitsch! Ein solches Hemd paßt für einen vornehmen Bojaren; für mich ist eins aus Sackleinwand gut genug.«
»Wenn's dir nicht paßt, dann tausche es um.«
»Für ein solches bekäme man gewiß fünf Linnenhemden... Nur, bei wem soll ich es umtauschen?«
Andere Flößer, die während des Gesprächs sich der Gruppe genähert hatten, traten nun ganz nahe heran und befühlten mit ihren harten rauhen Fingern das feine Gewebe.
»Das Hemd gehört dir«, sagte Oleksitsch aufstehend, »mach damit, was du willst.«
Und er ging weiter, zu anderen Feuern, wo er sich ebenfalls nach dem Tun und Treiben der Leute erkundigte. Allen stand der Sinn nach nichts anderm als nach der baldigen Rückkehr in die Heimat – an den grauen Wolchow, an den finsteren Ilmensee.
»Geduldet euch noch ein wenig und baut erst Batygas Häuser fertig.

Dann kehren wir alle zusammen in die Heimat zurück«, vertröstete sie Gawrila.
Wenn er seinen Rundgang beendet und den Inhalt seines Sackes an die geschicktesten und eifrigsten Arbeiter verschenkt hatte, bestieg Oleksitsch einen Hügel, von dessen Höhe er lange und sehnsüchtig westwärts in die neblige Ferne blickte. An sein Ohr drangen allerlei Geräusche: Gewieher der Pferde, Geschrei der Kamele, das Klopfen der Äxte, Rufe der Arbeiter und die vertrauten Töne wehmütiger heimatlicher Lieder.
Und wieder vergingen Tage...
Abends versammelten sich Gäste in Oleksitschs Zelt, Männer aus der nächsten Umgebung Batu-Khans. Diener reichten getrocknete Weintrauben umher, flache Kuchen und Stangengebäck aus süßem Teig; aus Tonkrügen, deren Hälse mit Harz verschlossen gewesen waren, schenkten sie süßen Wein aus.
Wenn die Gäste zu vorgerückter Stunde mehr oder weniger berauscht auf den Kissen lagen, lauschten sie gern den ihrem tatarischen Ohr fremdartig klingenden Akkorden der beiden russischen Guslispieler[1], die zu Oleksitschs Gefolge gehörten, oder auch den Liedern, die der Gastgeber selbst ihnen manchmal vorsang mit seiner tiefen, volltönenden Stimme, die das ganze Zelt erfüllte.
Hatten die Gäste sich endlich verabschiedet, so traten auf leisen Sohlen Sklavinnen ein und tilgten lautlos die Spuren des Gelages. Eine von ihnen aber, die Kupferringe in den Ohrläppchen trug, tuschelte ihrem Herrn ins Ohr:
»Meine schöne Herrin harrt schon lange ihres Gebieters, den sie vergöttert.«
Um sich zu ernüchtern, trat Oleksitsch eine Weile ins Freie hinaus und ergötzte sich am Spiel der im Mondlicht schimmernden Wellen des Itils. Das große Heerlager war schon in tiefen Schlaf gesunken; nur die Rufe der Wachtposten durchbrachen dann und wann die Stille. Als er die Schönheit der sternklaren Nacht genossen hatte, begab sich Gawrila in das Zelt seiner schönen Polowezerin, die ihn, auf einem Teppich kauernd, sehnsüchtig erwartet hatte und ihn voll Freude in ihre geschmeidigen schlanken Arme schloß. Das Mondlicht, das durch die Ritzen der Zeltwand hereinschimmerte, verlieh ihren schwarzen lockenden Augen einen betörenden Glanz.
Besorgt und neugierig erkundigte sich Serbiet-Hanum:
»Was hat dich so lange von mir ferngehalten? Mit wem warst du beisammen? Worüber habt ihr gesprochen? Was für Nachrichten hast du von deinem ruhmreichen Fürsten? Erzähle mir! Sprich! Ich bin doch vor Ungeduld und Sehnsucht nach dir fast vergangen!«

---

1 Gusli = Saiteninstrument, das damals so aussah: Ein kleiner flacher Resonanzkasten mit einer Decke aus Ahornholz war mit fünf bis sieben Saiten bespannt, die gezupft wurden.

»Später, ein andermal. Jetzt bin ich müde. Lieber erzähl du mir ein Märchen...«
Und er hob sie auf und trug sie auf ein Lager aus seidenen Kissen, auf die er sie und sich bettete, und lauschte im Halbschlummer einer wundersamen Geschichte von einer wunderschönen Prinzessin, die in einem prächtigen Palast um ihren Liebsten trauert, den Ruhmsucht in weite Ferne getrieben hat, wo er Kämpfe, Gefahren und Abenteuer besteht, oder von einem bösen Zauberer, der eine Prinzessin in einen Vogel verwandelt hat, oder von einer anderen Prinzessin, die, als Jüngling verkleidet, sich aufmacht, um auf den endlosen Wegen Asiens nach ihrem Liebsten zu suchen, der in einer alten Burg im Verlies schmachtet, aus dem ihn die treue Geliebte nach mancherlei Abenteuern schließlich doch noch befreit...
Das eintönige Wortgeplätscher und der gedämpfte melodische Stimmfall schläferten Gawrila bald vollends ein, aber selbst in der Bewußtlosigkeit des Schlafes wollte eine quälende Unruhe nicht von ihm weichen. Im Traume sah er schwere Gewitterwolken aufziehen und sich über seinem Haupte zusammenballen... Er fühlte einen Stich im Herzen, als hätte ein scharfer Pfeil ihn getroffen. Entsetzt fuhr er auf und dachte an die vielen furchtbaren Feinde, die seine geliebte Heimat bedrängten: von Osten her die wilden Tatarenhorden, von Westen her die eisengepanzerten deutschen Ritter... Nach Hause! Schnell nach Hause! –

Die Spielzeugfigürchen

Eines Tages näherte sich dem Wohnzelt Gawrilas ein graubärtiger Wanderer, der einen aus Birkenrinde verfertigten Korb auf dem Rücken trug. Er hatte einen von der Sonne stark ausgeblichenen Bauernkittel an und eine Mütze aus Lämmerwolle auf, wie sie in Nowgorod getragen werden. Am Gürtel hingen ihm, für den Rückweg bestimmt, ein Paar neue Bastschuhe.
Als der tatarische Posten den Alten roh zurückstieß und ihm den Zutritt zum Zelt verwehrte, begann dieser mit zeternder Stimme zu rufen: »Gawrila Oleksitsch! Bester Herr, wo steckt denn deine Gnaden? Diese vermaledeiten Heiden wollen mich nicht zu dir hineinlassen! Eine Botschaft habe ich dir auszurichten, aus der Heimat, von zu Hause.«
Gawrila kam sofort aus dem Zelt und faßte den Alten bei den Schultern. »Bekannt ist mir dein Gesicht, will mich bedünken«, sagte er, nachdem er den Boten lange genug betrachtet hatte. »Aber wo ich dich schon gesehn habe, daran kann ich mich beim besten Willen nicht erinnern.«
»Na, auf dem Markt doch, daheim in unserm Nowgorod. Dort habe ich meinen Stand neben dem des Pfannkuchenbäckers, gegenüber dem des Faßbinders Miron. Mit Jagdschlingen und dergleichen handle ich, flechte Netze für Zobel, Eichhörnchen und Birkhähne...«

»So... nun, dann laß uns hineingehn. Große Freude hast du mir durch dein Kommen gemacht.«
»Und ich werde dich noch mehr erfreun«, verhieß der Wanderer, indem er Oleksitsch ins Zelt folgte und sich, nachdem er seine Kiepe abgestellt und seinen Kittel abgelegt hatte, neben den glimmenden Kohlen niederließ.
»Was hat dich denn hierhergeführt?«
»Wart, wart! Ich werde dir alles hübsch der Reihe nach erzählen«, beschwichtigte der Alte, indem er in seinem Korb wühlte. »Ich hatte davon gehört, daß du mit den Flößen zur Wolgamündung gefahren seist, und es tat mir leid, daß ich mich nicht auch zu der Flußfahrt gemeldet hatte. Eines Tages kam ich auf deinen Bojarenhof und traf deinen Verwandten Oksen Ossipowitsch auf der Freitreppe, damit beschäftigt, Pfeile zu schnitzen. Während wir noch über das eine und andere schwatzen, kommt deine Hausfrau auf die Freitreppe heraus und spricht zu mir: ›Du bist zu spät gekommen, Väterchen, mein Eheliebster ist weit fortgefahren, zum Tatarenzaren Batyga, um unsere gefangenen Landsleute aus der Sklaverei loszukaufen. Und wie viele Male der Faulbaum noch blühen wird, ehe er wiederkehrt, das weiß nur Gott allein. Ich flehe täglich zu den Heiligen, daß sie ihn mir heil und am Leben erhalten. Würdest du dich aber dazu verstehen können, zu ihm hinzureisen? Wegzehrung und alles, was du sonst noch benötigst, würdest du von mir erhalten...‹ – ›Oh, das ließe sich schon machen. Auf der Wolga bin ich ja wie zu Hause. Wie oft habe ich sie mit unseren Flußschiffern zusammen befahren!‹ Da nahm sie mich mit hinein in ihre Stube und übergab mir dies hier für dich.« Dabei langte er aus seiner Kiepe einen großen Klumpen graues Moos, nach dem Gawrila gierig griff. »Ja, und sie weinte bitterlich dabei«, fuhr der Alte fort, »herzzerbrechend, das muß man schon sagen...«
Gawrila hatte inzwischen die Mooshülle behutsam entfernt und zwei aus Lindenholz geschnitzte Figürchen darin gefunden, ihm wohlvertrautes Spielzeug seiner Kinder: Die eine Figur stellte einen auf den Hinterbeinen stehenden Tanzbären vor, die andre einen Balalaika spielenden Bauern in Nowgoroder Tracht.
»Die Bojarin selbst hat die Figürchen so eingepackt. ›Der Geist der russischen Heimat soll meinen Gawrila aus diesem Waldmoos anwehen‹, hat sie dabei gesagt. ›Ach, vielleicht hat er gar – was Gott verhüte! – sein Zuhause vergessen und den Tatarenglauben angenommen...‹«
Gawrila preßte das Moos an sein Gesicht und atmete den ihm daraus entgegenströmenden Kiefernnadelduft ein. Tiefe Sehnsucht nach seiner Frau und nach seinen Kindern ergriff ihn. Er sah sie im Geiste vor sich: seine Ljubowa mit dem Säugling auf dem Arm und, an ihrem Rockzipfel sich festhaltend, den hinterdreintrippelnden Zweijährigen, dem das hohe Gras fast überm Kopf zusammenschlug. Er vermeinte das fröhliche Lachen zu hören, welches stets so bezaubernde Grübchen in

Ljubowas rosige Wangen höhlte... Wie fern und zugleich wie nah dies alles war! – Wird der unberechenbare Tatarenkhan ihm denn nicht endlich Urlaub gewähren und ihn in die Heimat entlassen?...

Drei Worte

Eines frühen Morgens, noch in der grauen Dämmerung, erschien der Dolmetscher in seinem gestreiften Chalat und bunten Turban bei Oleksitsch und richtete aus:
»Der erhabene Sain-Khan entbietet den Gesandten von Nowgorod unverzüglich zu sich.«
»Hast du vielleicht auch in Erfahrung bringen können, weshalb mich der erhabene Sain-Khan holen läßt?« fragte Gawrila, während er sich rasch ankleidete. »Um die Schale seiner Gnade oder seines Zornes über mein Haupt auszugießen?«
»Wie könnte ich mich unterstehn, darüber Vermutungen anzustellen?« verwahrte sich der Dolmetscher. »Ich lasse mir genügen, was man mir befiehlt, getreulich auszurichten.«
Gawrila drückte ihm eine Goldmünze in die Hand, doch auch damit erkaufte er sich nicht mehr als ein verlegenes Achselzucken.
»Nein, deines Schwertes bedarfst du nicht«, sagte der Dolmetscher, als er sah, daß Gawrila es umgürten wollte. »Zürne mir nicht, daß ich dich darauf aufmerksam mache.«
Gawrila folgte dem Dolmetscher also gänzlich waffenlos. Sogar den unvermeidlichen Dolch hatte er nicht in den Gürtel gesteckt.
Leichter Morgennebel hing noch tief über dem Zeltlager, durch den überall der Schein der Lagerfeuer brach.
Bald hatten sie den Platz erreicht, wo, umgeben von schwarzen kiptschakischen Filzjurten, das goldgelbe Seidenzelt des Tatarenkhans sich erhob. Drei dichte stachlige Dornbüsche wuchsen davor, und der Dolmetscher behauptete, niemand, der böse Absichten wider den Dschichangir hege, vermöge sie zu überschreiten. Gawrila, mit den Bräuchen vertraut, sprang unverzagt darüber hinweg und ebenso über die drei flackernden Feuerbrände, welche von den wie graue Eulen danebenhockenden Schamanen fortwährend unterhalten wurden. Dabei stießen diese barbarischen Medizin- und Wundermänner zum Rasseln der Schellentrommeln ebenso klägliche dumpfe Laute aus wie jene Nachtvögel, denen sie ähnelten, und warfen getrocknete Kräuter ins Feuer, die einen betäubenden Rauch entwickelten, der bösen Geistern so übel bekam, daß sie sogleich die Flucht ergriffen.
»Du erscheinst gerade recht, edler Bojar«, sagte freundlich der Gesandte des Kalifen, dem Oleksitsch vor der mit kunstreichen Schnitzereien verzierten Tür begegnete. »Der ›Erhabene und Einzige‹ hat eben nach dir gefragt.«
Aber noch wehrten ihnen zwei riesige mongolische Nuker, die in Helm

und Harnisch mit über der Brust verschränkten Armen unbeweglich wie hölzerne Götzenbilder vor dem Eingang standen, den Zutritt so lange, bis Abd ar-Rahmân das Erkennungswort laut und deutlich ausgesprochen hatte. Darauf ertönte eine Antwort aus dem Innern des Zeltes, die Tür öffnete sich, die beiden Nuker gaben den Weg frei, und der Russe trat hinter dem jungen Araber gebückt durch die niedrige schmale Tür. Der Dolmetscher folgte ihnen auf den Fersen.
In der Mitte der Jurte, hinter einem glimmenden Kohlenfeuer, dessen Rauch in Spiralen zum Zeltdach emporwirbelte, saß der oberste Befehlshaber des Tatarenheeres. Aus einem Häufchen getrockneter Steppenkräuter zog er ab und an einen Stengel heraus und warf ihn ins Feuer. Etwas abseits kauerte der Chronist des Dschichangirs, der Hadschi Rachim, neben dem sich der Dolmetscher, der den Nowgoroder Gesandten hergeleitet hatte, unter dem halblauten Gemurmel einiger Begrüßungs- oder Gebetsformeln niederließ.
Ein Wirbelwind von Gedanken, Hoffnungen und Besorgnissen kreiste in Gawrilas Kopf. Er wandte die größte Energie auf, um diesen inneren Sturm zu beschwichtigen, fest entschlossen, durch geschicktes diplomatisches Lavieren sich keine Blöße zu geben und kein Unglück über sich und seine ferne Heimat heraufzubeschwören, vielmehr sein möglichstes zu tun, um seinem Volke den Frieden zu bringen.
Mit einer huldvollen Bewegung forderte Batu-Khan seine Gäste zum Sitzen auf, da er aber über dem Austausch von Höflichkeitsfragen und Höflichkeitsformeln eine Zeitspanne verstreichen ließ, die selbst das unter Orientalen übliche Maß weit überschritt, war ersichtlich, daß er noch auf jemanden wartete.
Endlich erschien der Erwartete – der einäugige Subudai –, ließ sich neben dem Dschichangir nieder, wechselte mit ihm ein paar geflüsterte Worte und wandte sich dann an den Nowgoroder Gesandten mit dem krächzend hervorgestoßenen, offensichtlich einen Vorwurf ausdrückenden kurzen Satz:
»Zeit ist's, höchste Zeit!«
Batu-Khan legte seine Hände so zusammen, daß sie sich nur an den Fingerspitzen berührten, und sagte, nachdem er einen Seufzer ausgestoßen:
»Ich habe dich hergebeten, um über etwas sehr Wichtiges mit dir zu sprechen, und ich möchte, daß du meine Fragen aufrichtigen Herzens beantwortest.«
»Ich höre und verspreche dir, die reine Wahrheit zu sagen, erhabener Sain-Khan.«
Batu-Khan kniff die Augen zu schmalen Spalten zusammen und heftete seinen stechenden Blick auf das gelassene Gesicht des russischen Recken. Langsam, um dem Dolmetscher Zeit zur Übersetzung zu lassen, begann er mit einschmeichelndem Tonfall:
»Wenngleich noch jung, hast du doch bereits, wie man mir erzählte, im gefahrvollen Getümmel der Schlacht dich mannhaft und besonnen

gezeigt und an der Seite deines Konas Iskander stets nur Siege erfochten. Das Glück scheint dir hold zu sein.«
»Ich danke dir, erhabener Khan, für deine huldvollen Worte«, antwortete Oleksitsch; bei sich aber überlegte er: ›Wohinaus mag er wollen? Aufgepaßt und sich zu keiner unüberlegten, vorschnellen Antwort hinreißen lassen!‹
Batu-Khan fuhr fort:
»Ich irre doch wohl nicht, wenn ich annehme, daß du dein Glück auf neue Proben zu stellen gedenkst, indem du an jenem großen Feldzug teilnimmst, den ich vorhabe?«
›Er will, daß ich, ohne zu schwanken, ihm das Versprechen gebe, jeden seiner Befehle auszuführen. Und dann werde ich, durch mein gegebenes Wort gebunden, vielleicht gezwungen sein, unehrenhaft zu handeln.‹ So schoß es dem Nowgoroder durch den Kopf; laut aber sagte er: »Wie ein Königsadler, der sich bis zu den Wolken aufgeschwungen hat, überblickt dein scharfes Auge weite, unbeschränkte Räume... Ich aber bin wie ein Bär, der im Dickicht unserer Nowgoroder Wälder haust, nur das Allernächste sieht und nichts anderes kennt und liebt als seine Höhle...«
Batu-Khan schüttelte vorwurfsvoll den Kopf.
»Nein, nein, du machst Ausflüchte. Kühne Krieger, wie du einer bist, führen bei uns den Ehrennamen ›Bahadur‹. Und kühne Bahadure lassen sich's nicht an einem ruhmlosen Höhlendasein genügen, sondern brennen darauf, auf dem Felde der Ehre beim Klirren der Waffen ihren Mann zu stehn. Und ich soll wirklich glauben, du brächtest es über dich, zurückzubleiben und dich in düsteren Wäldern zu verkriechen, wenn mein Heer zu seinem siegreichen Zug über den ganzen Erdkreis hin aufbricht?«
Und mit einem Blick, der bis in die verborgensten Winkel der Seele des in Nachdenken versunkenen Recken zu dringen schien, sagte Batu-Khan nachdrücklich:
»Ich erweise dir eine große Ehre: Du erhältst den Auftrag, die Stadt Kyjuw zu erobern!«
Dem Russen stockte der Atem. Er hatte das scheußliche Gefühl, als sähe Batus stechender Blick, wie sich ihm das Herz in der Brust vor Schmerz und Qual zusammenkrampfte. Doch er wußte sich zu beherrschen und wartete, ehrerbietig schweigend, mit unbewegter Miene ab, was Batu weiter sagen würde.
Und Batu-Khan ließ sich mit sanfterer Stimme also vernehmen:
»Ich zweifle nicht, daß du die Ehre, die allerhöchste, die ich an einen fremdstämmigen Krieger zu vergeben habe, nach Gebühr zu würdigen weißt: Befehlshaber einer Tausendschaft, ja einer Zehntausendschaft zu sein, der sich durch die Einnahme Kyjuws mein unbegrenztes Vertrauen verdient. Schon mein ruhmreicher Ahnherr, der ›Erschütterer des Erdkreises‹, trug keine Bedenken, frühere Gegner, wenn sie ihm solchen Vertrauens wert erschienen, zu Befehlshabern von Abteilungen

seines Heeres zu ernennen, wie zum Beispiel Dschebe-Nojon[1], der einer seiner ergebensten und fähigsten Gehilfen wurde.«

»Wohl habe ich«, entgegnete Gawrila Oleksitsch, »im bildhaften Vergleich von Bären gesprochen, die im Waldesdickicht hausen. Doch wir Männer von Nowgorod haben uns niemals feige in den Höhlen unsrer Wälder verkrochen, sondern haben, das Schwert in der Hand, an den Grenzen unsres Landes stets mutig auf der Wacht gestanden gegen jeden Ansturm unsrer Feinde. Kann ich, als treuer Diener meines Herrn, es in diesen stürmischen Zeiten verantworten, ihn und mein Volk im Stich zu lassen und in der Fremde Waffendienst zu nehmen?«

Eines vernichtenden Urteils gewärtig, blickte er dem Dschichangir gefaßt ins Angesicht.

»Dse-dse!« murmelte Batu-Khan und wandte sich dann an Subudai: »Was sagst du dazu, mein weiser Atalik?«

Nach einigem Nachdenken erwiderte der einäugige Feldherr:

»Gestatte mir, deine Frage mit einer Gegenfrage zu beantworten, erhabener Sain-Khan. Erlaube mir, deinen Chronisten, den Hadschi Rachim, zu fragen: Was stand in jenem Brief, den er, in seinem Wanderstab verborgen, trug, als er im Auftrag des Großwesirs Machmud-Jalwatsch aus Urgentsch zu deinem erhabenen Vater, dem unvergleichlichen Dschutschi-Khan[2], kam?«

Hadschi Rachim, bisher ganz in seine Niederschrift vertieft und durch diese unerwartet an ihn gerichtete Frage aufgeschreckt, drückte ehrerbietig die Innenflächen seiner Hände gegen seine Brust und flüsterte:

»In jenem Brief standen nur drei Worte: ›Diesem Menschen vertraue!‹ «

Batu-Khan ließ ein leises zischendes Lachen hören, dann wandte er sich zu dem innerlich vor Erregung zitternden Oleksitsch, der kaum länger seine äußere Fassung zu bewahren vermochte, und sprach:

»Und ich werde dir auch nur drei Worte sagen: ›Dir traue ich!‹ Darum kehre heim in dein Nowgorod und diene deinem Konas Iskander. Mein treuer Emir Arapscha ist dort und wird mich über alles, was bei euch vorgeht, benachrichtigen. Wenn ich auch noch so weit fortziehen werde, so werde ich Nowgorod doch niemals aus dem Sinn und den Augen verlieren. Ich gestatte dir, dich zu entfernen. Die schöne Serbiet-Hanum darfst du mit dir nehmen.«

Als Oleksitsch zusammen mit Abd ar-Rahmân das Zelt Batus verlassen hatte, sprang dieser mit wildem Ungestüm auf und begann wie ein eingesperrter Panther in seinem Käfig hin und her zu laufen. Keuchend überließ er sich ganz seinem plötzlichen rasenden Wutanfall, fast erstickend an dem Wortschwall, den er vehement hervorsprudelte.

---

1 Dschebe = Pfeil, Nojon = Befehlshaber eines Tumens (Division).

2 Dschutschi-Khan, der älteste der Söhne Dschingis-Khans.

»Ungeheure Schlachtenbilder stehen vor meinem inneren Auge... Klirrender Zusammenprall von Tausenden und aber Tausenden gegeneinander galoppierender Reiter... Dichte Reihen von hartnäckig immer wieder anstürmendem Fußvolk... Und ich selber mitten im wildesten Kampfgetümmel, alles vor mir niederwerfend... Der Tod soll furchtbare Ernte halten. Meine Rosse will ich mit dem Blut meiner Feinde tränken, jeden Widerstand erbarmungslos brechen und an Leib und Leben ahnden, gleichviel ob an Männern oder Weibern, Kindern oder Greisen... Kein Hälmchen soll mehr sprießen auf den Äckern und Wiesen, die meine Reiterheere zerstampft haben... Alle Städte werden in Flammenmeeren zusammenstürzen, und nichts als Schutt und Asche soll von ihnen übrigbleiben... Dieser Iskander und sein Gesandter, denen ich großmütig gestatten wollte, teilzuhaben an meinen glorreichen Siegen, sie werden es noch bereuen, daß sie kaltsinnig abgelehnt haben, kurzsichtige Toren, die sie sind! Büßen werden sie ihre Torheit!«
Ganz plötzlich hatte er sich wieder in der Gewalt, kehrte auf seinen Platz am Feuer zurück und fuhr mit finster brütender Nachdenklichkeit fort, Zweige von dem wohlriechenden Steppenkraut ins Feuer zu werfen. Dann gab er dem Dolmetscher einen Wink, näher zu kommen, und flüsterte ihm, seinen Hals umfassend, ins Ohr:
»Künftig wirst du deine Wachsamkeit und Aufmerksamkeit gegenüber diesem Russen verdoppeln, seine geheimsten Gedanken und verborgensten Absichten ergründen, ermitteln, wer ihm gram und wer ihm hold ist... Verstehst du? Du kennst meinen Zorn und kennst meine Huld.«
»Ich werde mir die erdenklichste Mühe geben«, stammelte der Terdschuman, an allen Gliedern zitternd. »Doch die Gedanken und Absichten dieses Russen zu ergründen ist sehr schwer. Er versteht es, sich in Schweigen zu hüllen...«
»Dann wird Serbiet-Hanum dir helfen, sie hat mir schon manche wertvolle Aufschlüsse verschafft... Wir gestatten dir, dich mit Gawrila Oleksitsch auf die Reise zu begeben, und erwarten deine Briefe. Geh!«

Wie jedes Märchen, so hat auch jede wahre Geschichte ihren eigenen Anfang und ihr eigenes, oft unvermutetes Ende...
An diesem Glückstag, an dem Gawrila von Batu endlich Urlaub zur Heimkehr nach Nowgorod erhalten hatte, strebte er froh seinem Zelte zu. In seinem freudig erregten Zustand fiel es ihm zunächst gar nicht auf, daß keiner der als Wache bestimmten Diener ihn vor seinem Zelte empfing. Erst als er auch das Zelt der schönen Polowezerin unbewacht fand, witterte er Unrat. In dem kleinen Hain entdeckte er endlich mehrere Männer und Frauen aus Serbiet-Hanums Dienerschaft. Sie kauerten dort, das Gesicht in den Händen vergraben, zwischen den Büschen auf der Erde und wiegten unter kläglichem Stöhnen und Ächzen den Oberkörper hin und her.
»Was ist geschehn? Sprecht!«

»Zürne uns nicht, hochherziger Bojar! Vergib uns unsere Unachtsamkeit! Wir hätten uns doch niemals träumen lassen, daß solch ein Unglück dich wie uns treffen könnte... Oh, oh, oh!«
»Was für ein Unglück? Redet verständlicher!«
»Unsere köstliche Blume, unsere süße Nachtigall, Serbiet-Hanum ist entführt, geraubt worden.«
Der Dolmetscher, der sich inzwischen wieder an Gawrilas Fersen geheftet hatte, versuchte durch geschicktes Ausfragen der Leute Licht in die dunkle Sache zu bringen, die er dem Nowgoroder schließlich folgendermaßen darstellte:
»Es gibt da einen jungen vornehmen Khan Jesun-Nochai, der seine Tage auf der Jagd und seine Abende bei Gastmählern und Zechgelagen zu verbringen pflegt. Zweimal ist er während deiner Abwesenheit hoch zu Roß hier gewesen und hat, sich auf der Dutare[1] begleitend, vor Serbiet-Hanums Zelt Lieder zum Preise ihrer Schönheit gesungen.«
»Ich glaube diesen Khan zu kennen, er ist sehr streitsüchtig und rauflustig, nicht wahr? Und er reitet einen Rappen.«
»Ja. Heute früh war er zum dritten Male hier und sang ein Lied von einer zierlichen Schönen, die in der strengen Gefangenschaft eines plumpen Bären schmachtet, und kündigte sich als ihren Befreier an. Serbiet-Hanum, deren Neugier durch den Gesang geweckt worden war, ließ sich dazu verleiten, vor das Zelt zu treten. Da riß sie der Khan zu sich herauf, legte die um Hilfe Schreiende quer vor sich über den Sattel und sprengte davon. Die Diener stürzten hinter der Entführten her, konnten aber nichts ausrichten. – Laß es sie nicht zu schwer entgelten!«
Und alle Männer und Weiber fielen vor Gawrila auf die Knie und jammerten:
»Bestrafe uns nicht zu hart!«
»Bestrafen werde ich euch nicht, aber loben kann ich euch auch nicht«, sagte Oleksitsch und ließ sie dann alle schwören, die Entführung vorläufig streng geheimzuhalten, zu niemandem auch nur ein Sterbenswörtchen darüber verlauten zu lassen.
Im Grunde seines Herzens war er dem Zufall gar nicht gram, daß er ihn von diesem gefährlichen Geschenk Batus befreit hatte. Eiligst traf er Anstalten zur Abreise, in ständiger Furcht vor einer Sinnesänderung des Dschichangirs.

Endlich wieder daheim

Die ganze Zeit über sah er die Augen seiner Ljubowa vor sich, bald mit einem herzbewegenden Ausdruck inniger Zärtlichkeit, bald mit einem noch schwererer aufs Herz fallenden stillen Vorwurf, wie an jenem fernen Tage des Abschieds, als sie, die Schultern in den roten, zobelverbräm-

1 Saiteninstrument zum Zupfen.

ten, mit zarten Schneekristallen bestreuten Pelz gehüllt, auf der Freitreppe seines Vaterhauses gestanden und ihm mit einem gestickten Tüchlein nachgewinkt hatte. Da hatte er es einfach nicht über sich gebracht weiterzureiten, sondern war noch einmal umgekehrt, hatte nach der winkenden Hand gehascht, ihr das flatternde Tüchlein entrissen und war dann davongesprengt, daß der Schnee nur so stäubte. Viele, viele Male hatte er sich später diesen Abschied ins Gedächtnis zurückgerufen und das bestickte Tüchlein hervorgezogen, um seinen kaum noch spürbaren Duft von zarten Frühlingsblumen einzuatmen.

Nein, vergessen, wirklich ganz und gar vergessen hatte er sie niemals, seine Ljubowa; aber trotzdem hatte die schöne Polowezerin ihm den Kopf verdreht mit ihren traurigen Liedern und sinnlichen Tänzen, hatte ihn fasziniert durch die schlangenhafte Biegsamkeit ihres anmutigen Leibes und ihrer zierlichen schlanken Glieder, so daß er lange Nächte und manchmal auch ganze Tage bei ihr im Zelt verbrachte, entzückt ihrer betörenden Stimme lauschend, ihre Schönheit genießend und etwa aufsteigende Erinnerungen an Früheres in starkem bernsteingelbem Weine ertränkend.

Und doch – wie gut eigentlich, daß man sie ihm entführt hatte, daß er sie nun nicht nach Nowgorod mitzunehmen brauchte!

Nun war er wieder frei und bei klaren Sinnen, und vor ihm lag der weite Weg, ebenso endlos und quälend wie seine Sehnsucht, die ihm das Herz zusammenpreßte.

Seine Mannen und Diener, alle auf struppigen Pferden, ritten einer hinter dem andern in langer Reihe den schmalen Treidelpfad[1] am Ufer des in Banden des Eises erstarrten Stromes entlang und gönnten sich nur dann und wann eine kurze Rast in einem der unter den Schneewehen begrabenen Dörfchen.

Endlich ist er angebrochen, der ersehnte letzte Reisetag!

Und nun steht Gawrila vor dem wohlvertrauten Tor, dessen Pfosten hohe weiße Pudelmützen aus Schnee tragen. Starke Faustschläge wecken die Hofhunde, die mit lautem Gebell antworten, so daß das Gesinde zusammenläuft und einige Knechte, nachdem sie die Stimme ihres Herrn erkannt haben, den Querbalken ausheben und die Torflügel weit aufreißen.

Langsam reitet Gawrila Oleksitsch in den Hof und zur Vortreppe mit den gewundenen Säulchen, auf deren schrägem Dach jeden Augenblick die Schneelast ins Rutschen kommen kann.

Er wirft einen Blick hinauf zu den in den ersten Strahlen der Morgensonne blinkenden und blitzenden Glimmerfenstern, an deren Rahmen lange Eiszapfen sitzen. Aber noch gewahrt er nichts von seinem Herzblättchen... Er zügelt sein Roß, in der Erwartung, daß sie nun

1 Treidelpfad = der Pfad, den die Wolgaschlepper ausgetreten haben.

jeden Augenblick auf den Stufen erscheinen wird, mit herabhängenden Zöpfen, die aufzustecken sie noch keine Zeit gefunden hat.
Doch statt ihrer erscheint der greise Oksen Ossipowitsch, nimmt seine Pelzmütze ab und verneigt sich vor dem heimgekehrten Hausherrn.
»Guten Morgen, lieber Freund!« grüßt Gawrila Oleksitsch. »Wo ist denn meine liebe Hausfrau? Sie ist doch nicht etwa krank?« erkundigt er sich besorgt, indem er aus dem Sattel steigt und einem eilends herzuspringenden Diener die Zügel zuwirft.
Oksen Ossipowitsch kommt die Treppe heruntergeeilt und wirft sich an Gawrilas Brust.
»Sie ist von uns gegangen, hat uns verlassen...«, stammelt er. »Die Kinderfrau wird dir alles erzählen, ich bin nicht dazu imstande.«
Und der Brave macht eine hilflose Handbewegung und läuft, durch die hereinströmenden Mannen, die den Hof mit Lärm und Waffengeklirr erfüllen, sich einen Weg bahnend, zum Tor.
Da kommt nun auf altersschwachen Beinen auch die Amme angewankt. Mit einer Hand rafft sie den hastig übergeworfenen Pelz zusammen, mit der andern zupft sie ihr Kopftuch zurecht. Sie wirft sich zu des Herrn Füßen nieder und beginnt zu klagen:
»Weshalb bist du so lange fortgeblieben, hast in der Fremde ein Lotterleben geführt, darüber dein Herzblättchen vergessen?«
Gawrila beugt sich nieder, hilft der Alten auf und drückt ihr einen Kuß auf den schütteren Scheitel.
»So sprich doch vernünftig und erkläre mir, was eigentlich geschehn ist!«
Nachdem sich die Amme die nassen Augen mit dem weiten Ärmel abgewischt hat, macht sie sich ans Erzählen, unterbricht aber selbst ihre Rede immer wieder durch Seufzer und Schluchzer.
»Sie hat in der letzten Zeit furchtbar viel geweint und sich abgehärmt. ›Ich habe erfahren‹, so sprach sie zu mir, ›daß mein Gawrila sich in der Horde eine Heidin zur Frau genommen hat. Mich Arme hat er vergessen, und da mag ich auch nicht länger leben. Ich würde Hand an mich selber legen, wenn ich nicht Gottes Zorn fürchtete...‹ Und vor zwei Tagen hat sie mich so fest umarmt, als ob es gälte, für immer Abschied zu nehmen, und mich gebeten, gut für die Kinder zu sorgen, und ist gegen Abend fortgeritten, ohne zu sagen wohin...«
Während dieser Erzählung der alten Amme hatten sich auf der Treppe noch andre Kinderfrauen und Dienstmägde versammelt und auch Gawrilas Kinder, einen Knaben und ein Mädchen, die der Vater gerührt ans Herz drückte, mitgebracht. Alle sprachen sie wild durcheinander, so daß keine mehr richtig zu Wort kam, bis Gawrila, die beiden Kinder auf dem Arm, der Sache ein Ende machte, indem er laut rief:
»Ei, genug nun! Laßt das Gackern und Jammern! Ich weiß, wohin die Bojarin geritten ist, und werde sie morgen unter Schellengeläut in der Troika heimholen. Ihr aber geht jetzt ins Haus zurück, eine jede an ihre

Beschäftigung, und sorgt dafür, daß meine Mannen bald etwas zu essen und zu trinken bekommen.«

Alle stiebten auseinander wie Hühnervolk, in das der Habicht fährt, nur die stattliche, hochgewachsene Beschließerin Fjokla Nikanorowna war neben ihrem Herrn stehengeblieben. Als alle andern außer Hörweite waren, zupfte sie ihn am Ärmel, blinzelte ihm listig zu und sagte: »Ich werde dir verraten, wohin dein Täubchen geflogen ist. Ich habe schon alles ausgekundschaftet. Sie ist in der letzten Zeit öfters bei den Wahrsagerinnen gewesen, und diese ›weisen‹ Frauen haben ihr Gott weiß was für einen Floh ins Ohr gesetzt. Da hat sie das Gelübde getan, ins Kloster einzutreten, den Schleier zu nehmen. Ja, ja, junges Frauenblut ist hitzig und zu allem fähig, wenn es sich hintergangen und betrogen wähnt! Da verfällt es dann auf die wunderlichsten Ideen... Nonne werden – als wenn das ein Spaß wäre! – Siehst du, das ist der Knoten, der sich geschürzt hat. Hoffentlich bist du der Rechte, ihn zu lösen...«

Mißgeschick

Gawrilas Verhalten befremdete seine Mannen; ihn zu fragen aber getraute sich keiner.

»Er bläst Trübsal, unser Falke! – Kein Wunder! Wie viele Tage ist er geritten, was hat er alles für Geschenke auf den Packpferden mitgebracht..., und sein Herzblättchen hat ihn nicht einmal zu Hause empfangen.«

»Finster wie eine Gewitterwolke ist sein Gesicht, wenn er drin in der Stube sitzt und seinen Kummer in süßem Branntwein, den er direkt aus der Kanne trinkt, ersäuft.«

»Wohin ist denn sein Täubchen geflogen?«

»Nicht bloß geflogen – entflogen ist es ihm!«

»Ist denn so was möglich? Vielleicht hat irgendein kühner Bursche die Bojarin gewaltsam entführt?«

»Ei, gewiß – entführt und verführt!«

»Schweig still, du! Wag ja nicht noch mal, so was zu sagen!«

»Nicht ich sage es. Von dem Küchenmädchen hab' ich's gehört.«

»Mir hat die Köchin ganz was andres erzählt: Die Bojarin ist bloß zum Kloster geritten, um dort eine Andacht zu verrichten. Die Beschließerin hat aber die Sache so hingestellt, als ob die Bojarin beschlossen hätte, für immer der Welt zu entsagen. Sie sei des langen vergeblichen Wartens auf ihren Ehgemahl überdrüssig geworden, und als sie nun gar erfahren habe, daß er bei den Tataren eine Heidin zum Weibe genommen, da hat sie's nicht mehr ausgehalten und ist auf und davon.«

»Das klingt zwar recht einleuchtend... Vielleicht aber hat man sie auch vergiftet. Der Bojar hat Feinde genug.«

»Schnickschnack! Vergiftet! – Weshalb denn vergiftet? Nein, weil sie sich gekränkt fühlt, hat sie's getan. So eine schöne und kluge Frau wie

unsre Bojarin – und auf einmal tauscht der Bojar sie gegen eine Bassurmanin[1] ein.«
»Wo ist sie denn, diese Bassurmanin? – Vielleicht hat es nie eine gegeben?«
»Oh, es hat schon eine gegeben. Die Gefangenen haben sie gesehn und es ausgeplaudert.«
»Immerhin – den Schleier nehmen, das ist doch ein starkes Stück. Das heißt doch, sich ewig binden. Da kommt man doch nie wieder von los.«
Alle Gespräche brachen jedoch mit einem Schlage ab, als zwei Diener kamen, um einige der dem Bojaren nahestehenden Mannen zu ihm in die Stube zu rufen. Aber man konnte sie nicht alle finden: Einige waren auf ihre oder andre Höfe gegangen, andre lagen schon in tiefem Schlaf. Ihre Kleidung in aller Hast in Ordnung bringend, sich den Gürtel fester schnallend und sich die Haare glatt streichend, stiegen die zum Bojaren Gerufenen die knarrenden Treppenstufen zu seiner Stube hinauf, in der alles noch genauso war wie früher: in der Ecke die Heiligenbilder in silberner Einfassung, die mit scharlachrotem Samt bezogenen Bänke, das reichgestickte Tischtuch, auf dem die durch die vereisten Glimmerscheiben fallenden Sonnenstrahlen lustige bunte Kringel bildeten.
Noch am selben Morgen seiner Ankunft hatte Gawrila Oleksitsch sich zu seinem Fürsten Alexander Jaroslawitsch begeben wollen, um ihm einen ausführlichen Bericht über seine Reise und seinen Aufenthalt im Feldlager des Tatarenkhans zu geben; doch der vorausgeschickte Bote, der ihn hatte anmelden sollen, war zurückgekehrt mit dem Bescheid, der Fürst befinde sich auf einer Jagdpartie und werde frühestens in zwei Tagen zurückkehren. Also konnte der Bojar sich während dieser Zeit mit seinen eigenen Angelegenheiten befassen.
Jetzt eben saß er weit zurückgelehnt auf der Eckbank unter den Heiligenbildern, hatte Rock und Hemd aufgeknöpft, so daß die freie, schwer atmende Brust mit dem an einem Silberkettchen hängenden Heiligenbildchen zu sehen war. Seine bloßen Füße standen auf einem Bärenfell, die Saffianstiefel lagen unter der Bank. Mit düsterem Blick umfaßte er die Eintretenden, die mit einer tiefen Verneigung in der Nähe der Tür stehengeblieben waren und ihrem Herrn Gesundheit und langes Leben wünschten. Gawrila griff zur großen hölzernen Kanne, die vor ihm auf dem Tisch stand, und trank ihnen zu.
»Guten Tag, Männer! Kommt näher zu mir und setzt euch, wir haben miteinander zu reden … Heda! Leute! Bringt ein Faß Met und Becher, aber keine kleinen!«
Herbeieilende Diener nahmen von den an den Wänden hinlaufenden Borden Silberbecher und Trinkschalen herab und setzten sie vor die

---

1 Bassurman oder Bussurman = Schimpfname, zunächst für jeden Ungläubigen, insbesondere Mohammedaner, dann für die Türken und Asiaten überhaupt, schließlich für jeden Ausländer und nicht zur griechischen Kirche Gehörigen.

Mannen hin. Drei Diener mühten sich unterdes um den Hausherrn: Einer zog ihm die Stiefel an, die beiden andern halfen ihm in seinen Rock und stützten ihn, als er beim Aufstehen leicht schwankte. Aber Gawrila hatte sich gleich wieder in der Gewalt und ging festen Schrittes zu einem breiten Armsessel hin, in den er sich niederließ. Seine Haltung war aufrecht, und seine Augen schweiften suchend über die Versammelten hin.

»Wo ist denn Kusma Scholoch? He, Kusma!« rief Gawrila so laut, daß man es draußen auf dem Hofe hörte.

»Hier bin ich, hier!« antwortete der Gerufene fröhlich, indem er noch während des Eintretens sich den Rock zuknöpfte. »Kaum hat man mich mit Eiswasser munter gekriegt, aber nun habe ich meine fünf Sinne wieder beisammen.«

Er machte eine Verbeugung und nahm dann auf der Bank Platz, indem er seinen Herrn übermütig anlächelte, dabei aber in dessen Zügen forschte, um zu ergründen, was er sich wohl ausgedacht haben mochte. Gawrila wartete, bis die Diener alle Becher mit Met oder Branntwein gefüllt hatten, dann gebot er ihnen:

»Nun macht schleunigst kehrt und trollt euch. Hier werdet ihr nicht mehr gebraucht. Nachschenken kann hier einer von den Jüngeren.«

»Ich habe euch rufen lassen, Freunde, um...«, begann Gawrila, verstummte aber gleich wieder und bedeckte mit der rechten Hand seine Augen.

»Der Deutsche rührt sich wohl wieder mal?« fragte der älteste der Mannen, ein Hüne von Gestalt, indem er sich bedächtig den roten Bart strich.

»Das wäre nichts Neues für uns«, entgegnete Gawrila. »Die Deutschen zeigen immer mal die Zähne; aber wir werden sehr bald gründlich mit ihnen abrechnen.«

»Dabei werden wir uns ordentlich tummeln!« spaßte Kusma Scholoch.

»Das werden wir!« pflichteten ihm die anderen bei.

»Vorher bedarf ich aber eures Beistandes noch zu einer andern Sache..., auch eurer List...«

Er schaltete eine kurze Pause des Nachdenkens ein, warf dann den Kopf in den Nacken und fuhr fort: »Sogar ein bißchen Mutwillen ist dazu nötig. Doch wir sind ja allesamt Wasja Buslajews[1] Enkel.«

»So ist's, so ist's!« lärmten die Mannen. »Mit dir zusammen sind wir nicht abgeneigt, auch Mutwillen zu treiben... Nur wissen wir noch nicht recht, worauf du eigentlich hinauswillst.«

»Habt ihr's wirklich noch nicht erraten? Riechst du den Braten, Kusma?«

»Ich denke, ob du uns nicht vielleicht zu einer Jagd brauchst? Ein Füchslein ist entflohn, aber kein gewöhnliches, sondern eins mit einem silbern schimmernden Rücken.«

---

1 Busla = Wüstling, Bummler, auch frecher Tölpel.

»Du hast's getroffen, Kusma. So ist's! Und es ist keine Zeit mehr zu verlieren, denn andre Jäger sind schon hinter dem kostbaren Füchslein her, und diese müssen wir überlisten.«
»Wir fangen das Füchslein schon, verlaß dich drauf!« riefen die Mannen und wechselten Blicke untereinander, die verrieten, daß sie nun begriffen hatten, was Gawrila Oleksitsch im Schilde führte.
»Bären haben wir gehetzt und auf Wölfe Jagd gemacht. Sollten wir da ein Füchslein nicht befreien können?«
Gawrila Oleksitsch erhob sich und entwickelte, die Hände auf die Tischplatte gestützt, seinen Plan.
»Vor allem«, so schloß er, »daß mir keiner von euch erst noch mal zu seiner Frau, seinen Schwestern oder zu irgendwelchen anderen Frauenspersonen geht. Wenn ihr dort auch nur ein Sterbenswörtchen verlauten laßt, so weiß es morgen die ganze Stadt. Nehmt euch frische Rosse aus meinen Ställen, sattelt sie, und wir reiten sofort los.«

Herzeleid bewog sie zu dem Schritt

Etwa zwanzig Werst flußabwärts von Nowgorod entfernt lag auf dem rechten Ufer des grauschäumenden Wolchow, inmitten hübscher Birkenhaine versteckt, das Nonnenkloster der heiligen Praskowia Pjatniza[1]. Die Gebrüder Nosdrilin, ihres Zeichens Lederhändler, hatten hier zum Gedächtnis ihrer verewigten Großmutter Praskowia Dormidontowna, genannt »Kremen«[2], die durch den überseeischen Ausfuhrhandel mit Fellen, Häuten, Borsten, Dachs-, Roß- und anderen Tierhaaren und Wolle den Grund zum Reichtum der Familie Nosdrilin gelegt, eine steinerne Kirche erbauen lassen, zu welcher seither aus allen Ecken und Enden des Nowgoroder Landes die Pilger (vor allem Pilgerinnen) geströmt kamen, da sich unterm Volke der Glaube verbreitet hatte, daß ein Gebet zur heiligen Praskowia bei Frauenkrankheiten wie bei jeglichem Herzenskummer der Weiber helfe. Man schrieb ihr diese Heil- und Segenskraft zu, weil sie zu ihren Lebzeiten selber viel Leid durch ihren Unmenschen von Gatten und ihre dreizehn Kinder, mit denen sie unter großen Schmerzen niedergekommen war, hatte erdulden müssen. So war es denn zum Ausgleich der Märtyrerin nach ihrem Tode vergönnt, die Leiden ihrer Geschlechtsgenossinnen zu lindern.
Aber die Nosdrilins hatten es nicht bei dem Bau der Kirche bewenden lassen, sondern auch noch die Mittel gestiftet zur Errichtung eines Klosters aus Fichten- und Kiefernstämmen samt allen Nebengebäuden, Ställen, Speichern, Badestube, Räucherkammer und Anlegeplätzen für

---

1 Die ursprüngliche Bedeutung des Wortes Pjatniza war Kreuzweg, Scheideweg, man legte der Praskowia diesen Beinamen bei, weil ihr zu Ehren vornehmlich an Kreuzwegen Kapellen errichtet wurden.

2 Kremen = Feuerstein, Kieselstein.

die Fischerboote des Klosters, das eine Fischereigerechtsame besaß. Als Äbtissinnen wurden mit dem Segen des Nowgoroder Erzbischofs äußerst ernste, ja finstere Damen gewählt, denen man zutrauen durfte, daß sie ihre Nonnen unter strengster Zucht zu Gehorsam und Gottesfurcht anhalten und das Klostergut nicht verschwenden, sondern vielmehr mehren würden. Der Mehrung dieses Reichtums dienten zahlreiche Klosterwerkstätten für Weberei, Stickerei, Goldwirkerei, wo die Arbeitenden alle unter scharfer Aufsicht standen, dazu ein Mal- und Schnitzatelier für Heiligenbilder und -figuren, schließlich noch eine ertragreiche Obstgärtnerei nebst Imkerei und die schon erwähnte ausgedehnte Fischerei und Fischräucherei.

Eines Tages kam gleich nach der Frühmette die Botengängerin des Klosters, eine junge Novizin namens Fekluscha, ganz atemlos vor Aufregung in die Zelle der Äbtissin gestürzt und berichtete ihr:

»Vorhin, als der Wächter Micheitsch zur Pforte ging, um sie aufzuschließen, da sah er drei Frauen angeritten kommen: eine junge schöne Bojarin mit zweien ihrer Mägde. Und die Edeldame war ganz prächtig gekleidet und trug Perlengehänge in den Ohren, das habe ich mit eignen Augen gesehn, als sie ihr Kopftuch abnahm und barhaupt auf die Klosterpforte zugeschritten kam, um Einlaß zu begehren. Micheitsch aber, der offenbar vor irgend etwas Angst hatte, wollte sie um keinen Preis hereinlassen und schloß die Pforte ihr vor der Nase wieder zu. Er meinte, der Dame müsse gewiß ein großes Unglück drohen, vielleicht daß ihr eifersüchtiger Ehegatte sie umbringen will. ›Weshalb sonst‹, sagte er, ›ringt sie immerzu so verzweifelt die Hände und wischt sich verstohlen die Tränen ab?‹ «

»Und wo sind die drei denn jetzt? Etwa auf dem Wege hierher?«

»Aber nicht doch, Mutter Jewfimija, Micheitsch hat sie ja gar nicht hereingelassen und weigert sich überhaupt, die Pforte wieder aufzuschließen.«

»So ein alter Starrkopf!«

»Nein, er will nicht, will durchaus nicht! Ich sagte zu ihm: ›So mach doch auf, Micheitsch, und laß die Dame herein. Sieh doch nur, wie müde sie von dem anstrengenden Ritt ist!‹ Er aber wehrte bloß mit der Hand ab: ›Vielleicht jagt der Bojar mit seinen Knechten hinter ihr her, dann bekomme ich als erster eins ins Genick. Ich kenne doch eifersüchtige und betrogene Ehemänner!‹ Und weiter hat er gesagt: ›Wenn die Frau Äbtissin die feine Dame durchaus hereinlassen will, so mag sie eine der Novizinnen damit beauftragen, ihr die Pforte aufzuschließen. Ich wasche meine Hände in Unschuld und geh' dem Unglück aus dem Weg. Sag ihr, ich sei mit dem Boot auf dem Wolchow, um Schnäpel[1] zu fangen.‹ «

»Ist das ein eigensinniger Greis! Lauf rasch zu Mutter Pawla und bestell

1 Schnäpel = eine sehr schmackhafte Art von Felchen (zur Gattung der Salmoniden gehörig).

ihr: Ich ließe ihr befehlen, der Bojarin die Pforte zu öffnen und sie vorläufig bei sich in ihrer Zelle aufzunehmen. Und die Badestube soll unverzüglich angeheizt werden.«
Fekluscha lief davon, um die erhaltenen Bestellungen auszurichten, und Mutter Jewfimija legte ihre Amtstracht an, um sich der Edeldame in ihrem vollen Ornat zu zeigen.
Die blonde Bojarin wurde also zunächst in die Zelle der Pförtnerin, Mutter Pawla, und von dieser selbst in die tüchtig geheizte Badestube gebracht, wo sich beide wuschen und mit Kwas[1] übergossen.
Hinterher tuschelte die Beschließerin der Äbtissin ins Ohr, daß bei der jungen Bojarin alles in Ordnung sei; sie wäre wohlgestalt an Leib und Gliedern, und nirgendwo wären blaue Flecke und Teufelsmale, auch keine Zeichen von Schwangerschaft zu sehn gewesen. Sie, Pawla, habe der Bojarin selbst mit dem Bastwisch Rücken und Bauch abgerieben, um ganz sicher zu sein.
Wenn man nach dem Äußeren urteilen würde, so könnte man meinen, die Dame lebe in Liebe und in Freude; da sie aber flehentlich immer wieder darum bäte, ins Kloster aufgenommen und eingekleidet zu werden, so müsse der Schaden wohl innerlich sitzen – wahrscheinlich habe sie Herzenskummer.
»Barmherzige Mutter Gottes!« rief die Äbtissin. »Wenn die Dame ins Kloster eintreten will, so wird sie ihm ja wohl auch eine ansehnliche Schenkung vermachen, sowohl an barem Geld wie an Liegenschaften. Sie muß sofort eingekleidet werden, ehe sie sich eines andern besinnt. Fekluscha soll gleich laufen und Vater Dosifei zu mir bitten. Mit ihm will ich die Sache besprechen.«

Im Kloster

Ljubowa kniete auf einem schwarzen Samtkissen in der Mitte der Klosterkirche vor dem Chorpult mit dem großen Bilde der Allerheiligsten Mutter Gottes. Neben ihr hielt eine ältere Nonne auf ihren steif ausgestreckten Armen eine schwarze Nonnenkutte und eine Haube von der gleichen düsteren Farbe. In dieses härene Gewand sollte die junge Bojarin nach der Weihe eingekleidet werden, und ihr schönes Blondhaar, das ihr aufgelöst über den Rücken wallte, sollte dem Schermesser zum Opfer und auf die kalten Steinfliesen fallen.
Vorerst war Ljubowa noch Novizin. Krampfhaft preßte sie ihre über der Brust gefalteten Hände ineinander und stierte mit schmerzlichem, fast irrem Ausdruck unverwandt auf das große Bild der Mutter Maria mit dem Christuskind auf dem Arm. Ihre spröden, zitternden Lippen flüsterten halb unbewußt bald Worte des Gebets, bald stammelten sie irgendwelche Stoßseufzer:

---

1 Kwas = gegorenes säuerliches Getränk.

»Herr, stärke mich in meinem Glauben, ertöte alle sündige Schwäche in mir! Hilf mir, barmherzige Mutter Gottes, den Willen des Herrn zu erfüllen!«
Hinter ihr ragte die hohe Gestalt der Äbtissin auf, die sich auf einen langen Stab mit goldenem Knauf stützte. Unter finster zusammengezogenen Brauen hervor blickte sie unverwandt auf die blonde Bojarin hinab, wobei in ihren Augen bald ein Ausdruck unversöhnlicher Härte mit dem des Mitleids wechselte. Schließlich wandte sie ihr strenges Gesicht dem Klostergeistlichen, Vater Dosifei, zu, der vornübergeneigt neben der Bojarin stand und sie mit leiser Stimme ermahnte:
»Bete, meine Tochter, bete und bediene dich dabei der von alters her gebräuchlichen Formel: ›Ich sündige Magd Gottes...‹ «
Doch die Bojarin schien ihn nicht zu hören, denn ganz andere Worte kamen von ihren blassen bebenden Lippen.
Die Äbtissin gab einer mit einem Servierbrett in der Nähe stehenden Nonne ein Zeichen mit den Augen. Die Nonne trat herzu und präsentierte dem Diakon, einem riesengroßen Mann mit rotem Haar und rotem Gesicht, einen Silberbecher mit angewärmtem Wein, wie er zum Abendmahl gereicht wird. Der Diakon ergriff ihn und setzte ihn der Bojarin an die Lippen.
»Trink, meine Tochter, zur Stärkung!« sagte er mit tiefer Baßstimme.
Der aus Nonnen bestehende Chor auf der Empore intonierte einen von der Vergänglichkeit alles Irdischen und von der Nichtigkeit aller weltlichen Freuden handelnden, ungewöhnlich traurigen Psalm. Die sanften Frauenstimmen bekamen dabei einen immer stärker klagenden Tonfall und die Gesichter der älteren wie der jüngeren Sängerinnen einen noch schwermütigeren Zug. Während des Singens bekreuzigten sich die Nonnen fortwährend inbrünstig und sanken dabei lautlos in die Knie und richteten sich ebenso lautlos wieder auf.
Da auf einmal schlüpfte die Botengängerin Fekluscha wie eine Maus durch die Reihen der Nonnen zur Äbtissin hin, die sie zuerst mit einem strengen verweisenden Blick zurückscheuchen wollte, als sie aber Fekluschas aufgeregtes Gesicht sah, hörte sie geneigten Ohres an, was es denn gäbe.
»Berittene sind draußen...«, tuschelte Fekluscha, »auf flinken Rossen, viele starke Männer. Sie haben das Kloster umzingelt und brechen schon die Pforte auf, wo Mutter Pawla sie vergeblich von ihrem frechen Unterfangen abzuhalten sucht. Nun hat sie mich zu dir geschickt, Mutter Jewfimija, damit ich dich frage, was sie tun soll.«
»Sag ihr, sie soll standhaft bleiben. Wenn der Herr uns beisteht, werden die Teufel weichen müssen.«
Durch die Reihen der stumm dastehenden Nonnen ging ein Rascheln, wie von einem Windstoß verursacht, aber dann herrschte gleich wieder tiefste andächtige Stille. Während Fekluscha wieder hinausschlüpfte, sah die Äbtissin, bedeutungsvoll mit dem Kopf nickend, den Geistlichen an.

»Beeil dich, Vater Dosifei!«
Und einer wohlbeleibten Schwester zischelte sie zu:
»Die Kerzen, rasch!«
Zwei dienende Schwestern gingen durch die Reihen der Betenden und teilten Wachskerzen aus. Eine jede Nonne zündete ihr Licht am Lichte der ihr zunächst stehenden Mitschwester an, so daß es wie ein Feuerstreifen durch den ganzen Raum lief, bis alle Kerzen brannten und die Kirche von mildem Schein durchzittert wurde.
Der Chor ließ noch einen wehmütigen Wechselgesang erschallen, wie er gewöhnlich bei Totenmessen zu hören ist: Auch hier schied ja eine fromme Seele, wenn auch freiwillig den Freuden des Lebens entsagend, aus der Welt, um sich aus einer »sündigen Magd Gottes« in eine »keusche Braut Christi« zu verwandeln.
Vater Dosifei beugte sich wieder zu der knienden Ljubowa hinab und ermahnte sie:
»Wiederhole, meine Tochter, was ich dir vorspreche: ›Freiwillig will ich in den Stand der Engel eintreten ...‹«
Eine der beiden dienenden Schwestern schob jetzt eine brennende Kerze der Bojarin zwischen die ineinanderverkrampften Hände, und im flackernden Lichtschein glitzerten die dicken Tränen, die unter den gesenkten Lidern hervor über das leichenstarre, totenblasse Gesicht rannen, wie Perlen.
Vergebens hielt der Geistliche sein behaartes Ohr dicht an Ljubowas Lippen, er fing kein einziges Wort auf. Die Äbtissin aber, Ljubowas Schweigen ignorierend, meinte:
»Sie wird die gebräuchliche Formel schon noch aussprechen... Fahr fort, Vater Dosifei! Vollende die Weihe! Wo sind die Schermesser?«
»Hier, ich habe sie schon in der Hand!« brummte der Diakon im tiefsten, beinahe bedrohlich klingenden Baß.
»Worauf wartet ihr also noch?« drängte die Äbtissin ungeduldig. »Schneid vier Strähnen kreuzförmig auf dem Scheitel weg und scher die Tonsur aus!«
Die Bojarin hatte Augen und Lippen fest zusammengepreßt und sagte kein Wort mehr. Plötzlich riß sie Mund und Augen weit auf wie in unfaßlichem Erstaunen: Sie hatte eine Stimme rufen hören, eine ihr so vertraute Stimme:
»Ljubowa! Mein Täubchen! Du, meine Frühlingsblume! Welcher böse Wind hat dich hierher geweht? Warum bist du von mir geflohn, mein Schneewieselchen?«
Wie aus einem Alptraum auffahrend, sprang die Bojarin auf die Füße und ließ die Kerze fallen. Vor ihr, in dem von blaugrauen Dunstschwaden des Weihrauchs durchwogten Dämmerlicht der Kirche, stand er – ihr geliebter, sehnsüchtig erwarteter Gawrila – und sah sie mit fröhlich-zärtlichem Blick an. Mit ausgestreckten Armen wollte sie auf ihn zueilen, doch die letzten Kräfte schwanden ihr, sie wankte und schlug der Länge nach auf den kalten Steinfußboden hin.

»Was willst du hier, schamloser Bassurman?« kreischte die Äbtissin, sich und ihre Würde vor Zorn vergessend. »Was hast du in einem Nonnenkloster zu suchen? Fort von hier, du tatarischer Werwolf!«
Die Nonnen stiebten wie eine Brut erschreckter Küchlein auseinander und drängten sich in den dunklen Ecken ängstlich zusammen, denn in die Kirche stürmte jetzt, lärmend und ihre Speere schwingend, eine Rotte Bewaffneter.
Ihren Amtsstab wie zum Zuschlagen erhoben, schritt die Äbtissin den Eindringlingen energisch entgegen; aber Gawrila Oleksitsch achtete ihrer nicht, sondern bemühte sich um die Ohnmächtige, die er behutsam und liebevoll aufhob. Dann strebte er mit ihr dem Ausgang zu, gedeckt und gefolgt von seinen Mannen, die es freilich nicht unterlassen konnten, die eingeschüchterten Nonnen mit neugierigen, zudringlichen Blicken zu mustern.
Der Chorgesang der Nonnen auf der Empore brach ab, alles, was Kutte trug, stand wie versteinert da, nur die Äbtissin stampfte wütend mit ihrem Stab auf die Steinfliesen und kreischte:
»Gottloses Pack! Ich werde mich über euch Ruchlose beim Metropoliten[1] von Kiew beklagen, er wird euch strafen, daß Heulen und Zähneklappern sein wird!«

---

1 Metropolit = Erzbischof (mit Jurisdiktionsgewalt).

Fünfter Teil
Dunkle Wolken ballen sich zusammen

Der Dschinn warnt

(Aus dem Reisetagebuch des Hadschi Rachim)

»Folgenden merkwürdigen Traum hatte ich gestern:
Mir war, als wanderte ich nach Sonnenuntergang über die öde Steppe. Erinnerungen nachhängend, beim achtlosen Gehen gegen Steine stolpernd, über welche grüne Eidechsen huschten, mitunter auch eine goldschimmernde Natter sich schlängelte.
Plötzlich ertönte ein geller Pfiff des Windes und brach kurz ab. Wie ein dunkler Vogel strich etwas über mich hin und verschwand in nebliger Dämmerung.
Wo sich viele staubige, gewundene Pfade kreuzten, saß auf einem mit wilden Kräutern dicht bewachsenen Derwischgrab ein Dschinn, mein Schutzgeist, in Gedanken versunken.
Viele Jahre hatte ich ihn nicht mehr gesehen, doch erkannte ich ihn sofort wieder an dem schönen bräunlichen Gesicht, an den türkisfarbenen leuchtenden Augen mit dem durchdringenden Blick, an seinem leichten Gewand, auf dessen dunklem Blau Goldornamente und Diamantflitter glänzten.
Als ich näher hinzutrat, wurden seine Augen vor Zorn immer dunkler, bis sie ganz schwarz waren. Dann öffnete er den Mund, und die leisen Worte, die in melodischem Fall von seinen Lippen flossen, klangen wie Bruchstücke eines uralten Liedes:
»Du hast mich vergessen, hast dich vom Ewigen abgewandt? Du hast dich auf den lauten Märkten zwischen der unruhigen Menschenmenge herumgetrieben und bist im Waldesdickicht untergetaucht, wo Mißgünstige und Ungläubige einander wie Raubtiere bekämpfen? Monate, Jahre sind spurlos vergangen; doch du vergaßest die Entzückungen des Schaffens und den Hochflug des Geistes durch den blauen Äther zu den funkelnden Gestirnen...«
Ich schwieg und hielt den Atem an, um ja kein einziges Wort meines Schutzgeistes zu verlieren.
»Heute erscheine ich dir zum letztenmal; denn da du deinem Verhalten nach nichts mehr wissen willst von den stillen Unterhaltungen mit den erlauchten Geistern der Vergangenheit, sondern dich im lauten Getümmel des platten Alltags wohler fühlst, so verdienst du nicht, mich wiederzusehen.«

Ich antwortete:
»Weit und lange bin ich in der Welt umhergeirrt, ständig auf der Suche nach dir, freier, unbändiger Genius; aber es gelang mir nicht einmal, auch nur deinen vorüberschwebenden Schatten zu erspähen, geschweige denn dich selbst.«
Der Dschinn machte eine knappe Bewegung, und sein heller Widerschein, der wie ein perlig gleißender Fleck des Mondlichts auf der grauen Erde lag, ahmte sie genau nach.
»Wo ist deine ungestüme Freundin, die Idee, die dich über das Gemeine erhob? Warum sehe ich sie nicht an deiner Seite? Hast du sie von dir gescheucht?«
»Nein, aber nichtige Menschen töteten, weil sie mir selbst nichts anhaben konnten, aus Unverstand und Bosheit meine leichtbeschwingte Freundin. Seitdem irre ich freudlos umher, abgesondert und einsam.«
»Du redest irre! Mache dich ihnen unentbehrlich. Doch das erreichst du nur durch deinen Willen ... Der Mensch ist sterblich, seine Idee jedoch unsterblich... Schon sehe ich einen schwachen Schatten deiner Freundin wieder neben dir.«
Der Dschinn richtete sich majestätisch auf. Seine schlanke Silhouette hob sich klar und scharf gegen den Abendhimmel ab, über den in weiter Ferne ein grelles Wetterleuchten zuckte. Mein Schutzgeist deutete nach Westen:
»Dorthin lenke den Schritt! Dort werden auf unübersehbaren Ebenen furchtbare Schlachten geschlagen werden. Du wirst den hohen Mut der Verteidiger ihrer Heimat kennenlernen und den unüberwindlichen Willen des Eroberers, beides – Mut wie Willen – härter als Eisen, glühender als Feuer. Geselle dich zu den Tapferen, damit du der Nachwelt von ihnen berichten kannst.«
Antlitz und Gestalt des Dschinn wurden immer durchsichtiger und lösten sich endlich gänzlich auf.
Unter einem kalten Windstoß verneigten sich die halbverdorrten Pflanzenstengel mit leisem Geraschel. Verlassen und traurig war das Grab. Und ich beschloß, mich nach Westen zu wenden, dorthin, wo das Wetterleuchten am Horizont bedrohlich aufflammte und wieder erlosch. Das also war mein sonderbarer Traum. Ob er in Erfüllung gehen wird?–«

In den roten Strahlen der Abendsonne

Als die warmen Tage zu Ende waren und die kalten Herbstwinde zu blasen begannen, hörte Juldus-Hatun zum ersten Male von den Terminen, die für den Aufbruch der einzelnen Heeresabteilungen festgelegt waren. Die Bäche und auch die meisten Flüsse würden dann schon zugefroren und alle Wege passierbar sein, nicht nur für die Reiterschwadronen, sondern auch für die Kamelkarawanen und den Wagentroß.

Dieser Fuhrpark bestand hauptsächlich aus knarrenden Arbas[1], die von einem Gespann mächtiger Bullen gezogen wurden.
Die stille Juldus-Hatun hatte in Gesellschaft ihrer treuen chinesischen Sklavin I-La-He die ganze Frühlings- und Sommerszeit in dem nicht allzu großen, aber nach einem Entwurf des sinnreichen Li Tun-Po reizend angelegten und von einer hohen Steinmauer umgebenen Garten rund um das goldene Häuschen verbracht. Zu Beginn des Frühjahrs war I-La-He in die Steppe geritten und hatte dort die in ihrer fernen Heimat beliebten Pflanzen – Blumen ebenso wie Zier- und Heilkräuter – mit den Wurzeln ausgegraben, um sie in die Gartenbeete behutsam wieder einzupflanzen.
Auch einen zierlichen Pavillon, der aussah, als wäre er aus lauter Spitzen gemacht, hatte Li Tun-Po konstruiert. Durch den Garten lief ein Kanälchen, welches hauptsächlich der Bewässerung diente, aber auch die Räder einer kleinen Wassermühle drehte, in der feinstes Weizenmehl für den Bedarf im Palast gemahlen wurde.
Selbstverständlich fehlte auch ein von farbigen Steinchen umrahmtes Bassin nicht, worin winzige Zierfischchen mit roten Flossen schwammen. Juldus liebte es, sie zu füttern, wenn sie beim Klang ihres Glöckchens in munteren Schwärmen an der Oberfläche des Wassers auftauchten.
In diesem Herbst hatte Juldus oft tagelang keinen Besuch Batus erhalten, der die einzelnen Truppenteile seines riesigen Heeres inspizierte oder Beratungen mit den Temniks abhielt, die von ihm mit der Vorbereitung des Feldzugs betraut worden waren. Dieser Kriegszug sollte ganz schlagartig beginnen.
Einmal kam Batu gegen Abend zu Juldus in den chinesischen Pavillon, und hier hatten sie zum ersten Male einen Streit miteinander.
Juldus sagte:
»Vergib mir, wenn ich eine Sache berühre, von der ich nur vom Hörensagen weiß. Ich möchte aussprechen, was mir das Herz bedrückt. Ich liebe dich ja, nicht weil du ein unbesiegbarer Feldherr und ein großer Regent bist, sondern seit damals, als du, von Mördern verfolgt, auf einem fremden schneeweißen Hengst, dessen du dich bemächtigt hattest, glücklich den schwarzen Anschlägen auf dein Leben entkamst. Seitdem sind meine Gedanken mit dir beschäftigt...«
Sie verstummte und blickte ihm ängstlich in das braune ernste Gesicht, auf welches die durch das spärliche Laub der Bäume fallenden Abendsonnenstrahlen rote Flecke malten. Wenn ein Windstoß kam, bewegten sich diese roten Flecke, und Juldus mußte unwillkürlich an Ströme von Blut denken, das stets auf einen Wink dieses Mannes floß, der eben so friedlich neben ihr saß.
»Ich vermute, du denkst an den geplanten Feldzug?« fragte er und fuhr,

1 Arba = einfacher, meist vierrädriger, zuweilen aber auch zweirädriger Karren, hier Ochsenkarren.

als sie nickte, fort: »Er ist der Grund, weshalb wir uns in Bälde werden trennen müssen, zum erstenmal, seit wir uns kennen.«
»Das steht in deinem Willen«, sagte sie, bedeckte aber die Augen mit ihrem reichbestickten Ärmel.
»Du weinst?«
»Wie immer, wenn du mich verlassen willst... Ich möchte dich etwas fragen... Darf ich?«
»Sprich!«
»Weshalb mußt du noch einen neuen Feldzug beginnen?«
Sie sah, wie seine Brauen vor Erstaunen sich hoben und die dadurch schräger gestellten Augen mit mißtrauischem Ausdruck zu schielen begannen.
»Wozu diese Frage? Du weißt ja, daß ich das Vermächtnis des heiligen Regenten erfüllen muß, welches lautet, daß das unbesiegbare Mongolenheer bis zum ›letzten Meer‹ vorzudringen habe.«
»Und warum mußt du es erfüllen, das Vermächtnis dieses...«, sie stockte, aus Furcht, ihn zu erzürnen, fuhr aber dann beherzt fort: »...furchtbaren blutdürstigen Greises ...«
Batu zuckte empfindlich zusammen.
»Er hat doch deinen Vater Dschutschi-Khan gehaßt und gefürchtet und würde gewiß auch dich um deiner Siege willen fürchten und hassen.«
Batu kniff ein Auge zu, und ein leichtes Lächeln huschte um seine Mundwinkel.
»Du, Juldus, bist die Kühnste in meiner ganzen Blauen Horde. Was du mir eben sagtest, würde keiner meiner kühnsten Krieger sich auch nur zu flüstern getraut haben.«
»Meine Liebe zu dir ist stärker als meine Angst vor dir. Darum will ich dir gleich noch etwas sagen: Zerstöre die Hauptstadt der Russen, Kyjuw, nicht, sondern mache sie zu deiner zweiten Residenz und zur äußersten Festung gegen das Abendland. Du hast die Grenzen deines Reiches gewaltig erweitert, festige sie nun...«
Batu-Khan war voller Zorn aufgesprungen und fragte:
»Wer hat dich gelehrt, vor mir solche Reden zu führen? Von allein kannst du unmöglich darauf verfallen sein! Aber laß dir gesagt sein: Weiberängste und Weiberschmeicheleien können mich nicht veranlassen, mein Wort zu brechen. Ich habe meinen Kriegern versprochen, daß jeder, der in Kyjuw eindringt, sich ein Stück Gold von den Dächern der Gotteshäuser abbrechen darf. Schon schlimm genug, daß ich vor drei Jahren auf die meinen Kriegern in Aussicht gestellte Plünderung Nowgorods habe verzichten müssen, weil mein Heer in den undurchdringlichen Sümpfen steckengeblieben ist. Löste ich mein zweites Versprechen nicht ein, ich müßte mir gefallen lassen, von meinen Bahaduren ein windiger Prahler genannt zu werden.«
Juldus verhüllte ihr Köpfchen mit ihrem leichten schwarzen Schleier.
»Wieder Tränen?« fragte er unwillig.
»Wirst du lange fortbleiben?«

»Zwölf Monde.«
Bereits im Fortgehen, drehte sich Batu rasch noch einmal um, trat zu Juldus, faßte sie bei beiden Schultern und flüsterte erregt auf sie ein: »Schenk mir einen Sohn! Zwar habe ich schon viele Söhne, doch sehe ich voller Bitterkeit, daß unter ihnen kein begabter Feldherr ist, der würdig wäre, mein Nachfolger zu werden. Alle meine Söhne leben in Zwist miteinander, und am liebsten würde einer den andern vergiften. Mein Nachfolger aber kann nur werden, wer zu gebieten versteht. Doch so einer ist nicht darunter.«
Juldus bedeckte, trotz des Schleiers, ihr Gesicht noch schamhaft mit den Händen, ehe sie antwortete:
»Eben darum möchte ich ja, daß du keine Kriegszüge mehr unternimmst und dir an deinem glänzenden Reich der Blauen Horde genügen läßt, daß du für immer in deiner Hauptstadt Sarai bleibst.«
»Weshalb das?«
»Weil ich glaube, nein, weil ich genau weiß, daß ich dir bald einen Sohn schenken werde, und er wird dir gleichen und auch deine Gabe des Gebietens haben.«
Von den roten Strahlen der untergehenden Sonne übergossen, stand Batu nachdenklich da, dann sprach er:
»Einen kühnen, heldenmütigen Sohn zu haben würde mir die größte Freude sein. Während des ganzen Feldzugs werde ich an dich denken und auf das kostbare Geschenk, das du mir versprochen hast, warten. Doch meine Truppen werden an den bereits festgesetzten Tagen ausrücken... Um mächtig zu bleiben, muß ich meine Nachbarn zertreten, oder sie zertreten mich!«

Batu-Khans Zorn

Selten nur ließ sich Batu-Khan zu Zornes- oder anderen Gefühlsausbrüchen hinreißen; auch wenn in seinem Herzen Stürme der Empfindungen rasten, blieb sein hageres, braunes, wie aus einer Nußschale gedrechseltes Gesicht meist unbewegt. Wenn auf dem Höhepunkt einer Schlacht, bei einer entscheidenden Attacke der Tollkühnen oder beim Sturm auf eine Stadt seine Willens- und Geisteskraft aufs äußerste angespannt war, so bekamen seine Augen wohl einen ganz eigenartigen kalten Glanz, und ein leises, aber selbstbewußtes Lächeln legte sein Raubtiergebiß bloß, doch seine Selbstbeherrschung blieb unerschütterlich, ebenso unerschütterlich wie der Glaube an sein unveränderliches Kriegsglück.
»Sulde[1] hat sich noch nie von mir abgewendet«, pflegte er öfters zu sagen.
Um so sonderbarer war es, daß er eben jetzt manchmal von Zweifeln

1 Der mongolische Kriegsgott.

an die Zuverlässigkeit seines Glücks gequält und von Befürchtungen heimgesucht wurde, der Feldzug und damit sein gigantischer Welteroberungsplan könnte zum Scheitern verurteilt sein.
Um zu überprüfen, inwieweit diese Befürchtungen sachlich begründet waren, berief er den sogenannten »Kleinen Rat« ein, der außer dem den Vorsitz führenden Dschichangir aus acht der befähigtsten und erfahrensten Dschingisiden und Bahaduren bestand. Da ihm jedoch sein Stolz verbot, sich eine Blöße zu geben, hielt er es für richtiger, nicht sogleich die ihm aufgestiegenen Bedenken zu offenbaren, sondern statt dessen seine Partner im Laufe der Beratung so weit zu bringen, daß sie von sich aus die gleichen Bedenken geltend machten.
Zur festgesetzten Stunde traten alle in den Empfangsraum, dessen Eingang zwei vergoldete chinesische »Glücksdrachen« hüteten. Der Boden des gar nicht sehr großen Raumes war mit einem roten chowaresmischen Teppich belegt, an der Rückwand war darüber noch ein zweiter kleinerer persischer Seidenteppich mit seltsamen Ornamenten gebreitet. Und auf diesem wiederum lagen, zu einem Stapel aufgeschichtet, siebenundzwanzig bis zum äußersten weichgegerbte viereckige Kamelhäute, die einen erhöhten Sitz bildeten. Darüber hingen drei Feldzeichen – Tughs – des mongolischen Heeres: in der Mitte der neunschwänzige Tugh[1] des Dschichangirs, des Oberbefehlshabers der gesamten Streitkräfte (acht schwarze Yakschwänze[2] umrahmten den langen roten Schweif von Dschingis-Khans berühmtem Hengst), rechts und links davon die Tughs der beiden Flügel des mongolischen Heeres.
Dieser erhöhte Sitz stellte Batus Feldthron dar. Jeder Mongole kannte des Dschichangirs Ausspruch: »Ein Feldherr soll keinen goldnen Thron mit sich führen; er muß vielmehr den unterworfenen Herrschern ihre goldenen Throne fortnehmen und sie zu Bechern und Humpen für fröhliche Gelage mit seinen treuen Kampfgefährten umschmelzen lassen. Der Thron eines Welteroberers ist der Sattel seines Rosses.«
Rechts von diesem Thron pflegten die Anführer der einzelnen Horden, die Kürjagane-Dschingisiden[3], Platz zu nehmen, links die Temniks. Heute saßen zur Rechten nur Scheibani, Kadan und Mengu; denn Ordu war noch nicht erschienen, und Gujuk hatte sich (wie fast immer) durch einen Eilkurier wegen plötzlicher Erkrankung entschuldigen lassen; zur Linken saßen Paidar, Burundai und der große Atalik Subudai, Batus Erzieher und nächster Ratgeber.
Als Batu mit dem lautlosen Gang eines Tigers eintrat, riefen alle auf ihn

---

1 Tugh oder Buntschuk = Feldzeichen, Standarte, Banner.
2 Yak = tibetanischer Grunzochse, langhaarige gehörnte Büffelart.
3 Dschingisiden = Abkömmlinge Dschingis-Khans: Scheibani und Ordu sind ebenso wie Batu Söhne von Dschingis-Khans erstem Sohn Dschutschi, Gujuk und Kadan sind Söhne Ugedais, Mengu ist Sohn von Dschingis-Khans drittem Sohn Tuli. – Kürjagan = Fürstensohn, Königssohn, Prinz.

Wartenden: »Der ewige Himmel bewahre dich für tausend Jahre!«, und vollführten den Kotau.
Batu nahm seinen Platz auf dem Feldthron ein und musterte aufmerksam jedes einzelne Gesicht. Keinem aber konnte er irgendwelche Unruhe oder Besorgnis anmerken.
Der Negerknabe Said schleppte noch einen Haufen Kissen herbei und schob davon jedem der Kürjagane und Temniks mehrere als Stützpolster unter die Arme.
Das allgemeine Schweigen wurde von Mengu-Khan unterbrochen:
»Es scheint, wir sind schon am Vorabend des ›glücklichen Tages‹, an dem der lang geplante Feldzug beginnen soll. Wie ist dein Gesundheitszustand, geliebter Bruder? Bist du bei vollen Kräften?«
»Dem Himmel sei Dank! Ich fühle mich gesund«, antwortete Batu-Khan. »Und du?«
Mengu murmelte die üblichen Dankesworte. Dann warteten alle gespannt auf das, was nun kommen würde. Batu begann:
»Wie mein Bruder Mengu-Khan ganz richtig sagte: Der ›glückliche Tag‹ steht bevor. Aber ist denn auch alles in Ordnung? Ist nichts versäumt worden?«
Dabei sah er der Reihe nach jeden einzelnen mit lauerndem Blick an und ließ ihn schließlich fragend auf dem ganz links sitzenden Scheibani-Khan ruhen.
Dieser schob seine Mütze aus schwarzem Fuchsfell aufs Ohr und antwortete achselzuckend:
»Was sollte denn versäumt worden sein? Alles ist in Ordnung, in allerbester Ordnung. Unsere Krieger brennen darauf, endlich zu Felde zu rücken. Der Kriegsgott Sulde schwebt unsichtbar über uns und wartet darauf, daß unsere Rosse mit ihren Hufen endlich den Staub aufwirbeln. Der bevorstehende Feldzug wird ebenso ruhmreich verlaufen wie alle bisher von dir unternommenen. Das steht fest, selbst wenn wir auf einen Beistand verzichten müssen, mit dem wir gerechnet haben.«
Alle Anwesenden riefen:
»Es lebe der unbesiegbare Sain-Khan! Er wird alle seine Gegner in den Staub werfen!«
Als der Lärm sich gelegt hatte, sprach Batu leise, doch allen verständlich, die rätselhaften Worte:
»Scheibani-Khan scheint etwas zu wissen, zieht aber vor, es zu verschweigen.«
Dann heftete er seinen Blick auf den nachdenklich gewordenen Mengu-Khan und fragte: »Was sagst du, mein Bruder Mengu, der du mir stets ein kluger Ratgeber gewesen und keiner Tücke fähig bist?«
»Was soll ich sagen? Ich fürchte keine Gefahr! Droht eine oder stößt man sonst auf ein Hindernis, so muß man eben seine Vorsicht, seine Wachsamkeit, seine Geschicklichkeit und seine Kühnheit verdoppeln. Doch mag Scheibani immerhin mit der Sprache herausrücken.«
Der also zum Sprechen Aufgeforderte sah sich im Kreise um, und als

sein Blick auf den Negerknaben fiel, der aufmerksam lauschend mit offenem Munde am Eingang stand, fuhr er ihn an:
»Mach, daß du hinauskommst, kleine schwarze Schlange!«
Als Said verschwunden war, fragte er flüsternd:
»Und wer ist dort hinter dem Vorhang verborgen?«
»Juldus-Hatun«, sagte Batu-Khan. »Sie ist mein Schatten und darf alle meine Gedanken kennen. Melde dich, kleine Herrin dieses Hauses, damit ich weiß, daß du mich auch hörst.«
»Ich höre und gehorche, mein Gebieter!« ließ sich eine sanfte Stimme hinter der schwarzen, mit einem goldenen Drachen bestickten Gardine vernehmen, die gleich darauf zurückgezogen wurde und den Blick auf ein kleines Zimmer freigab, in dessen Hintergrund auf niedrigen Polstern Juldus-Hatun saß und ihr zu Füßen ihre ergebene Sklavin I-La-He.
Durch eine offene Tür, die auf einen Balkon hinausführte, fiel der Purpurschein der erlöschenden Sonne.
»Mir scheint«, sprach Scheibani zögernd, »wir beginnen den Feldzug nicht zum richtigen Zeitpunkt... Ja, zumal da wir gleich zu Anfang eine empfindliche Einbuße erleiden...«
Alle sahen starr den Sprecher an, erschrocken ob seiner Vermessenheit.
»Was für eine Einbuße?« fragte Batu-Khan kalt und mit undurchdringlichem Gesicht.
»Gewiß, eine Einbuße... Unsere Streitmacht hat sich mit einem Schlage um ein Viertel, vielleicht gar um die Hälfte verringert.«
»Wieso das?« fragte Batu gedehnt.
Scheibani beeilte sich, eine Erklärung zu geben:
»Schon lange warten wir auf eine Gesandtschaft von den Kiptschakenbegs[1], doch vergeblich. Obwohl die Kiptschaken von uns aufs Haupt geschlagen und über die ganze Steppe zerstreut worden sind, fahren sie doch hartnäckig fort, uns in einem erbitterten Kleinkrieg Widerstand zu leisten. Mehr als einmal haben wir ihnen durch Abgesandte das ehrenvolle Angebot gemacht, an unserm Feldzug gegen das Abendland als unsere Verbündeten teilzunehmen. Auf diesem Kriegs- und Beutezug hätten sie sich ihre Satteltaschen mit unermeßlichen Reichtümern füllen können. Doch die Kiptschaken tragen anstelle von Köpfen Kürbisse auf ihren Schultern, ja, hohle Kürbisse mit einem Haarbüschel auf dem Scheitel und langen Schnurrbärten. Sie, die zu ihrem und unserm Vorteil mit Leichtigkeit uns sechs Tumen[2] Reiter hätten stellen können, haben es vorgezogen, unser großmütiges Bündnisangebot zu verschmähen, ja sie haben sogar unsere Gesandten erschlagen. Und jetzt brechen sie, sobald unsere Späher sich ihren Lagerplätzen nähern, ihre Kibitken in größter Hast ab, laden sie auf Kamele und ziehen eilends westwärts.

---

1 Beg oder Bey = ein hoher Würdenträger, eigentlich Herr; bei den Türken später eine Rangstufe unter dem Pascha.

2 Tumen = Division von zehntausend Reitern.

Doch das ist nur der erste Fehler in unsrer Rechnung, es gibt noch einen zweiten ...«

Hier stockte er, offenbar selber erschrocken über seinen Freimut. Alle sahen erst ihn, dann Batu-Khan schweigend an. Dieser fragte gleichmütig:

»Und wo steckt der zweite Fehler?«

»Bei den eigensinnigen, hartnäckigen Russen«, erwiderte Scheibani. »Auch sie könnten uns ein Verstärkungsheer von wenigstens hunderttausend Mann zu Fuß und zu Roß stellen. Vermöchten die Reiche des Abendlandes dann dem Einfall so gewaltiger Armeen standzuhalten?«

»Weshalb der Russen überhaupt Erwähnung tun, noch dazu mit Bedauern darüber, daß sie sich uns nicht angeschlossen haben?« meinte Mengu-Khan verächtlich. »Wir haben sie ja zur Genüge kennengelernt. Diese zottigen Bären lieben ihre Höhlen viel zu sehr, um sich aus ihren Sümpfen und Wäldern herauslocken zu lassen. Zwar kämpfen sie nicht schlecht, wenn es gilt, die Heimat zu verteidigen, doch zu einem Kriegszug in fremde Länder sind sie nicht zu bewegen. Und selbst wenn sie bereit wären, sich uns anzuschließen, diese plumpen Bären vermöchten mit unseren ungestümen Reiterscharen ja doch nicht Schritt zu halten und würden unterwegs hinter uns zurückbleiben.«

»Niemand hat sie um Beistand gebeten, und niemand wird sie darum bitten«, sagte Khan Paidar. »Doch die Kiptschaken ... Wer hätte das vermutet?« Und nach einem abschätzigen Pfiff durch die Zähne meinte er: »Na, die sind jetzt schon weit und werden, ohne sich umzusehn, auch noch weiter laufen und nicht eher haltmachen, bis sie über die Karpaten hinüber sind. Als Freunde sind sie uns verloren – und als Feinde? ... Ich denke, wenn sie so hurtige Läufer sind, hätte uns ein Bündnis mit ihnen wenig genützt, und als Feinde brauchen wir sie ebendarum nicht zu fürchten.«

»Doch weder vergeben noch vergessen darf man ihnen das!« keuchte Subudai-Bahadur mit seiner rostigen Stimme. »Wir müssen diese gemeinen Schakale als Verräter behandeln und ohne Schonung verfahren, wenn sie uns in die Hände fallen. Und für die Madjaren[1] gilt das gleiche, falls sie sich erkühnen sollten, uns mit den Waffen in der Hand entgegenzutreten. Unser erhabener Sain-Khan hat schon zu wiederholten Malen durch sichere Mittelsmänner Briefe an ihren König Bela geschickt und ihn darin ermahnt, er möge es sich ja nicht einfallen lassen, uns anders als gastfreundlich zu begegnen, zumal da sie eines Blutes mit uns sind. Das sollte uns enger aneinander binden als stählerne Ketten, meine ich, und es steht für mich außer Frage, daß sie sich uns als Bundesgenossen anschließen werden.«

»Wenn König Bela aber nur Freundschaft heuchelt, um später zum Verräter an uns zu werden?« gab Scheibani zu bedenken.

Die Teilnehmer am »Geheimen Rat der Neun«, die bisher nur einen

---

1 Madjaren (deutsche und russische Schreibweise für Magyaren) = Ungarn.

gelassenen Batu-Khan kennengelernt hatten, sahen zum ersten Male einen von rasender Wut gepackten.

Er hatte sich plötzlich vornüber auf beide Hände geworfen, den Thron aus Kamelhäuten mit einem Fußtritt umgestürzt und verharrte nun einige Minuten in dieser Stellung auf allen vieren, mit bleckenden Zähnen und tückisch blitzenden Augen einem wütenden Wolfe, der sich der Hunde erwehrt, ähnlicher als einem Menschen.

»Unsinniges Geschwätz! Unbegründete Befürchtungen!« brüllte er. »Unwürdig hat Scheibani gesprochen.«

Er sprang auf die Füße und fuhr zu toben fort:

»Erbärmlich ist ein Feldherr, der, ehe er zu Feld zieht, nach allen Seiten Ausschau hält nach Bundesgenossen... Ich aber meine, daß alles, was ihm als ein Unglück erscheint, vielmehr als ein Glück anzusehn ist. Ein geheimer Feind ist gefährlicher als ein offener. Welchen Nutzen hätten wir von Verbündeten, die nicht fest, sondern schwankend auf den Füßen stehn und die wir selber fortwährend stützen müßten? In den faulen Sumpf mit ihnen, zu den Mangussen[1]! Wenn unsere Streitkräfte kleiner und die Feinde zahlreicher geworden sind, nun, so müssen wir eben nach der Regel handeln, die mein weiser Erzieher Subudai mich lehrte, als wir in das große Kaiserreich Zsin[2] eindrangen. ›Wenn unser nur wenig sind‹, so sprach er, ›dann müssen wir angreifen wie wilde Tiere, das ganze rasende Rudel auf einmal. Wozu ein andres Heer zehn Tage brauchen würde, das müssen wir in zweien leisten und wie ein Orkan über unsre Feinde hinbrausen. Bedächtige Überlegung und schwerfällige Bewegung hilft da nichts, damit lassen sich keine Siege erfechten.‹ – Habe ich recht? Hast du es mich so gelehrt?« wandte sich der Dschichangir an Subudai-Bahadur.

»Ganz recht, so ist's!« bestätigte der Einäugige mit seiner rauhen Stimme.

»Und wir rücken sofort aus!« rief Batu leidenschaftlich. »Und weh, dreifach wehe allem, was uns unter die Hufe gerät! Wir werden es erbarmungslos zerstampfen! Der rechte Flügel unsres Heeres zertrümmert die Russenstädte Tschernigow und Perejaslawl[3] und zieht dann weiter gegen die Polen und Madjaren oder Ugren[4]. Der linke Flügel aber geht über den Dnepr und überfällt Kyjuw, reißt die goldenen Dächer von den Häusern ihres Gottes und legt die ganze Stadt in Schutt und Asche. Das wird der Todesstoß in den Rücken des am Boden liegenden Urussutenvolkes[5] sein!«

»Ei, wie gut! Ei, wie schön!« riefen die Khane wie aus einem Munde.

»Aber in Kyjuw werden wir uns nicht lange aufhalten«, fuhr Batu-Khan

---

1 Mangusse = böse Geister, Dämonen, eine Art Vampire.
2 Zsin = China.
3 Gemeint ist das südliche Perejaslawl-Chmelnizki.
4 Ugren = Ungarn.
5 Urussuten = Russen.

keuchend fort. »Vor uns liegt viel neue Beute, sehr viel... Wir müssen zuerst das Heer des Polenkönigs zerschlagen und verhindern, daß es sich in unzugängliche Wälder und Sümpfe oder in uneinnehmbare Festungen zurückzieht, um uns von dort aus später in den Rücken zu fallen. Alsdann werden wir den Deutschen, diesen Prahlhänsen, auf den mit einem weißen Kreuz gezeichneten Rücken klopfen, daß sie mit der Nase in den Staub fallen... Und hernach werde ich meine Rache an den verräterischen Kiptschaken und Madjaren stillen, und das wird mir eine Wonne sondergleichen sein. In Stücke werde ich sie zerreißen wie ein Panther, der einem vor Entsetzen brüllenden Rind auf den Rücken springt. Und dann werde ich meinen tapferen Kriegern und ihren Rossen in der fruchtbaren ugrischen Ebene eine Atempause gönnen.«

Alle lauschten sie wie erstarrt dem reißenden Redefluß des sonst so schweigsamen Dschichangirs, der mit hocherhobenen geballten Fäusten dastand und mit einem boshaften Lächeln auf den bebenden Lippen fortfuhr:

»Ich schwöre, daß ich den Madjarenkönig Bela fangen und ihm meine Zähne in die Kehle schlagen werde, und wenn ich mich an seinem Blute satt getrunken habe, dann werde ich bereit sein, meine Kräfte mit den Herrschern der übrigen abendländischen König- und Kaiserreiche zu messen. Und Scheibani-Khan soll sehn, wer stärker ist, der Gebieter über die flinken mongolischen Reiterheere oder der Gebieter über die schwerfälligen Heere der fränkischen Ritter, die in ihren Eisenpanzern stecken wie Schnecken in ihren Häusern oder wie Schildkröten in ihren Schalen...«

»Du bist ein Tollkopf!« ertönte da eine tiefe Stimme. »Ein Prachtkerl von einem Bahadur!«

In der Tür stand der schwerfällige Ordu-Khan, der, als alle sich nach ihm umdrehten, begeistert fortfuhr:

»Aus deinen Reden höre ich die Stimme unsers Großvaters, des heiligen Regenten, des Erschütterers des Erdkreises!«

Bei der Nennung dieses Namens hoben alle Anwesenden ihre Arme in die Höhe und verneigten sich mehrmals, irgendwelche Beschwörungsformeln murmelnd.

Ordu trat zu Batu, umarmte ihn und leckte ihm mit der Zunge die Schweißtropfen von den Wangen. Dann schichtete er die siebenundzwanzig Kamelhäute wieder aufeinander und war seinem jüngeren Bruder, der ganz graubleich im Gesicht aussah, beim Niedersitzen behilflich.

Mit einer Handbewegung wies Batu dem Bruder den Platz neben sich an und erkundigte sich:

»Warum hast du dich so sehr verspätet?«

Ordu machte eine klägliche Geste und kratzte sich den dicken Nacken.

»Welch ein Unglück! Welch ein Verlust!« jammerte er stöhnend.

»Ich errate es: deine griechische Kaisertochter«, sagte Batu im eisigsten Tone.

Alle Teilnehmer des »Kleinen Rats« tauschten untereinander spöttisch lächelnd Blicke. Ordu-Khan rang in komisch anmutender Verzweiflung die Hände:

»Meine griechische Kaisertochter! Ist sie denn noch mein? Man hat sie mir entführt, oder vielleicht ist sie auch entflohn... Jedenfalls verbirgt sie sich jetzt bei dem jungen Raufbold Jesun-Nochai-Khan, ja, Bruder, bei deinem Neffen und Günstling Nochai, diesem liederlichen Galgenstrick...«

Erstaunte Stimmen fragten:

»Wie? Der würdige Tatar-Khan hat einen Raufbold und Galgenstrick zum Sohn? Ist denn so was möglich?«

»Ihr wißt es nicht, weil der junge Khan beinahe das ganze letzte Jahr ein Nomaden- und Jägerleben in der Steppe geführt hat. Kürzlich aber, auf Grund der Gerüchte über einen unmittelbar bevorstehenden Feldzug, hat ihn sein Vater hierher ins Lager zurückberufen, in der Hoffnung, der Sohn würde sich als wackerer Kämpfer bewähren. Doch der Anfang war durchaus nicht vielversprechend. Nochai sucht mit jedermann Händel, erregt Anstoß durch seine Trinkgelage und noch mehr durch seine Weibergeschichten. Auf seinem Rappen reitet er in berauschtem Zustand zu den Jurten angesehener Khane und singt zur Begleitung der Dutare Lieder zum Preise ihrer Weiber und Kebsweiber.«

»Dse-dse!« riefen die Anwesenden mit mißbilligendem Kopfschütteln.

»Unverständige Weiber, die sich durch seinen Gesang betören lassen, hinaus vor die Jurte zu treten, packt er, hebt sie zu sich aufs Roß und sprengt mit ihnen davon. Man sagt, er hätte sich schon einen ganzen Harem aus geraubten Frauen zugelegt. Als erste ist Serbiet-Hanum, die du dem Nowgoroder Gesandten geschenkt hattest, diesem Frauenräuber ins Garn gegangen...«

»Und als letzte wohl deine Kaisertochter?« fragte Batu-Khan mit leisem Hohn. »Warum hast du denn die beiden, den Entführer wie die Entführte, nicht umgebracht?«

Ordu wandte sich an die Chinesin I-La-He, die zu Füßen ihrer schweigsamen Herrin saß:

»Blume aus dem Lande Zsin, kannst du mir nicht ein paar von deinen Kissen abtreten? Auf diesem heiligen Thron sitzt es sich etwas hart.«

Lautlos brachte I-La-He ihm ein paar Kissen, auf denen Ordu sich bequem zurechtsetzte, ehe er fortfuhr:

»Nein, ich habe Nochai-Khan nicht umgebracht, im Gegenteil, ich habe ihm verziehn, als er zwei Tage später zu mir kam, zum Zeichen seiner Reue die Mütze in der Hand und den Gürtel um den Hals... Er bat mich, ihm die Kehle durchzuschneiden und die Griechin zurückzunehmen, ja er versprach mir als Dreingabe und Buße noch ein prächtiges Roß, einen herrlichen Perserteppich und zwanzig Sklavinnen. Er schwor mir, er sei an jenem Abend, da er mir die Griechin entführt hatte, sinnlos berauscht gewesen. Doch das war alles nicht ernst gemeint. Es war bloß ein neuer Scherz von ihm, den ich aber recht spaßig fand, und ich umarmte ihn und sagte ihm, ich wolle die giftige Natter gar nicht wiederhaben, er dürfe sie ruhig behalten, diese Tochter eines Skorpions. Im Grunde meines Herzens war ich gar nicht böse, diese ewig Unmögliches fordernde Prinzessin aus Rûm auf gute Art losgeworden zu sein. Ich wünschte den beiden viel Glück, und wir umarmten uns nochmals. Dann blieb er noch die ganze Nacht bis zum andern Morgen bei mir. Ich schenkte ihm immer wieder von meinem besten Wein ein, und er sang mir seine schönsten Lieder vor.«

»Nun, dann ist ja alles gut. Und wie, meinst du, könnte man diesen Übermütigen beim bevorstehenden Feldzug einsetzen?«

»Oh, Jesun-Nochai-Khan hat ungeachtet seiner großen Jugend einen scharfen Verstand, ja, ich möchte sagen: Begabung zum Feldherrn. Hör nur, was er mir vorschlug... Doch was ist das? Dieser Frechling ist bereits draußen. Er schreckt doch wahrhaftig vor nichts zurück, heckt jeden Tag neue Streiche aus.«

Von draußen drang durch die geöffnete Balkontür der Gesang einer angenehmen klaren Tenorstimme herein:

»Schön sind die schlanken Mongolenmädchen.
Ihre Augen leuchten wie Glühwürmchen bei Nacht,
die im Frühling über unsre Steppen schwirren.
Glücklich der Bursch, der sich getraut,
so ein Käferchen in seiner Hand zu halten...«

Durch die Mitglieder des Rates ging ein Geraune und Geflüster:

»Wahr ist's! Wunderschön glühn nachts die Leuchtkäfer und wunderschön die Augen unsrer Mädchen!«

Der Sänger draußen fuhr fort:

»Ein zieres Vöglein hegte
Khan Ordu in seinem Zelt.
Smaragdaugen hat dieses Vöglein,
so klar wie der Abendstern.
Doch ein listiger Vogelsteller
fing dem Khane das Vöglein weg
und band es mit silbernem Kettchen
an den Pfahl vor seinem Zelt.

Da sitzt nun das ziere Vöglein
neben dem schwarzen Hengst.«

Die Khane warteten gespannt darauf, was Ordu jetzt tun würde, doch dieser saß ganz ruhig da, die kurzen dicken Finger nach alter Gewohnheit mit den Spitzen gegeneinandergelegt, und lauschte entzückt dem Gesang.

Jetzt stimmte der Sänger ein drittes Liedchen an:

»Im goldnen Märchenpalaste
blüht eine wunderschöne Lilie,
bewacht von hundert Hunden,
bewacht von tausend Kriegern.

Kein noch so verwegner Falke
schwingt sich auf Flügeln zu ihr.
Doch mein verliebtes Liedchen
dringt keck durch das Fenster zu ihr,

preist ihrer Augen dunkle Schönheit,
rühmt ihres Leibes ranke Schlankheit,
lobt ihren federnd leichten Gang,
der dem der scheuen Hindin gleicht.«

Batu-Khans verschlossenes, finsteres Gesicht wurde durch ein rätselhaftes Lächeln erhellt. Er heftete seine Augen unverwandt auf Juldus-Hatun, die empört aufgesprungen war und jetzt ihren schwarzen Schleier zurückschlug. Ihr sonst so sanftes bleiches Gesicht, das selten seinen freundlichen Ausdruck verlor, flammte vor Zorn. Mit geballten Fäustchen stand sie da, alle Muskeln gespannt, und erwiderte frei und unbefangen Batus Blick.

»Gib ihm Antwort durch ein Lied!« sagte Batu-Khan leise und gedehnt.

»Diesem Frechling? – Nein, niemals!«

»Sing! Sing und ruf ihn her!« beharrte Batu-Khan.

I-La-He legte ihre Lippen dicht ans Ohr ihrer Herrin und flüsterte eindringlich so lange, bis Juldus-Hatun zustimmend nickte und, eine Dutare ergreifend, auf den Balkon hinaustrat. Nach ein paar einleitenden Tönen, die ihre Finger dem Instrument entlockten, begann sie mit zarter, rührender Stimme zu singen:

»Weitgereister Wandrer, gern gesehner Gast,
tritt ein getrost in dieses Haus.
Du lebtest unter vielen fremden Völkern
und kannst von ihnen mancherlei erzählen...«

Plötzlich hörte man Juldus-Hatun aufschreien, sie kam ins Zimmer zurückgewankt und warf sich der Chinesin an die Brust.

Über die Brüstung des Balkons, den er offenbar mit Hilfe einer Strickleiter erklommen hatte, schwang sich ein Jüngling, dessen kühnes, tief gebräuntes Gesicht einen herausfordernd selbstbewußten Ausdruck zeigte. Seine mit Fuchsfell verbrämte Samtkappe hatte er keck aufs linke Ohr gerückt.

Als er Batu-Khans ansichtig wurde, fiel er auf die Knie und rutschte bis zu dessen Thron hin, dort drückte er die Stirn ehrerbietig gegen den Boden und wartete darauf, daß er angeredet werden würde. Doch da Batu-Khan, der sich vor Überraschung weit zurückgelehnt hatte, schwieg, rief er:

»Für meine Verwegenheit magst du mich hinrichten lassen, doch zuvor höre mich an, großmütiger Sain-Khan. Ich bin es gewöhnt, mich auf meinem Rappen umherzutummeln, und trage, an meinem Sattelknopf befestigt, stets eine Fangleine und eine seidene Leiter bei mir. Ich habe mich nur deshalb unterfangen, auf dem kürzesten Wege zu dir heraufzusteigen, weil ich einen freundlichen Ruf hörte. Ohne diese verlockende Einladung würde ich nie gewagt haben, die heiligen Teppiche deines Hauses mit meinem Fuß zu entweihen. Doch dieses Lied aus holdem Munde hat mich auf den Weg meiner Pflicht geführt...«
»Welcher Pflicht?« fragte Batu skeptisch.
»Der Pflicht eines mongolischen Kriegers. In der Stunde, da dein riesiges Heer zu Felde zieht, geziemt es sich für einen Jüngling wie mich, in der vordersten Linie zu stehn.«
Batu-Khan zog die rechte Braue in die Höhe und musterte den Jüngling mit einem argwöhnischen Blick. Jesun-Nochai-Khan sprach mit allem Nachdruck:
»Reihe mich als einfachen Krieger in deine gefährdetste Kampftruppe ein und befiehl mir, das Unmögliche zu tun.«
Abermals berührte er den Boden mit der Stirn und verharrte in dieser Stellung.
Batu wandte sich an Ordu mit den Worten:
»Mein Bruder, dir übergebe ich diesen Unbesonnenen. Tu mit ihm, was du willst.«
Ordu trat zu dem Jüngling hin, hob ihn auf und streichelte ihm freundlich die Wange.
»Wunderlicher Kauz! Du treibst deine Possen sogar mit dem Tode. Setz dich dort in die Ecke und warte, bis wir gehört haben, was der erhabene Sain-Khan mit dir vorhat.«
Batu-Khan wandte sich an den einäugigen Atalik:
»Weiser Subudai-Bahadur, wir haben schon oft über den bevorstehenden Feldzug unsre Gedanken ausgetauscht. Ich kenne deine Meinung, aber die andern kennen sie noch nicht. Willst du meinen treuen Mitstreitern nicht deine Auffassung darlegen?«
Subudai begann abgehackt zu sprechen mit einer Stimme, die wie das Knurren eines Wolfshundes klang:
»Wir müssen uns an die Kampfweise des ›Einzigen‹ erinnern und daraus lernen. Denken wir daran, daß sein Plan eines Angriffs auf China unseren Steppenkhanen zuerst als heller Wahnsinn erschien. Das Kaiserreich hatte damals eine Bevölkerung, die dreihundertdreiunddreißigmal größer war als alle Sippen und Stämme der Mongolen unsrer Steppen zusammengenommen. Das chinesische Heer erschien wie ein endloser Wald, doch mitten durch dieses Heer hindurch schlug sich auf Befehl des ›Einzigen‹ unsre tapfere Reiterei... Die chinesischen Städte waren von hohen Wällen und Mauern umgeben, hinter denen sich die erschrockenen Einwohner versteckten. Und doch schlugen wir Breschen in diese Mauern, mochten die Chinesen auch noch so viele

aus Lehm und Stroh angefertigte Popanze, die ihre furchtbaren Götter vorstellen sollten, auf den Zinnen aufstecken... So wird es auch im kommenden Feldzug sein. Wie hoch die Zahl der Russen, Madjaren, Kiptschaken, Polen, Lateiner, Franken und andrer Völker und Stämme sein mag – selbst der ewige Himmel wird das nicht so ohne weiteres sagen können... Doch wir müssen der strengen Gebote des heiligen Regenten eingedenk sein, dann werden wir siegen. Die Hauptstädte der Reiche des Abendlandes werden einstürzen wie unsere Filzjurten während eines Orkans... Unser Angriff muß plötzlich und unerwartet kommen wie ein Blitz aus heiterm Himmel. Den Feind muß man täuschen, sich den Anschein geben, als fürchte man ihn, ›Gar-gar!‹[1] schreien und zurückweichen. Und dann von neuem attackieren, noch ungestümer und tollkühner, wenn er in törichter Siegesfreude uns nachsetzt und in seine eignen Reihen Verwirrung gebracht hat. Doch wozu erzähle ich euch das alles? Wißt ihr es denn nicht selbst ebensogut wie ich?«

Er schloß sein einziges Auge und grunzte wie ein Eber. Es machte den Eindruck, als sei er plötzlich in Schlaf gesunken.

»Gib uns noch einige Ratschläge, ehrwürdiger Atalik!« bat Ordu-Khan.

»Jenen da«, und Subudai deutete auf Nochai-Khan, »ernenne zum Tausendschaftsführer bei den ›Tollwütigen‹. Wenn ihm nicht in seiner Tollwütigkeit gleich bei der ersten Attacke der Schädel gespalten wird, wird wohl aus ihm im Laufe der Jahre einer deiner gefürchtetsten Temniks werden. Prüfe ihn!«

In die allgemeine Stille fielen Batu-Khans Worte:

»Jesun-Nochai[2], du wirst beweisen, daß du den Spürsinn eines Hundes und eine eiserne Kühnheit besitzt. Nimm deine seidene Leiter mit ins Feld, mit ihrer Hilfe wirst du als erster die Mauern von Kyjuw ersteigen. Jetzt gestatten wir dir, dich durch diese Tür zu entfernen. Begib dich in deine Jurte. Einer meiner Turgauden wird zu dir kommen und dir weitere Befehle überbringen.«

Nochai-Khan ging zur Balkonbrüstung, knüpfte seine Strickleiter los und verließ, mit kleinen Schritten rückwärts gehend, unter tiefen Verneigungen den Beratungsraum.

Im Lager der »Tollwütigen«

Sie hatten das Siegel noch eines weiteren Kruges mit bernsteingelbem Masanderanwein erbrochen und tranken ihn leer bis zum letzten Tropfen, den man sich, wie es Brauch war, auf den Scheitel goß. Batu-Khan fuhr mit der Hand in der Luft herum, als wollte er eine flatternde Motte fangen.

---

1 Gar-gar! = Zurück!

2 Jesun-Nochai = Eiserner Hund.

»Ich will sie sehn, diese zügellose Horde ... Ich will ihr wildes Gebrüll hören, ihre Lieder, ihre Zwistigkeiten.«
»Es schickt sich nicht für dich, dich unter diese Horde von Säufern und Raufbolden zu mischen«, gab Subudai zu bedenken. Sein Gesicht war wie immer von steinerner Starrheit, nur die große Narbe, die quer über die ganze rechte Wange und das fehlende Auge lief, hatte sich vom Weingenuß blutrot gefärbt. Er fuhr fort: »Diese ›Tollwütigen‹ sind bar aller Ehrerbietung ...«
»Der Ehrerbietung bin ich müde ... Ich will unerkannt zusehn, wie zwei im Streite aneinandergeraten und ihre Messer ziehn, Blut will ich fließen sehn ... Man bringe mir andre Kleider. Und der Heißsporn Nochai soll mich begleiten.«
Subudai erhob sich ächzend, hinkte zu dem an der Tür Wache haltenden Turgauden hin und flüsterte ihm ins Ohr, indem er sich an des Mannes Schultern festklammerte:
»Geh und hole fünf einfache Kapuzenmäntel! Zehn Turgauden zu Pferde sollen zu unserm Schutz ein paar Schritte hinter uns herreiten.«
»Achtung und Gehorsam!« salutierte der Turgaud und verließ das Zelt.
Batu-Khan beschäftigte sich noch immer damit, nach einer imaginären Motte zu haschen, und murmelte dabei Unverständliches vor sich hin. Sein Chronist, der Hadschi Rachim, näherte sich ihm auf den Knien und bat:
»Erlaube mir, dich zu begleiten, Blendender. Es finden sich dort Krieger aus neunundzwanzig Stämmen; mit meinen Sprachkenntnissen kann ich dir notfalls behilflich sein, ihren Gesprächen zu folgen.«
»So komm mit, doch gib acht, daß dir nichts zustößt. Wer sollte sonst meine Kriegstaten der Nachwelt überliefern?«
Bald traten fünf in weite Kapuzenmäntel eingemummte Gestalten aus dem Lärm des rauchigen Zeltes in das Schweigen der klaren Nacht hinaus. Gleich darauf ließ sich Hufschlag vernehmen: Einige Reiter folgten den Vermummten.

Auf einer Ebene unweit des Stromes Itil brannten zwischen kleinen Feldzelten aus Filz oder Leinwand zahllose, von wilden pittoresken Gestalten umlagerte Feuer. Unter der zügellosen Horde schien sich alle Manneszucht gelockert zu haben oder noch gar nicht hergestellt worden zu sein. Ein Sprachengewirr herrschte wie beim babylonischen Turmbau: mongolische, kurdische, persische, arabische, lesghische, adygäische Männer, ferner Angehörige der Turkstämme und anderer Völkerschaften aus Gebirgen und Tiefebenen ließen im Zustande halber oder völliger Trunkenheit ihren Zungen freien Lauf.
Einzelne Gruppen hatten um einen Krieger, der ihnen von seinen Waffentaten erzählte, oder um einen Uligertschi[1], der ihnen Lieder zu

1 Uligertschi = Sänger.

einer dünn klimpernden Begleitung auf der Chur[1] vortrug, einen Kreis gebildet und lauschten aufmerksam.
In der Mitte des Lagers, auf einem freien Platz, der auch als Marktplatz diente, lagen schlafende Kamele und neben ihnen auf Warenballen ihre Treiber und Kaufleute.
Die fünf Vermummten gingen von Feuer zu Feuer, blieben hier kürzere, dort längere Zeit stehen.
»Wovon singt er?«
»Von Iskander Dsul-Karnain.«
Plötzlich jagten unter lautem Geschrei zwei Reiter, ganz offensichtlich Verfolgter und Verfolger, quer über die Ebene. Ihre Rosse sprangen mit mächtigen Sätzen über die Feuer hinweg, daß die Funken stiebten und die Umsitzenden fluchend und schimpfend auffuhren und zu ihren Schwertern, Dolchen oder Lanzen griffen. Der Verfolgte, jung und waffenlos, in einem arabischen Tschekmen, gab sich die erdenklichste Mühe, unter Aufbietung seiner äußersten Geschicklichkeit im Reiten auf seinem Braunen einen Vorsprung zu gewinnen und seinem Verfolger zu entkommen, der, behelmt und gepanzert, wütend seinen Rappen spornte, auf dem er tief vornübergebeugt mit gefällter Lanze saß. Von wüsten Flüchen der ergrimmten Horde begleitet, veranstalteten die beiden eine tolle Hetzjagd durch das ganze Lager und verschwanden schließlich in der Ferne zwischen den Hügeln.
Bald darauf kehrte von dorther nur der Verfolger wieder, der jetzt seinen Rappen gemächlich trotten ließ, aber vorsichtig den Feuern auswich, die Schimpf- und Scherzworte jedoch, die ihm von überallher nachgerufen wurden, mit gleicher Münze reichlich heimzahlte. Indessen hatten sich die Wogen des Grimms schon geglättet, und neugierig musterte man alle Einzelheiten der Rüstung und Bewaffnung des Mannes und das Zaum- und Sattelzeug seines Hengstes, an dessen Hals ein seltsamer Gegenstand hing – ein Armstummel mit geballter Faust.
Der fremde Reiter hielt vor einem Feuer, um das herum Kiptschakenkrieger in roten und gelben Chalaten saßen. Bei seinem Erscheinen verstummte der Uligertschi mitten im Lied, und alle Unterhaltungen brachen mitten im Worte ab.
Nach einer gegenseitigen Betrachtung, die eine geraume Weile dauerte, begann der Fremde plötzlich, den Sänger parodierend, mit hoher falsettierender Stimme zu singen:

»Ich bin der Krieger Utboi-Kurdistani[2],
von keinem Gegner überwunden noch im Kampf.
Und das ist gut!

---

1 Chur = mongolisches Zupfinstrument, mit drei Saiten bespannt.
2 Kurdistani = aus Kurdistan.

Scharen Ungläubiger erschlug ich mit dem Schwert
und bin darum des höchsten Ruhmes wert.
  Und das ist gut!

Ich floh aus der Gefangenschaft der Franken,
der Wächter Wachsamkeit durch Arglist täuschend.
  Und das war gut!

Ich stapelte die abgeschlagnen Christenköpfe
zu einem mächtig hohen Berge auf.
  Und das war gut!

Dschelal-ed-Din, den Schah der Chowaresmier,
mit einem einz'gen Streiche streckt' ich ihn zu Boden.
  Und das war gut!

Dann zog ich ab die Haut vom Leib des Toten
zu einer Decke unter meines Rapphengstes Sattel.
  Und das war gut!

Und seinen Arm, den hängte ich als Talisman
unter die Zügel meines flinken Rosses.
  Und das war gut!

Gewarnt sei, wen's mit mir anzubinden lüstert:
Ihm steht genau das gleiche Los bevor!
  Und das ist gut!«

Da warf einer von den fünf unweit des Feuers stehenden Vermummten seinen Mantel ab und schritt auf die im Kreise sitzenden Kiptschaken zu. »Hört mich alle an!« rief er, und alle drehten sich nach dem schlanken, hochgewachsenen Sprecher um, der einen Rock von Urgentscher Tuch und Schnitt trug.
»Jener Fremde auf dem Rapphengst dort ist bloß ein armseliger Maulheld, ein frecher, eitler Prahler. Niemals hat er Dschelal-ed-Din, den ob seiner Kühnheit gefährlichsten unsrer Feinde, erschlagen. Der Schah lebt heute noch und streift im Iran umher auf der Flucht vor Dschebe-Nojon, welcher ihn, sobald er ihn gefangen hat, in Ketten geschlossen hierher zum erhabenen Sain-Khan bringen wird. Wenn mir keiner von euch sein Schwert, seinen Speer und sein Pferd leiht, damit ich mit diesem Lügner kämpfen und hinterdrein seinen Eselskopf auf einen spitzen Pfahl spießen kann, dann stürze ich mich, das schwöre ich euch, nur mit dem blanken Dolch in der Hand auf ihn!«
Die Kiptschaken sprangen auf. Es ertönten Rufe: »Nenn uns deinen Namen! Nimm mein Schwert! Hier sind Schild und Speer! Besteig mein Roß!... Wir wollen ein Gottesgericht veranstalten, und Allah wird dem

Gerechten den Sieg geben, den Frevler aber ins ewige Feuer der Dschehenna[1] stürzen.«
»Mein Name ist Jesun-Nochai – ich bin der ›Eiserne Hund‹, der keine Niederlage kennt.«
»Oh, das ist Khan Nochai, des Dschichangirs Günstling und Neffe... Der Verwegenste der Verwegenen!... Er verdient unsern Beistand.«
Eilends holten alle ihre Waffen und Rosse herbei, und jeder wollte dem jungen Khan die seinen aufdrängen. Ohne zu schwanken, wählte Nochai einen großen Fuchshengst und schwang sich in den Sattel. Man hängte ihm ein an einem breiten Lederriemen hängendes Krummschwert um und reichte ihm einen Speer und einen kleinen Rundschild.
»Der Himmel lenke dir die Hand!« So lautete der Segenswunsch der Kiptschaken für den jungen Khan, den sein Gegner Utboi-Kurdistani, nachdem er seinen Rappen mit einem kräftigen Ruck des Zügels zurückgerissen hatte, mit gehässigen Augen maß.
Von dem freien Platz in der Lagermitte wurden nun kurzerhand die Kaufleute samt ihren Kamelen und Waren fortgedrängt. Die von allen Seiten herbeiströmenden Krieger bildeten einen weiten Ring, innerhalb dessen der Zweikampf stattfinden sollte. Mehrere weißbärtige Greise meldeten sich als Richter. Auf das Zeichen des ersten Kampfrichters stürmte Jesun-Nochai wütend auf den Kurden los, vollführte aber eine geschickte Seitenwendung, um einem Speerwurf seines Gegners auszuweichen. Der Speer flog dicht an seiner Brust vorbei und blieb zitternd in der Erde stecken. Da riß Nochai abermals seinen Rotfuchs herum und deckte den Kurden mit einem dichten Hagel blitzgeschwind aufeinanderfolgender Schwerthiebe zu.
Utboi, ganz offensichtlich ein erfahrener Kämpfer, wußte die Hiebe zuerst geschickt abzuwehren, aber als ihm der Helm gespalten wurde, sank er von seinem Rappen, der ledig davongaloppierte und von den Zuschauern eingefangen werden mußte. Nochai hatte sein Pferd neben dem rücklings am Boden Liegenden zum Stehen gebracht und die Spitze seines Speeres bis dicht über seines Feindes Kopf gesenkt.
»Ergibst du dich, du Mistkäfer, du lügnerischer Schakal?«
»Ich ergebe mich und bewillige dir jedes Lösegeld, das du forderst«, stöhnte Utboi. »Nur verschone mich!«
»Wessen weiße Haut bedeckt deinen Sattel? Sprich die lautere Wahrheit, und ich schenke dir dein verwirktes Leben.«
»Nimm alles, was ich habe: meinen Rappen samt Sattel- und Zaumzeug, meine Waffen, selbst den Beutel mit den goldenen Dinaren, nur frag nicht weiter und laß mich gehn!«
Nochai setzte die Spitze seines Speeres leicht auf Utbois blutüberströmtes Gesicht.
»Bekenne ehrlich, was weißt du von Dschelal-ed-Din? Lebt er noch? Und wo verbirgt er sich?«

1 Dschehenna = Hölle.

»Ich weiß gar nichts von ihm. Ich habe ihn nie gesehn, folglich auch nicht getötet. Ich habe gelogen...«
In eben diesem Moment kam der junge Araber, der vorhin vor dem Kurden geflohen war, auf seinem Braunen angaloppiert.
»Schlag diese Hyäne in Menschengestalt noch nicht gleich tot!« rief er dem Sieger im Gottesgericht zu. »Untersuche erst die weiße Haut unter dem Sattel!«
»Ich will alles eingestehn!« rief der am Boden liegende Kurde. Mit großer Anstrengung stand er auf und wankte auf sein Roß zu. Nachdem er die Riemen losgeschnallt und unter dem Sattel die Haut hervorgezogen hatte, wollte er rasch mit dem Dolch die Hälfte davon abtrennen, wurde jedoch von dem jungen Araber daran gehindert, der ihm die Haut aus der Hand riß und sie ausbreitete. Der Form nach war es unverkennbar eine Menschenhaut, und als der Jüngling den Teil aufschlug, der den Schädel bedeckt hatte, quoll plötzlich eine Fülle hellen seidigen Frauenhaars hervor.
Ein Schrei des Abscheus ging durch die Menge. Utboi aber stammelte schluchzend mit vor Tränen erstickter Stimme:
»Es ist die Haut meiner Lieblingssklavin, die ich über alles geliebt habe und von der ich auf die schändlichste Weise betrogen worden bin: Ich überraschte sie in der geilen Umarmung mit einem Pferdeknecht, dessen Unterarm am Hals meines Rappens hängt.«
Der Kurde schnallte seinen Gürtel samt dem Schwert und dem Dolch ab und legte alles auf die Erde nieder. Den Zügel seines Rosses übergab er Nochai:
»Da nimm es und auch diesen Beutel mit den Golddinaren dazu! Ich habe alles verloren: die Geliebte, mein braves Roß, mein Schwert und meinen ehrlichen Namen!«
Und er wankte unter dem dröhnenden Hohngelächter der »Tollwütigen« beiseite.
In diesem Augenblick schallte eine laute Stimme durch das Lager, die wie der heisere Brunstschrei eines Hirsches klang. Subudai-Bahadur, der ein Roß bestiegen hatte und, gefolgt von seinen vier Begleitern, in die Mitte des Platzes geritten war, beschwichtigte mit einem »Hört!« den allgemeinen Tumult und fuhr, als dieser abgeebbt war, fort:
»Hört mir aufmerksam zu, ihr Krieger, die ihr mich anseht. Der Atalik des erhabenen Sain-Khans spricht zu euch. Legt sofort jeden Zank und Streit im Lager bei und haltet euch bereit zum Aufbruch. Seid eingedenk der Jassa des heiligen Regenten, die es dem Krieger seines Heeres verbietet, zu streiten, zu stehlen, zu lügen. Wer diese Verbote übertritt, wird das mit dem Tode büßen!«
Im ganzen Lager der »Tollwütigen« herrschte jetzt Stille. Ein jeder wollte hören, was der unbesiegbare Feldherr zu verkünden habe.
»Vernehmt den Befehl des Dschichangirs! Sammelt euch zu zehnen und zu hunderten und wählt euch Anführer. Die Tausendschaftsführer und Temniks jedoch wird der Blendende selbst bestimmen. Und sie werden

aus euren Verbänden, die wenig Manneszucht mehr zu kennen scheinen, die Vorhut unserer Streitmacht, ihr scharfes Auge und hellhöriges Ohr machen. Von heute an darf niemand mehr in der Umgebung des Lagers auf eigene Faust umherstreifen. Wer dabei aufgegriffen wird und keine Paizsa[1] vorzuweisen hat oder sich anderswie ausweisen kann, wird auf der Stelle niedergesäbelt. Vergeßt das nicht!... Euer Tausendschaftsführer aber wird auf Befehl des Dschichangirs der Verwegenste der Verwegenen – Khan Jesun-Nochai nämlich – sein. Zeugen seines Heldenmutes seid ihr ja soeben gewesen.«
Diese Ernennung wurde mit großem Jubel aufgenommen. Dann begannen die »Tollwütigen« sich untereinander zu besprechen und zu überlegen, wen sie zu Anführern der Zehner- und Hundertschaften wählen sollten. Über diesen Beratungen war das Interesse an dem durch das Gottesgericht verurteilten Kurden bald geschwunden. Nur der junge Araber konnte seinen Feind nicht vergessen, und als er ihm durch Zufall in der sich schiebenden und drängenden Menge plötzlich noch einmal gegenüberstand, sprach er mit vor Rachsucht glühenden Augen zu ihm:
»Ich, Jussuf as Sakafi, schwöre beim ewigen Gott, daß der gemeine Prahler Utboi meiner Rache nicht entgehen wird. Ich werde ihn fangen und ihm lebendigen Leibes seine Schweinshaut abziehn, um damit den Rücken meines Esels zu bedecken.«
In der Dunkelheit gelang es dem Kurden, in der Menge unterzutauchen, und als er sich von seinem Feinde weit genug entfernt glaubte, um vor ihm fürs erste sicher zu sein, rief er:
»Ich habe mich zuerst vor dem verwegenen Tataren Jesun-Nochai gerettet und nun noch vor dem verrückten Araber Jussuf. Und das ist auch gut!«

Batu kehrte mit seinen vier Begleitern in sein Quartier zurück. Unterwegs überlegte er bei sich:
›Diese aus den verschiedensten Stämmen und Völkern zusammengewürfelten ehrgeizigen, beutesüchtigen und abenteuerlustigen Tollwütigen werden Schrecken und Entsetzen in allen Abendländern verbreiten, in die sie als Vorhut meiner Streitmacht einrücken. Ich werde sie zuerst gegen die Russen schicken, damit sie die Stadt Kyjuw einnehmen und niederbrennen.‹

---

1 Paizsa = ein als Paß oder Passierschein dienendes Metall- oder Holzplättchen von ovaler Form. Es gab Paizsas verschiedener Grade, je nach dem darauf abgebildeten Tier – die höchste war die mit einem Tigerkopf.

Die Vision vom künftigen Kriege

(Aus den Niederschriften des Hadschi Rachim)

»Der Dschichangir – der Allwissende erhalte und beschütze ihn! – sprach heute morgen zu mir:
»Ich habe dich herbeschieden, mein treuer Lehrer, um dich anzuhalten, mit allem Eifer wieder alles Bedeutende aufzuzeichnen, was dem Gedächtnis unserer Nachkommen erhalten bleiben soll. Allen meinen Temniks habe ich heute befohlen, daß sie morgen, am ersten Tage des Monats der Wettrennen[1], nach Sonnenuntergang sich mit ihren Tumen in Bewegung setzen sollen. Dieser von den hochmütigen Bewohnern der ›Abendländer‹ nicht vermutete blitzartige Beginn des Feldzuges, der sie aus ihrem friedlichen Schlummer aufscheuchen wird, verbürgt uns einen erfolgreichen Verlauf des Krieges.«
Als ich diese Worte vernahm, die der Menschheit den Anbruch einer neuen Schreckenszeit verkündeten, versagten meine Beine mir fast den Dienst. Sain-Khan, der mich aufmerksam beobachtete, fragte mich:
»Warum schlotterst du an allen Gliedern? Hast du Angst? Fürchtest du etwa, der große Plan könnte mißlingen?«
»Nein, Erhabener, ich zweifle nicht, daß du die ›Abendländer‹ überrennen und zerstören und ihre Bewohner zwingen wirst, auf Knien demütig die Brosamen deiner Gnade zu erflehn. Aber ich habe manchmal Bedenken, ob auf die Dauer deine Kraft, dein Genie und deine Gesundheit ausreichen werden, um dem Schlag im Rücken auszuweichen, wenn du die ›Abendländer‹ glücklich überrannt hast...«
Die Rechte des Khans packte mich an der Schulter so hart und schmerzhaft wie eine Adlerklaue.
»Bekenne, wen hast du in Verdacht?«
»Alle! Alle, die den Wunsch und den Ehrgeiz nähren könnten, nach den von dir erfochtenen unvergleichlichen Siegen an deine Stelle zu treten...«
»Nenne Namen! Weshalb wendest du den Blick ab?«
»Dann müßte ich der Reihe nach Dutzende von Namen deiner Brüder und Halbbrüder, deiner Vettern und Neffen, deiner Temniks, Orkhone und Feldherren aufzählen. Willst und kannst du denn aber den Feldzug mit einer Massenhinrichtung deiner Gehilfen und Mitstreiter beginnen?«
»Was wäre ratsamer?«
»Ratsamer wäre es, deine heimlichen Feinde dahin zu bringen, dir eifriger zu dienen.«
Ich sah auf Batu-Khans stets unbeweglichem Gesicht etwas Seltenes vorgehen: Die ewig fest zusammengepreßten Lippen öffneten sich einen kleinen Spalt breit zu einem Lächeln, dessen Charakter freilich schwer zu deuten war. Seine Augen blieben stechend und mißtrauisch. Sogar mir, seinem alten Lehrer, traute er nicht und bemühte sich, mir bis auf

---

1 Also am 1. Oktober.

den Grund meines Herzens zu schauen. Nach einer langen Pause sprach er langsam:
»Mein Lehrer, der du furchtsam zu sein scheinst wie ein Mäuslein, bei uns in der mongolischen Steppe pflegt man zu sagen: ›Bist du einmal in den Sattel gesprungen, so schwinge die Peitsche, aber klettre nicht wieder herunter!‹ Ebensowenig kann ich von dem Rücken des mächtigen Kriegsrosses, das sich morgen abend in Bewegung setzen soll, wieder herunterklettern. Ich kann es nur peitschen, daß es vorwärts stürmt. Merke dir etwas von Wichtigkeit: Ich habe meine gesamte Streitmacht in fünf Heeresgruppen geteilt und dem Kommando der erfahrensten meiner Feldherren unterstellt, als da sind: mein ehrwürdiger älterer Bruder Khan Ordu, mein unvergleichlicher Atalik Subudai-Bahadur, die Kürjagane und Temniks Mengu, Burundai, Scheibani, Kadan, Paidar und andere. Ich habe ihnen die genaue Zahl der Tage genannt, während welcher sie, ohne sich unterwegs in den reichen Städten eine Rast zu gönnen, gewisse Punkte erreichen müssen, von denen aus sie alsdann, wenn die einzelnen Heeresgruppen untereinander Fühlung genommen haben, die ›Abendländer‹ in eine eiserne Umklammerung schließen können. Und ich bin sicher, daß sie die vorgeschriebenen Punkte auch zur festgesetzten Frist erreichen werden. Hier werde ich meinen Kriegern und ihren Rossen eine kurze Atempause gönnen, ehe ich meine Blaue Horde weiterführe. Dann werde ich den Frederikus[1], der sich Kaiser der Germanen, der Römer, der Sachsen und der Araber nennt, aber sich auf einer Meeresinsel versteckt wie ein Uhu in einem hohlen Baumstamm, aus seinem Versteck aufscheuchen und ebenso seinen geschworenen Feind, den schlauen alten Erzzauberer, den Papst[2], und sie zunächst wie bissige Hunde aufeinanderhetzen. Und dann werde ich sie beide züchtigen, wie man freche Köter züchtigt, und sie meinen Schamanen übergeben, damit sie sie lebendigen Leibes in einem Kessel kochen.«
Mit steigender Verwunderung blickte ich den Blendenden an und gab mir Mühe, jedes seiner Worte zu behalten.
Nach einer längeren Pause sprach der erhabene Sain-Khan weiter, und seine Stimme klang wie das unheildrohende Knurren eines Tigers:
»Die erste kurze Rast auf diesem Zuge werden wir in Kyjuw halten, die letzte am Ufer des unendlichen Meeres, das den Erdkreis umspült. Dann

---

1 und 2 Diese Stelle ist eine Anspielung auf Kaiser Barbarossas Sohn Friedrich II. von Hohenstaufen, dessen Haupt sechs Kronen (die römische Kaiser- und die deutsche Königskrone, die eiserne der Lombarden, dazu die von Burgund, Sizilien und Jerusalem) zierten, und auf seine päpstlichen Gegenspieler – erst Gregor IX. und später Innocenz IV. Friedrich II., geb. 1194 in der Mark Arcona, starb 1250 zu Fiorentino auf einem Kriegszug gegen den Papst Innocenz. Sein Grabmal befindet sich im Dom von Palermo.

wird das heilige Vermächtnis Dschingis-Khans von mir, seinem Enkel, erfüllt sein.«
Er unterbrach sich und trank gierig aus einer goldenen Trinkschale voll Wein. Nach dem letzten Zuge drehte er sich hastig nach der Tür um, durch die eben sein junger Neffe, Khan Nochai, eingetreten und mit über der Brust gekreuzten Armen in ehrerbietiger Verneigung auf dem Teppich an der Schwelle stehengeblieben war.
»Was willst du hier? Hast du etwa vor, mir einen Rat zu geben?«
»Verzeih mir, erhabener Dschichangir, ich vernahm das Ende deiner Rede, und dein Feuer entflammte auch mich. Erlaube mir, zu der Zahl der von dir der Zerstörung geweihten Hauptstädte des Abendlands noch eine weitere hinzuzufügen.«
»Welche?« Und Batu-Khans Finger preßten sich mit solcher Kraft zusammen, daß sie die Trinkschale aus ihrer Form drückten und der Rest des roten Weines sich auf den Teppich ergoß.
»Du erkennst ebenso klar wie ich, daß du dich der Hauptstadt der Griechen[1] wirst bemächtigen müssen, um nicht Feinde in deinem Rücken zurückzulassen... Durch die Einnahme Rûms[2] wirst du außerdem Tausende der besten Schiffe in deinen Besitz bringen, die dir dazu dienen können, deinen Ruhm und deine Macht über alle Meere zu verbreiten. Mir aber gestatte, an dem Sturm auf Rûm teilzunehmen.«
Batu-Khan ließ sich den Zorn, der bei diesem ungebetenen Ratschlag seines Neffen in ihm aufgestiegen war, kaum anmerken. Langsam und gedehnt fragte er in einem unmutigen Tonfall:
»Hast du als frischgebackener Tausendschaftsführer im Tumen meines ehrwürdigen älteren Bruders Ordu-Khan etwa den Ehrgeiz, den obersten Befehlshaber der mongolischen Streitmacht darüber zu belehren, was er zu tun und zu lassen hat? Geh schleunigst von hinnen und zeig deine Verwegenheit besser unter den Mauern von Kyjuw. Hast du gehört? Wir gestatten dir zu gehn!« schrie er in plötzlich hervorbrechender Wut.
Jesun-Nochai-Khan verbeugte sich tief bis zur Erde, murmelte die üblichen Segenswünsche und entfernte sich. Als der Türvorhang hinter ihm herabgefallen war, sagte Batu-Khan:
»Er ähnelt einem Hunde, der an einem großen Knochen nagt. Bis er ihn nicht ganz blank genagt hat, läßt er ihn nicht liegen. An der Eroberung Rûms ist ihm nur deshalb soviel gelegen, weil es seiner Eitelkeit ungemein schmeicheln würde, seine Griechin dort als Kaiserin einzusetzen. Aber sag selbst: Kann ein Feldherr, der selbst gern weitgreifende Pläne faßt, einen solchen Tollkopf hinrichten lassen?«
Diese ganze Unterredung fand im »Goldenen Häuschen« statt. Ob es mir wohl noch einmal beschieden sein wird, darin zu weilen, oder ob ich von dem äußersten Ende des Erdkreises, zu denen Batu-Khans Heere im Begriffe sind aufzubrechen, nie wieder zurückkehren werde?

1 und 2 Gemeint ist das byzantinische Reich mit der Hauptstadt Byzanz.

Ich habe die prophetischen Worte des Dschichangirs gewissenhaft aufgezeichnet, weil sowohl die Großtaten eines außergewöhnlichen Menschen als auch die Fehler, die er begeht, und die Art und Weise, wie er sie wiedergutmacht, in den Chroniken verewigt werden müssen, als Lehre für unsere Nachkommen – der Allmächtige schütze sie und uns!«

Sechster Teil
Finsternis legt sich über das Abendland

Khan Mengu vor Kiew

Als Khan Batu im Sommer des vergangenen Jahres mit seinem Heer im Mündungsgebiet des Itils haltgemacht hatte, wagte niemand, an ihn die Frage zu richten: Wird das Heer bald weiter nach Westen marschieren, um die Unterwerfung des Erdkreises zu vollenden? ... Batu-Khan liebte es nicht, wenn man ihm Fragen stellte oder unerbetene Ratschläge erteilte, weil das seiner Meinung nach der Selbstherrlichkeit eines Autokraten Abbruch tat.

Eines Tages sagte er zu seinem Lieblingsvetter Mengu-Khan:

»Ich brauche deine Hilfe ...«

»Immer werde ich gern bereit sein, dir zu helfen, bisher hast du mir leider nur wenig Gelegenheit dazu gegeben.«

»Ich vertraue dir einen Tumen des rechten Flügels meines Heeres an; mit ihm wirst du schon übermorgen ausrücken und quer durch die Kumanensteppe bis zum Fluß Dnepr vordringen, an dessen rechtem Ufer auf mehreren Hügeln die reiche Stadt Kyjuw liegt. Dort bescheidest du den ältesten Konas der Russen vor dich und befiehlst ihm streng, mir den Eid des Gehorsams und der Treue zu leisten. Darauf wirst du mir durch einen Eilkurier Bescheid senden, selbst aber mit deinem Tumen dich für eine Zeit in die Steppe zurückziehn, etwa einen Tagesritt weit von der Stadt. In keinem Fall aber wirst du Kyjuw einnehmen, selbst dann nicht, wenn die Einwohnerschaft wünschen sollte, sich dir zu unterwerfen.«

»Ich werde tun, was du befiehlst.«

»Falls Fürst und Einwohnerschaft von Kyjuw sich aber weigern sollten, mich als ihren Herrscher anzuerkennen und mir den Eid zu leisten, so beginne trotzdem noch nicht mit der Belagerung der Stadt, sondern ziehe dich in die Steppe zurück und erwarte mich dort. Vergiß nicht, daß nur ich und kein andrer als erster in die Hauptstadt der Russen einreiten darf, denn ich will meinem Tumen als erstem das Recht geben, mit der Plünderung der reichen und berühmten Stadt zu beginnen.«

»Ich habe deine Worte genau vernommen und werde nichts davon vergessen. Es wird alles aufs Haar so geschehn, wie du wünschst.«

»Es ist dir gestattet, dich zu entfernen.«

Mengu-Khan vollführte den Kotau vor dem Dschichangir so tief, daß

seine Stirn den Teppich berührte. Als er wieder aufgestanden war, umarmte Batu ihn, und beide beleckten einander zum Zeichen der Liebe und Freundschaft die Wangen.
In Ausführung des erhaltenen Befehls zog Mengu-Khan mit seinen auserlesenen Truppen in Eilmärschen durch die Steppe, versäumte aber trotzdem nicht, unterwegs alle Nomadenlager der Polowezer, auf die man stieß, gründlich ausplündern zu lassen, und langte schließlich vor Kiew an.

Mit besorgter Unruhe hielten die Einwohner von ihren Mauern Ausschau, und sie hatten das unheimliche Gefühl, als strecke aus der östlichen Steppe ein scheußliches Ungeheuer nach allen Seiten seine gigantischen Fühler oder Fangarme aus.
Jede eintreffende Abteilung ging sofort daran, in großem Kreise ihre Jurten aufzuschlagen und Lagerfeuer anzuzünden. Man hörte bis in die Stadt hinein das Knallen der Peitschen, das Wiehern der Rosse, das Schreien der Kamele und das Brüllen der Ochsen, vermischt mit den Rufen der Treiber, den Kommandos der Anführer, dem Knarren der Karren und dem Quietschen der Räder und alles übertönt von dem wüsten Gegröl der wilden Krieger.
Inmitten des Lagers stand das prächtige Zelt Mengu-Khans aus weißem Filz mit eingewobenen Ornamentstreifen. Über dem Dach wirbelte ein lustiges Wölkchen durch die Luft, der Rauch des im Innern der Jurte brennenden, mit getrocknetem Pferde- und Kamelmist genährten Feuers, der durch das vergitterte Rauchrad im Dach des Zeltes abzog. Neben dem Zelt hing an einer langen Stange Mengu-Khans Buntschuk aus fünf buschigen schwarzen Yakschwänzen. Diese Standarte verriet sogleich jedem, in welch engem Verwandtschaftsverhältnis ihr Inhaber zu dem heiligen Regenten stand.
In seinem Zelt empfing Mengu-Khan eine Abordnung der vornehmsten Bojaren der Stadt Kiew und nahm ihre kategorische Weigerung, sich freiwillig dem Tatarenkhan zu unterwerfen, ziemlich ruhig zur Kenntnis. Seinem Vetter sandte er in Befolgung der von ihm erhaltenen Instruktionen durch einen Eilkurier sogleich Bescheid, und seinem Dolmetscher Chabul, einem Kiptschaken, der des Russischen gut mächtig war, befahl er, mit zwei Turgauden über den Strom zu rudern und auszukundschaften, was in Kiew vorgehe, vor allem, ob damit zu rechnen sei, daß der Fürst von Kiew in höchsteigener Person freiwillig dem Tatarenfeldherrn seine Aufwartung machen würde. Als Chabul mit dem Bescheid zurückkam, damit dürfte nicht zu rechnen sein, ließ Mengu zwei große Boote mit prächtigen Teppichen auslegen. Unter dem Geschmetter der Karnai, der langen Schlauchtrompeten, die den Kiewern die Abfahrt einer vornehmen Gesandtschaft ankündigen sollten, bestiegen drei von Mengu-Khans höheren Kommandeuren die Boote und ließen sich zum andern Ufer des Dnepr übersetzen, wo sie von vornehmen Bojaren in kostbaren Zobelpelzen und Biberfellmützen

empfangen wurden. Als Stimme seines Herrn erklärte Chabul den Bojaren, der Vetter des erhabenen Dschichangirs der Mongolen, Mengu-Khan, erwarte und verlange, daß der Fürst von Kiew sich unverzüglich zu Unterhandlungen bei ihm einfinde.
Allein die Bojaren argumentierten, sie hätten dem Khan ja schon im Namen des Fürsten von Kiew ihre Aufwartung gemacht und ihm ihren Standpunkt dargelegt. Wenn der Tatarenkhan darauf dem Fürsten noch etwas zu erwidern habe, so möchten seine drei Abgesandten mit ihnen zum Schloß des Fürsten gehen und ihm dort erklären, welche Geschäfte sie nach Kiew geführt hätten.
Nach langem Parlamentieren kam man überein, daß die drei tatarischen Kommandeure samt ihrem Dolmetscher und drei von den Bojaren sich sogleich ins Schloß begeben sollten.
Als aber die Tataren auf die erste Mauer gestiegen waren und sich lange und gründlich nach allen Seiten umgesehen hatten, um ja alles recht gut ihrem Gedächtnis einzuprägen, erklärte Chabul plötzlich den russischen Begleitern:
»Unser ruhmreicher Khan Mengu hat uns hergesandt, um euch seinen Willen kundzutun, nicht aber, damit wir eurem Konas unsre Aufwartung machen. Deshalb haben wir beschlossen, doch nicht bis zum Palast mitzugehn, sondern umzukehren.«
»So seid ihr Spione und keine Gesandten!« riefen die Bojaren empört. »Ihr seid auf die Mauern gestiegen, um euch ein Bild von den Befestigungen zu machen!«
Die Menschenmenge, die sich zusammengerottet hatte, rief:
»Schlagt sie tot! Stürzt sie von den Mauern hinab!«
Andre widersprachen:
»Nein, laßt die Spione nicht wieder hinaus!«
Aber vergeblich; die Mongolen wurden ergriffen und von der Stadtmauer hinuntergeworfen.
Als die Abordnung nicht wiederkam, begriff Mengu-Khan, daß Kiew nicht willens sei, sich ihm zu übergeben. Gemäß den erhaltenen Instruktionen ließ er also, nachdem einige Zeit verstrichen war, die Zelte wieder abbrechen und zog sich mit seinem Heer in die Steppe zurück.

Im Zelte Khan Kotjans

Dem Trübsinn verfallen, lebte Khan Kotjan, der älteste und höchste der Polowezer Khane, auf seinen Weidegründen in Scharuchan[1] dahin und konnte an nichts mehr Freude finden. Vergeblich kamen seine wohlgewachsenen stattlichen Söhne zu ihm und küßten ihm ehrerbietig die mit blitzenden Ringen geschmückten Hände. Khan Kotjan streichelte ihnen wohl liebevoll den Kopf, hörte aber ziemlich teilnahmslos an, was

1 Scharuchan = das jetzige Charkow.

sie ihm zu erzählen hatten. Sie klagten darüber, daß gar keine Händlerkarawane sich mehr blicken lasse, sie also nicht wüßten, wem sie ihr Vieh, Felle und Häute verkaufen sollten.

»Die Kaufleute fürchten sich vor den Tataren. Mongolische Banden jagen durch die ganze Steppe wie auf der Flucht vor irgend etwas; in Wirklichkeit aber streifen sie auf der Suche nach Beute umher, oder – was noch schlimmer ist – es sind Kundschafter, die alles ausspionieren, was bei uns vorgeht. Mehr als einmal hat man schon kleinere Trupps von ihnen ganz in der Nähe von Scharuchan gesehn.«

Khan Kotjan stieß einen tiefen Seufzer aus, lehnte den Kopf in den Nacken und schaute wie geistesabwesend zu dem Stückchen blauen Himmel hinauf, das durch die Öffnung im Zeltdach zu sehen war. Schließlich sagte er:

»Heute habe ich eine bemerkenswerte Nachricht erhalten. Ich weiß aber nicht, ob sie Freud oder Leid bedeutet.«

»Eine bemerkenswerte Nachricht? Was für eine?«

»Gleich werdet ihr alles erfahren. Geduldet euch!«

Khan Kotjan schlug mehrmals gegen eine mit Wasser gefüllte Kupferschale und rief:

»He, Knaben! Führt den Mann Gottes hierher, der in der Jurte nebenan bewacht wird. Aber ein bißchen rasch!«

Zwei Halbwüchsige, die vorm Zelteingang gehockt hatten, sprangen von ihren Plätzen auf und liefen geschwind davon. Bald kehrten sie mit einem hageren Manne zurück, den sie an den Ellbogen stützten. Er hatte ein eingefallenes, mit grauen Haarbüscheln bewachsenes Gesicht, seine Lider waren meist halb geschlossen, wenn sie sich aber hoben, so zeigten sich Augen von lebhaftem blauem Glanz. Um den Kopf hatte er einen bunten Stoff gewickelt, am Gürtel klapperten beim Gehen einige Kupfer- und Eisengeräte (wie man sie bei Ärzten oder Roßärzten findet) gegeneinander, und in seiner Linken hielt er ein Buch in abgegriffenem Ledereinband, in seiner Rechten einen langen, am oberen Ende gebogenen Stab, wie ihn die Hirten zum Einfangen ausreißender Schafe benutzen.

»Wünsche Gesundheit für viele Jahre, großer Khan des mächtigen Kumanenvolkes!« begrüßte er den Khan.

»He, Knaben, bringt dem Mann Gottes ein Kissen zum Sitzen und einen Krug Kumyß[1] mit ein paar Fladen!« rief Kotjan.

Als die Dinge gebracht worden waren und der Fremde sich gesetzt und ein Gebet gemurmelt hatte, forderte Khan Kotjan ihn auf:

»Und jetzt sag uns deinen Namen, wer du bist und aus welchem Lande du stammst... Was treibt dich in der Welt umher, die so freudlos und unruhig geworden ist?«

»Ich bin ein schlichter Knecht Gottes mit Namen Julian. Ich wandere umher, um Kranke zu heilen und Sterbende zu trösten durch Gebete,

1 Kumyß = berauschendes Getränk aus gegorener Stutenmilch.

die ihrem Seelenheil frommen. Meine Heimat ist das Land der Madjaren, meine Vaterstadt die berühmte Stadt Buda. Unser Herrgott und gute Menschen, die sich meiner erbarmen, sorgen schon dafür, daß ich nicht Hungers sterben muß. Zuletzt war ich bei dem schrecklichen Tatarenzaren Batu.« Er unterbrach sich und meinte nach einiger Überlegung: »Aber wenn du nicht allen hier Anwesenden traust oder ihre Schwatzhaftigkeit fürchtest, so schicke die Überflüssigen lieber hinaus.«
»Geht alle hinaus bis auf meine beiden ältesten Söhne!« gebot der Khan.
Als die »Überflüssigen« unter Verbeugungen aus dem Zelt gegangen waren, fuhr Julian mit halblauter Stimme in seiner Erzählung fort:
»Stoße dich nicht daran, daß ich wie ein Bettler gekleidet bin. In meinen Händen befindet sich ein Sendschreiben von der Hand des Tatarenzaren an unseren König Bela, das mir der Khan selber anvertraut hat.«
»Ein Sendschreiben von der Hand Batu-Khans? Und du wirst es mir vorlesen?«
»Ja, das ist der Zweck meines Kommens. Nur deshalb habe ich mich auf diesen gefährlichen Weg hierher gemacht.«
Der »schlichte Knecht Gottes« zog aus seinem Busen eine Schriftrolle hervor, entfaltete sie, strich sie glatt und blickte den Khan fragend an.
»Also lies!« ermunterte ihn dieser.
»Dieser Brief ist in tatarischer Sprache geschrieben«, erläuterte Julian, »aber mit ugrischen Schriftzeichen. Ich habe einen gelehrten Weisen gebeten, ihn in eure Sprache zu übersetzen.«
»Ja«, sagte Khan Kotjan ungeduldig, »doch nun komm zum Inhalt des Briefes.«
»Er ist, wie schon gesagt, an den König Bela gerichtet und in einem sehr anmaßenden Tonfall abgefaßt. Er lautet: ›Ich, der Zar der Mongolen und vom Himmelsherrscher gesandt, um zu erhöhen jene, die sich vor mir beugen, und mit meinem Zorn zu strafen, wer sich mir widersetzt, bin äußerst erstaunt, daß der unbedeutende Zaunkönig der Madjaren bisher noch auf keinen der ihm von mir gesandten vielen Briefe geantwortet hat. Ich habe erfahren, daß du, König Bela, die Absicht hast, dem von mir unterjochten Volk der Kumanen in deinem Königreich Wohnrecht zu gewähren. Ich aber warne dich, dies zu tun. Da sie in Zelten hausen, wird es ihnen ein leichtes sein, sich meinem Zugriff zu entziehen. Wie aber willst du mir entschlüpfen, der du mit deinen Untertanen in großen Städten mit Häusern und Palästen wohnst? Deshalb kann ich mich nicht genug über deine Dreistigkeit verwundern, ich, dem vom Himmel die höchste Gewalt über den ganzen Erdkreis anvertraut worden ist.‹«
Als Julian mit der Vorlesung zu Ende war, heftete er seine blauen Augen auf den Khan und seine beiden Söhne. Dann rollte er den Brief sorgfältig wieder zusammen und sprach:
»Um dich zu warnen, habe ich die Beschwerlichkeiten des Weges auf mich genommen. Zweifellos wird Batu-Khan mit seiner gesamten Streitmacht bald nach den ›Abendländern‹ aufbrechen und dabei zuerst auf euch Kumanen stoßen. Gewiß wird er sich dafür, daß er euch als Bundes-

genossen verloren hat, an euch rächen. Deshalb rate ich dir, schleunigst deine Zelte abzubrechen und dich zu König Bela zu begeben, der dich wie einen Bruder aufnehmen wird. Aber verlier keinen Tag mehr!«
Khan Kotjan saß mit gesenktem Kopf da. Seine Greisenhände zitterten. Dann zuckte er mit den Achseln, wie wenn er eine drückende Last abschütteln wollte, und wandte sich an seine beiden Söhne:
»Was habt ihr zu diesem Brief zu sagen? Der Jüngere mag zuerst sprechen.«
Kutschum, der jüngere der beiden Brüder, begann:
»Batu-Khan schreibt, er habe dem König Bela schon viele Briefe geschrieben... Ich denke, er wird ihm noch einen schreiben, um ihn einzuschüchtern, sich aber trotzdem nicht von seiner neuen Hauptstadt Sarai fortrühren. Er hat ja auf seinem Feldzug gegen die russischen Fürstentümer, wobei er nicht einmal die reiche Stadt Nowgorod einzunehmen vermochte, sondern vorher umkehren mußte, viel zu viele Krieger verloren, um daran denken zu können, einen Kriegszug gegen das Königreich der Madjaren zu unternehmen... Es sind nur leere Drohungen, darauf berechnet, hasenherzigen Feiglingen einen Schreck einzujagen.«
»Und du, mein Erstgeborner, was meinst du? Was rätst du deinem Vater?«
Mutschugan, der älteste, schüttelte bedenklich den Kopf.
»Mir macht dieser Brief Sorgen, große Sorgen... Dank sei dem Manne Gottes, daß er ihn uns vorgelesen und uns gewarnt hat! Wer könnte bezweifeln, daß Batu-Khan nach so vielen glänzenden Siegen der Meinung ist, sein Heer sei unwiderstehlich, allen anderen Heeren überlegen, das stärkste der Welt? Er hat Blut geleckt und wird, berauscht von den schon errungenen Erfolgen, ausziehn, um sich noch weitere Länder und Völker zu unterwerfen. Hat er uns doch schon früher das Angebot gemacht, uns seinem Heer auf dem Zug gegen die Reiche des Abendlandes anzuschließen.«
»Was rätst du mir also zu tun?« fragte der Khan gedrückt.
»Es gibt keine Wahl. Bleiben wir hier, so heißt das: freiwillig den Kopf unter den scharfgeschliffenen Tatarensäbel legen. Wir dürfen keinen Tag zögern. Wir müssen unsre Zelte abbrechen und schleunigst zu König Bela fliehn. Zwar werden die raubgierigen Tataren hinter uns herjagen, doch dort, in der madjarischen Ebene, werden wir, wenn es zum Kampf mit ihnen kommen sollte, auf den Beistand der Madjaren rechnen können wie sie auf unsern.«
Es wurde totenstill im Zelt. In der Ferne hörte man ein Roß wiehern.
»Du hast wahr gesprochen, mein Sohn, und wie ein echter Krieger. Es darf kein Schwanken mehr geben. Ich sende sofort Boten aus zu allen kumanischen Weidegründen mit der Losung: ›Brecht schleunigst eure Zelte ab, packt euer Hab und Gut auf und zieht eiligst aus unsrer Steppe nach den Karpaten.‹ Der Aufbruch muß noch heute nacht erfolgen; bis die Tataren dahinterkommen, daß es sich nicht bloß um die übliche

Wanderung von einem Weideplatz zum andern handelt, sondern um den Auszug aus dem Lande unsrer Väter, werden wir schon weit sein.«
Khan Kotjan erhob sich und griff sich mit einer verzweifelten Gebärde an den Kopf.
»Oh, wie schwer fällt mir der Abschied von der heimatlichen Erde!« stöhnte er in tiefstem Seelenschmerz. »Fortan werden wir unstete heimatlose Wanderer sein!«

Tamberdys Erzählung

Im Spätherbst dieses äußerst trockenen Jahres entschloß sich Batu endlich zum Aufbruch nach Westen, um sich auch die zweite Hälfte des Erdkreises zu unterwerfen. Wie meist bei den wichtigsten Entscheidungen traf er auch diese, ohne vorher erst mit seinen Gehilfen zu beraten, wiewohl er schon seit langem seine Bahadure ausgeforscht hatte, die kreuz und quer durch die Kiptschakensteppen geritten waren, um sich etwaiger Reisender, Wanderer und Hirten zu bemächtigen, die Auskünfte hätten geben können über die Vorgänge in den großen Ebenen, durch die das Heer würde ziehen müssen.
Einer von den Sotniks[1], der geschickte und gewandte Tamberdy, war in Scharuchan gewesen und hatte dort sogar den Khan Kotjan besucht, von dem er freundlich aufgenommen worden war. Er berichtete dem Dschichangir:
»In der ganzen Kumanensteppe herrscht größte Aufregung unter den Stämmen der Nomaden, die kopflos bald hier-, bald dorthin ziehn, in steter Angst vor uns, weil sie fürchten, daß wir sie völlig ausplündern und vernichten werden. Sie sagen: ›Batu-Khan wird uns unsre Pferde wegnehmen, die er für seinen großen Zug gegen das Abendland braucht, und uns selber wird er zu Sklaven und zu Roßknechten machen.‹«
»Darin haben sie auch so unrecht nicht. Längst hätte ich sie mir unterwerfen und ihnen das Tragen von Waffen verbieten sollen«, meinte Batu-Khan.
»Und welche Befehle hast du nun für mich, erhabener Sain-Khan?« fragte Tamberdy.
»Du wirst noch einmal zu Khan Kotjan reiten und ihm in meinem Namen befehlen, alle seine Krieger zu sammeln und ihnen zu gebieten, sich bereit zu halten und die Ankunft meines Heeres abzuwarten, um sich alsdann ihm anzuschließen. Er selber aber soll unverzüglich hier vor mir erscheinen.«
Tamberdy schwang sich auf sein Pferd und ritt abermals in die Steppe, von wo er nach einiger Zeit enttäuscht und deprimiert zurückkehrte.
»Nun, was ist mit Khan Kotjan?« fragte Batu-Khan. »Warum ist er noch nicht vor mir erschienen, um mich seiner Ergebenheit zu versichern?«

1 Sotnik = Hundertschaftsführer.

»Ich habe den Khan schon nicht mehr in Scharuchan angetroffen«, gestand Tamberdy kleinlaut, »und auch sonst nirgendwo. Und ich traf auch niemanden, der mir hätte sagen können, wo ich ihn finden würde. Alles, was ich entdeckte, waren Spuren eines überstürzten Aufbruchs an jenen Stätten, wo vor kurzem noch Kumanenlager gestanden hatten.«

Batu-Khan hatte mit immer mehr sich verfinsterndem Gesicht diesem Bericht gelauscht. Mit den Fingern vollführte er ungeduldig-nervöse Bewegungen. Tamberdy, der diese Anzeichen des aufwallenden Zorns kannte, warf sich platt zu Batus Füßen nieder, der ihn mit mehreren Tritten bedachte.

»Warum hast du geschlafen und mir alles erst so spät gemeldet, du Dummkopf?« rief er erbost. »Ich hätte ihn sonst noch fassen und zertreten können, wie ich dich zertreten werde!«

Bei diesen Worten setzte er seinen Fuß auf Tamberdys Nacken. Zum Glück für den Bedauernswerten trat der gutmütige Mengu-Khan herein und besänftigte den zürnenden Vetter, indem er ihm erst gut zuredete und dann befahl, einen Uligertschi herbeizuholen; denn er kannte Batus Vorliebe für alte Lieder und Heldengesänge und die heilsame, besänftigende, aufheiternde Wirkung der Musik auf Batus Gemüt.

Der Uligertschi, ein von der Bürde des Alters tiefgebeugter Greis mit schütterem, eisgrauem Bart, erschien sogleich, nahm auf einem Teppich zu Batus Füßen umständlich Platz und ließ die Finger seiner Rechten präludierend über die Saiten seiner Chur gleiten. Dann schöpfte er so tief Luft, daß man hätte meinen können, er wolle alle Strophen seines Liedes in einem einzigen Atemzug hintereinanderweg singen, und hub an:

»Mit sinkender Sonne zog der große Blendende aus,
hinaus in die endlos weit sich erstreckende Steppe;
zu ihrer Durchquerung würden viele Monde nicht reichen.
Kreuz und quer streift' er den ganzen Sommer umher
bis zum Herbst, wenn die fallenden Blätter in den Lüften tanzen.
Ja, er blieb auch noch, bis Schnee aus den Wolken fiel
und eisige Winterstürme ihn zu hohen Wehen zusammenfegten.
Rast- und ruhelos umhergetrieben, kam er niemals zum Stillstand,
griff nach der hellen Sonne und band sie an einen Pfahl,
griff nach dem bleichen Mond und schnallte ihn an seinen Sattel. –

Lang hatte der Erhabne in seiner Jurte geruht,
Siegeszüge ins Gedächtnis zurück sich rufend.
Plötzlich schnellt' er mit einem Sprung in die Höhe
und steht da, wie ein gelber Falke schwankend,
den man vom Riemen und von augenbedeckender Kappe befreit.
Und wie ein Panther vom hohen Felsgipfel herab
mit lautem Gebrüll die Luft erschüttert, so auch er:

›Ihr, meine älteren Brüder, Kürjagane, Temniks und Untertanen,
du mein ganzes Volk, mächtig und ohne Zahl,
ohne zu stocken, will ich zu euch sprechen.
Hört alle gut zu, damit kein Wort euch entgehe!
Meinen großen Namen, reich bedeckt mit Ruhm,
man nennt ihn unter allen Strichen des Himmels.
Vom Preise meines Mutes, des grenzenlosen, unvergleichlichen,
hallen wider Altai, Changai und die Steppen der Kumanen.
Doch meine höchste unbändige Kraft in ihrer strotzenden Fülle
hab' ich noch niemals gezeigt, und das bekümmert mich tief.
Drum will auf Suche ich gehn nach dem trutzigen Helden,
der sich mit wildem Geschrei wie ein Rasender auf mich stürzt.
Führet mein edles Roß gezäumt und gesattelt herbei,
leget die Rüstung mir an, reicht meine Waffen mir zu!
Wenn ich als glorreicher Held mich im Kampfe bewährt,
kehre mit reicher Beute ich in die Heimat zurück,
riesige Herden von Vieh und Scharen gefangener Menschen
aus den eroberten Ländern treibe ich vor mir her.
Aus allen Jurten und Zelten strömt mein Volk dann zusammen,
jubelnd jauchzt es mir zu und meinem siegreichen Heer ...‹«

Wie toll vor Entzücken sprang Batu-Khan auf die Füße, packte den greisen Rhapsoden fest an den Schultern und schüttelte den darob zu Tode Erschrockenen heftig. Dann entnahm er einem buntseidenen Beutelchen, das an einer Armlehne seines Thronsessels hing, mehrere Stückchen gelben indischen Rohrzuckers[1] und steckte sie dem Uligertschi eigenhändig in den Mund.

»Du hast mein Gemüt erheitert, du hast mir die Sorgen aus Herz und Hirn verscheucht«, sagte der Dschichangir. »Morgen erhältst du von mir ein starkes, frommes Kamel; auf seinem Rücken wirst du meinen Feldzug mitmachen und mit deiner Kunst unsre Siegesmähler verschönern.«

Die Polowezer Steppe brennt

Nachdem die Schamanen lange genug Geister beschworen, Gebete gesprochen und ihre Zaubertänze getanzt hatten, nannte ihr oberster Priester – Beki – endlich einen Tag als den für einen Feldzugsbeginn am meisten glückverheißenden, und die fünf Heeresabteilungen der ungeheuren mongolischen Streitmacht setzten sich vom Itil westwärts zum Dnepr in Bewegung und tauchten in den unermeßlichen blauen Weiten der mit hohem Federgras bewachsenen Kiptschakensteppe unter. Jeder Tumen verfolgte, damit man sich gegenseitig nicht be-

1 Zucker war damals noch eine ungemein rare Kostbarkeit und darum eine sehr hohe Belohnung.

hinderte, seine eigene, vorher genau festgelegte Marschroute, und nur die Flügel hielten ständig Fühlung miteinander, damit (wie bei einer Treibjagd kein Wild) hier kein Nomade, kein Hirt, kein Reisender, kein Händler zwischen den Heeressäulen durchschlüpfen konnte.
Gerastet wurde nur bei Nacht und auch nur dann, wenn die Pferde nach Ruhe und Futter verlangten. Wenn dann die im Kreis um die lodernden Feuer gelagerten Krieger die Aussichten des Kriegszuges untereinander erörterten, verglichen sie ihren Dschichangir wohl mit einem ungeheuren feuerspeienden Drachen, der auf weit ausgespannten Flughäuten heranschwebt, um mit seinen kralligen Fängen seine Opfer zu packen; seine Opfer – das waren zunächst die Kiptschaken und Russen. Dem Gros des Heeres voraus eilte die Avantgarde und dieser wieder als Aufklärer die schnellsten Spähertrupps, um Weg und Steg zu erkunden, Flußübergänge ausfindig zu machen und eventuelle feindliche Bewegungen festzustellen. Weit hinter dem Gros, aber dennoch bestrebt, nicht gänzlich zurückzubleiben, folgte der schwerfällige Troß, lange Züge von Ochsenfuhrwerken, sogenannten Arbas, ferner Kamelkarawanen, hoch beladen mit allem, was ein Heer zu seiner Verpflegung benötigt, und schließlich, als lebender Proviant, gewaltige Viehherden, über denen dicke Staubwolken und Schwärme von Insekten in der Luft hingen.
Unter den Anführern des Heeres befanden sich solche, die bereits die Feldzüge des heiligen Regenten Dschingis-Khan mitgemacht, und andere, die im Kleinkrieg mit dem unentwegten Dschelal-ed-Din, dem letzten Kronprinzen des chowaresmischen Reiches, ihre Fähigkeiten erprobt und die Gebiete der kaukasischen Stämme verheert hatten, ferner solche, die unter dem Oberbefehl des stets zuversichtlichen Khans Scheibani kürzlich erst durch das Land der Bulgaren gezogen waren, wo der Khan bereits Baskaden, das heißt Landesverweser oder Landvögte, eingesetzt hatte. Auch der ungestüme Burundai, der in den verschneiten russischen Wäldern das Heer des Konas Gurga[1] vernichtet hatte, war ebenfalls unter den Feldherren, die den neuen Kriegszug leiteten. Der bei den Feinden Gefürchtetste aber war der einäugige Subudai-Bahadur, der große Atalik, dem höchstens der Nojon Dschebe, der, wie ein einmal abgeschossener Pfeil, nicht mehr zurückzuhalten war, das Wasser reichen konnte. Aber auch die übrigen Kürjagane und Temniks – Mengu, Kadan, Paidar, Narin-Kechen, Kurmischi und andere – galten als furchtlose Tiger. Und unter der Jugendblüte des Heeres waren viele Dschigiten, die durch ihre Kühnheit und Verwegenheit sich einen ebenso großen und geachteten Namen erwerben wollten, wie ihn die Alten schon besaßen. Was Wunder also, daß die Stimmung des ausrückenden vielstämmigen Heeres eine hochgemute war, die den Gedanken, die Feinde, die es noch zu besiegen galt, könnten einen erfolgreichen Widerstand leisten, gar nicht erst aufkommen ließ, zumal

1 Gurga = Fürst Juri Ingwarewitsch von Rjasan.

da das klägliche Los aller Gegner des erhabenen Sain-Khans durch die Schamanen bereits als vom Schicksal besiegelt vorausgesagt worden war. Niemand zweifelte also, daß der Dschichangir diesmal bis zum »letzten (den Erdkreis umspülenden) Meer« vorstoßen würde, an dessen Gestade die Nuker einen riesigen Holzstoß aufschichten und in Brand stecken werden. Die feurigen Zungen werden die rotglühenden Wolken belecken zu Ehren des darüber thronenden heiligen Regenten, der die gänzliche Eroberung des Erdkreises seinen Nachkommen letztwillig befohlen hat, und zu Ehren aller in der Schlacht gefallenen mongolischen Bahadure. Dann wird Batu-Khan auf einem Hengst, dessen Fell milchweiß oder wie das eines Panthers gefleckt ist, auf die Spitze eines Kurgans[1] reiten, seinen Speer in die von ihm eroberte Erde stoßen und rufen: »Höre uns, Erschütterer des Erdkreises, der du von deinem Wolkenthron herabschaust, dein Wille ist erfüllt: der Erdkreis erobert!« Und dann wird Batu-Khan, der das Lächeln nicht kennt, aus vollem Halse lachen, und sein Lachen wird dem Schrei des Königsadlers gleichen.

Die Arba des Sotniks Asargà-Tachjà

Von drei Paaren roter Ochsen gezogen, rollte unter Knarren und Quietschen langsam eine Arba durch die Steppe. Mit einem ins Trommelfell stechenden, durch Mark und Bein gehenden Winseln der Verzweiflung drehten sich die mannshohen Holzräder ohne Speichen und drückten zwei tiefe Furchen in den Steppenboden ein.
Übrigens war das linke von den beiden vordersten Zugtieren dieses Sechsergespanns ein auffällig gefleckter Stier von ungewöhnlicher Größe, selbst von ganz weitem unter der großen Zahl der Karrengespanne für das Auge seines Herrn leicht kenntlich, und das war ja auch der Zweck, weshalb man ein so auffälliges Leittier wählte.
Diese Arba war das Eigentum des Sotniks Asargà-Tachjà, eines in zahllosen Kriegszügen ergrauten Mannes, der noch an der Eroberung der Hauptstadt des chinesischen Kaiserreiches teilgenommen und später den großen Zug durch die wasserlose Wüste Gobi nach Urgentsch, der Hauptstadt der fröhlichen und gutherzigen Chowaresmier, mitgemacht hatte. Bei dieser Gelegenheit war diese Arba in seinen Besitz gelangt, und er hatte zu der im Karren verwahrten Beute (hauptsächlich Kleidungsstücke) eine bisherige Sklavin im Troß seines Vorgesetzten, des Temniks Kurmischi, als sein Eheweib gesetzt, das durch seine hauswirtschaftlichen Fähigkeiten nicht geringe Verdienste um die Mehrung des Wohlstands ihres inzwischen zum Sotnik beförderten Ehemanns sich erworben hatte, der sein ursprüngliches Doppelgespann von ausgehungerten Kamelen durch das Ochsensechsergespann mit

1 Kurgan = Hügel- oder Kegelgrab aus der Vorzeit, Hünengrab.

dem prachtvollen Leitstier ersetzen konnte. Diese junge Frau hatte sich in Sarai dreier elternloser Russenkinder angenommen, eines Mädchens von reichlich drei Jahren und zweier Knaben, die jetzt fünf und sechs Jahre alt waren. Die Kinder stammten vermutlich aus Wladimir oder Rjasan. Zu Skeletten abgemagert, hatten sie kläglich um Brotrinden gebettelt und das Mitleid der Frau des Sotniks erregt. In der Gebärdensprache hatte sie sich bei den erwachsenen russischen Gefangenen nach den Müttern der Kinder erkundigt, indem sie so tat, als ob sie einen Säugling auf den Armen wiege. Einer der Gefangenen hatte darauf mit dem Finger erst auf die Erde und dann hinauf zum Himmel gedeutet, ein andrer aber hatte gesagt: »Nimm sie mit dir und füttere sie wieder heraus! Hier würden sie ohnehin bald elend zugrunde gehn.«

Bei schönem Wetter liefen die Knaben munter neben der Arba her und hetzten die beiden Hunde ihres Pflegevaters, einen Windhund und einen Wolfshund, auf Zieselmäuse und Hasen, mitunter auch auf Füchse, und die Beute wurde, wenn die Jagd erfolgreich war, brav bei der Pflegemutter abgeliefert und wanderte in den Kochtopf. Das kleine Mädchen saß neben der Pflegemutter oder auf ihrem Schoße und trieb die Ochsen mit unermüdlichem »Kcha-kcha!« an. Bei schlechtem Wetter, wenn Regen oder Schnee fiel, krochen Knaben und Hunde ebenfalls in den Karren unter die schützende Zeltplane und hockten sich neben den drei Hühnern samt stolzem Hahn, denen man die Füße zusammengebunden hatte, nieder. Die Frau deckte dann die Kinder mit einer Filzdecke zu, in die drei Löcher geschnitten waren, durch die die Kleinen ihre von der Pflegemutter auf »mongolische Art« zurechtfrisierten Köpfchen steckten: drei kahlrasierte Schädelchen mit einem Rattenschwänzchen von Zöpfchen auf der linken Seite des Hinterkopfes.

Das Oberhaupt dieser Familie ließ sich nur selten bei seiner Arba blikken, weil er sich im allgemeinen nicht von seiner Hundertschaft entfernen durfte. Folglich lag die ganze Sorge auf den Schultern seiner Frau, der die Kinder bei den Arbeiten mit zur Hand gehen mußten: Bei Tagesanbruch wurden die von den Hunden bewachten Ochsen von der Weide geholt, ihnen das Joch aufgelegt, und weiter rollte der fahrbare Haushalt, der reichen Stadt Kyjuw entgegen, wo die Paläste und Gotteshäuser mit Gold gedeckt waren. Asargà-Tachjà hatte sich geschworen, bei der Plünderung dieser Stadt sich kein zu kleines Stück von diesem Golde anzueignen und überhaupt seinen Wohlstand dabei wesentlich zu mehren.

Der eiserne Wagen

Subudai-Bahadurs Troß war nur klein; vier schnell laufende Kamele trugen sein Feldzelt und seine chinesischen Lederkoffer, die zur Aufbewahrung der auf Pergament gezeichneten Karten jener Länder dienten, durch die das mongolische Heer zu ziehen haben würde. Auch die

Feldzugschroniken hatten dort ihren Platz. Das Hauptstück aber war der eiserne Schlachtwagen des großen Ataliks – ein auf zwei hohen Rädern stehender eiserner Kasten, dessen vier Wände mit schmalen Schlitzen versehen waren, die man als Beobachtungsluken und als Schießscharten benutzen konnte. Wer sich ohne ausdrückliche Genehmigung diesem Wagen näherte, wurde unfehlbar von einem vergifteten Pfeil getroffen und starb bald nach der Verwundung unter fürchterlichen Krämpfen.
Es hieß allgemein, der treffsichere Schütze in diesem eisernen Wagen wäre ein junges Mädchen, das Subudais Schlaf bewachte.
Ganz gewiß aber befand sich in dem Wagen ein zottiges Pekineserhündchen, das alle seinem einäugigen Herrn nahestehenden Personen schon am Schritt erkannte und wütend zu kläffen begann, wenn es den sich nahernden Schritt eines Unbekannten vernahm.
Gezogen wurde dieser Wagen von vier paarweise eingespannten Rossen. Auf dem linken Vorderpferd saß ein Reiter, der die Obliegenheiten eines Kutschers versah.
Subudai-Bahadur hatte einmal versucht, den Dschichangir zu veranlassen, sich ebenfalls so einen gegen jeden tückischen Überfall schützenden Panzerwagen zuzulegen, doch Batu-Khan hatte ärgerlich geantwortet:
»Dein scharfes Auge ist vollauf genügender Schutz für mich!«

Ein Brief an den Kalifen Mustansir

»Dem Höchsten Gebieter aller Rechtgläubigen – Allahs Friede sei über ihm! – wünscht zuvor sein ergebenster Diener und eifriger Vollzieher seiner weitsichtigen Entwürfe, Abd ar-Rahmân, der Gesandte Seiner Heiligkeit beim unbesiegbaren Khan der Weißen, Blauen und anderer Mongolenhorden, ewigen Ruhm und glänzende Erfolge bei der Verwirklichung seiner großartigen Absichten sowie dauernde Gesundheit und beständiges Glück. Alsdann fleht Abd ar-Rahmân den Heiligen Kalifen an, sein Auge voll Huld und Gnade nie von ihm abzuwenden und den folgenden Darlegungen ein geneigtes Ohr zu leihen.
Ich schreibe Dir aus der öden, unendlichen, mit Schnee bedeckten Steppe der Kiptschaken, wo jetzt eine solche Kälte herrscht, daß das Wasser sich in ein hartes durchsichtiges Gestein verwandelt. Infolgedessen können sich selbst über die breitesten Ströme ganze Reiter- und Wagenzüge hinbewegen wie auf einem bequemen glatten Weg.
Eben darum bevorzugt der Oberbefehlshaber des mongolischen Heeres diese kalte Jahreszeit zur Durchführung seiner verheerenden Kriegszüge. Allah bewahre die Ländereien Deiner Untertanen vor einem Einfall dieser wilden Tiere gleichenden Tatarenkrieger, die noch keine Niederlage erlitten haben. Ihre genaue Zahl zu nennen ist ein Ding der

Unmöglichkeit: Das Heer strömt über die Steppe hin wie ein brausendes Meer, und wer könnte dessen Wellen zählen?

Dennoch will ich versuchen, Dir einen ungefähren Begriff von der Stärke der mongolischen Streitkräfte zu geben:

Am Hofe des großen Khans Batu halten sich ständig etwa vierzig Temniks auf, von denen jeder einen Tumen von zehntausend Reitern befehligt. Zwar sind unter diesen Temniks auch einige, die diesen Rang nur ehrenhalber innehaben, faktisch also kein Kommando ausüben. Immerhin aber kann man annehmen, daß Batu-Khans Streitmacht, die insgesamt aus zwölf Heeresabteilungen oder Horden besteht, in jeder einzelnen Horde drei bis sechs Tumen hat, das wären also alles in allem schätzungsweise drei- bis viermal hunderttausend Reiter, die durch zahllose Feldzüge im Waffenhandwerk bestens geübt sind und ihren bis zur Grausamkeit strengen Anführern bedingungslos gehorchen. Fälle von Ungehorsam kommen kaum vor. Wie die Rasenden stürzen sie sich beim Angriff auf den Feind, dorthin, wohin der Finger ihres Temniks weist, und bisher hat es noch keine Macht gegeben, die ihrem Angriff hätte standhalten oder ihn gar abschlagen können.

Aus den von ausgesandten Spähern und Spionen übermittelten Nachrichten geht hervor, daß im ganzen Abendland kein so großes und mächtiges und vor allem so rasch bewegliches Heer zu finden sein dürfte wie das mongolische, das freilich nicht bloß aus Tataren, sondern auch aus zahllosen anderen Völkerschaften der Gebirge und Steppen besteht. Das Schicksal der Kaiser- und Königreiche des Abendlandes ist besiegelt: Sie werden von den Mongolen überrannt, unterworfen und ausgeplündert werden.

Durch zuverlässige Männer, Angehörige des arabischen Kaufmannsstandes, habe ich Dir bereits zwei Berichte gesandt, und zwar den ersten aus dem ›Adlerhorst‹ des ›Berggreises‹, der das Haupt einer Gemeinde von Karmaten-Ismaeliten ist, heimlichen Mördern[1]. Er beteuerte mir, daß der erhabene Sain-Khan ihm sehr gewogen sei und ihn sogar seinen ›Bruder‹ nenne. Doch das ist eine Lüge. Ich habe später bei Gelegenheit eines von Batu-Khan veranstalteten Gastmahls das Gespräch auf diesen ›Berggreis‹ gebracht und den Dschichangir vorsichtig auszuhorchen versucht. Er erwiderte, jenen ›Alten aus dem Adlerhorst‹ werde das gleiche Schicksal ereilen, das alle Raubvögel ereilt, wenn sie dem Jäger in die Hände fallen: entweder sie werden zur Beize abgerichtet, damit sie

---

1 Mit dieser Kennzeichnung als Mörder tut man den Karmaten unrecht. Aus sektiererischen aufständischen Gruppen von Arabern und ›Nabatäern‹, die sich als Geheimbund auf kommunistischer Grundlage organisierten, ging später eine große soziale Bewegung für gleichmacherische Reform und Justiz hervor, die von einer ehrgeizigen Familie, der Dynastie der Ismailiten, die 910 das fatimidische Gegenkalifat gründete, geleitet und zu ihren Zwecken ausgenützt wurde. Sie verkümmerte und unterlag mit dieser Dynastie dem Gegenschlag der Kreuzzüge.

ihrem Herrn Beute erjagen und zutragen, oder man dreht ihnen den Hals um. ›Auf Erden gibt es nur einen Gebieter‹, sagte Batu-Khan, ›und wenn der Berggreis nicht freiwillig zu ihm kommt, um ihm seine aufgehäuften Reichtümer zu Füßen zu legen, wird ihn dieser Gebieter als seinen aufsässigen Feind betrachten, dessen Los schon entschieden und im Buch des Schicksals aufgezeichnet ist.‹ –

Den zweiten Brief schickte ich Dir von der Mündung des Itils nach meiner ersten Audienz bei dem erhabenen Sain-Khan im goldenen Palast seiner neugegründeten Residenz Ketschi-Sarai. Ich zeigte mich entzückt von seinen gegen die Reiche des Abendlandes gerichteten Eroberungsplänen und erwirkte mir die Erlaubnis, an diesem Feldzug in seinem Gefolge teilnehmen zu dürfen.

Dies hier ist nun der dritte Brief. Ich schreibe ihn an einem Lagerfeuer am linken Ufer des Eksı[1]. Drüben, auf dem rechten Ufer des Stromes, breitet sich auf mehreren Hügeln die schöne und reiche Hauptstadt des russischen Reiches aus. Man sieht von hier aus die goldenen Dächer der zahlreichen Gotteshäuser. Aber auch diese prächtige große Stadt Kyjuw ist dazu verurteilt, zerstört und eingeäschert zu werden. Wohl haben sich die Russen bisher überall tapfer gewehrt, doch selbst die tapferste Gegenwehr kann sie vor ihrem Schicksal nicht retten. Und wenn sie sich gleich zur Übergabe der Stadt auf Gnade und Ungnade bereit erklären würden, hülfe ihnen das nichts, denn ich hörte, wie Batu-Khan sich im Kreise seiner Zechgenossen äußerte: ›Ich werde den Fortbestand anderer Hauptstädte neben der meinen nicht dulden. Ketschi-Sarai am Itil soll die einzige Hauptstadt des Erdkreises sein. Von dort aus werde ich die Blitze meiner Befehle zu allen Völkern schicken, die mir zitternd zu gehorchen haben.‹

Doch nicht in Batu-Khans, sondern in Allahs Händen ruhen die künftigen Dinge. Er allein weiß und bestimmt, was geschehen wird, und wir alle sind in seiner Hand.

Ich wiege mich in der verwegenen Hoffnung, erhabener Beherrscher aller Rechtgläubigen, daß Du meine bei Dir eintreffenden Eilkuriere mit wohlwollendem Auge ansehen und sie mit Deiner freigebigen Hand beglücken wirst.

Mögen sich Dir dereinst die Pforten des Paradieses öffnen wie hienieden die Tür der Kaaba[2]!«

---

1 Eksi = Dnepr.

2 Kaaba = würfelähnliches Gebäude in Mekka, seit alters her von den arabischen Stämmen als Nationalheiligtum verehrt, als »Beit Allah« (Haus Gottes) von Mohammed zum Ziel des vorgeschriebenen Haddsch gemacht. Die Mohammedaner führen die Geschichte dieses Gebäudes bis auf vorsintflutliche Zeiten zurück; den jetzigen Bau lassen sie von Ibrahim (= dem biblischen Abraham) und seinem und der Hagar Sohn Ismael, dem Stammvater der Araber, herrühren.

Siebenter Teil

Am Dnepr

Fort von Nowgorod

In diesem unheilschwangeren Jahre 1240, in dem die Tataren sich zu ihrem Einfall in Europa rüsteten, herrschte auch im Stadtstaat Nowgorod große Unruhe. Raubgierige Feinde – Deutsche, Schweden, Dänen, Finnländer – hatten von jeher ein habgieriges Auge auf das Nowgoroder oder Pskowsche Gebiet geworfen. Zuerst waren sie als harmlose Händler auf bauchigen Schiffchen mit den verschiedensten Waren angekommen und hatten dabei die Gelegenheit ausgekundschaftet, später waren sie mit den blanken Waffen in der Hand wiedergekehrt. Auf Nowgorods Notrufe waren stets die Krieger aus Perejaslawler, Wladimirer, Susdaler und Polozker Landen zur Hilfe herbeigeeilt unter der Führung des heldenmütigen Knjas Jaroslaw Wsewolodowitsch oder seines jungen Sohnes Alexander, den die Nowgoroder schließlich bewogen, von ihnen die Fürstenkrone anzunehmen. Alexander Jaroslawitsch führte als Gemahlin Alexandra, die Tochter des Fürsten Brjatschislaw von Polozk, auf sein Nowgoroder Stadtschloß heim.

Am Hofe von Nowgorod traf die junge Fürstin Alexandra Brjatschislawna wieder mit einem Gespielen ihrer Kindheit, namens Wadim, zusammen.

Wadims Vater Grigori, des Polozker Fürsten Hofjägermeister, hatte bei einer Bärenhatz einen schrecklichen Tod gefunden. Der Fürst nahm sich der verwaisten Familie an, insbesondere des kleinen Wadim, den er zusammen mit seinen eigenen Kindern erziehen ließ. Diese waren ihrem Spielgefährten aufrichtig zugetan und schätzten an ihm vor allem seine Fähigkeit, aus weichem Lindenholz allerhand Tiere – Pferde, Rinder, Hühner und so weiter – und auch Rohrpfeifchen zu schnitzen. Am meisten mühte sich Wadim, der kleinen munteren blauäugigen Prinzessin Sakjuschka jeden Wunsch von den Augen abzulesen, und bastelte für sie ganz allerliebste Spielsachen. Als Wadim zum Jüngling herangewachsen war, sprach Fürst Brjatschislaw eines Tages zu ihm:

»Ich sehe, daß du wenig Neigung zum Waffenhandwerk hast, daß es dich vielmehr zu friedlicheren Beschäftigungen zieht. Daher habe ich beschlossen, dich nach Nowgorod zu schicken, wo sich eine sehr berühmte Werkstätte für die Herstellung von Heiligenbildern und Statuen befindet, die von einem erfahrenen Künstler, dem Vater Makari, geleitet wird.

Bei ihm wirst du lernen, unsere Kirchen mit Tafel- und Wandmalereien zu schmücken. Und das ist ein sehr schöner, gottgefälliger Beruf.«
Also reiste Wadim zusammen mit seiner alten Kindermuhme, die ihn auch jetzt noch betreuen und bemuttern wollte, nach Nowgorod, um unter Vater Makaris strenger Anleitung mit großem Eifer dem Studium der Heiligenmalerei obzuliegen, und als Alexandra Brjatschislawna als Herrin ins Nowgoroder Schloß eingezogen war, wurde Wadim dort ein häufiger Gast, ja im Laufe der Zeit beinahe ein Mitglied der fürstlichen Familie. Doch ob er nun unter der Menge stand, die an Festtagen den Schloßhof füllte, oder ob er ins Gewühl des großen Festsaals mitgerissen wurde oder gar zu den Privatgemächern der fürstlichen Familie Zutritt erlangte, stets hingen seine Augen an der jungen Fürstin und verfolgten sehnsüchtig jede ihrer Bewegungen, sein lauschendes Ohr fing jedes ihrer Worte auf, und mit aufeinandergepreßten Lippen beobachtete er eifersüchtig, wie ihre blauen Augen aufleuchteten, ja ihr ganzes Gesicht vor Freude erstrahlte, sobald ihr Blick auf den Fürsten Alexander fiel. Er gab sich die größte Mühe, seine hoffnungslose Liebe, wenn nicht zu unterdrücken, was ihm nicht gelingen wollte, so doch wenigstens vor jedermann zu verbergen, insbesondere aber vor jener, der sie galt. Schließlich rang er sich zu dem Entschlusse durch, Nowgorod zu verlassen. Nur fort von hier, einerlei wohin, nur möglichst weit fort!
Eines Nachmittags, nach einem Bankett im Schloß, saß Wadim in der Werkstatt, damit beschäftigt, von einem alten Bild der Mutter Gottes, das man eigens aus Zargrad gebracht hatte, eine Kopie anzufertigen. Die Arbeit ging ihm ziemlich flott von der Hand, doch entstand auf der glatten Ahornholztafel unter seinen Pinselstrichen nicht das harmvolle Antlitz der schwarzäugigen Maria des Originals, sondern das lächelnde Gesicht der blauäugigen Fürstin Alexandra. Ganz versunken starrte der junge Künstler auf sein eigenes Werk, da hörte er hinter sich ein strenges Räuspern. Als er sich umsah, stand hinter ihm Vater Makari.
»Wahnsinniger!« zürnte der alte Mönch und zog seine buschigen Brauen drohend zusammen. »Vermessener, was für teuflische Leidenschaften brodeln in deiner sündigen Seele? Wie kannst du dich erdreisten, der heiligen Muttergottes die Züge unsrer Fürstin zu geben? Wenn der Herr Abt deine Kopie zu sehn bekäme, so würde er dich ins tiefste Brunnenloch werfen lassen, und wenn gar der Herr Erzbischof von deinem Frevel erführe, so hättest du dein Leben verwirkt. Laß dir das gesagt sein, und kratze sofort die Farben wieder von der Tafel ab und male ein anderes Bild, aber nicht das der Heiligen Jungfrau, das in deinem Herzen sündhafte Leidenschaften entzündet, sondern das des Apostels Petrus, kahlköpfig und graubärtig, oder meinetwegen auch das des heiligen Wlassi, des Schutzpatrons unsres Viehs... Ich aber muß dennoch zum Vater Archimandrit gehn und ihn fragen, welche Buße ich dir für dein ungewöhnliches Vergehn auferlegen soll.«
Damit schlurfte er hinaus. Sorgfältig reinigte der Zurückgebliebene seine Pinsel und packte sie samt den Tuschnäpfchen und dem übrigen

Malgerät in ein Köfferchen. Hierauf hüllte er das Tafelbild, welches ihm Vater Makaris Tadel zugezogen hatte, in einen Malerkittel aus Leinen. Als er alles an sich genommen, schlich er durch eine Seitentür in den Klostergarten hinaus und von da zur Pforte, deren Hüter gerade ein Nickerchen machte. Also gelangte Wadim unangefochten hinaus und auf kürzestem Wege zu einer Hütte am Stadtrande, wo seine alte Muhme hauste. Ihr erklärte er, er wolle in einem Kloster unweit der Stadt eine Andacht verrichten. Ihr die Wahrheit zu sagen, daß er nämlich Nowgorod auf Nimmerwiedersehn den Rücken kehren wollte, traute er sich nicht. Darum konnte er von seinen Kleidern und sonstigen Sachen auch nur diejenigen mitnehmen, die er leicht, ohne Auffallen zu erregen, in einem Bündelchen bei sich tragen konnte.

Trotzdem brach die Alte unter Tränen in Klagen aus:

»Warum willst du mich in meinem Alter allein lassen, mein Lieber? Ich spüre es, du gehst nicht im guten von hier fort.«

»Sei doch nicht unnötig traurig«, tröstete Wadim sie. »Ich komme ja bald wieder und bring' dir auch was Schönes mit – ein neues Kopftuch oder einen Schafpelz.«

Wadim umarmte die brave Betreuerin seiner Kindheit und drückte sie fest an sich. Sie aber küßte ihn und streichelte ihm zärtlich das Gesicht.

»Und solltest du während meiner Abwesenheit irgendwas brauchen«, schärfte er ihr ein, »so geh ins Schloß zur jungen Fürstin, sie wird dich schon nicht ohne Hilfe lassen.«

Wadim verließ die Hütte, und nachdem er sich aus dem Flechtzaun noch einen brauchbaren Wanderstecken herausgebrochen hatte, schritt er rüstig fürbaß.

›Nach Kiew!‹ sagte er bei sich. ›Ich muß zusehn, daß ich nach Kiew komme. Dort haben in der Petschersker Lawra[1] kunstfertige Meister eine stille Zuflucht vor dem Treiben der Welt gefunden und widmen sich ganz ihrer heiligen Kunst. Unter ihnen werde ich bestimmt einen geeigneten Lehrer finden, und dort werde ich auch in der Abgeschiedenheit meinen Kummer vergessen.‹

Unterwegs schloß sich Wadim Gauklern an, die nach Polozk und Smolensk wollten und den jungen Maler überredeten, ihrer Truppe beizutreten:

»Bei uns wirst du ein frohes, freies Leben führen. Überall auf Märkten, Hochzeiten und anderen Festen gibt es reichlich zu essen und zu trinken. Du kannst für uns komische Masken malen und hübsche bunte Kostüme entwerfen.«

Aber Wadim lehnte den Vorschlag standhaft ab und trennte sich schließlich von den Gauklern, freilich nicht zu seinem Glück, denn tags darauf wurde der allein Wandernde von üblem Gesindel der Landstraße an einem öden Ort überfallen und bös zugerichtet. Man nahm ihm alles ab

---

1 Petschersker (oder Petscherskaja) Lawra = das berühmte Höhlenkloster von Kiew.

bis auf das Tafelbild und seine Farben und Pinsel. Entkräftet und blutend lag Wadim am Wege unter einer breitästigen Tanne und meinte, sein letztes Stündlein wäre gekommen.
Ein vorüberfahrendes altes Bäuerlein erwies ihm die Dienste eines barmherzigen Samariters: verband seine Wunden, lud ihn auf seinen Wagen und nahm ihn mit zu sich nach Haus. Die Frau des Bäuerleins pflegte den jungen Maler und fütterte ihn heraus. Als Wadim leidlich wieder zu Kräften gekommen war, erzählte er den beiden gastfreundlichen alten Leutchen, was ihm zugestoßen war.
»Ja, ja, du hättest dich von der Gauklertruppe nicht trennen sollen. Mutterseelenallein auf der Straße zu wandern, das ist heuer gefährlich. Viel schlechtes Gesindel treibt sich auf den Wegen herum. Gottlob, du bist noch einmal dem Tode entronnen. Aber auf deiner Weiterreise gib besser acht, schließ dich irgend jemandem an, doch sieh dir zuvor deine Wandergefährten genau an... Dein Muttergottesbild gefällt mir sehr... Die barmherzige Mutter Maria darauf sieht meiner Tochter Nastja ähnlich. Die hatte ebensolche blaue Augen und ein freundliches Gesicht. Ich hatte auch einen braven Schwiegersohn, den Jäger Andrei. Er und meine Tochter liebten sich über alle Maßen. Auch ein Söhnchen wurde ihnen geboren. Aber ihr Glück war nur von kurzer Dauer. Eines Tages erkrankte unsre Nastjuka an einem bösartigen Geschwür. Bloß fünf Tage hat sie leiden müssen, dann nahm unser Herrgott sie zu sich. Kurz nach ihrem Begräbnis sagte mein Schwiegersohn zu mir: ›Hier kann ich nicht länger bleiben. Hier erinnert mich alles an Nastja, und der Kummer verzehrt mich. Ich will lieber fortgehn und die weite Welt durchstreifen.‹ Nun, er verließ uns, aber sein Söhnchen, unser Enkelchen, vertraute er uns an, und mein Weib und ich, wir haben's betreut und es aufgezogen. Da steht der Bub nun vor dir. Von seinem Vater hörten wir lange Zeit nicht das geringste, wir fürchteten schon, er müsse wohl irgendwo umgekommen sein, weil er ja keine Gefahr fürchtete und den Tod eher zu suchen als zu meiden schien. Mit dem Jagdspieß ging er auf einen Bären los... Fünf Bärenfelle haben wir noch von ihm... Neulich aber kam ein sehr weit entfernter Verwandter von mir, ein rechtschaffener, gottesfürchtiger Mensch, der von einer heiligen Stätte zur andern wallfahrtet und von Almosen lebt, hier durch und brachte uns ein Lebenszeichen von unserm Schwiegersohn und auch Geschenke: ein Paar derbe Stiefel für mich, fast noch ganz neu, für meine Alte Leinen zu einem Sarafan[1] und für das Jungchen ein rotes Hemd. Unser Verwandter erzählte uns, Andrei sei Flößer auf dem Dnepr geworden, er fahre regelmäßig von Smolensk bis Kiew. Das sei aber gar kein so leichter Beruf, sagt mein Verwandter, dazu müsse man starke Muskeln haben und immer die Augen hübsch offenhalten, daß nichts passiert...«
Und der Alte schickte sich an, umständlich zu erzählen, was er vom Hörensagen über den Flößerberuf wußte, doch Wadim unterbrach ihn:

1 Sarafan = langes Kleid mit Ärmellöchern und Gürtel.

»Könnte ich nicht deinen Schwiegersohn aufsuchen?«
»Daran hab' ich auch schon gedacht. Du müßtest nach Smolensk wandern und dich dort nach Andrei dem Flößer, ehedem Jäger, erkundigen, dann wird man dir schon sagen, wo du ihn findest. Im Laufe eines Sommers kommt er, wie man mir sagte, vier-, manchmal auch fünfmal nach Smolensk. Du wirst ihm von uns Grüße bestellen und ihm erzählen, wie es uns geht, daß wir alle gesund sind, auch sein Söhnchen, welches wächst und gedeiht und auf einen Besuch seines Väterchens wartet. Er soll nur recht bald mal sich bei uns sehn lassen.« –
Als Wadim völlig wiederhergestellt war, rüstete er sich zum Aufbruch. Seinen Gastgebern schenkte er zum Abschied das Marienbild als Gegengabe für die Kleidungsstücke, die sie ihm aus Andreis Hinterlassenschaft überließen.
Ohne weitere Fährnisse brachte er den Weg bis Smolensk hinter sich und fand dort am Ufer eine Menge Flöße zur Abfahrt bereit. Er erkundigte sich nach Andrei, dem ehemaligen Jäger, und gleich der vierte oder fünfte, den er fragte, ein von Wind und Wetter gebräunter stattlicher Mann mit einem scharfen Falkenblick, antwortete ihm:
»Er steht vor dir! Was willst du von ihm?«
»Dein Schwiegervater Prochor Stepanowitsch und sein Weib lassen dich herzlich grüßen, und auch dein Söhnchen Andrjuscha sendet seinem lieben Väterchen Grüße und Küsse.«
Andrei fuhr sich mit dem Rücken seiner rauhen Hand über die Augen, dabei ließ er den Kopf hängen, als drücke ihn etwas nieder, gleich aber warf er ihn wieder in den Nacken.
»Ich danke dir. Und wie geht's daheim? Sind alle gesund?«
»Es geht gottlob recht gut, alle sind bei bester Gesundheit, und dein Söhnchen wächst und gedeiht. Und die Ernte ist heuer recht gut gewesen, viel besser, als man nach den langen Regenzeiten noch zu hoffen gewagt hatte.«
»Das freut mich. Und du, mein junger Freund, wo treibt es dich hin?«
Wadim gestand, daß er hinunter nach Kiew wollte, um dort bei den Meistern der Lawra sich in seiner Malkunst zu vervollkommnen.
»Das trifft sich ja gut«, meinte Andrei, »da kannst du mit uns fahren.«
Und er deutete mit dem Finger auf eine kleine Strohhütte, die auf dem vordersten der Flöße stand. »Schau dorthin! Siehst du das kleine Strohhüttchen? Das überlasse ich dir für die Reise. Dort bist du bei schlechtem Wetter vor Wind und Regen geschützt und auch vor Kälte. Kriech nur gleich hinein und schlaf dich aus von deiner Wanderung.«
Wadim befolgte, nachdem er sich höflich bedankt hatte, den Rat und suchte Unterschlupf in dem Hüttchen, in das man nur kriechend hineingelangen und in dem man nur lang ausgestreckt liegen konnte.
Am andern Morgen stießen die Flöße vom Ufer ab und ließen sich von der Strömung flußabwärts treiben. Auf dem Rücken liegend, schaute Wadim auf die Laubkulisse der Ufer hinüber, und es kam ihm so vor, als stünde das Floß still, und alle Dinge an Land – Häuser, Hütten,

Bäume, Sträucher, Felder – bewegten sich in entgegengesetzter Richtung, nämlich stromaufwärts. In der Abend- und Morgendämmerung erspähte Wadim Wild, das zur Tränke an den Fluß kam: Hirsche und Rehe, einmal auch eine Bärin mit ihrem Jungen.
Das vorderste Floß hatte ein Beiboot, einen sogenannten »Dub«; darin lag, durch ein langes, armdickes Hanfseil mit dem Floß verbunden, ein gewaltiger eiserner Anker, der so schwer war, daß nur die vereinte Kraft von mehreren Männern ihn hätte heben können.
Wenn der Dnepr eine so scharfe Biegung machte, daß es aussah, als würden die Flöße direkt aufs Ufer hinauffahren, dann ließ sich Andrei, der meist vorn auf dem ersten Floß saß und scharf Auslug hielt, im Dub vorausrudern und bezeichnete die Stelle, wo der Anker ausgeworfen werden mußte, der die Flöße in der Mitte des Fahrwassers hielt. Wenn das Seil am straffsten gespannt war, riß es mit einem Ruck das erste Floß herum, und die übrigen (mit dem ersten und untereinander verbundenen) Flöße trieben dann an dem ersten vorbei, das damit zum letzten wurde. Auf ein Zeichen Andreis wurde der Anker rasch wieder gelichtet, vom Floße losgemacht, und das Boot ruderte an dem ganzen Zug entlang bis zu dem jetzt zum ersten gewordenen, vordem letzten Floß, auf welchem Andrei (während die Ruderer Dub und Anker vertäuten) vorn wieder Platz nahm und auf die nächste Flußbiegung wartete, wo sich das gleiche Spiel wiederholte.
Auf diese Weise gelangte der junge Maler Wadim im Spätsommer des Jahres 1240 von Nowgorod über Smolensk nach Kiew.

Wadim in Kiew

Kiews Lage versetzte Wadim in Entzücken: Auf mehreren Hügeln am rechten Ufer lag die seit eh und je wegen ihrer schönen Gebäude aus Stein und Holz, wegen ihrer majestätischen Kirchen mit den goldenen Kuppeln berühmte Stadt, in reiches Grün gebettet, und bot dem Auge, besonders einem Malerauge, ein prächtiges Bild. Freilich drängten sich um die Prachtbauten des Klerus und des Adels die sehr bescheidenen, kleinen, schilfgedeckten Lehmhäuser der gemeinen Einwohnerschaft. Wadim ging, von Andrei begleitet und geführt, durch den Podol, den am niedrigsten, direkt am Ufer gelegenen Stadtteil Kiews, wo vorzugsweise Handwerker ihre Wohnungen und Werkstätten hatten. Auf den Straßen, vor und in den Werkstätten sah man viel zugezogene Arbeiterschaft.
»Hier wohnen viele von meinen Freunden, denen ich mehrmals im Jahr Holz bringe – Birken-, Linden-, Ahorn-, Buchen- und Eichenstämme, was ein jeder gerade braucht. Hier triffst du ebenso viele Leute aus Nowgorod, Polozk, Susdal und Wladimir wie aus Kiew selbst, besonders seit dem Einfall der Tataren. Die von auswärts Zugewanderten hoffen, hier bei friedlicher Arbeit ein geruhiges Leben führen zu können. Doch ob sich ihre Hoffnung erfüllt? – Ich bezweifle es manchmal, denn die

Tataren, wenn sie auch an der Wolgamündung vorerst haltgemacht haben, sind ein unruhiges Volk, das von Seßhaftigkeit auf die Dauer nichts wissen mag. Plötzlich, wenn es ihrem Batu-Khan, diesem unersättlichen Menschenfresser, einfällt, stehen sie vor den Toren Kiews.«

Und gleich der erste, bei dem die beiden einkehrten, der Schmied Grigori, bestätigte Andreis Befürchtungen:

»Du kommst zu keiner guten Stunde, Freund!« grüßte er mit verdrossenem Gesicht. »Deine Stämme werden wir allerdings trotzdem brauchen können, auch wenn an Hausbau nicht zu denken ist, denn unsere ganze Sorge und unsere ganze Kraft gilt jetzt der Befestigung der Stadtmauern. Schwere Zeiten sind angebrochen, und es fragt sich noch sehr, ob wir sie überstehn werden.«

»Aber was ist denn so Schreckliches in der Zwischenzeit, seit ich dich zum letzten Male gesehn habe, geschehn?«

»Nun, es ist ja, wie du dich entsinnen wirst, nicht das erstemal, daß die Brodniki[1], die Polowezer und andere Nomadenstämme aus dem Wilden Feld[2] über den Dnepr herüberkommen und westwärts weiterziehn. Sie sind auf der Flucht vor den Tataren, die seit einiger Zeit die ganze Steppe unsicher machen und jeden, den sie erwischen, entweder totschlagen oder zum Gefangenen machen, die Gefangenen an die Wolgamündung verschleppen und sie als Sklaven an Kaufleute aus Buchara und Persien verkaufen. Und diesmal will, wie es scheint, der Flüchtlingsstrom überhaupt nicht wieder abreißen.«

»Wir sind die ganze Zeit über auf dem Wasser gewesen und haben noch nichts davon gehört«, sagte Andrei.

»Da schau nur zum linken Ufer hinüber«, forderte Grigori seinen Besucher auf. »Siehst du die riesige Ansammlung von Menschen zu Fuß und zu Pferde? Auch Kamelkarawanen und ganze Züge von Ochsenkarren... Das sind lauter Steppenbewohner, und es gibt gar nicht so viele Boote, Fähren und Flöße, um sie alle so schnell, wie sie es wünschen, auf unsre Seite herüberzuholen. Und sie zahlen gut, fast ohne zu feilschen, mit Vieh, Häuten und anderen Dingen, um nur ja unverzüglich herüber- und weiterzukommen.«

Im ferneren Verlaufe des Gesprächs erfuhren Andrei und Wadim, daß bereits vor Wochen einmal eine größere tatarische Reiterarmee vor

---

1 Brodniki = Flüchtlinge aus den russischen Fürstentümern, die im Süden Rußlands umherschweiften und früher oder später meist in fremde Dienste traten.

2 Wildes (wüstes) Feld = die freien Steppen am Schwarzen Meer, südlich des Fürstentums Rjasan, dessen Grenzwachen gegen die Nomadenvölker (hauptsächlich gegen die Polowezer, die sich manchen Übergriff zuschulden kommen ließen) im Laufe der Zeit sich zu kleineren und größeren Siedlungen erweitert hatten, zu denen die Polowezer kamen, um Felle, Häute, Wolle, Hammel, Rinder und Pferde gegen Getreide oder Mehl und andere von ihnen benötigte Waren einzuhandeln.

Kiew erschienen sei und längere Zeit am andern Ufer Lager bezogen habe. Gesandte seien auf Booten herübergekommen und hätten an die Bojaren, die der Fürst ihnen entgegengeschickt, das Ansinnen gestellt, Kiew möge sich auf Gnade und Ungnade Batu-Khan unterwerfen, der sich dafür verbürge, daß keinem der Einwohner ein Haar gekrümmt würde; nur einen freilich sehr ansehnlichen Tribut würde er der Stadt auferlegen.

»Kann man denn aber diesen Tataren trauen?« meinte der Schmied.

»Doch wohl kaum... Wir haben uns jedenfalls auf einen solchen Vorschlag nicht eingelassen, und da sind die dann nach einer geraumen Zeit wieder abgezogen.«

»Freund Grigori«, fragte Andrei, »wenn nun aber – wie ich fürchte – in diesem Jahr der Winter zeitig hereinbricht und der Dnepr zufriert? Dann wäre es doch den Tataren ein leichtes, auf unsre Seite herüberzukommen – und was dann? Wie gedenkt ihr euch dann Batu-Khan gegenüber zu verhalten?«

»Ja, darüber machen sich alle Gedanken, unser Fürst, die Bojaren und die Bürger, und halten Beratungen über Beratungen ab... Doch was ist denn das für ein Bursche, den du da bei dir hast?«

»Das ist ein junger Mensch aus Nowgorod, der von Smolensk aus auf dem Floße mit mir hierhergekommen ist, um im Petschersker Kloster die Malkunst zu erlernen. Sprich und erklär es ihm, Wadim!«

»Da willst du dich wohl am Ende gar in eine Kutte stecken lassen, junger Mann?« fragte der Schmied mit einem Anflug von Mitleid sowohl als auch von Spott.

»Nein, beileibe nicht, bloß in einen Malerkittel. Deshalb möchte ich auch viel lieber irgendwo in der Stadt als im Kloster wohnen und nur zum Unterricht in die Malwerkstatt gehen.«

»Wenn du ein Quartier suchst, so kann ich dir helfen, indem ich dich zu meinem guten Freund und Nachbarn Kondrat, dem Töpfermeister, begleite. Aber er wohnt in der Oberstadt, hier in der Unterstadt hat er nur seine Werkstatt samt einem kleinen Laden, aber ganz in der Nähe. Laß uns gleich zu ihm gehn!«

Und der Schmied brachte Wadim und Andrei, der durchaus mitgehen wollte, zu seinem »guten Freund und Nachbarn«, einem schwarzbärtigen freundlichen Mann, der unter einem Schutzdach hinter seinem Ladentisch stand, auf dem zum Teil buntbemalte Töpferei-Erzeugnisse – Schüsseln, Krüge, Töpfe, Satten – in Reihen säuberlich zum Verkauf aufgestellt waren.

Der Schmied ging sogleich aufs Ziel los.

»Höre, Freund Kondrat«, sagte er, »könntest du nicht einen flinken, tüchtigen Gehilfen gebrauchen, der im Augenblick gerade kein Dach überm Kopfe hat? Er ist mit Andreis Floß aus Smolensk eingetroffen. Hast du nicht noch ein Plätzchen für ihn in deiner Hütte?«

Der Töpfer musterte den ihm vorgestellten jungen Mann prüfend, wobei er ein Auge zukniff.

»Na, was kannst du denn?« fragte er.
»Was du verlangst, das werd' ich tun«, entgegnete Wadim.
»Er ist ein braver, stiller Bursche«, legte sich nun auch Andrei ins Mittel, »der uns unterwegs manche Freude gemacht hat, indem er aus Ton kleine Bären, Rösser und andere Tiere knetete, einmal sogar einen Spielmann.«
»Wart ein Weilchen hier, bis ich meinen Laden geschlossen habe. Dann gehn wir zusammen zu mir nach Hause«, sagte Kondrat. »Und der Hund, da, das ist wohl deiner?«
Wadim blickte sich um. Tatsächlich, neben ihm stand ein zottiges Hündchen, mit dem er auf dem Floß manchmal gespielt hatte, und schaute ihn treuherzig und mit dem Schwanze wedelnd an, als verstünde es, daß von ihm die Rede sei.
»Hm«, brummte Wadim, »es scheint wirklich ganz so, als wär's jetzt meiner.«
Und er streichelte das Tier.
»Nun gut«, meinte der Töpfer. »Seit ich meine Hausfrau verloren habe, ist mir das ewige Alleinsein ohnehin zuwider. Zu zweit wird's gemütlicher und lustiger sein, denke ich; so habe ich bloß den Kater in der Hütte und die Tauben auf dem Dache... Den kleinen Kläffer da nimm ruhig mit...«
Von diesem Tage an wohnte Wadim in der Hütte des Töpfers Kondrat, der »Kläffer« aber fand Unterkunft in einer Hundehütte gleich daneben.
Am nächsten Tag begab sich Wadim in die am Südrande der Stadt gelegene Petscherskaja Lawra und verabredete mit den in der Malwerkstatt des Klosters arbeitenden Ikonenmalern oder Isographen[1], wie man sie damals nannte, alles, was mit dem Unterricht, den er bei ihnen nehmen wollte, zusammenhing.
Neben der Hütte des Töpfers stand, nur durch einen Flechtzaun getrennt, eine zweite, aus der Wadim oft Mädchenlachen und Gesang vernahm. Eines Tages wurde er auch der lustigen Sängerinnen ansichtig, zweier hübscher, kecker, halbwüchsiger Mädchen, die ihn dreist fragten:
»Du willst uns wohl auch so ein schweigsamer Nachbar sein wie dein Wirt? Oder bist du von Geburt stumm? Wir wünschen dir jedenfalls einen guten Tag!«
»Und ich erwidere euren Wunsch!« antwortete Wadim. »Doch wie kommt es, daß bei euch immer die Esse raucht, ihr selber aber seid niemals zu sehn?«
»Das ist dir auch schon aufgefallen? Ach, wir Armen haben eine sehr strenge Großmutter.«
»Und was tut denn diese gestrenge Großmama?«
»Sie bäckt Kringel und verkauft sie im Podol unten in der Kuchen- und Brotbudenreihe...«

---

1 Isograph = (veraltete) Bezeichnung für Maler von Heiligenbildern. Ikona (dtsch. Form: Ikone) = Heiligenbild.

»Und ihr, was tut ihr denn?«
»Wir helfen ihr bei der Hausarbeit und haben immer alle Hände voll zu tun.«
»Und wie heißt ihr denn?«
»Ich heiße Sofjiza, und meine Schwester heißt Smirenka. Und das da kannst du ja mal kosten!«
Damit reichten sie dem jungen Maler einen Kringel.
Plötzlich stieß Sofjiza einen leisen Schrei aus:
»Och, da kommt Großmutter!«
Und wie durch Zauber waren beide verschwunden.

Der Freund der Steppenbewohner

Ein langes, festes, geteertes Boot – im Volksmund »Dub«[1] geheißen – legte im Unterlauf des Dnepr am Steilufer an. Die Ruderer beziehungsweise Treidler, die sogenannten »Dubowiki«, lauter kräftige, muskulöse Männer in Hosen, deren Beine bis zum Knie aufgekrempelt waren, und in Hemden von derbem Stoff, die über der Brust offenstanden, sprangen an Land und schlangen das Haltetau um den Stamm einer knorzigen alten Weide, die sich mit ihren Wurzeln fest in den Uferhang verkrallt hatte. Der Haarschnitt der Männer, ihre Gesichter (obwohl sie von der Sonne fast schwarzgebrannt waren) und die ihnen an einer Schnur um den Hals hängenden Holzkreuzchen verrieten jedem Betrachter sogleich, daß es sich um Russen und Christen handelte, und das begriffen auch die paar Torki[2], die sich teils im dichten Röhricht verborgen hielten, um beim geringsten Anzeichen einer Gefahr sofort noch tiefer darin verschwinden zu können, teils aber auch, von ihrer Neugier verlockt, etwas weiter herausgewagt hatten.
Im Boot waren nur ein paar griechische Kaufleute zurückgeblieben; die übrigen Insassen waren ebenfalls ausgestiegen. An den langen, bereits vertrockneten Palmwedeln, die sie in den Händen hielten, und an dem hohen Holzkreuz, das einer von ihnen trug, sah man gleich, daß es sich um fromme Pilger und Pilgerinnen handelte, die von einer Wallfahrt ins Heilige Land über Zargrad zurückkehrten; sie hätten gar nicht erst

1 Dub = Eiche, also ein Boot aus Eichenholz. Von Dub abgeleitet ist das Wort Dubowik, Mehrzahl Dubowiki, das eigentlich die Bedeutung von Fährmann, Ferge hat, hier aber auf die Ruderer bezogen ist, die, wie sich zeigt, auch Treidler, d. h. Bootsschlepper (Burlaki) sind, wenn die Fahrt gegen den Strom geht.

2 Torki, häufig mit den später vorkommenden Berendeern unter dem Sammelnamen »tschornye Klobuki« (schwarze Kapuzen) zusammengefaßt, gehören zu den Turkstämmen, die zu jenen Zeiten in den Randgebieten des Kiewer Fürstentums nomadisierten. Das Wort »Berendeika« bezeichnet eine besondere Art Mütze, und vermutlich hat man auch den Berendeern ihren Namen wegen ihrer eigentümlichen Kopfbedeckung gegeben.

Psalmen in langgezogenen Tönen zu singen und im Sande niederzuknien brauchen, um, mit dem Gesicht gen Osten gewandt, unter tiefen Verneigungen ihre Gebete zu verrichten. Drei Frauen in langen Gewändern, den Kopf bis zu den Augenbrauen mit dunklen Tüchern umwickelt, hielten sich stets etwas abseits von den Männern, stimmten aber mit durchdringenden Stimmen in deren Psalmen ein. Als die Pilger mit Singen und Beten fertig waren, setzten sie sich neben dem Feuer nieder, das die »Dubowiki« inzwischen angezündet hatten.

Die Nomaden waren im Schilf untergetaucht, kehrten aber bald wieder zurück. Ihnen voran schritt langsam und würdevoll ein alter Mann, der auf dem Kopf eine ziemlich abgeschabte Fuchsfellmütze trug und in der Hand als Stab ein dünnes Baumstämmchen, dessen Wurzelstock zu dem gehörnten Kopf eines Fabeltiers zurechtgeschnitzt war, mit zwei eingesetzten roten Steinchen als Augen. Im Gürtel dieses Mannes stak ein kurzes breites Messer; die langen Zotteln seines grauen Haares waren zu einem Zopf geflochten, der ihm auf die Schultern herabhing.

»Ein Zauberer«, meinte einer der Dubowiki. »Ein Medizinmann«, setzte ein andrer hinzu.

»Nein, ihr Stammesoberhaupt!« widersprach ein dritter, der offenbar öfters den Unterlauf des Dnepr befahren hatte.

Hinter ihrem Ältesten trugen zwei Torki auf ihren Armen den abgezehrten, entkräfteten, mit einer verschlissenen schwarzen Mönchskutte bekleideten Körper eines silberbärtigen Greises, der anscheinend im Sterben lag. Sorgsam betteten sie ihn auf den weichen Sand neben dem Lagerfeuer, und einer schob ihm eine lederne Tasche als Stütze unter den Kopf. Die drei Pilgerinnen machten sich um den Sterbenden zu schaffen, falteten ihm die Hände auf der Brust und schoben ihm ein Kreuz mit drei Querbalken, das an einem Kettchen um seinen Hals hing, zwischen die mageren, fast durchsichtig blassen Finger.

»Es geht mit ihm zu Ende«, flüsterte eine der Frauen mit einem tiefen Seufzer.

»Ja, er liegt in den letzten Zügen«, bestätigte die zweite.

»Wieso denn?« widersprach die dritte. »Solche, die aussehn wie eine Reliquie, haben gewöhnlich ein zähes Leben. Wie viele Male hat man meinem Großvater nicht schon eine brennende Kerze zwischen die Hände gesteckt, und er hat noch volle drei Jahre gelebt, bloß auf dem Rücken liegend zwar, aber manchmal hat er sich doch aufgerichtet, wenn Pfannkuchen mit Stinten gebacken wurden...«

»Pfannkuchen mit Stinten?« fragte da unvermutet der wieder zu sich kommende Greis. »Bist du etwa gar vom Tschudski-See[1]?«

»Gewiß, von dort bin ich her, Großväterchen. Aus Talabsk, das in der Nähe von Pskow liegt. Du wirst es wohl wenigstens dem Namen nach kennen.«

---

1 Tschudski-See = Peipussee.

»Sicher kenn' ich es, und nicht bloß vom Hörensagen, bin ich doch am Talabsker See gewesen und wurde mit Pfannkuchen und Stinten traktiert von einer gewissen Praskowja, die mich aus Mitleid aufnahm und verbarg; denn ich war damals dem Bojaren Twerdilo Iwankowitsch in Pskow entflohen, einem fürchterlichen Wüterich, der seine Leibeignen fast zu Tode prügelte... Später ging ich nach Kiew und wurde Mönch...«
»Und weshalb hast du dich denn hier zum Sterben niedergelegt und nicht in der Heimat?«
»Ach, ich bin des ewigen Wanderns müde. Ich sehne mich nach Ruhe. Gern hätte ich die liebe Heimat noch einmal gesehn, doch das wird mir wohl nicht beschieden sein.«
Der Greis verstummte und sank wieder zurück in Reglosigkeit. Sein Mund stand halb offen, die Augen blickten starr.
Eine der Pilgerinnen flüsterte:
»Man muß unseren Vater Methodius herbeiholen, damit er die Sterbegebete spricht.«
Hastig lief sie zum Boot, kletterte hinein und rüttelte einen im Heck zusammengerollt auf der Seite liegenden, schwarzbärtigen Mann, der sich mit einem Halbpelz zugedeckt hatte, aus seinem tiefen Schlafe wach.
»Ermuntere dich, Vater Methodi, am Ufer drüben liegt ein Sterbender, der deiner bedarf. Aber beeil dich, sonst hat er seinen Geist aufgegeben, ehe du hinkommst.«
Sich die Lider reibend und das zerzauste lange Haar aus der Stirn streichend, richtete sich der unsanft Geweckte auf und ließ seine dunklen Augen erstaunt umherschweifen.
»Wohin hat uns denn der Herrgott geführt?« rief er. »Sind wir wirklich schon in der Heimat?... Dann sind wir ja dem Tode noch einmal entronnen, der auf dem Meere Katze und Maus mit uns gespielt hat...«
»Steh auf und folge mir!« drängte die Pilgerin. »Zeit zum Wundern hast du auch später noch. Jetzt bedarf der Sterbende deiner...«
»Welcher Sterbende?«
»Der greise Mönch.«
»Ein Mönch? Wo kommt der denn auf einmal her?«
»Die Steppenbewohner haben ihn zum Ufer getragen. Es wird wohl einer aus eurem Orden sein. Er wäre lieber in der Heimat gestorben, aber seine Kräfte werden wohl nicht mehr ausreichen für die weite Reise dahin.«
Der Mönch wollte sich erheben, fiel aber gleich wieder um, weil das Boot schaukelte. Er raffte sich abermals auf und nahm seine Sachen an sich: eine Ledertasche mit Schulterriemen und einen Stab aus Zedernholz vom Libanon, ferner einen Tonkrug und eine Holzschale, schließlich den alten Schafspelz, der ihm als Zudecke gedient hatte. Behutsam stieg er über andere Schläfer hinweg und ans Land, dort kniete er neben dem Sterbenden nieder und drückte eine seiner abstehenden Ohrmuscheln

dicht an dessen Lippen. Lange horchte er, dann stellte er sachlich fest: »Er schläft.«
Die Dubowiki, die sich inzwischen in einem Kessel eine Suppe gekocht hatten, machten sich daran, sie auszulöffeln. Von einem in der Nähe gelegenen Nomadenlager waren noch mehr Eingeborne herbeigekommen, darunter auch Kinder, und hatten sich niedergehockt. Mit glänzenden Augen verfolgten sie gespannt die Vorgänge am Ufer und sprachen dabei unter sich, zwar nur halblaut, aber heftig gestikulierend. Bei einem allzu lauten Ausruf eines der Dubowiki aber fuhren sie erschrocken in die Höhe und machten Miene davonzulaufen. Sie beruhigten sich jedoch gleich wieder, als sie sahen, daß der Ruf nicht ihnen gegolten hatte.
Als die Ruderer ihr Mahl eingenommen hatten, riefen sie alle Reisenden ins Boot zurück:
»He, ihr Pilger, nehmt schnell eure Plätze im Dub wieder ein! Es wird im nächsten Moment zu regnen anfangen. Legt euch gleich richtig hin und deckt euch zu. Denn während der Fahrt darf niemand im Dub umherlaufen.«
Alle eilten zum Boot. Nur der Sterbende und Vater Methodius blieben am Ufer zurück. Der letztere hatte ein zerfledertes Psalterium[1] aus der Tasche seiner Kutte gezogen und begonnen, in singendem Tonfall daraus vorzulesen.
Einer der Ruderer trat zu ihm hin und mahnte ihn:
»Was säumst du noch, ehrwürdiger Vater?«
»Siehst du denn nicht, daß der Greis stirbt?«
»So laß ihn ins Boot tragen. Es wird sich schon noch ein Plätzchen für ihn finden.«
»Nein, laßt mich hier in Ruhe sterben und begrabt mich nachher unter jenem Baum dort!« ächzte der Greis.
»Nein, darauf können wir nicht warten. Wir haben noch eine weite Fahrt vor uns ... Und du solltest lieber auch nicht hierbleiben an diesem öden Ort ... Dazu noch dieses Steppengesindel in der Nähe ...«
»Zum Sterben ist jeder Ort recht, und die Torki werden mir auch nichts anhaben, wenn unser Herrgott seine schirmende Hand über mich hält.«
»Nun, dann laß ihn liegen und folge du mir, Vater Methodius.«
»Nein, ich kann ihn unmöglich allein hier zurücklassen ... wie ein Tier des Waldes ...«
Der Ruderer zuckte die Achseln und ging zum Boot. Ehe er aber einstieg, sagte er noch:
»Es ist doch ganz einerlei, wo man ihn begräbt: ob hier, ob bei den Stromschnellen ... Zum letzten Male: Laß ihn uns ins Boot tragen!«
»Ich bleibe, bis er den letzten Atemzug getan hat!« entschied Vater Methodius und blickte wieder in sein Psalterium. »Nach Kiew komme ich notfalls auch zu Fuß.«

---

1 Psalterium = bibl. Psalmbuch.

»O nein, dazu ist der Weg zu weit und führt durch wilde Schluchten, wo sich lichtscheues Volk herumtreibt. Dann warte lieber auf den nächsten Dub, der bald hier vorbeikommen muß. Mit dem kannst du dann heimfahren.«
»Ich bin schon einmal in die Hölle hineingeraten, als die Tataren das Gemetzel in Rjasan veranstalteten, und doch heil wieder herausgekommen. Wovor sollte ich da noch Angst haben? Fahrt mit Gott! Glückliche Reise!«
Die Dubowiki lösten das Haltetau, nahmen das Schleppseil über die Schulter und zogen mit gemessenen Schritten das Boot stromaufwärts. Dazu stimmten sie ein rhythmisch sehr markantes, aber melodisch sehr eintöniges Lied an, nach dessen Takt sie ihre Schritte regelten. Zwei Dubowiki im Dub, einer mit einem Staken im Bug und einer mit einem langen Ruder im Heck, stießen das Boot von den Klippen ab und steuerten es in das Fahrwasser.
Die beiden Mönche blieben allein zurück. Der laut Lesende blickte von Zeit zu Zeit dem Sterbenden ins Gesicht und hielt dann im Psalmodieren inne, um den Atemzügen des Greises zu lauschen. Als der Dub den Augen entschwunden und nur noch der monotone Gesang der Treidler ganz entfernt zu hören war, kam der Älteste der Steppenbewohner wieder aus dem Röhricht hervor und kauerte sich neben den beiden Mönchen nieder, seinen Stab vor sich auf die Erde legend. Nach und nach gesellten sich noch einige Torki hinzu.
Ein junges Weib in einem weiten roten Gewand mit vielen bunten Glasperlen um den Hals trug einen Tonkrug voll Milch herbei. Zwischen ihr und dem Stammesältesten gab es ein leises Gemurmel, dann ließ sie sich zu Häupten des Sterbenden nieder, tauchte ihre Hand in den Krug und ließ die Milch von ihren Fingern dem Greise wie einem Säugling in den Mund tröpfeln. Die benetzten Lippen fingen an, saugende und schluckende Bewegungen zu machen.
Der Stammesälteste berührte mit den Spitzen seiner Finger den im Psalterium lesenden Vater Methodius bei der Schulter und sagte zu ihm, mit der Hand auf den Himmel weisend, nur das eine Wort:
»Tengri...«
Dann nach einer Weile ballte er die Hand zur Faust und fügte noch ein paar unverständliche Worte hinzu, wobei er dem Vater Methodius unverwandt in die Augen blickte.
Der Sterbende, der sie vernahm, flüsterte kaum hörbar:
»Er sagt: ›Tengri...‹ Das heißt in ihrer Sprache: Himmel... Er möchte, daß alle Menschen Brüder wären... wie die Finger einer Hand... Aber wenn es nötig ist, sollen sie sich zur Faust ballen... Ich habe drei Jahre unter ihnen gelebt und ihnen das Evangelium gepredigt. Und dieser alte Mann, der ihr Stammesoberhaupt ist, hat auch von mir das heilige Sakrament der Taufe empfangen, und dennoch ist er ein Heide und Zauberer geblieben, damit seine eigenen Götter nicht zornig auf ihn werden...«

Der Sterbende schwieg. Vater Methodius legte sein Psalmbuch beiseite, beugte sich über ihn und fragte:
»Sag mir, Vater, wem soll ich von deinem Tode Nachricht geben, falls es mir noch glückt, nach Kiew zu kommen? Soll ich im Petschersker Kloster Meldung machen?«
Mühsam flüsterte der Greis, sein letztes bißchen Lebensatem verbrauchend:
»Wenn du nach Kiew kommst, so such den Tysjazki[1] und Wojewoden[2] Dmitro auf. Sag ihm, der ihm wohlbekannte Hieromonach[3] Benjamin, jener, der während der letzten drei Jahre den ›schwarzen Klobuki‹ und den Torki das Wort Gottes gepredigt habe, sei altersschwach und gebrechlich von hinnen geschieden und wünsche ihm Glück und Segen zu künftigen Waffentaten; denn von hier seien schon fast alle Steppenbewohner westwärts geflüchtet, aus Angst vor den grimmen Tataren ... Doch wir Söhne Rußlands, im Besitz der ewigen Wahrheit und im Vertrauen auf Gottes Beistand, werden die Kraft haben, die wilden Horden zu überwältigen ... Die Unsern sollen sich nur wacker halten, und die himmlischen Mächte werden ihnen den Sieg verleihn!«

1 Tysjazki: Im alten Rußland hieß so der oberste Kriegsherr (später in Pleskau und Nowgorod der Verwalter der städtischen Polizei). Das Wort ist abgeleitet von Tysjatscha (Tausend), hat also wohl ursprünglich den Anführer von tausend Mann bezeichnet.
2 Wojewode = Heerführer, entspricht ursprünglich ganz dem ahd. herizogo = Herzog.
3 Hieromonach = Mönchpriester, Klostergeistlicher.

Achter Teil

Kiews letzte Stunde

Unruhe in Kiew

Der heiße trockene Sommer und der goldene Herbst des Jahres 1240 waren hingegangen, und während dieser ganzen Zeit hatte sich der ununterbrochene Strom der aus dem Wilden Felde fliehenden Nomadenstämme nicht vermindert, sondern noch verstärkt. Kiews Straßen waren verstopft von den Kamelkarawanen, Wagenzügen, Schaf- und Pferdeherden der durchziehenden Steppenbewohner, die es unaufhaltsam immer weiter westwärts trieb, in der Hoffnung, irgendwo hinter den Waldkarpaten ein neues Leben in Ruhe und Sicherheit anfangen zu können. Die Pferdehirten der Steppe mit ihren langen biegsamen Stangen, an deren oberem Ende die Fangschlinge befestigt war, mit denen diese Hirten etwa aus der Herde ausbrechende Tiere geschickt wieder einfingen, waren charakteristische Erscheinungen der Straßen und Gassen Kiews geworden.

Von Unruhe und Besorgnis getrieben, stiegen die Einwohner täglich mehrmals auf die Erdwälle und Mauern und spähten ängstlich in die blaue Ferne der Steppe jenseits des Dnepr. Wenn am Horizonte neue schwarze Punkte auftauchten, fragte man sich bang: »Sind es nun abermals neue Flüchtlingstrupps oder schon die Vortrupps von Batygas Streitmacht?« Und man atmete erleichtert auf, wenn die Näherkommenden sich als flüchtige Polowezer oder Angehörige anderer Nomadenstämme entpuppten.

»Was mag bloß draußen im Wilden Felde vorgehn?« fragte man sich mit einem tiefen Stoßseufzer. »Für welche Sünden will uns der Herrgott denn strafen? Wodurch haben wir eine solche strenge Strafe wie dieses furchtbare Unglück verdient?« – Und man räsonierte: »Wenn die Steppenbewohner, die doch höchst ungern ihre heimatlichen Weidegründe verlassen, so Hals über Kopf die Flucht ergreifen und wenn diese wilde Flucht gar kein Ende nehmen will, so muß man sich aufs Allerschlimmste gefaßt machen. Denn was sie forttreibt, das können nur die Tataren sein.«

Andere wollten es einfach nicht fassen.

»Sollten diese furchtbaren, erbarmungslosen Teufel wirklich bis vor unsere Stadt rücken, diese Tataren, die die russische Saleßja[1] heim-

1 Saleßja = Waldgebiet.

gesucht und gebrandschatzt haben? – Dann wäre es ja höchste Zeit, entweder ebenfalls das Weite zu suchen oder sich auf ihren Empfang vorzubereiten.«

In den engen kleinen Gassen der am Dnepr gelegenen Unterstadt gärte die Erregung am stärksten. Alle Schmiede hatten eilige Aufträge. Jeder Kiewer, ganz gleich, ob blutjung oder hochbetagt, brachte sein Schwert, seine Axt, seine Lanze oder sonsteine Waffe, um sie schärfen oder instand setzen zu lassen, und auch die durchziehenden Nomaden kauften, ohne zu feilschen, jedes Ding, was nur irgendwie zur Verteidigung brauchbar war.

Freilich gab es auch unter den Einwohnern welche, die sich den Ernst der Situation verschleiern und verhehlen wollten.

»Warum wollt ihr uns bange machen«, sagten sie zu den Nomaden, die auf den überstürzten Abzug des mächtigsten Polowezer Khans, des Khans Kotjan, hinwiesen und argumentierten, daß ein so hastiger Aufbruch doch wohl seine guten Gründe haben müsse. »Wenn es kein strenger Winter wird und der Dnepr nicht zufriert, so werden die Tataren gar nicht auf unsre Seite herübergelangen können.«

Ängstlichere Gemüter wendeten ein:

»Aber wenn der Nordwind zu blasen anfängt und der Strom zufriert, was dann? Dann sind die Tataren im Hui auf unserer Seite und überfluten das ganze Gebiet wie ein über seine Ufer getretener Fluß. Kein Haus werden sie verschonen, selbst die Keller ausplündern.«

Streitbarere Charaktere widersprachen:

»Was heißt: Sie werden alles überfluten? – Werden wir denn die Hände untätig in den Schoß legen und sie gewähren lassen?«

»Nicht einmal ein Fluchtweg wird uns dann mehr offenstehn!« jammerten die Feigen.

»Wir haben ja auch gar nicht die Absicht zu fliehn! Auf seinem Stück Heimaterde muß man leben und sterben können.«

Zum Glück brachte der Herbst keinen frühen Kälteeinbruch. Der Dnepr fror nicht zu, ja, die letzten Flöße aus dem Smolensker Gebiet erreichten unbehelligt Kiew und legten wie immer am linken flachen Ufer an. Die Flößer ließen sich zum Podol übersetzen und boten dort den Händlern die mitgebrachten Felle – Eichhörnchen, Hasen, Füchse und andere – zum Kaufe an. Früher wären sie ihnen aus den Händen gerissen worden. Jetzt aber mochte sie niemand haben.

»Wozu brauchen wir eure Felle, wenn wir nicht mal wissen, ob wir unser eignes Fell heil davontragen?«

»Ei, früh fangt ihr an, die Totenmesse zu singen«, spöttelten die Flößer. »Warum solche Angst vor den Tataren? Wir kennen sie, wir haben sie bei Perejaslawl gesehn und gejagt. Sie sind tapfer, wenn sie zu fünft über einen herfallen können. Aber wenn wir uns zusammenschließen und ihnen einen gebührenden Empfang bereiten, so werden sie unverrichteterdinge und mit langer Nase wieder abziehn müssen, wie sie vor Nowgorod haben abziehn müssen.«

Und aufgeregt und von den widerspruchsvollsten Empfindungen bestürmt, gingen die Kleinbürger und Handwerker auseinander und in ihre Häuser, wo sie im engeren Familienkreise mit den gleichen Befürchtungen und Besorgnissen sich ebenso vergeblich abquälten.

Im Schloß

Im Detinez[1] Kiews hielt vor dem Schloßportal ein Drushinnik[2] Wache, ein wahrer Hüne von Gestalt, und verwehrte mit seiner vorgehaltenen Hellebarde einem hohen, hageren Mönch den Zutritt ebenso eigensinnig, wie dieser darauf bestand.
»So laß mich doch hinein, du Unverständiger!« rief der Mönch und stieß zornig seinen Stab gegen die Erde.
»Mir ist gesagt worden: Der Großfürst hat strengstens befohlen, niemanden in den Schloßhof zu lassen, weder Berittene noch Fußgänger.«
»Aber von Angehörigen der Geistlichkeit hat der Großfürst kein Wort gesagt, nicht wahr?«
»Weder einen fahrenden Ritter noch einen wandernden Mönch... Ich lasse dich jedenfalls nicht herein.«
»So begreif doch nur, du Unbelehrbarer! Ich komme von weit her, vom Unterlauf des Dnepr, vom Meere her, und ich muß dem Großfürsten von dem Aufruhr, der dort unter den Steppenbewohnern herrscht, berichten. Und ich habe ihm noch andere furchtbare Dinge zu berichten, du aber stellst dich wie ein steinernes Götzenbild mir in den Weg und willst mich nicht durchlassen.«
»Nein, ich lasse dich nicht durch!« wiederholte stur der Drushinnik. »Fürst Danilo ist mit Vorbereitungen zu einer Reise beschäftigt, auf die er auch die Drushina mitzunehmen gedenkt.«
»Wenn der Großfürst abreisen will, desto dringlicher ist es für mich, ihn vorher zu sprechen. Ich habe ihm eine Botschaft vom Vater Benjamin, dem früheren Beichtvater des Wojewoden Dmitro, auszurichten.«
»Ich aber rate dir: Pack dich, ehe ein Unglück passiert! Hier kommst du sowieso nie und nimmer herein.«
In diesem Moment kam ein Reiter angesprengt, der sein schaumbedecktes kräftiges Pferd vor dem Portal zum Stillstand brachte. Sein Gefolge von etwa einem Dutzend berittener Krieger in voller Ausrüstung machte ebenfalls halt.
»Sei gegrüßt, Wojewode Dmitro!« salutierte der Drushinnik.
»Du auch, Stepan!« antwortete der Wojewode mit einer rauhen,

---

1 Detinez = Zitadelle oder Burg (Kreml).
2 Drushinnik = Angehöriger der Drushina, einer Freiwilligen-Kriegsschar (später entsprechend etwa unsrer Landwehr, ehedem aber auch Leibgarde, insbesondere während eines Feldzugs).

schallenden Kommandostimme. »Ist der Großfürst für mich zu sprechen?«
»Der Großfürst ist in der Gridniza[1] mit Vorbereitungen zu einer Reise beschäftigt«, gab der Drushinnik Auskunft und öffnete das Portal, um den Reitertrupp einzulassen.
»Zu einer Reise?« verwunderte sich der Wojewode. »Du meinst wohl zum Ausmarsch?«
»Der Großfürst wird es dir selber sagen. Wir wissen es nicht.«
Der Wojewode stieg ab, da vertrat ihm der hagere Kuttenträger den Weg.
»Erlaube mir ein Wort mit dir!«
»Sprich! Was willst du?«
»Da der Großfürst offenbar infolge seiner Reisevorbereitungen keine Zeit für mich hat, wäre ich dir sehr dankbar, wenn du mich wenigstens anhören wolltest.«
»So sprich, aber fasse dich kurz, denn auch meine Zeit ist bemessen.«
Ich komme von weit her, aus Zargrad und vorher noch aus der Heiligen Stadt Jerusalem. Bei der Fahrt auf dem Dnepr legte unser Boot unterhalb der Stromschnellen an, und da brachten Angehörige des Nomadenstammes der Tschornye Klobuki den sterbenden Hieromonach Benjamin ans Ufer...«
»Den Vater Benjamin? Denselben, der mein Beichtiger gewesen ist?«
»Denselben!«
»Und hast du mit den Nomaden gesprochen? Was haben sie vor? Sind sie uns freundlich oder feindlich gesinnt?«
»Eben davon wollte ich ja mit dem Fürsten reden. Sie erzählten von umherstreifenden tatarischen Spähertrupps, die mehrere Angehörige ihres Stammes entführt hätten. Feindlich sind sie uns bestimmt nicht gesinnt, denn sie sagten zu mir: ›Frage den Großfürsten von Kiew, was wir tun sollen. Ob wir hier bleiben oder wie die anderen Stämme auch zu den Ugern[2] ziehen sollen? Werden die Kiewer den Tataren Widerstand leisten, oder werden sie ihre Stadt verlassen und ebenfalls jenseits der Karpaten Schutz suchen?‹ «
»Dacht' ich mir's doch, daß hier schon Unheil gestiftet worden ist!« rief der Wojewode zornig. »Es fehlt eine starke Hand! Eine solche Festung aufgeben? Wer könnte denn daran denken? – Komm, laß uns gemeinsam zum Großfürsten gehn! Wie heißt du übrigens?«
»Methodius heiße ich und stamme aus Perejaslawl Saleßki.«
»Und Vater Benjamin? Ist er mit dir zusammen hierhergekommen?«
»Nein, dort in der öden Wildnis, wo er das Evangelium gepredigt hat, hat er in meinen Armen auch seine Seele ausgehaucht, und dort habe ich, seinem ausdrücklichen Wunsche entsprechend, auch seine sterb-

1 Gridniza = in den Palästen der früheren russischen Fürsten sowohl die Wachtstube als auch der Audienzsaal.
2 Ugern = Ungarn.

liche Hülle der Erde zurückgegeben. Das hat mich aufgehalten, sonst wäre ich gewiß schon viel früher hier eingetroffen. Ich habe meinen alten Gaul, den mir der Stammesälteste zusammen mit dem Opferaltar des Vaters Benjamin übergab, auf dem Wege hierher zuschanden geritten.«

»Erbarme dich, Herr, des armen Vaters Benjamin und erquicke seine Seele in den Gefilden des Paradieses!« sprach der Wojewode andächtig und bekreuzigte sich. »Du aber geh doch lieber jetzt nicht mit mir zum Fürsten, sondern zum Vorsteher der Zehentkirche[1] und sag ihm, ich, der Tysjazki Dmitro, hätte dich geschickt. Er wird für deine Unterkunft sorgen.«

Damit übergab der Wojewode die Zügel seines Rosses dem Drushinnik und trat in den Schloßhof.

Vorbei an einigen salutierenden Drushinniki schritt der Wojewode die Treppe zur Gridniza hinauf. Es war ein ihm wohlvertrauter Raum mit Eichenbänken längs der Wände, einem langen, mit Samt bedeckten Tisch... Alles genau noch so wie sonst.

Nur mehrere Wandtischchen, auf denen früher goldene und silberne Schalen, Becher, Humpen und Pokale, von Geschlecht zu Geschlecht vererbte Kostbarkeiten, gestanden hatten, waren jetzt leer. Auch die Jagd- und Kriegswaffen und Trophäen, die ehemals die Wände geschmückt und dem Beschauer von siegreichen Kämpfen und erfolgreichen Jagden erzählt hatten, hingen jetzt nicht mehr da.

›Warum wohl?‹ fragte sich der Wojewode, der beim Eintritt sich den langen Hängeschnurrbart glatt gestrichen und dann ehrfürchtig und fromm sich vor den in der vorderen Ecke hängenden silbergefaßten Heiligenbildern verneigt und bekreuzigt hatte.

Während Dmitro noch in düstere Gedanken verloren dastand, fanden sich mehrere vom Großfürsten zu einer Audienz berufene Bojaren und vornehme Bürger ein, die, nachdem sie den Heiligen und dem Wojewoden ihre Reverenz erwiesen, auf den Bänken Platz nahmen und leise untereinander sprachen, bis sie von einem jungen Diener unterbrochen wurden, der durch die in die inneren Gemächer führende Tür herein und zum Wojewoden trat, um ihm auszurichten, der Großfürst sei leider im Augenblick durch anderweite Geschäfte verhindert, sich ihm zu widmen.

»Ich habe keine Lust, meine Zeit an dich zu verschwenden«, sagte der Wojewode. »Lauf zum Großfürsten und richt ihm aus, ich sei eigens vom Wilden Feld hereingekommen, um mit ihm unaufschiebbare Dinge zu besprechen.«

»Das wird nicht möglich sein. Der Großfürst möchte in seinen Geschäften nicht gestört und beunruhigt werden.«

---

1 Zehentkirche = eine von Wladimir dem Großen (980–1015 Großfürst von Rußland) in Kiew erbaute Kirche, der er den zehnten Teil seiner Einkünfte angewiesen hatte.

»Beunruhige du mich nicht!« polterte Dmitro los. »Du meldest unverzüglich dem Großfürsten, daß ich hier auf ihn warten und nicht eher fortgehen werde, als bis ich ihn gesprochen habe!«
Damit gab er dem Diener einen so heftigen Stoß, daß dieser gegen die Tür taumelte, hinter der er sofort verschwand.
Erstaunt erhoben sich die Bojaren und Bürger und näherten sich dem Wojewoden, der mit auf dem Rücken verschränkten Armen finster brütend dastand.
»Was hat deinen Sinn so verfinstert, Wojewode Dmitro?« fragten sie.
»Das werdet ihr gleich erfahren. Geduldet euch, bis der Großfürst erscheint.«
»Sag doch wenigstens ein Wort!«
»Ein Wort?« Der Wojewode maß die Bojaren mit einem düsteren Blick. »Krieg! – Jawohl, Krieg, und wie auf Flügeln des Sturmes braust er auf uns zu.«
Erblassend tauschten die Bojaren untereinander Blicke.
»Das verhüte Gott! Krieg! Das wäre ja ein entsetzliches Unglück!« riefen sie.
Die Flügel der Tür taten sich auf, und herein trat schnellen Schrittes ein stattlicher, schöner Mann – der Großfürst Danilo Romanowitsch. Vor Dmitro, der ihm, die Hand am Schwertknauf, fest in die Augen sah, blieb er stehen und sagte zwar leise, aber sehr ungehalten:
»Weshalb kommst du hierher? Um das Volk unnötig in Unruhe zu versetzen? Ist das klug und richtig? Selbst wenn uns wirklich ein Unheil drohen sollte, müssen sich die Wojewoden in einer geheimen Beratung darüber schlüssig werden, welche Maßnahmen zu treffen sind, und sie dann möglichst unauffällig ins Werk setzen. So aber wird die Einwohnerschaft zur Wetsche[1] zusammenströmen, es wird sinnlos gelärmt und sinnlos geredet und nichts dadurch bewirkt werden; denn könnten wir ihnen auf ihre Fragen Rede und Antwort stehn?«
»Ja«, kam es langsam von Dmitros Lippen, »man muß die Einwohner der Stadt zur Wetsche zusammenrufen, und wer weiß: vielleicht zu Kiews letzter Wetsche ...«, setzte er düster hinzu.
»Wieso zur letzten?« fragte der Fürst, überrascht einen Schritt zurückweichend. »Und warum überhaupt? Warum unnütz das Volk erschrekken? Kiew rüstet sich zur Verteidigung und wird jedem Angriff standhalten, bis Hilfe kommt. Um uns diese Hilfe zu sichern, habe ich bereits meine Vorkehrungen getroffen: Ich habe Eilkuriere an die Könige von Polen und Ungarn geschickt und sie durch ein Handschreiben ersucht, uns mit ihren Streitkräften Beistand zu leisten.«
»Das werden sie gerade tun!« riefen die Bojaren und Bürger. »Wenn wir uns darauf verlassen wollen, dann sind wir verlassen!«

---

1 Wetsche = altrussische beratende Volksversammlung, eine Art Thing, insbesondere von Nowgorod und Pskow, einberufen bzw. eingeläutet durch die Wetscheglocke.

»In Stunden der Gefahr soll man sich nur auf sich selbst verlassen!« sagte der Wojewode eindringlich und bedeutungsvoll.

Die Türflügel öffneten sich ein zweites Mal, um eine schöne schwarzäugige Dame hereinzulassen, die Großfürstin Anna, Danilos Gemahlin, die auf der Schwelle stehenblieb und mit wohlklingender Stimme freundlich fragte:

»Worüber ereifert man sich denn hier? Was hat dich so erzürnt, Danilo?«

Der Wojewode verneigte sich tief vor der Großfürstin und sprach:

»Gott schütze dich, durchlauchtigste Herrin! Vergib, daß ich der Überbringer schlimmer Nachrichten bin. Ich war eben dabei, dem Fürsten Danilo zu erklären, warum die Bereitschaft zur Abwehr des Feindes auch nicht um einen einzigen Tag, nicht um eine einzige Stunde hinausgeschoben werden darf.«

»Begib dich in deine Gemächer zurück, Anna«, sagte der Großfürst. »Das sind Männer- und keine Frauenangelegenheiten.«

»Gestatte mir dennoch hierzubleiben, mein Freund! Ich will und muß alles wissen. Wenn Unglück oder Unheil von Feinden droht, dann werden die russischen Frauen an der Seite ihrer Männer stehn. Und jetzt beruhige dich, Danilo!«

Sie trat zu ihrem Gemahl und schmiegte sich an seine Schulter.

Schon wesentlich ruhiger und gefaßter wendete sich Danilo an Dmitro:

»Sage mir aufrichtig: Ist das Unheil, das unserer Stadt Kiew droht, wirklich unausbleiblich, unvermeidlich?«

»Mit Wolfssprüngen nähert sich Batyga unsrer Stadt.«

Mit einer verzweifelten Gebärde griff sich die Fürstin an den Kopf, hatte sich aber gleich wieder in der Gewalt und fragte:

»Danilo, warum forderst du die Herren nicht auf, Platz zu nehmen und in Ruhe anzuhören, was der ruhmreiche Wojewode zu sagen hat?«

Der Fürst nahm auf einem Sessel an der Stirnseite des Tisches Platz und neben ihm die Fürstin, ihm gegenüber der Tysjazki, auf den Bänken ringsherum die Bojaren und Bürger.

»Kann man sich wirklich auf die Hilfe der Könige von Polen und Ungarn verlassen?« fragte der Wojewode. »Sind die Polen und Madjaren wirklich gesonnen, Schulter an Schulter mit uns Russen gegen die Tataren zu kämpfen?«

»Um das in Erfahrung zu bringen, bin ich ja eben im Begriff, zu König Bela zu reisen.«

»Und wir? Was sollen wir inzwischen machen?« fragte einer der Bojaren. »Bis die Ungarn und Ljachen[1] hier eintreffen, werden wir längst den ersten und, wer weiß, vielleicht auch schon den letzten Sturmangriff der Tataren ausgehalten haben, um nicht zu sagen: ihnen erlegen sein.«

»Nein, ihr werdet euch unter dem Kommando des Wojewoden Dmitro wacker halten, bis ich mit einem Entsatzheer zurück bin. Die Mauern und Wälle der Stadt sind stark und fest, und durchs Tor werdet ihr die

---

1 Ljachen = abschätzige Bezeichnung für die Polen.

Tataren ja wohl nicht hereinlassen. Sie werden eine Zeitlang vor Kiew liegen und dann wieder abziehn.«

»Wir werden schon unsern Mann stehn, aber es heißt, Batygas Heer sei so groß, daß niemand die Zahl seiner Krieger anzugeben vermag. Er braucht darum nicht mit Männern zu sparen und wird so lange stürmen, bis er eine Bresche geschlagen hat, durch die dann die wilden Horden hereinströmen.«

Fürst Danilo sagte:

»Ich übertrage das Kommando und die Verantwortung dem erfahrenen Wojewoden Dmitro. Er wird wissen, was in entscheidenden Momenten zu tun ist. Ich aber werde mich auf schnellstem Wege zu König Bela begeben, um ihn zu veranlassen, mit seinem ganzen Heere und mit den Reiterscharen des Polowezer Khans Kotjan der Stadt Kiew zu Hilfe zu kommen.« Er wandte sich den Bojaren zu: »Nun muß ich euch verlassen, die Pferde draußen stampfen schon.« Und zu seiner Gemahlin: »Geh, Anna, und mach dich fertig.«

Die Fürstin hatte ihr Gesicht mit den Händen bedeckt und flüsterte mit bleichen Lippen:

»Gott, was für eine furchtbare Zeit!«

Der Großfürst erhob sich und umarmte schweigend den ebenfalls aufgesprungenen Wojewoden und küßte ihn. Doch Dmitro ließ Kuß und Umarmung stumm und finster über sich ergehen.

›Ob er wirklich willens ist, zurückzukehren? Und gar an der Spitze eines Heeres?‹ fragte er sich. Und die gleiche Frage mochten sich wohl auch alle übrigen stellen.

Vom Hof herein tönten Rufe:

»Aufsitzen! Wir brechen auf! Vorwärts!«

Mit einer Abschiedsgebärde verließ der Fürst, seiner Gemahlin den Arm reichend, den Raum, in dem Totenstille herrschte.

Dmitro trat zum Fenster und beobachtete, wie der Großfürst, nachdem er seiner Gemahlin in einen Wagen geholfen, sich in den Sattel schwang und zum Portal hinaussprengte.

Als der ganze Zug außer Sicht war, drehte Dmitro sich zu den Bojaren und Bürgern um und sprach leise, aber eindringlich:

»Wir wollen Kiew bis zum letzten Atemzug verteidigen, und sollte auch ein jeder von uns auf den Mauern der Stadt sein Leben lassen müssen.«

»Richtig, gewiß, das wollen wir!« riefen die anderen zustimmend. »Wir wollen die Mutter der russischen Städte ebenso tapfer verteidigen, wie unsere Väter und Vorväter, von deren Blut jeder Fußbreit Boden getränkt ist, es zu ihrer Zeit getan haben.«

Nach einer lange währenden Beratung gingen alle auseinander, fest entschlossen, Leib und Leben auf dem Altar des Vaterlandes zu opfern.

Die letzte Wetsche von Kiew

Ende November dieses furchtbaren Jahres riß an einem frühen Morgen die Wetscheglocke, deren Klang infolge eines leichten Sprungs im Metall sich von dem volleren Wohlklang der anderen Kirchenglocken deutlich unterschied, die Kiewer Bürger aus ihrem Schlaf und forderte sie durch ihr ausdauerndes, beharrliches Geläut auf, sich ohne Zögern auf dem Platz vor der Kirche der heiligen Sophia einzufinden, um dort in der Volksversammlung über unaufschiebbare Angelegenheiten des Gemeinwesens zu beraten und zu entscheiden. Alle spürten dem stürmischen Geläut an, daß es sich um ungewöhnliche Dinge handeln mußte.
Trotz der Morgenfrühe war Wadim, wie immer, bereits in seiner Werkstatt im Höhlenkloster tätig. Am Abend zuvor hatte ihm sein Lehrer wieder einmal eingeschärft:
»Beim Kopieren oder Malen eines Heiligenbildes darf man sich keine eigenwilligen Freiheiten erlauben, sonst zerstört man den auf der Weihe der Überlieferung beruhenden Eindruck des Altehrwürdigen.«
Infolgedessen hatte Wadim sich in die angestrengte Betrachtung eines Bildes des heiligen Wlassi versenkt und dann mit größter Genauigkeit jede Runzel, jedes Fältchen, jede Haarsträhne des herben, strengen Märtyrerantlitzes wiedergegeben.
»Darüber werde ich selber noch zum Märtyrer werden!« seufzte er.
Da kam einer seiner Mitschüler, der junge Novize Kasjan, hereingeeilt und rief ihm zu:
»Leg die Pinsel jetzt beiseite! Hörst du nicht die Wetscheglocke, die die Einwohnerschaft zur Volksversammlung auf den Sophienplatz ruft? Komm mit, ich werde dich auf einem abkürzenden Seitenweg gerade zu einer Stelle führen, von wo aus der ganze Platz zu überblicken ist.«
Nachdem sie den Segen ihres Lehrers erbeten hatten, machten die Jünglinge sich auf den Weg. Zu beiden Seiten der verschneiten engen Gasse zogen sich Flecht- und Bretterzäune hin, hinter denen die kahlen Wipfel von Bäumen und Stroh- und Schilfdächer der geweißten Hütten zu sehen waren. Aus den von blaugrauen Tauben umflatterten Lehmschornsteinen stieg starker Rauch auf, vermutlich ein Zeichen, daß die Hausfrauen dem Geschäft des Brotbackens oblagen. Durch eine offene Gartenpforte stürzten sich bellend und knurrend zwei Köter auf eine zornig fauchende Katze, die ihr Fell sträubte, sich aber im letzten Moment durch einen Sprung auf den Zaun vor ihren Angreifern in Sicherheit brachte. – Ein Idyll!
Jedoch schon beim Einbiegen in die nächste Straße merkten die beiden Jünglinge, daß dieses Idyll gestört worden war: Haustüren und Gartenpforten schlugen laut zu, Männer aller Altersstufen hasteten, die Schöße ihres Pelzes übereinanderschlagend, die Straße entlang, alle dem gleichen Ziele zu.
»He, Wadim, komm zu uns!« wurde der junge Maler angerufen. »Hier triffst du Landsleute!«

Es war Andrei, der Flößer, der, einen ledernen Quersack über der Schulter, eine Holzfälleraxt im Gürtel, ruhig und zuversichtlich wie immer, zusammen mit dem Schmied Grigori ging.
»Hast du die Tataren schon gesehn?« fragte der Schmied nach der Begrüßung.
»Was für Tataren? Sind denn Gefangene eingebracht worden?« wunderte sich der Malschüler.
»Schau einer die liebe Unschuld an!« spöttelte der Flößer. »Da mußt du erst mal welche fangen. Folge mir, ich werde dir gleich was zeigen!«
Andrei führte seine jungen Freunde durch ein Seitengäßchen auf einen mit uralten Linden bestandenen Hügel, wo sich im Sommer gewöhnlich die Jugend zu munterem Reigentanz zusammenfand. Jetzt aber war es hier oben winterlich still, kahl und leer. Desto weiter aber eröffnete sich der durch nichts behinderte Fernblick auf die Steppen jenseits des Dnepr.
»Schau mal dorthin! Siehst du die vielen schwarzen Rauchfahnen über dem Röhricht?«
»Ja. Brennt es dort?«
»Da wärmen sich die Tataren an ihren Lagerfeuern.«
Auf der unendlichen gleißenden Schneefläche flatterten noch viele solcher Rauchfähnchen, die von Windstößen immer wieder nach einer Seite hin geweht wurden. Unzählige schwarze Pünktchen, die wie Mohnkörnchen über die ganze Steppe ausgestreut waren, bewegten sich langsam, doch unentwegt auf Kiew zu.
»Und die schwarzen Punkte, die dort überall verstreut sind, was ist das?« fragte Kasjan.
»Das eben sind die Tataren. Gestern abend sind ihre ersten Spähtrupps ganz dicht vor unsern Stadtmauern aufgetaucht.«
Andrei sagte das mit solcher Ruhe, daß Wadim und Kasjan ihn erstaunt ansahen. Aber auch in seinem Gesicht waren keine Anzeichen von innerer Unruhe zu merken. Es blieb ebenso unbewegt, wie es bei Sturm und Unwetter gewesen war, wenn Andrei auf dem vordersten Floß gesessen und mit seinen kalten grauen Augen die brausenden Wellen des Dnepr beobachtet hatte.
Nur ein nachdenklicher Schatten huschte über sein braunes Gesicht, als er leise – wie zu sich selber – sagte:
»Ob es mir unter diesen Umständen vergönnt sein wird, meinen Andrjuschka noch mal zu sehn, das weiß Gott allein.« Er stieß einen schweren Seufzer aus und fuhr dann munterer fort: »Jetzt aber laßt uns eilen, damit wir nichts von der Versammlung verpassen!«
Da die vier ihre Schritte verdoppelten, erreichten sie bald den großen Platz vor der wegen ihrer byzantinischen Malerei hochberühmten Sophienkathedrale, die vor etwa zweihundert Jahren von dem Fürsten Jaroslaw dem Weisen erbaut worden war und seitdem einen Hauptanziehungspunkt für Pilger und Bettler aus ganz Rußland bildete.
Der große Platz vor der Kathedrale war das ganze runde Jahr über ein

Sammelpunkt des Handels. Ausländische Kaufleute brachten ihre besten Waren hierher: die Bulgaren ihre kostbaren Rauchwaren, die Deutschen ihre guten Tuche und schönen Bernsteinschmuck, die Madjaren ihre edlen Pferde, die Polowezer ihre Felle und Häute, auch Vieh aller Art, Kaufleute von der Krim Weine und Salz, ferner aromatische Kräuter und billige Baumwollgewebe. In Stunden großer Entscheidungen aber diente der Platz dem Volke von Kiew als Wetsche- oder Thingplatz, und dann trafen sich hier Menschen, die sich vielleicht schon jahrelang nicht mehr gesehen hatten.

»He, Freund Andrei!« rief es aus einem Häuflein von Männern, die es sich auf einem Holzstapel bequem gemacht hatten, dem Flößer entgegen. »Komm zu uns, hier triffst du alte Bekannte!« –

Vor einer Woche etwa waren in Kiew die ersten Flüchtlinge aus Tschernigow und Perejaslawl eingetroffen, mit nichts weiter, als was sie am Leibe trugen, die rußbeschmierten Gesichter, Arme und Beine, ja am ganzen Körper voller Brandwunden. Unter Verwünschungen und Tränen erzählten sie, wie die Tataren nach Erstürmung der Stadt bei ihnen gehaust und alles niedergemetzelt hatten, was ihnen vor die Klinge kam, ohne Rücksicht auf Alter und Geschlecht ihrer Opfer, ebenso tierisch grausam gegen Greise wie gegen Säuglinge.

Zuerst hatten die Kiewer das Unfaßbare einfach nicht fassen wollen, dann aber, als sie sich der traurigen Wahrheit nicht länger verschließen konnten, hatten sie ihrer Empörung Luft gemacht:

»Der Herrgott wird die Bösewichter dafür strafen! Es gibt noch eine Gerechtigkeit auf dieser Welt! Wir haben einen Ilja Muromez[1], einen Dobrynja Nikititsch und einen Swatogor-Bogatyr[2] gehabt, und aus unsrer Mitte werden neue Helden erstehen und die heidnischen Tataren zu Paaren treiben!« –

Inzwischen hatte sich der große Platz mit Männern gefüllt, die, in weitem Halbkreis aufgestellt, einen genügenden Raum vor der steinernen Treppe der Kathedrale frei ließen, der für den Fürsten, die Heerführer und für die Bojaren seit alters reserviert war.

Jetzt öffneten sich die Flügel des großen Kirchenportals, man vernahm weihevollen Chorgesang, und heraus trat die Geistlichkeit: zuerst die Sänger in langen, bis auf die Füße herabfallenden Chorhemden, hinter ihnen, silberne Räucherfäßchen schwenkend, zwei Diakone mit Stentorstimmen, dann die Priester in Meßgewändern aus Brokat und schließlich, von zwei Knaben geführt und sich auf seinen langen Krummstab

---

1 Ilja Muromez = Elias von Murom, genannt der »Alte Kosak«, Held eines russischen Volksepos, das sich an den Fürsten Wladimir den Großen von Kiew knüpft. Bis zu seinem 30. Lebensjahr gelähmt, wurde Ilja plötzlich gesund und erlangte so große Kraft, daß er zahllose Heldentaten verrichten konnte.

2 Bogatyr = Held, Recke, Degen. Alle drei: Ilja, Dobrynja und Swatogor, waren solche sagenhafte Recken, vergleichbar unserm Siegfried oder Roland, nur von mehr bäuerlichem als ritterlichem Schlag.

stützend, der Metropolit[1] mit der hohen goldenen Mitra[2] auf dem Haupte.
Der Klerus nahm rechts vom Portal Aufstellung, die Bojaren und Kriegsleute links davon.
Durch das Volk ging ein Gemurmel und Geraune:
»Wo ist denn der Großfürst? Warum ist Fürst Danilo nicht da?«
Gewöhnlich trat der Großfürst gleich hinter dem Metropoliten heraus, umgeben von seinem Gefolge und einer Leibgarde in silberschimmernden Waffen. Aber heute ließ sich kein Fürst blicken.
Der Chor stimmte ein feierliches Gebet an, dessen traurige Melodie allen Zuhörern ans Herz griff. Als der Gesang zu Ende war, erschienen zwei Herolde auf der obersten Plattform der steinernen Treppe und geboten, nach entgegengesetzten Seiten sich wendend, Silentium.
»Männer von Kiew!« riefen sie mit schallender, durch ein Sprachrohr verstärkter Stimme. »Verhaltet euch still! Sogleich wird der ruhmreiche Wojewode Dmitro das Wort an euch richten!«
Die Nennung des respekteinflößenden Namens des von allen hochgeachteten Tysjazkis brachte die Menge mit einem Schlage zum Schweigen. Der Angekündigte trat vor und begann, nachdem er seinen langen Hängeschnurrbart durch die Finger gezogen hatte, zu sprechen:
»Es ist eine schwere, über unser aller Schicksal entscheidende Stunde, in der ich zu euch spreche, Freunde; aber wir müssen der Gefahr kühn ins Gesicht sehn, wie es sich für russische Männer ziemt...«
Ein hochgewachsener, sehr vornehm gekleideter Greis, der in der ersten Reihe unmittelbar vor dem Wojewoden stand, rief mit vor Erregung beinahe überschnappender Stimme:
»Aber wo ist denn Fürst Danilo? Ohne ihn können wir doch gar keine Entscheidung treffen, keinen Beschluß fassen! Man schicke nach ihm!«
Ohne auf diese Unterbrechung zu achten, fuhr der Tysjazki fort:
»Großfürst Danilo Romanowitsch hat Kiew verlassen. Vorher jedoch ließ er mich rufen und sprach zu mir: ›Der Tatarenkhan Batyga ist ein so gewaltiger Feind, daß wir allein nichts gegen ihn ausrichten können. Wir brauchen Beistand. Deshalb begebe ich mich zu dem mir befreundeten König Bela von Ungarn, um ihm zu erklären, daß nicht nur uns Russen, sondern allen Christenvölkern furchtbarste Gefahr droht. Das wird ihn und andere Könige veranlassen, uns Waffenhilfe zu leisten.‹ Er betraute mich mit dem Oberbefehl über die gesamte Streitmacht Kiews und befahl mir, die Stadt zu halten, bis er mit einem Entsatzheer uns zu Hilfe käme. – Doch außer dem Fürsten hat Kiew noch einen anderen, höheren Herrn, und das ist die Wetsche! Darum frage ich euch jetzt nach Altväterbrauch nach eurem Willen: Seid ihr bereit, mich

1 Metropolit = der oberste Geistliche einer Metropolitankirche, meist im Range eines Erzbischofs.
2 Mitra = Bischofsmütze, hohe mützenartige Kopfbedeckung aus goldbesticktem Seidenstoff mit zwei auf die Schultern herabfallenden Bändern (Infulae).

an die Spitze aller Streitkräfte Kiews zu stellen, und gebt ihr mir Vollmacht, alle zum Kampfe tauglichen Männer unter die Waffen zu rufen? Wenn die Wetsche mir diese Vollmacht erteilt, werde ich die Verteidigung der Stadt zu meiner Herzenssache machen, und eher soll mein Herz darüber brechen, als daß ich in meinen Bemühungen um unser Wohl nachlasse. Wie unsre Väter und Vorväter alle angriffslustigen Feinde zurück ins Wilde Feld gejagt haben, so wollen auch wir diese wilden Tatarenhorden in ihre Steppen zurückjagen.«

Über dem Platz lagerte für eine kurze Weile eine tiefe Stille der Nachdenklichkeit, dann ertönten einmütige Rufe:

»Wir sind einverstanden! Wir geben dir Vollmacht! Stell dich an die Spitze der Verteidigung, Dmitro! Wir kennen dich und vertrauen dir! Du wirst niemals zurückweichen, und wir werden zu dir stehn!«

Aus der Menge heraus trat jetzt ein Mann in fremdländischer geistlicher Tracht, schritt die Treppe hinauf zu Dmitro und flüsterte ihm etwas ins Ohr. Dmitro nickte zustimmend mit dem Kopfe und teilte den beiden Herolden mit, was sie dem Volke verkünden sollten.

»Männer von Kiew!« riefen die Herolde durch ihre Sprachrohre. »Gleich wird ein ausländischer Bischof, der Lateiner Joakim, zu euch sprechen. Erwägt seine Worte mit verständigem Sinn und gebt einmütige Antwort!«

Der sanfte Klang eines Glöckchens ertönte, und die Kirchenstufen hinan schritten gemessen und feierlich, einer hinter dem andern, zwölf Dominikanermönche in weißem Habit, über dem sie noch eine kürzere schwarze, um die Leibesmitte mit einem Strick gegürtete Kutte trugen. Ihre spitzen Kapuzen waren auf den Rücken zurückgeschlagen, die tonsurierten Köpfe also entblößt. Oben stellten sie sich in einer Reihe auf; ihr Prior trat in feierlicher Haltung vor und verharrte darin eine Weile mit zum Himmel erhobenen Augen und vorgestreckten Händen, in denen er ein großes silbernes Kreuz hielt. Zwei Knaben in weißen Chorhemden stellten sich rechts und links von ihm auf, und einer von ihnen ließ ein silbernes Glöckchen erklingen.

Mit honigsüßer Stimme begann der Prior in leicht singendem Tonfall und mit unüberhörbarem fremdem Akzent zu sprechen:

»Es sind jetzt schon zwanzig Jahre, daß ich zusammen mit den anderen Vätern aus dem römischen Kloster der Allerheiligsten Jungfrau Maria[1] hier unter euch in der hochberühmten Stadt Kiew lebe. Viele Einwohner dieser Stadt kennen uns und haben sich durch Erfahrung überzeugt, daß wir von innigster Freundschaft für die russischen Menschen durchdrungen sind. Stets haben wir den Bedürftigen geholfen, Hungernde gespeist, Kranke geheilt, Frierende erwärmt. Und deshalb trifft das entsetzliche Unglück, das über Kiew und Rußland hereinzubrechen droht, auch uns und nicht nur uns, sondern alle Christen. Als wir er-

---

1 Der Ordensgeneral der Dominikaner residierte im Kloster Maria sopra Minerva zu Rom.

fuhren, daß der furchtbare Heidenkönig Batyga mit seinem gewaltigen Heere im Anzuge sei, haben wir uns untereinander beraten, wie wir euch helfen könnten, und sind gekommen, euch zu sagen, was wir ersonnen haben.«

Durch die Menge brauste ein dumpfer Lärm, woraus man Sätze wie: »Was redet er da Unverständliches? Worauf will er eigentlich hinaus? Er soll sich gefälligst kürzer fassen!« heraushörte.

Als wieder Stille eingetreten war, fuhr der Prior fort:

»Unser Heiliger Vater, der römische Papst, hat uns Dominikanern den Auftrag erteilt, die dunkle Unvernunft der Heiden zu erhellen durch das wunderbare Licht, welches der sündigen Menschheit gebracht wurde von unserm Herrn und Heiland Jesus Christus. Dem Beispiel seiner heiligen Apostel folgend, sind wir ausgezogen in alle Welt, um das Wort Gottes in allen Zungen zu verkünden. Zu diesem Zwecke haben wir auch die Sprache der Kumanen erlernt. Und nun, in dieser über unser aller Schicksal entscheidenden Stunde, wollen wir der Stadt Kiew, die uns so lange Gastfreundschaft gewährt hat, dafür unseren Dank durch einen Liebesdienst erweisen. Wir haben uns überlegt: Gott hat uns durch seinen eingeborenen Sohn befohlen, uns untereinander zu lieben. Also haben wir uns gefragt: Warum dann mit den Tataren Krieg führen, Ströme unschuldigen Blutes vergießen? Wäre es nicht viel besser, mit Batu-Khan zu unterhandeln, ihm vorzuschlagen, den Streit friedlich beizulegen und künftig mit ihm in Freundschaft zu leben? Wir Dominikaner erbieten uns, als Unterhändler zum Tatarenkhan zu gehn und ihn auszuforschen, wodurch er sich versöhnen ließe...«

Ein Sturm der Entrüstung fegte über den Platz hin.

»Hört nur diesen zuckersüßen Liebediener Batygas an! Mit Batyga in Freundschaft leben? – Als ob das möglich wäre. Mach, daß du fortkommst, du verräterischer Römer! Wir brauchen dich nicht als Unterhändler!«

»Nein, wir werden nicht mit dem Feind unterhandeln!« rief der Tysjazki Dmitro mit seiner mächtigen Stimme über den Platz hin. Und zu dem Dominikanerprior gewendet, sagte er: »Was sprichst du da so spitzfindig von tatarischer Freundschaft? Wir haben sie kennengelernt – diese Freundschaft, sowohl auf den Trümmern von Rjasan als auch im niedergebrannten Susdal und auf den Mauern des zerstörten Wladimir. Hätte ich gewußt, wovon du zu uns zu sprechen beabsichtigtest, ich hätte dich gar nicht erst zu Worte kommen lassen. Entfernt euch, Väter, in Frieden! Mit unseren Feinden aber werden wir nicht mit honigsüßer Zunge, sondern nach unsrer Väter und Vorväter Art nur mit dem blanken Stahl in der Hand sprechen!«

»Fort mit den Römern! Hinweg mit ihnen!« gellte es aus der Menge. »Wo sind sie überhaupt hergekommen, diese eifrigen Speichellecker der Tataren?«

Der Tysjazki beschwichtigte den Aufruhr durch eine Gebärde und wartete dann, bis die Dominikaner, die ihre Schritte merklich be-

schleunigten, die Stufen hinuntergestiegen waren, ehe er sich wieder an die Versammlung wandte:
»Männer von Kiew! Was meint ihr? Wie sollen wir den Feind empfangen: demütig geneigten Hauptes oder mit erhobenem Schwert?«
Ein hochgewachsener und kräftiger, noch ziemlich junger Mann mit Rußflecken im Gesicht, seiner Kleidung nach ein Grobschmied, war auf einen Holzstapel gesprungen und ließ jetzt seine dröhnende Stimme über den ganzen Platz hin erschallen:
»Laßt mich meine Meinung sagen, Freunde und Mitbürger! Wenn unsre Väter und Vorväter vor keinem Feinde den Rücken gebeugt haben, wie könnten wir da die Tataren demütig geneigten Hauptes empfangen? Sie werden uns ja deswegen bloß verachten, unsere Äcker unter den Hufen ihrer Rosse zerstampfen, unsre Gärten verwüsten, unsre Hütten niederbrennen, morden und sengen, rauben und stehlen, unsre Frauen vergewaltigen und sie samt unsern Kindern in Gefangenschaft schleppen. Nein, uns bleibt nur ein Ausweg: wacker streiten für unsre Heimat, unsre Freiheit und unsern Glauben! Wir werden Kiew nicht übergeben, sondern es bis zum letzten Atemzug des letzten Mannes verteidigen, und unsre Frauen und Kinder werden wir gleichfalls unter den Kämpfern finden!«
Die ganze Versammlung geriet in hellen Aufruhr.
»So ist es! Wir wollen unsre Heimat verteidigen! Greift zu Schwertern und Äxten!«
Der Wojewode hob den rechten Arm. Die Herolde riefen:
»Seid still, Männer von Kiew, und hört zu!«
»Männer von Kiew!« rief Dmitro. »Verschließt eure Häuser und begebt euch alle auf die Mauern! Die Bewohner jeder Straße sollen sich zu einem Trupp zusammenschließen und an seine Spitze einen Ältesten stellen.«
Und schwungvoll schloß er seinen Appell:
»Haltet euch wacker, Männer von Kiew! Damit eure Enkel und Urenkel dereinst euer mit Stolz gedenken dürfen, als der Helden, die sich nicht vor dem grimmen, grausamen Batyga beugten, sondern ihm mannhaft standhielten! Und unsre Nachkommen werden sich ein Beispiel an uns nehmen und von uns lernen, wie man sein Leben auf dem Altar des Vaterlandes opfert!«
Von allen Seiten ertönten zustimmende Rufe. Schließlich vereinigten alle ihre Stimmen zu dem gemeinsamen Schwur: »Lieber wollen wir sterben, ehe wir Kiew übergeben!«
Von Stund an widmeten die Kiewer alle ihre Kräfte der Verteidigung der Stadt. Tag und Nacht arbeiteten sie an der Verstärkung der Befestigungen, errichteten Verhaue aus Balken und Steinen in den zu den Toren führenden Straßen, verrammelten die Tore und schafften große Kessel mit Wasser und Pech auf die Mauern und Wälle.
Auch aus den umliegenden Dörfern strömten noch viele Menschen nach Kiew, wodurch sich die Zahl der freiwilligen Kämpfer beträchtlich

erhöhte. Die Schwertfeger und Waffenschmiede, die Grob-, Eisen- und Blechschmiede hatten alle Hände voll zu tun mit der Anfertigung und Instandsetzung von Waffen und sonstigen Ausrüstungsgegenständen, und die Straßenältesten verteilten Schwerter, Spieße, Äxte, Pfeile und Bogen an solche Männer ihres Trupps, die nicht im Besitz von eigenen Waffen waren.

Vor Batu-Khans Zelt

Batu-Khan, nachdem er sein Zelt auf dem Ostufer des Dneprstromes hatte aufschlagen lassen, wartete geduldig ab, bis sich dessen Wasser mit einer dicken Eisschicht überzogen hatte. Eines Morgens saß er, in einen Pelz aus Tigerfellen gehüllt, auf einem Fellteppich vor seiner Jurte, umstanden von seinen Bahaduren, und beobachtete, wie ein Trupp mongolischer Reiter, die die Hufe ihrer Rosse mit Filz umwickelt hatten, sich dem Westufer näherten, um die Verteidiger der Stadt, die in Mengen auf den Mauern standen, mit Pfeilen zu beschießen. Als sich die Angreifer aber gar zu nahe an die Mauern heranwagten, tat sich ein Stadttor auf, und heraus sprengte ein Trupp russischer Reiter, die sich den Mongolen entgegenwarfen.
Ein wütendes Gefecht entspann sich auf dem Eise, in dem die Russen die Oberhand behielten. Die Überlebenden beider Parteien kehrten schließlich auf ihr Ufer zurück.
Batu-Khan befragte seinen bewährten Ratgeber in militärischen Dingen, den einäugigen Subudai-Bahadur, wie er sich den weiteren Verlauf der Belagerung von Kiew vorstelle.
»Ich sehe, daß es auch in Kyjuw tapfere Männer gibt«, sagte er, mit der Hand auf den Strom deutend, auf dessen Eisfläche sich die Kämpfer eben voneinander absetzten, »und es wird kein leichtes Stück sein, die gutbefestigte Stadt einzunehmen.«
Doch der finstere Subudai erinnerte ihn:
»Denke daran, daß auch Rjasan und Ultemir[1] gut befestigt waren und von tollkühnen Kämpfern verteidigt wurden und uns doch nicht auf die Dauer widerstehen konnten. Man muß die Stadt von allen Seiten einschließen und unaufhörlich berennen. Es wird sich dann schon eine Stelle finden, wo sich eine erste Bresche schlagen läßt...«
Gujuk-Khan, der grundsätzlich stets anderer Ansicht war (oder vorgab zu sein) als Batu und sein Atalik, meinte spöttisch:
»Damit brauchst du dich nicht allzusehr zu beeilen. Ich bin sicher, bald wirst du dir zu Füßen eine Abordnung an allen Gliedern schlotternder Bojaren sehn, die winselnd um Schonung flehn. Sie müssen doch sehn, wie unzählig viele wir sind... Sollte diese ungeheure Zahl ihnen nicht einen tödlichen Schrecken einjagen? Es lohnt sich wahrhaftig nicht,

---

1 Wladimir.

unnütz gutes mongolisches Blut zu vergießen, bloß um ein paar Wochen früher in den Besitz der Stadt zu gelangen. Man muß abwarten, bis der Hunger sie auf die Knie zwingt.«

»Du warst nie ein richtiger Feldherr und wirst nie einer werden«, tat Batu verächtlich den Einwurf ab. »Wo bleiben denn unsre Mauerbrecher, Subudai-Bahadur?«

»Die müssen bald hier sein«, beantwortete der hinzutretende Li Tun-Po die Frage. »Aber über den Eksi kann man sie nicht so ohne weiteres hinüberschaffen. Das wäre zu riskant. Man muß erst einen festen Laufsteg bauen. Sonst brächen sie infolge ihres Gewichts selbst durch die dickste Eisschicht und versänken auf den Grund des Stroms.«

Subudai erteilte einem der in der Nähe Wache haltenden Nuker eine Anweisung, und bald erschien am Ufer ein Haufen gefangener Kiptschaken, die, durch Speerstiche angetrieben, aus den am Ufer aufgestapelten Balken und Planken einen breiten Steg über den Fluß anlegten. Zwar verrichteten die in schmutzige Lumpen gehüllten Kiptschaken ihre aufgezwungene Arbeit nur widerwillig und schielten voll Groll zu ihren grausamen Antreibern hin, da sie aber wußten, daß ihnen bei Ungehorsam der Tod drohte, spannte sich schließlich doch der Steg von einem Flußufer zum andern.

Batu-Khan schien jegliches Interesse an den Vorgängen auf dem Eise verloren zu haben, denn er kümmerte sich nicht weiter darum, sondern stand auf, um seinen panthergleich gefleckten Hengst, der vor dem Zelte angepflockt war, mit mürbem Gebäck zu füttern, das er ihm auf der flachen Hand hinreichte. Dann flocht er die dichte seidige Mähne in viele kleine Zöpfchen, bloß um sie wieder aufzuflechten. Dabei behielt er jedoch alles scharf im Auge.

Eine zweite berittene Abteilung wurde hinübergeschickt aufs westliche Ufer. Aus einem nahe gelegenen Wäldchen brach eine größere Menge von Russen hervor und nahm kühn den Kampf auf. Man konnte in der klaren Winterluft sowohl von den Stadtmauern wie von Batu-Khans Zelt aus deutlich alle Einzelheiten des erbitterten Handgemenges verfolgen, ja sogar die krummen Tatarensäbel von den geraden Russensäbeln unterscheiden. Schließlich wurde auch dieser zweite Angriff von den Russen zurückgewiesen, und es ließ sich nicht länger bezweifeln, daß Gujuk-Khans Schlußfolgerung ein voreiliger Trugschluß gewesen war. Die Kiewer würden nicht um Schonung und Gnade winseln.

Inzwischen waren die Mauerbrecher und Wurfmaschinen im mongolischen Lager eingetroffen, und man ging sofort daran, zwei Katapulte und einen Rammbock über den Fluß zu schaffen. Dutzende von Ochsen zogen jede Maschine vorsichtig über den Steg, und Gefangene gingen mit Brettern nebenher, um sie an Stellen, wo das Eis brüchig schien, unter die Räder oder den Zugtieren unter die Hufe zu schieben.

Batu-Khan hatte, solange das Gefecht im Gange war, befohlen, einige von den Kiewer Kämpfern gefangenzunehmen. Sofort war ein gutes Dutzend von seinen Nukern übers Eis hinübergaloppiert, um die

Schlinge ihres Arkans[1] einigen der zu Fuß kämpfenden Russen über den Kopf zu werfen, sie mit einem kräftigen Ruck umzureißen und hinter sich her über das Eis zu schleifen. Alles das war im Hui geschehen, und ehe noch die Gefangenen wieder recht zu sich gekommen waren, lagen sie schon zu Füßen des Dschichangirs, der sie interessiert betrachtete. Unter Peitschenhieben richteten sich die Gefangenen mühsam und wankend auf, als erster ein besonders hochgewachsener Mensch, der sich zornig umblickte und nicht übel Lust zu haben schien, sich auch jetzt noch einmal auf seine Feinde zu stürzen und mit ihnen handgemein zu werden. Ein paar zusätzliche Hiebe aber brachten ihn zur Räson. Widerwillig und kurz angebunden beantwortete er die Fragen des Dolmetschers nach seiner Herkunft und seinem Gewerbe:
»Flößer aus Smolensk.«
»Wenn du aus Smolensk bist, warum kämpfst du dann hier für die Leute von Kyjuw?«
»Warum nicht? Es ist doch eine russische Stadt.«
Als der Dolmetscher dem Dschichangir die Antwort des Gefangenen übersetzt hatte, gebot dieser:
»Frage diesen Trotzigen, ob er auch in Nowgorod gewesen ist und den Konas Iskander kennt.«
»Gewiß war ich in Nowgorod. Und wer sollte den Fürsten Alexander, dessen Ruhm durch das ganze Abendland fliegt, nicht kennen?«
»Wieviel Krieger sind hier in Kyjuw? Aber sprich die Wahrheit, sonst wird man dir den Kopf abschlagen.«
»Wieviel Männer, soviel Kämpfer. Jeder hat zur Axt oder zum Speer gegriffen.«
Diese Antwort mißfiel dem Dschichangir. Da er aber dachte: ›Vielleicht ist der Mann geschickt in irgendeinem Handwerk?‹, beherrschte er sich und befahl bloß: »Dieser Frechling soll gefesselt meinem Baumeister Li Tun-Po übergeben werden. Aber wohlgemerkt: gefesselt! Ohne Fesseln entflieht so ein Trotzkopf.«
Der nächste Gefangene entpuppte sich als eine Frau. Sie war schwer verwundet und schon am Verbluten. Man versuchte, sie auf die Füße zu stellen, aber sie sank wieder zusammen. Auf dem Rücken liegend, starrte sie mit weitaufgerissenen Augen zum Himmel hinauf und zerbiß sich die Lippen, um ein Stöhnen zu unterdrücken.
»Weshalb hat man eine Frau hergeschleppt?« fragte Batu-Khan unwillig. »Ich hatte befohlen, Kämpfer gefangenzunehmen und nicht Weiber.«
»Bei den Russen kämpfen auch die Frauen Schulter an Schulter mit ihren Männern oder Brüdern«, erklärte einer von den Nukern, um sich zu rechtfertigen.
»Welch ein Volk!« brummte Batu-Khan und fügte hinzu: »Damit sie keine Söhne gebiert – Rächer an meinen Kindern und Enkeln –, gebt ihr den Rest!«

---

1 Arkan = Fangleine, Lasso der Steppenbewohner.

Der Nuker zückte sein Schwert und spaltete der Frau den Schädel. – Auf einer Waldwiese am flachen östlichen Ufer des Dneprs stand (gar nicht allzuweit von Batus großem Zelt) ein anderes Zelt, das ebenfalls einem Dschingisiden gehörte – nämlich dem Khan Gujuk, der auf einem mit Lederriemen verschnürten Ballen saß und hinüber zum steilen Ufer blickte, wo auf mehreren Hügeln die reiche Stadt Kiew sich ausbreitete, die ihm noch vor kurzem als eine leichte Beute und Quelle märchenhafter Bereicherung erschienen war.
Mehrere Tage schon dauerte die Schlacht um diese altberühmte Stadt, aber ein Sieg war bis jetzt noch nicht abzusehen. Zwar war es schon einmal einer mongolischen Abteilung (den »Tollwütigen« unter Anführung des Khans Jesun-Nochai) gelungen, durch eines der Tore in die Stadt einzudringen, und aufwirbelnder Rauch von angezündeten Häusern hatte den laut aufjubelnden Tataren draußen diesen ersten »Einbruch« in den äußeren Befestigungsgürtel verraten. Doch am zweiten Befestigungsgürtel waren die weiter Vordringenden von den verzweifelt sich wehrenden Kiewern aufgehalten und zurückgedrängt worden, obwohl Batu-Khan ihnen sogleich Verstärkung geschickt hatte.
Gujuk-Khans Aufmerksamkeit wurde von einem Zug russischer Gefangener gefesselt, die eben von Turgauden mit Peitschenhieben an seinem Zelt vorbeigetrieben wurden. Der Khan machte ihnen ein Zeichen, näher zu kommen.
In zerfetzten Kleidern, mit müden, trüben Gesichtern, zu Tode erschöpft, standen die Russen schweigend da.
»Sind Handwerksmeister unter euch, die Schmucksachen und andere kostbare Dinge anfertigen können?« fragte der Dolmetscher, nachdem er eine Weile mit Gujuk-Khan geflüstert hatte.
»Sag deinem Herrn, es sind keine solchen Meister unter uns«, antwortete der älteste der Gefangenen, ein schon ergrauter Mann mit breit wallendem Vollbart.
»Verschweigt nichts, sprecht die Wahrheit! Khan Gujuk schenkt euch das Leben. Man wird euch an die Ufer des Itils nach Ketschi-Sarai oder weiter noch nach Kara-Korum, der Residenz des erhabensten Kagans, schicken. Dort braucht man ebenfalls kunstfertige Arbeiter. Der Khan wird euren Eifer und eure Geschicklichkeit nach Gebühr zu schätzen wissen und euch entsprechend euren Arbeitsleistungen belohnen.«
»Wir sind keine Meister!« rief ein junger blauäugiger Bursche. »Verteidiger Kiews sind wir und sonst nichts weiter!«
»Wie, keine Meister? Keiner unter euch ist Meister?« zischte Gujuk-Khan, auf die Füße springend. »Es trete vor, wer ein Meister ist! Den andern der Tod, gleich hier auf der Stelle!«
Abwartend blickte er der Reihe nach auf die vor ihm stehenden Russen. Sie bekreuzigten sich inbrünstig, doch keiner meldete sich oder trat aus der Reihe.
»Schlag uns tot! Du bist ja der Stärkere – heute wenigstens – und hast

die Macht dazu... Unsere Kunstfertigkeit aber werden wir dem Feind nicht verkaufen!« sagte einer der Gefangenen, nach dem einer der Nuker schon die Schlinge seines Arkans auswarf.

Wadims Ende

Von der Volksversammlung eilte Wadim stracks zur Petscherskaja Lawra[1], um sich von seinem Lehrer zu verabschieden.
»Verzeih mir, Vater«, sagte er, »daß ich dir nicht immer ein sehr folgsamer Schüler gewesen bin und mich nicht genug um dich gekümmert habe; nicht einmal einen Holzvorrat für den Winter habe ich herbeigeschafft.«
»Vergib auch du mir«, erwiderte der greise Meister, »wenn ich manchmal ein zu strenger und ungeduldiger Lehrer gewesen sein sollte, ohne Verständnis für deine Eigenart.« Und er fuhr sich mit dem Ärmel seiner Kutte über die Augen. »Und wegen des Brennholzes gräme dich nicht. Wer denkt jetzt bei der allgemeinen großen Sorge an solche kleinen häuslichen Sorgen? – Wohin gehst du von hier aus?«
»Erst auf einen Sprung nach Haus, und dann werde ich zusammen mit meinem Wirt einen Posten auf der Stadtmauer beziehn.«
»Steht es wirklich schon so schlimm? Kiew hat doch schon Hunderte von Jahren[2] jedem Ansturm der Feinde getrotzt, und so Gott will, werden wir uns ihrer auch jetzt erwehren.«
Er erteilte dem Jüngling seinen väterlichen Segen und wünschte ihm Glück zum Waffendienst. –
Kondrats schilfgedeckte Hütte war fast bis zur Hälfte in die Erde hineingebaut und enthielt zwei Räume, einen zweifenstrigen, den der Töpfer, und einen einfenstrigen, den der Maler bewohnte. Beide wurden von einem großen runden Ofen erwärmt, der eine große Ecke im geräumigeren Zimmer einnahm. In Wadims Zimmer lagen in flachen Kästchen allerhand kunstgewerbliche Erzeugnisse, Metallschmuck von des jungen Malers Hand, der sich auch in diesem Kunsthandwerk eine

---

1 In der (Kijewo-) Petscherskaja Lawra (Lawra = Kloster ersten Ranges), das von Hilarion im 11. Jahrhundert gegründet wurde, lebten die Mönche in Höhlen (denn es war ein Höhlenkloster) als Anachoreten ein jeder für sich, weshalb auch ein jeder für sich sorgen mußte. Lawra (griech. Laura) = Straße, Stadtteil Petschersk ist der südliche Stadtteil Kiews, Podol (zu deutsch »Niederung«) am Ufer der den Uberschwemmungen ausgesetzte, niedrigst gelegene; die Altstadt, wiederum durch eine Mauer geschützt, liegt am höchsten.

2 Kiew, die »Mutter der russischen Städte«, soll von den Brüdern Kij, Schtschek und Choriw gegründet und nach dem erstern benannt worden sein. 864 wurde es von den Warägern eingenommen, 882 von Oleg zur Hauptstadt des Großfürstentums Rußland und später von Wladimir I. (dem Stifter und Erbauer der Wladimirkathedrale) zur Wiege des Christentums gemacht.

beachtliche Fertigkeit erworben hatte. Daneben standen die zur Arbeit notwendigen Geräte, Schmelztiegel, Gießformen, Farbtöpfchen und dergleichen mehr. Auch mehrere größere und kleinere Brocken durchsichtigen Bernsteins lagen in einer Schale.

Wadim traf seinen Wirt bei der Töpferarbeit an, und beide tauschten ihre Gedanken über den Verlauf der Wetsche aus.

»Da lebten wir nun friedlich dahin und wußten nichts von Angst und Not«, philosophierte der Töpfer, »und auf einmal muß man seine Arbeit im Stich lassen, weil es heißt: ›Marsch, auf die Mauern!‹ Nun ja, da kann man nichts machen. Also gehn wir morgen früh zusammen! Aufs Haus mögen mein Kater und dein Hund aufpassen.«

Er löschte das Feuer in seinem Brennofen, deckte mit feuchten Lappen die geformten Tongefäße zu und ging dann auf einen Sprung zu einem Nachbarn, um mit ihm noch einiges zu besprechen. Wadim saß währenddessen in tiefe Gedanken versunken, doch sie weilten schon nicht mehr in der Vergangenheit und bei seiner Kunst, sondern befaßten sich mit der ungewissen Zukunft.

In der Nacht konnten beide – der Maler wie der Töpfer – keinen Schlaf finden, sie wälzten sich unruhig von einer Seite auf die andre.

Am folgenden Morgen, nachdem sie sich gewaschen und ein reines Hemd angezogen hatten, nahm der Meister eine Tasche mit Brot an sich, steckte eine Axt in den Gürtel und gab seinem Mieter eine zweite. Draußen hängte Kondrat ein Schloß vor die Tür. An der Pforte des Nachbarhauses standen Smirenka und Sofjiza.

»Kommt ihr mit uns?« fragte Kondrat. »Der Aufruf gilt doch wohl allen. Nehmt einen Krug Wasser mit und reinliche Lappen zum Verbinden der Wunden!«

»Wir kommen später nach, denn wir müssen erst noch auf Großmutter warten. Wir machen uns schon Sorge, wo sie so lange bleibt.«

Die Tataren hatten die Stadt bereits von allen Seiten eingeschlossen. Das Leben der Einwohner war aus den Häusern auf die Straße verlegt worden. Die Bewohner des Podols waren in die höher gelegene Altstadt übergesiedelt, hatten aber bei weitem nicht alle Unterkunft gefunden. Wadim und Kondrat erstiegen gerade die Mauer, als mehrere lange Tatarenpfeile dicht an ihnen vorbeisausten und im Schnee steckenblieben.

»Deckung nehmen!« rief man ihnen von allen Seiten zu.

Irgend jemand hinter ihnen stöhnte auf:

»Verflucht, in die Schulter ist es mir gegangen!«

Wadim ließ sich durch die feindlichen Geschosse nicht beirren, sondern schaute gespannt in die Ferne. Er befand sich auf der inneren Mauer, die die Oberstadt umgab, und hatte infolgedessen eine weite Aussicht über den zugefrorenen Dnepr auf die Steppe.

»Was für eine Unmenge Tataren!« stammelte Kondrat betroffen. »Schau nur!«

Tatsächlich herrschte ein beängstigendes Gewühl auf dem gegenüberliegenden Ufer, unzählige Lagerfeuer rauchten; aber ein Gewimmel schwarzer Punkte am Horizont zeigte, daß immer noch neue Belagerungstruppen im Anmarsch waren und daß sich ein Ende dieses Zustroms vorerst noch nicht absehen ließ.

Wadim hatte sich von seinem Straßenältesten für kurze Zeit beurlauben lassen, um auf einen Sprung nach Hause zu laufen und dort nach dem Rechten zu sehen.
Freudig kläffend stürzte ihm der Hund entgegen, den sichtlich hungerte.
»Freilich, es ist ja keiner da, der dich füttern könnte«, sagte Wadim, das Tier streichelnd.
Jenseits des Flechtzaunes erblickte er die beiden jungen Mädchen, die, sich fortwährend gegenseitig ins Wort fallend, sich bei ihm erkundigten, was auf den Mauern und draußen vor sich gehe. Sie hatten sich noch nicht von zu Hause fortgewagt, weil ihre Großmutter noch immer nicht heimgekommen war.
Wadim verhehlte den Mädchen die Hiobsbotschaft, die er auf den Wällen erfahren hatte: daß nämlich die Großmutter ihre Kringel nicht auf den Markt, sondern auf die Stadtmauern gebracht hatte und daß sie dort von einem gutgezielten tatarischen Pfeil tödlich getroffen worden war.
Von dem Brot, das Wadim noch vorfand (mit einem sauberen Lappen umwickelt in einem großen irdenen Topf verwahrt), brach er sich die Hälfte ab, gab davon ein Stück dem Hund und steckte den Rest in seinen Busen. Dann rief er nach dem Kater, der sich aber nicht meldete. Noch einen letzten Abschiedsblick warf Wadim auf sein Zimmer und seine Malutensilien, dann hastete er hinaus, legte das Vorhängeschloß wieder vor, winkte den beiden Nachbarsmädchen einen Gruß zu und strebte mit eiligen Schritten wieder seinem Posten zu.
Plötzlich stutzte er. Ein ungewohntes Geräusch war an sein Ohr gedrungen: dumpfe schwere Stöße, die in regelmäßigen Abständen aufeinanderfolgten. Es waren die mongolischen Rammböcke, die ihre Zerstörungsarbeit schon begonnen hatten. Die Kiewer hatten ja nicht voraussehen können, wohin der Feind seinen massiertesten Angriff richten würde, der sie deshalb überraschend traf.
Eine entsetzte Stimme rief gellend:
»Die Tataren sind in die Stadt eingedrungen!«
Tatsächlich war es den Feinden gelungen, das Ljadski-Tor durchzubrechen. Wie eine unaufhaltsame Lawine stürmte die Reiterei des Feindes herein, und die Straße füllte sich mit den Leichen der Erschlagenen. Überall entbrannte ein hitziger Kampf zwischen den verzweifelt sich wehrenden Russen und den ungestüm vordringenden Mongolen. Wadim stürzte sich ins dichteste Handgemenge, wo er den von Feinden umringten Töpfermeister erspäht hatte, der sich die übermächtigen Angreifer mit seiner Axt kaum noch vom Leibe halten

konnte. Der sonst so stille und sanfte Jüngling, der sich bis zum heutigen Tage nicht hatte vorstellen können, daß er imstande sei, ein lebendes Wesen, gleichviel ob Mensch oder Tier, zu töten, versetzte mit seiner Axt einem mongolischen Pferd einen starken Hieb mitten auf die Stirn, so daß es wie vom Blitz gefällt samt seinem Reiter niederstürzte. Das Roß des nächsten Angreifers stieß gegen dieses unerwartete Hindernis und strauchelte. So fand Kondrat Zeit, aus dem feindlichen Ring auszubrechen. Er rief seinem Erretter irgend etwas zu, was dieser aber in dem tosenden Lärm nicht verstand.
Unversehens stürmte aus der nächsten Querstraße ein neuer mongolischer Reitertrupp auf ihn ein. Wadim sah für eine Weile nichts andres als zottige Pferdeköpfe, schlitzäugige Mongolenfratzen und blinkende Klingen. Er konnte im allerletzten Moment noch zur Seite springen und sich mit dem Rücken gegen einen Baum lehnen, da sah er den Reiter, der ihm am nächsten war, von einem Lanzenstich getroffen, hintenüber aus dem Sattel stürzen. Mit dem Fuß im Bügel hängend, wurde er von seinem weiterjagenden Pferd die verschneite Straße entlang geschleift.
Wadim hob geschwind das dem Gestürzten entfallene Schwert auf, da wurde er auch schon von hinten gepackt. Ein stoßweiser heißer Atem versengte ihm den Hals. Es gelang dem Maler jedoch, sich der eisernen Umklammerung zu entwinden und seinem Gegner mit dem Schwertknauf einen Schlag auf den Kopf zu versetzen. Im Umfallen riß der Mongole den Nowgoroder mit sich zu Boden. Wadim befreite sich jedoch, sprang auf und davon und glaubte sich schon gerettet, für diesmal wenigstens. Da durchbohrte ein langer Pfeil ihm die Brust. Ein Blutstrom quoll aus seinem Munde. Er griff in die Luft und fiel vornüber. Mehrere Reiter galoppierten über ihn hinweg. Dem Verwundeten schien es, als herrsche auf einmal eine völlig lautlose Stille in der ganzen Welt. Sein Bewußtsein trübte sich. Er wälzte sich mit letzter Kraft erst auf die Seite, dann auf den Rücken und sah nun den Himmel über sich, einen strahlend blauen Himmel von blendender Klarheit... Ach nein, keinen Himmel – vielmehr strahlende Blauaugen, so innig geliebte Augen, die sich ganz dicht über den seinen befanden...
Ringsum loderten Brände auf. –
Als die Mongolen bis zu der Straße vorgedrungen waren, in der Wadim zuletzt gewohnt hatte, schlossen sich seine beiden zu Tode erschrokkenen jungen Nachbarinnen im Hause ein, in der Hoffnung, das Unheil möchte an ihrer Tür vorübergehen.
Da hämmerten dröhnende Schläge gegen die Tür, begleitet von wüstem Geschrei.
»Wenn man sich nur irgendwo verstecken könnte!« flüsterte Smirenka der Schwester zu.
»Kriechen wir in den Ofen, der ist doch heute nicht geheizt. Dort wird uns gewiß niemand suchen. Schnell, komm!«
Sie krochen in den Ofen und lagen dort, eng aneinandergeschmiegt, fast gelähmt von Angst vor dem, was weiter geschehen würde.

Zwei Mongolen waren draußen von ihren Rossen gesprungen, hatten sie an den Flechtzaun gebunden und sich dann gegen die von innen verschlossene Haustür geworfen. Mit vereinter Kraft gelang es ihnen schließlich, sie aus den Angeln zu reißen. Sie waren äußerst erstaunt, die Hütte menschenleer zu finden. Zwischen den beiden Fenstern stand eine große Truhe an der Wand. Als die Eindringlinge die entdeckten, fielen sie darüber her, wühlten gierig darin herum, warfen den ganzen Inhalt auf den Fußboden – Frauenkleider, Pelze, Leinwand und bescheidenen Putz und Schmuck. Von Habgier gepackt, rissen die Räuber sich die Dinge gegenseitig aus den Händen, machten sich einander ihren Besitz streitig, erhitzten sich und gerieten ernstlich in Streit. Darüber bemerkten sie nicht, daß das Strohdach, durch herumfliegende Funken in Brand gesetzt, mit einem Male hell aufloderte. Als sie endlich mit ihrem in Bündel zusammengepackten Raub abziehen wollten, war es schon zu spät. Das Dach stürzte ihnen auf den Kopf und begrub sie und auch die im Ofen steckenden Mädchen.

Es klang ihm in den Ohren wie ein Chor von Frauenstimmen, sanften, klagenden Stimmen... Nein, es ist wohl der Wind, der wimmert und winselt... Mühsam taucht er aus dem Unterbewußten ins Bewußtsein empor... Es hämmert fürchterlich in den Schläfen... Oder rüttelt ihn jemand?

Da hört er seinen Namen rufen, und die rufende Stimme kommt ihm merkwürdig bekannt vor...

»Onkel... Onkel Kondrat! Hörst du mich? Komm zu dir! O Gott, was mach' ich nur mit dir? Laß ich dich hier liegen, so werden die Tataren dir die Kehle durchschneiden...«

Der Töpfer kommt zu sich, öffnet die Augen und sieht dicht vor sich ein Jungmädchengesicht unter einer Fellmütze.

»Erkennst du mich denn nicht? Ich bin's, deine Nichte Ljubascha! Ich habe dir ein Pferd hergeführt.«

Kondrats Schädel schmerzt dermaßen, daß er glaubt, es nicht mehr aushalten zu können. Doch er muß den Schmerz ertragen, muß versuchen, sich aufzurichten, und dann zusehen, wie er zu dem noch nicht von den Tataren aufgeriebenen Häuflein seiner Mitbürger gelangt, die irgendwo in der Oberstadt noch immer Widerstand leisten.

Es dauert eine Weile, bis er in dem als Mann verkleideten Mädchen seine Nichte erkennt.

»Bist du's wirklich, Ljubascha?«

»Freilich! Hab' ich dich endlich wach gekriegt? Also ist doch noch ein Fünkchen Leben in dir. Nun, das ist gut! Hör, ich habe dir ein Pferd mitgebracht. Ja, ein Pferd! Tataren galoppierten an mir vorüber, wohl in der Richtung auf den Platz vor der Zehentkirche. Ein herrenloses Pferd lief abseits. Es verwickelte sich mit den Zügeln in den Ästen eines kräftigen Dornbuschs. Da konnte ich mich seiner bemächtigen und führte es hierher, wo ich dich hatte liegen sehn.«

»Du wirst das Pferd selber brauchen. Steig auf und mach dich aus dem Staube, solange du noch heil an Leib und Gliedern bist, vom Kopfe ganz zu schweigen... Oh, mein armer Kopf!... Du siehst doch, daß hier alles drunter und drüber geht.«
»Nein, Onkel, nimm du es. Ich kriege schon noch ein andres für mich. Eben laufen massenweise herrenlose Pferde in Kiews Straßen herum... Die Stadt verlasse ich aber nicht eher, als bis alles zu Ende ist. Unter den letzten Kämpfern werde auch ich sein!« Und sie riß eine Axt aus ihrem Gürtel und schwang sie.
Dann half sie ihrem verwundeten Oheim in den Sattel. Es war höchste Zeit, diesen Ort zu verlassen, denn ringsum standen alle Häuser in Flammen, und die Hitze wurde unerträglich.
Das Mongolenpferd wurde schon ungebärdig, es stampfte und schnaubte, ja, es versuchte sogar, Ljubascha zu beißen.
»Schneller, schneller!« drängte das Mädchen. »Die Rohfleischfresser können doch jeden Augenblick wieder hierher zurückkommen. Leb wohl, Onkel Kondrat!«
Und sie verschwand in der trüben Dämmerung, die die Rauchschwaden verbreiteten.
Kondrat lenkte das Pferd in eine Seitengasse hinein und galoppierte davon, als seien die Mongolen hinter ihm her.

»... Zwar ist die Nacht zum Schlummer geschaffen,
doch nicht für Kiew!

Wacht auf, ihr russischen Brüder, wacht auf
und schleift eure stählernen Schwerter,
die im Feuer gehärteten Pfeile schärft
und prüft die Sehne des Bogens!

Es naht der grimme Tatar,
und was er will, ist dies:
Aus euren Knochen und Rippen einen Palast sich erbaun,
mit dem Haar eurer Weiber die Wände verkleiden,
aus russischen Leibern und russischen Gliedern
Tisch und Bank zum Gelage errichten...«

Wie ein Aufstöhnen aus tiefster Brust klang das Lied. Es war Ljubascha, die es sang, während sie auf der innersten Stadtmauer zusammen mit anderen Frauen und Mädchen aus Weidenruten große Körbe flocht, die, mit Steinen, Sand und Lehm gefüllt, dazu dienen sollten, die Breschen in den Mauern zu schließen.
In diesen schweren Tagen gab es in ganz Kiew keinen Menschen, für dessen Hände sich nicht eine Arbeit gefunden hätte, und zwar eine unaufschiebbare, notwendige Arbeit. Kinder trugen Steine und Weidenruten herbei, Greise brachten in großen Kesseln Pech und Wasser zum

Sieden, und wer ein Schwert führen, mit Speer und Lanze zustoßen und den Bogen spannen oder auch bloß mit der Axt zuschlagen konnte, dem war ein Posten angewiesen worden, und nur der Tod konnte ihn zwingen, diesen Posten zu verlassen.

Doch Tag um Tag lichteten sich die dünnen Reihen der tapferen Verteidiger, und es würde bald niemand mehr da sein, um an die Stelle der Gefallenen zu treten. Die Tataren überschütteten die Belagerer mit einem Hagel von Pfeilen, und als sie sich schließlich den Eintritt in die Stadt erzwangen, waren es ihrer so viele, daß sie unter den Hufen ihrer Rosse alles zerstampften, was ihnen in den Weg kam. Nicht durch Tapferkeit und Heldenmut einzelner Bahadure siegten die Feinde, sondern lediglich kraft ihrer überwältigenden Übermacht; denn auf jeden Kiewer (nicht etwa bloß Kiewer Krieger, sondern schlechthin Kiewer Einwohner – Frauen und Kinder mitgerechnet –, die sich nie in ihrem Leben mit dem Waffenhandwerk befaßt hatten) kamen drei bis vier bis an die Zähne bewaffnete und schlachtenerprobte tatarische Krieger.

Allein es bat niemand um Schonung; sie baten nur Gott um die Kraft, bis zum Ende ausharren und dann sterben zu können, ohne durch unmannhafte Schwäche ihren guten Namen entehrt zu haben. Sie wußten, daß der Feind sie früher oder später zertreten würde, aber sie ergaben sich nicht.

In mehr als einer Straße türmten sich schon die Leichen der in den letzten Gefechten Gefallenen zu Bergen, immer enger schloß sich der Ring um die Altstadt. Es hätte gar keine Möglichkeit des Entweichens mehr gegeben, selbst wenn man sie gesucht hätte. Aber die dem Tode Geweihten dachten überhaupt nicht an Flucht. Triumphierend zählten sie die Verluste, die auch ihr Gegner erlitt; denn sie sahen wohl, daß der Unhold Batyga immer neue Tumen einsetzen mußte. So teuer wie möglich ihr Leben zu verkaufen – das war der einzige Grundsatz, nach dem die in der Altstadt Eingeschlossenen handelten.

Kiews letzte Stunde

Während des letzten Entscheidungskampfes beobachtete Batu-Khan die Fortschritte seiner Truppen vom Glockenturm einer der Kirchen aus und lenkte die Schlacht durch Befehle, die er den harrenden Meldereitern erteilte.

Schließlich, unter Aufbietung ihrer äußersten Energie, gelang es den Mongolen, durch die Sperren und Verhaue aus Steinen und Balken bis zum Platze der uralten Zehentkirche vorzudringen, die den letzten Stützpunkt der Russen bildete. Selbst auf dem Kirchendach hatten sie sich festgenistet und überschütteten von oben her die Mongolen mit einem Stein- und Pfeilhagel.

Als Batu-Khan, der durch lauter von Leichenbergen verstopfte Gassen

zum Zehentkirchplatz hatte reiten müssen, dort ankam, machte man ihn auf einen stattlichen Krieger in blitzendem Harnisch aufmerksam, der ermattet mit dem Rücken gegen die Kirchenmauer lehnte, aber noch immer Schwertstreiche austeilte. Unter dem gespaltenen Helm hervor strömte ihm das Blut übers Gesicht und in den bei jedem der mühsamen Atemzüge sich weit öffnenden Mund.
»Dieser Bahadur namens Dmitro ist das Oberhaupt der Kiewer Streitmacht«, erklärte der Dolmetscher dem Dschichangir. »Wenn du befiehlst, so werden deine Nuker ihm den Rest geben!«
»O nein, tot brauche ich ihn nicht. Lebendig soll man ihn gefangennehmen und in mein Zelt schaffen. Ich will mit ihm sprechen.«
Die Schlinge einer geschickt geworfenen Fangleine legte sich um den schwerverwundeten Wojewoden und riß ihn zu Boden. Die Tataren fesselten ihren Gefangenen, legten ihn quer über ein Roß, auf dem sie ihn mit Stricken festbanden, und führten ihn fort.

In der schönen Steinkirche mit den vergoldeten Kuppeln hatten Frauen und Kinder zumeist der vornehmsten Familien ihre letzte Zuflucht gesucht. Auch hatten sie ihre Wertsachen, Pelze und Staatskleider und so weiter dorthin bringen lassen, damit diese Kostbarkeiten den die Häuser plündernden Tataren nicht in die Hände fielen. Hegte doch jeder dieser Räuber die Hoffnung, sich hier an der Beute unermeßlich zu bereichern.
In der dämmerdunklen Kirche hörte man Kinder und Frauen weinen, jammern, klagen, stöhnen und auch die lauten Gebete solcher, die noch immer auf eine wunderbare Errettung hofften.
Schon am Abend zuvor hatten einige der Eingeschlossenen damit begonnen, einen unterirdischen Gang freizulegen und weiterzugraben, um auf diese Weise aus der Kirche zunächst auf den gegenüberliegenden Hügel und dann später unter dem Schutze der Nacht in die Wälder zu gelangen.
Die ausgeschachtete Erde zog man in hölzernen Eimern, die an langen Seilen hingen, herauf. Der Gang schien schon genügend tief zu sein, und das weckte in den Menschen frische Hoffnung auf Rettung. Man hatte fest beschlossen, den Belagerern die mächtige Eisentür nicht zu öffnen. Den Mongolen aber brannte im wahrsten Sinne des Wortes der Boden unter den Füßen, denn die lodernden Flammen ringsum entwickelten Rauch und Hitze in lebenbedrohendem Grade.
Da befahl Batu-Khan, die Steinmauer des »Bethauses« zu durchbrechen.
Also wurde flugs ein Rammbock herbeigeschafft und gegen die Kirche gerichtet. Geübte Hände brachten den schweren Balken mit der eisernen Kappe in Schwingung und ließen ihn so lange gegen die Mauer prallen, bis sie zu wanken begann und das ganze Gebäude in sich zusammenstürzte, unter seinen Trümmern alle, die darinnen waren, und alles, was sie bei sich hatten, begrabend. Die Mongolen konnten nichts von den

Reichtümern, auf die sie so erpicht gewesen waren, für sich bergen. Länger auf dem Platz zu bleiben war infolge der furchtbaren, Haut und Haar versengenden Hitze, welche die Feuersbrunst entwickelte, nicht möglich. Mit Müh und Not entkam Batu-Khan samt Gefolge dem brennenden Ring.

In seinem Zelt angelangt, ließ er sogleich den gefangenen Tysjazki vor sich bringen.
Hadschi Rachim und der redliche Duda hatten sich schon um den Schwerverwundeten bemüht und versucht, durch Auflegen von Kräutern mit blutstillender Wirkung der Gefahr einer Verblutung vorzubeugen.
Lange betrachtete Batu-Khan den Wojewoden, als wollte er jeden Zug seines Gesichts studieren, dann sagte er langsam und gemessen:
»Du bist ein wirklicher Bahadur. Ich erweise dir gern die Ehre, dich in mein Heer aufzunehmen.«
Der Wojewode wahrte ein Schweigen, das auch Batu-Khan, wie in Nachdenken versunken, längere Zeit nicht brach. Schließlich fragte er:
»Was rätst du mir: Soll ich mit meinem Heer hier in eurem Lande bleiben oder gleich weiterziehn, um die übrigen Reiche des Abendlandes mir zu unterwerfen? – Und bedenke bei deiner Antwort: Aufrichtigkeit pflege ich nicht zu bestrafen, sondern zu belohnen!«
Dmitro sprach mit Anstrengung:
»Hier zu bleiben dünkt mich nutzlos. Das russische Land ist von dir schon erobert, die Stadt Kiew niedergebrannt. Kein unversehrtes Haus steht davon mehr... Du aber, der du den Krieg liebst, wirst neue Siege erringen und neue Städte erobern wollen. Zieh also schnell weiter, um andre Reiche zu unterwerfen! Und das wird ja doch wohl auch deine Absicht sein...«
Batu-Khan forschte mißtrauisch im Gesicht des Kiewer Wojewoden, als wollte er herausbekommen, welcher Hintersinn dieser Antwort innewohnen möge. Dann sagte er leise zu Subudai-Bahadur:
»Ich denke, er rät mir bloß deshalb, schnell weiterzuziehn, weil er sein Land von der Besetzung durch meine Krieger befreit wissen will.«
Und wieder an den Wojewoden sich wendend, fragte er:
»Und wo finde ich die besten Weiden für meine Rosse?«
»Natürlich in der ugrischen Steppe!«
»Du wirst mich begleiten und unterwegs mein Ratgeber sein!« bestimmte Batu-Khan.
»Ein schlechter Ratgeber wäre ich. Ich habe nicht mehr lange zu leben«, entgegnete Dmitro mit stoischem Gleichmut. »Ich muß bald sterben und wünsche dir dasselbe!«
Batu-Khan fuhr zornig auf. Die Umstehenden tauschten bedenkliche Blicke. Da eilten auf einen Wink Subudais zwei tatarische Sotniks

herbei, faßten den Dschichangir unter den Armen und trugen ihn aus dem Zelt. Draußen setzten sie ihn auf sein Roß.
»Großer Dschichangir, dies ist ein verfluchter Ort!« sagten sie. »In Kyjuw haben wir nichts mehr zu tun. Laß uns also an Aufbruch denken!«

Gleich nachdem Batu-Khan abgezogen war, vertraute Gujuk-Khan sich einem seiner Schranzen an:
»Der ewige Himmel war uns hier ungnädig, nicht nur meinem erhabenen Vetter Batu, sondern auch mir. Als der Dschichangir Tumen um Tumen gegen die Stadt warf und keiner davon zurückkehrte, sagte ich zu dem erhabenen Sain-Khan: ›Der Kriegsgott verleiht den Sieg bekanntlich nur dem Allerheldenmütigsten. Stell dich darum an die Spitze deines Tumens der Tollkühnen und führe ihn gegen die widerspenstige Stadt! Dir wird sie schon bei deinem Nahen ihre Tore öffnen.‹ Er sah mich schweigend an, befolgte aber meinen Rat leider nicht... Schade, ewig schade! Nach dem Willen des Himmels wäre gewiß auch er nicht zurückgekehrt, und dann hätte dieser unsinnige Feldzug ein Ende gehabt.«
»Wenn aber nun das Heer trotzdem darauf bestanden hätte, weiterzuziehn?«
»Dann hätte eben irgend jemand anders, der ja nicht weniger heldenmütig zu sein braucht als mein erhabener Vetter Batu, seine Stelle einnehmen müssen...«
»Und das wärest du gewesen?«
»Pst! Pst! Schweig! Manchmal haben selbst die Bäume Ohren!«

Ein Brief an den Kalifen von Bagdad

Am Ostufer des vereisten Dneprs, den Ruinen der Stadt Kiew gegenüber, saß an einem der letzten Tage des verhängnisvollen »Ratten«-Jahres[1] in Abd ar-Rahmâns Zelt Duda der Redliche und zeichnete mit einem Kalam[2] die Schlußschnörkel eines Briefes auf einen langen schmalen Pergamentstreifen.
Als er damit fertig war, sah er fragend seinen jungen Herrn, den ins glimmende Feuer starrenden Gesandten des Kalifen, an und räusperte sich sehr vernehmlich.
»Bist du mit dem Briefe fertig?« fragte Abd ar-Rahmân, aus seiner Versunkenheit aufschreckend und sich fester in seinen Kiptschakenpelz hüllend.

---

1 Rattenjahr. Die mongolische Zeitrechnung kannte einen Zwölfjahreszyklus. Jedes Jahr war nach einem Tier (Drachen, Schlange, Roß, Affe, Hund, Eber usw.) benannt, und diese Namen kehrten im gleichen Turnus immer wieder.
2 Kalam = Schreibrohr.

»Ja, und ich habe alles genauso geschrieben, wie du mir's diktiert hast...
Soll ich dir das Ganze noch einmal vorlesen?« fragte Duda.

»Lies, mein weiser Lehrer!«

Langsam und in dem Singsang, mit dem gewöhnlich heilige Schriften gelesen werden, hub Duda an:

»Im Namen Allahs! An den Bewahrer der höchsten Wahrheit und Weisheit auf Erden, den Kalifen Mustansir von Bagdad, der wohlgeneigt ist allen, die bescheiden sich ihm nahen: Allah möge ihn dafür segnen und seine zahllosen Banner mit unvergänglichem Kriegsruhm schmükken! – Die von heißem Herzen kommenden innigsten Wünsche und Grüße aus der schneeverwehten eisigen Steppe sendet ihm sein ergebenster Diener Abd ar-Rahmân, Gesandter Seiner Heiligkeit des Kalifen bei dem strengen Herrscher der Blauen Horde, Batu-Khan.

Ich flehe den hilfreichen Chysr an, daß er den Boten, in dessen zuverlässige Hände ich diesen Brief lege, damit er ihn Dir überbringe, auf seiner weiten und gefährlichen Reise über Berge und Täler, Meere und Flüsse beschütze; denn es würde mich ungemein betrüben, wenn dieser Seufzer meines Herzens nicht Dein Ohr erreichte.

Mit unablässiger Aufmerksamkeit habe ich beobachtet, wie die Belagerung und Eroberung der reichen Stadt Kyjuw, der Mutter aller russischen Städte, durch die Heere des erhabenen Sain-Khans vor sich ging, und werde mir nun erlauben, Dir getreulich davon zu berichten.

Diese Stadt, die auf mehreren Hügeln errichtet ist, wird von drei Mauerringen umgürtet. Nur vermöge der Mauerbrecher und Wurfmaschinen, die der kunstreiche Li Tun-Po konstruiert hat, ist es den Tataren gelungen, eines der Stadttore zu durchbrechen, durch welches dann die tatarische Reiterei in unaufhaltsamem Strom in Kyjuw eindrang. Der erste Schlag wurde gegen jenes Tor geführt, durch das man zu dem Gipfel des Hügels hinaufsteigt, auf welchem die Paläste der Bojaren, das Schloß des Großfürsten und die ehrwürdigsten Bethäuser stehen. Durch dieses Tor bahnte sich Khan Jesun-Nochais verwegne Reiterschar einen Weg. Ich, der ich hinter ihnen herritt, konnte nur mit Mühe noch die von Bergen von Leichen verstopften Gassen und Straßen passieren. Und da begriff ich, daß die Tataren dieses tapfere Volk nur durch ihre große Überzahl hatten überwältigen können. An sämtlichen Häusern sah ich außen Vorhängeschlösser. Also waren die Bewohner bis auf den letzten Mann und die letzte Frau auf die Mauern gestiegen, um bei der Verteidigung mitzuwirken.

Ich gestehe gern und ohne Erröten ein, daß ich mein von meinen Ahnen ererbtes Schwert kein einziges Mal gezogen habe, weil diese Russen, die sich so tapfer geschlagen haben und so furchtlos für ihre Heimat gestorben sind, mir die höchste Bewunderung und das tiefste Mitgefühl abnötigten.

Aber der unvergleichliche Heldenmut ihrer Verteidiger vermochte die Stadt nicht zu retten; sie mußte fallen, weil Batu-Khan jedes Opfer zu bringen gewillt war und seine Tumen nicht schonte.

Dir wird gewiß bekannt sein, daß die Mongolen sofort nach Beendigung einer Schlacht die Leichen ihrer Gefallenen sammeln und auf Holzstöße schichten, die dann angezündet werden. Heilige Lieder singend, umschreiten die Überlebenden diese brennenden Scheiterhaufen so lange, bis sie ganz niedergebrannt sind. Sie würden es als eine Schande betrachten, ihre toten Krieger unbestattet zurückzulassen.
In Kyjuw aber war Batu-Khan gezwungen, von diesem Brauch abzuweichen: Die ganze Stadt stand in Flammen und war ein einziger riesiger Bestattungsscheiterhaufen. Es blieb den Mongolen nichts weiter übrig, als eiligst die brennende Stadt zu räumen. So konnten sie auch nicht die erhoffte reiche Beute machen und fanden weder Korn für sich noch für ihre Rosse, weil alle Vorräte mit verbrannt sind.
Der Dschichangir befahl seinem Heer den sofortigen Weitermarsch gegen die übrigen Reiche des Abendlandes, und ich werde diesen Marsch mitmachen.
Hier beende ich meinen Brief. Ein arabischer Kaufmann, dem ich das Leben rettete, hat mir geschworen, daß er ihn nach Bagdad bringen und in Deine heiligen Hände legen wird.
Damit er unbehelligt durch die von den Mongolen eroberten Gebiete reisen kann, habe ich keine Mühe gescheut, um für ihn eine Paizsa mit dem Abbild eines fliegenden Falken zu erlangen, eine Art Firman, um den Hals zu tragen, der seinem Besitzer außerordentliche Vergünstigungen gewährt.
Allah halte seine schützende Hand über Dich und Dein ewig dauerndes Reich. Noch einmal aber beschwöre ich Dich: Sei auf der Hut vor dem unbesiegbaren Herrscher der Mongolen! Seine blutigen Hände würden über Kurdistan und die armenischen Berge hinweg bis zu Dir nach Bagdad reichen. Sammle schnell ein großes Heer unter der grünen Fahne des Propheten, damit Du zur Verteidigung gerüstet bist. Ich habe in den Zelten der Temniks des erhabenen Batu-Khans schon von einem überraschenden Überfall auf Dein Reich und Deine Residenz sprechen hören. Darum sei auf der Hut!
Auch wenn Batu-Khan die Hälfte seines Heeres auf den Trümmern von Kyjuw eingebüßt hat, sind die Tumen, die ihm geblieben sind, noch zahlreich genug. Und seine Nuker murren, weil sie durch den Brand Kyjuws um die ihnen vom Dschichangir in Aussicht gestellte reiche Beute gekommen sind. Das hat Batu-Khan, den ich bisher noch nie außer sich gesehen habe, zur Raserei gebracht, und in seiner Raserei ist er zu allem fähig.
Gesegnet wird die Stunde sein, da ich Dein gnädiges Angesicht wiedersehen darf. Bis dahin wünsche ich Dir einen gedeihlichen Fortgang aller Deiner Unternehmungen, unberührt von den Schrecken und Gefahren, die ein Krieg mit sich bringt...«

Ein heftiger Schneesturm fegte über die Steppe und behinderte die Menschen bei jeder Bewegung. Batu-Khan verbarg sich in seiner Jurte, und niemand wagte es, ihn in seiner Einsamkeit zu stören; denn in solch rasender Wut hatte man ihn noch niemals gesehen. Die wie steinerne Götzen am Eingang Wache stehenden Nuker trauten ihren Augen nicht, als sie Zeugen der Tobsucht ihres sonst so beherrschten Gebieters wurden. Er zerriß die Kleider, die er am Leibe trug, in Fetzen, warf kostbare Gold- und Silberbecher zu Boden und trampelte wütend darauf herum, dann wieder ließ er, den Kopf zwischen den Händen, ein langgedehntes tierisches Geheul hören, das man eher einem Wolfe als einem Menschen zugeschrieben hätte. Und plötzlich sank er auf sein Lager aus Teppichen und Kissen nieder, rollte sich zusammen und verstummte.
Im Nachbarzelt hatten sich die Dschingisiden versammelt, sogar der sonst gewöhnlich fehlende Gujuk-Khan war erschienen und lauschte mit boshaftem Gesichtsausdruck den Gesprächen.
»Die Einwohner dieser verfluchten Stadt scheinen alle Mangusse zu unserm Verderben beschworen zu haben. – Es hat ganz den Anschein, als wollten sie uns im Schnee verschütten. – Sie mißgönnen uns die Reichtümer, die wir von hier fortzutragen gedachten. – Unser Dschichangir ist darüber so in Wut geraten, daß er einem fauchenden Tiger ähnelt, dem die Beute entwischt ist, die er schon zwischen den Pranken hielt. – Wer hätte sich auch träumen lassen, daß die Hälfte unseres Heeres von ihm geopfert werden würde um dieser widerspenstigen Stadt willen!«
Die dem Khan Gujuk Nahestehenden tuschelten unter sich:
»Bei diesem Feldzug wird ihn das Glück im Stich lassen. – Daß er die herkömmlichen Bestattungszeremonien mißachtet und die vorgeschriebenen Gebete nicht verrichtet hat, wird den Zorn des heiligen Regenten auf sein Haupt herabbeschwören.«
Tags darauf erließ Batu-Khan den Tagesbefehl, der das ganze Heer von neuem in Marsch setzte. Batu-Khan meinte:
»Den Scheiterhaufen zu Ehren unsrer gefallenen Bahadure haben an unsrer Stelle der ewige Himmel und der Kriegsgott Sulde errichtet, indem sie diese trotzige Stadt an allen Ecken und Enden in Brand steckten und durch Feuer vernichteten.«
Bevor sie abzogen, richteten die Mongolen am äußersten Rande des niedergebrannten Kiew einen Jam ein – eine Poststation zum Wechseln der Pferde (in erster Linie für die Eilkuriere und Meldereiter, die zwischen dem vorrückenden Heere und den beiden Hauptstädten Kara-Korum und Ketschi-Sarai eine dauernde Verbindung aufrechterhielten), aber auch eine Nachschubbasis für das Heer. Zum Schutze gegen Überfälle umgaben die Mongolen diesen Jam mit einem Erdwall, dennoch kam es ziemlich häufig vor, daß Kuriere, sobald sie aus der Sicherheit der schützenden Einfriedigung heraustraten, spurlos

verschwanden. Ein gleiches Los traf auch häufig Kundschafter und Späher, die auf der Suche nach Lebensmitteln und Futter durch die zumeist gänzlich verlassenen Dörfer streiften. Man konnte nicht umhin, darin die aus dem Verborgenen wirkende Hand kühner Rächer zu sehen. Kiew brannte an einigen Stellen noch immer, als die Tataren schon mehrere Tage in Richtung auf die Waldkarpaten abgezogen waren. Die ehedem so herrliche reiche Stadt war nichts als eine mit zahllosen Leichen bedeckte, wüste, schwelende Brandstätte, über die allmählich der Winter seinen – die häßlichen Spuren tilgenden – weißen Schneemantel deckte.

Einige wenige überlebende Einwohner wagten sich aus ihren Kellern unter den Trümmern wieder ans Tageslicht, und sie ähnelten eher gespenstischen Lemuren als lebenden Menschen von Fleisch und Blut.

Die Petschersker Mönche – es waren ihrer freilich nur ganz wenige, die von den Festungsmauern in ihr Höhlenkloster zurückgekehrt waren – lasen Totenmessen für die im Kampfe Getöteten, nahmen sich der Verwundeten an, die sie noch fanden, und der Hungernden und Erschöpften, die, ungeachtet des furchtbaren Unglücks, das sie durchgemacht hatten, dennoch nicht den Glauben an eine bessere Zukunft aufgeben wollten und auf eine Zeit hofften, da Gerechtigkeit und Barmherzigkeit triumphieren, die Mongolen abziehen und die Kirchen, Paläste und Mauern von Kiew neu und schöner erstehen würden.

Aber vorerst war das Kiewer Land noch lange dazu verurteilt, in seiner Verödung und Verwüstung zu verharren.

Der etwa fünf Jahre nach Kiews Zerstörung hier durchreisende Franziskanermönch Carpini, der als Nuntius des römischen Papstes dem Kagan in Kara-Korum einen Brief zu überbringen hatte, faßte seinen Eindruck schriftlich folgendermaßen zusammen:

»Sie (d.h. die Mongolen) haben Kiew nach langer Belagerung eingenommen, die Einwohner umgebracht und die Stadt niedergebrannt. Als wir dort vorbeikamen, fanden wir noch zahllose Schädel und Skelette getöteter Menschen auf den Feldern; denn die Stadt war sehr groß gewesen und hatte eine zahlreiche Bevölkerung gehabt. Jetzt aber standen höchstens noch zweihundert Hütten und Häuser, und die überlebenden Russen wurden von den Mongolen in härtester Armut und Sklaverei gehalten.«

»Vorwärts! Schneller vorwärts!«

Auf seinem weiteren Vormarsch von Kiew aus machte Batu-Khan zum erstenmal Rast in der Nähe eines Kirchleins, in dessen Hof er für die Nacht sein Zelt aufschlagen und daneben seine Rosse anpflocken ließ, darunter seine Lieblingshengste, den panthergleich gefleckten und den milchweißen Seter. Das Heu, das man den Pferden vorgeworfen hatte, war hart wie Schilf, und die Tiere fraßen unlustig. Batu kam mehrmals aus seinem Zelt, um ihnen als Beifutter eigenhändig ein paar Fladen zu reichen. Dabei schalt er zornig auf die Krieger und Knechte, weil sie kein besseres Futter beschafft hatten. Die Gescholtenen rechtfertigten sich:

Alle Heuschober, die in der Nähe gewesen wären, hätten die Russen niedergebrannt...

»Das haben sie bloß getan, damit wir es nicht bekommen! Und was sie übriggelassen haben, das ist so hart wie das Stroh oder Schilf, mit dem sie ihre Häuser decken...«

Untereinander aber murrten sie:

»Wenn wir nicht bald von hier fortkommen in Länder, wo die Erde nicht mit Schnee bedeckt ist und wo wir fette Weiden für unsre Pferde finden können, so werden unsre Tiere an dem schlechten Futter krepieren oder vor Hunger verrecken, und wir werden zu Fuß heimkehren müssen. Doch dafür ist der Weg viel zu weit, und es steht zu fürchten, daß wir wahrscheinlich unterwegs vor Erschöpfung sterben und unsre heimatlichen Jurten niemals wiedersehn werden... und auch nicht unsre neue Residenz am wasserreichen Itil oder unsre alte in den schwarzen Bergen[1]...«

Die zur Aufklärung ausgesandten Spähtrupps meldeten sich bei ihrer Rückkehr stets zuerst bei Subudai-Bahadur, der zusammen mit seinem Reitpferd im Innern der Kirche Quartier bezogen hatte. Sie hatten meistens von Fehlschlägen zu berichten, wenigstens insoweit, als es die befohlene Gefangennahme von Russen, die man verhören wollte, betraf.

»Böse Mangusse müssen in diese Urussuten gefahren sein«, beteuerten die Späher. »Keiner von ihnen will sich ergeben; lieber kämpfen sie bis zum letzten Atemzug.«

Noch spät in der Nacht ließ Batu-Khan seine tüchtigsten Temniks zu sich rufen, damit sie sich den Bericht des Anführers der Kundschafter anhörten.

»Über dem russischen Land wütet ein Unwetter«, so begann dieser, »mehr aber noch wüten auf unserem Wege russische Freischärler. Das russische Volk hat sich uns nicht unterworfen. Es hält sich verborgen und sinnt auf Vergeltung! In zahllosen Hinterhalten, an Kreuzwegen, in Schluchten und anderswo lauert man uns auf. Unvermutet tauchen Freischärler auf, man weiß nicht woher, machen unsere Krieger nieder und führen ihre Rosse mit sich fort.«

Die Temniks bestätigten:

»Ja, das ganze Volk steht gegen uns im Kampf. Wenn wir auch einen Teil ihres Landes zerstört haben, so lassen sie sich dadurch nicht entmutigen, und wir müssen darauf gefaßt sein, daß sie noch manches Unheil anrichten werden.«

Batu-Khan hörte diesen Reden schweigend zu; aber sein gleichsam versteinertes Gesicht verriet nicht, was er sich dabei für Gedanken

---

1 Kara-Korum heißt »schwarzes Gebirge«.

machte. Während er mit einem Kiefernzweig in der Glut des Feuers herumstocherte, ließ er seinen strengen prüfenden Blick über seine Heerführer wandern, bis er auf einem von ihnen haftenblieb, den er dann ermunterte:
»Na, und du? Was hast du uns Nützliches zu sagen?«
Batu-Khan wußte sehr wohl, daß im Lager eine Mißstimmung gegen ihn herrschte, weil er so viele seiner Krieger bei der Eroberung Kiews aufgeopfert hatte, und noch mehr, weil die Überlebenden durch die Feuersbrunst um die ihnen zugesicherte reiche Beute gekommen waren. Darum verwunderte er sich nicht, daß mehrere Temniks die großen Schwierigkeiten, die dem mongolischen Heer im Kampf mit den Russen bisher erwachsen waren und noch erwachsen würden, absichtlich übertrieben und die Situation als eine weiteren Unternehmungen wenig günstige kennzeichneten.
Nur Khan Nochai, wie immer guter Dinge, rief sorglos und unbekümmert:
»Unser erhabener Sain-Khan hat ja schließlich doch alle russischen Fürstentümer von Rjasan bis Kyjuw bezwungen. Und jetzt stehn wir schon an der Grenze, wo die Länder der Galitscher[1] anfangen, hinter denen gleich die Königreiche des Abendlandes liegen. Wir dürfen uns nur nicht hier unnötig lange aufhalten oder aufhalten lassen.«
Gujuk-Khan, dem es immer eine hämische Freude machte, wenn er sich mit guten gewichtigen Gründen oder solchen, die diesen Anschein hatten, den Plänen des Dschichangirs widersetzen konnte, gab zu bedenken:
»Wir lassen schwelende und niemals erlöschende Herde des Aufruhrs hinter uns. Und was, wenn wir auf Völker stoßen sollten, die noch widerspenstiger als die Russen sind? Würden wir da nicht zwischen zwei Feuer geraten? Begehen wir nicht einen neuen Fehler, wenn wir weiter vorrücken, ohne die glimmenden Herde in unserm Rücken gänzlich ausgelöscht zu haben?«
»Fehler?« fragte Batu-Khan leise und gedehnt. »Du scheinst ja den ganzen Feldzug als einen einzigen Fehler anzusehen. Welchen Rat würdest du uns denn geben?«
Die Frage war in einem anscheinend gleichgültigen Tone gestellt, aber alle hörten eine versteckte Drohung heraus.
Wenn Gujuk die Frage bejahte und zugab, daß er den ganzen Feldzug wirklich für einen einzigen Fehler halte, dann übte er ja zugleich Kritik an dem Vermächtnis des »von den Wolken herabschauenden, allwissenden heiligen Regenten«, und ein solcher Frevel würde nach üblichem Brauch sofortige Sühne finden müssen, und diese Sühne war: Tod des Schuldigen, herbeigeführt dadurch, daß zwei Henker ihm das Rückgrat brachen.
Erregtes Gemurmel durchlief die Reihen der Versammelten. Alle

1 Galitscher oder Galizier (auch Galitschaner oder Galizianer).

warteten voller Spannung, wie Batu-Khan jetzt mit dem Nachfolger des großen Kagans verfahren würde.
Gujuk-Khan aber, als spüre er gar nichts von dieser atemlosen Spannung, sprach ruhig weiter:
»Wäre dem Heere nach den vielen nutzlosen Opfern bei der Belagerung und Einnahme von Kyjuw nicht eine Atempause zu gönnen? Wäre es nicht angebracht, das Heer in Galitsch und Kremenez oder anderen Städten des reichen Wolhyniens der nötigen Ruhe pflegen zu lassen und die abgemagerten Rosse ordentlich aufzufüttern? Außerdem winkt unseren Kriegern in diesen Städten, wo viele reiche Kaufleute wohnen, gute Beute... Hernach wird man weiter gegen die Reiche des Abendlandes vorrücken können.«
»Offenbar verspürst du danach einen ganz besonderen Drang«, meinte Batu-Khan. »Darum erhältst du von mir den Auftrag, schnellstens die Städte des wolhynischen Landes zu erobern. Damit dir dabei keine Fehler unterlaufen, gebe ich dir als Beistand den Khan Burundai und seine Truppe mit. Ausrücken müßt ihr noch heute nacht!«
Das war ein klarer Befehl, dem Gujuk-Khan sich nicht widersetzen konnte und durfte. Seine Wut unterdrückend, verneigte er sich mit auf der Brust gekreuzten Armen vor dem Dschichangir und schickte sich zum Gehen an. Doch Batu hielt ihn zurück:
»Warte! Höre erst an, was die anderen Temniks etwa noch zu sagen haben und welchen Beschluß wir fassen werden.«
Alle horchten auf, jeder war bestrebt, sich ja kein Wort entgehen zu lassen.
Batu-Khan fuhr fort:
»Unser mit neunundneunzig vorzüglichen Fähigkeiten und Eigenschaften ausgestatteter Sohn des großen Kagans hat von einer Rast in den wolhynischen Städten gesprochen... Was würden die Könige des Abendlandes dazu sagen, wenn unser so ungestüm begonnener Kriegszug auf einmal ins Stocken oder gar zum Stehen käme?... Ihr habt wahrscheinlich schon alle von dem Brief gehört, den unser erhabener Kagan dem König der Franken Ludovik[1], genannt der Heilige, gesandt hat?«
Es kam Bewegung in die Temniks. Ausrufe wurden laut:
»Wir haben wohl von einem solchen Brief gehört, aber vorgelesen worden ist er uns nicht.«
»Gleich werdet ihr ihn zu hören bekommen! Ehrwürdiger Hadschi Rachim, du hast die für mich hergestellte Abschrift in Verwahrung. Lies sie uns vor!«
Der Hadschi wühlte in seiner abgeschabten Ledertasche herum, langte eine Pergamentrolle hervor und glättete sie auf seinen Knien. Dann begann er in singendem Tonfall vorzulesen:

---

1 Ludwig IX. (Saint-Louis), König von Frankreich, regierte von 1226 bis 1270, wurde freilich erst 27 Jahre nach seinem Tode von Papst Bonifazius VIII. heiliggesprochen.

»Im Namen Gottes, des Allerhalters, befehle ich dir, dem König der Franken, Ludovik, mir Gehorsam zu geloben und feierlich zu erklären, ob du in Krieg oder Frieden mit mir zu leben wünschest. Wenn der Wille des Himmels sich erfüllt hat und alle Völker des Erdkreises mich als ihren rechtmäßigen Herrscher anerkannt haben, dann wird hienieden selige Ruhe eintreten, und die Menschen werden zu schätzen wissen, was wir für sie getan haben. Doch falls du dich erdreisten solltest, dich dem himmlischen Willen zu widersetzen unter dem Vorwand, daß dein Land zu weit entfernt von dem meinen sei, durch unzugängliche Gebirge und tiefe Meere getrennt, so werde ich dich lehren, wie man Entferntes und Getrenntes näher aneinander zu rücken vermag, und dir zeigen, was ich sonst noch alles mit dir machen kann.«
Hadschi Rachim blickte den Dschichangir fragend an und rollte, als er das zustimmende Zeichen seiner Hand sah, das Pergament zusammen.
Batu-Khan wandte sich an den einäugigen Subudai-Bahadur:
»Was meinst du zu diesem Sendschreiben?«
Subudai, nachdem er sich die schweißige Stirn mit dem Ärmel abgewischt hatte, entgegnete:
»Dieser Brief des großen Kagans an den Frankenkönig ist gleichzeitig ein Befehl an uns, den Widerstand aller Völker, die zwischen uns und dem Frankenreich wohnen, zu brechen und dann in das Land König Ludoviks einzufallen. Daß er uns bisher noch keiner Antwort gewürdigt hat, ist schon allein ein strafwürdiges Verbrechen, und wenn uns dieser Ludovik nicht demütig auf Knien empfängt, so müssen wir ihn durch die Kraft unsrer Schwerter und Lanzen auf die Knie zwingen, damit er die Erde zu deinen Füßen küßt und dir bedingungslosen Gehorsam gelobt.«
Der in Batu-Khans Nähe sitzende junge arabische Gesandte Abd ar-Rahmân hatte, als der Name des Frankenkönigs fiel, aufgehorcht. Endlich wurde von dem Lande gesprochen, welches schon das Ziel der Feldzüge seines Ururahns gewesen war und auch jetzt wieder das Ziel des kriegerischen Unternehmens sein sollte. Wenn man nur die Sicherheit hätte, heil und unversehrt hinzugelangen! Dann wollte man schon sein Schwert gegen die verhaßten Frankenritter zücken!...
»Erhabener Dschichangir!« rief er mit einer vor Begeisterung ungewöhnlich klangvollen Stimme. »Ich bitte dich um die Ehre, als Anführer einer Tausendschaft deiner Reiter die Grenze des Frankenreiches überschreiten zu dürfen, und ich schwöre dir, daß ich den anmaßenden König Ludovik mit der Fangleine vor dein Zelt schleifen werde.«
Alle hatten sich überrascht zu dem jungen Araber umgedreht. Batu-Khan zog die Augenbrauen in die Höhe und sagte mit feinem Lächeln:
»Du bist ja ein ganz Verwegener! Ich verspreche dir, deinen Wunsch zu erfüllen; du aber halte dann auch deinen Schwur!«
Gujuk-Khan fragte:
»Und auf welchem Wege willst du unser heldenmütiges Heer ins Königreich der Franken führen?«

»Erst mag mein großer Atalik Subudai-Bahadur sich zu dieser Frage äußern, dann werde ich dir antworten!«

»Die größte Schwierigkeit, die es auf diesem Feldzug zu überwinden gilt, ist der Mangel an Futter für die Rosse und an Nahrung für die Krieger. Die verdammten Urussuten scheinen das recht gut zu wissen und vernichten alle Vorräte bei der Kunde von unserm Nahen. Daher liegt unser Heil einzig und allein in unsrer Schnelligkeit, mit der wir die Völker überraschen. Wir müssen überall früher dasein, als man uns erwartet, und vor allem: ehe man für unseren Empfang gerüstet ist. Und wir müssen so schnell unsre Hand auf die Vorräte einer eroberten Stadt oder eines besiegten Landes legen, daß man gar keine Zeit hat, sie uns zu entziehn, um sie zu verbergen oder zu vernichten... Welchen Weg unser Heer nehmen wird, das wird dir, wenn er es wünscht, unser erhabener Sain-Khan sagen.«

Batu-Khan streifte alle Umsitzenden mit einem lauernden Rundblick, ehe er begann:

»Die Völker des Abendlandes zittern schon lange vor unserem Kommen und flehen ihre Götter an, sie möchten sie vor uns bewahren. Meine Spione berichten mir, daß die Könige der Abendländer untereinander Beratungen abhalten, wie sie uns von sich fernhalten können. Sie stellen auf Gebirgspässen, die sie mit Baumstämmen und Felsblöcken versperren, Wachen auf und tun sonst noch allerhand, von dem sie glauben, daß es uns von einem Einfall in ihre Länder abhalten könnte. Zu gleicher Zeit aber befehden sie sich aufs erbittertste untereinander und machen sich gegenseitig den Oberbefehl über ein vereinigtes Heer streitig. Sie wissen, daß die Zeit drängt, lassen sie aber nutzlos verstreichen. Vorläufig sehe ich jedenfalls noch keinen König oder Fürsten, der eine genügend starke Streitmacht um sich gesammelt hätte, um unseren Angriff abzuwehren, geschweige denn ihm zuvorzukommen.«

»Das ist wahr! So ist's wirklich!« stimmten die Temniks zu.

»Daher werden wir, ohne innezuhalten, weiter vorrücken, immer weiter, bis zum ›letzten Meer‹...«

Nun standen also schon die Vorhuten des mongolischen Heeres vor den Städten des galizisch-wolhynischen Rußlands und forderten sie zur bedingungslosen Kapitulation auf. Doch wenn die Einwohner sich von ihnen einschüchtern ließen und ihnen ihre Tore öffneten, so hatten sie es bitter zu büßen: Die Mongolen brachen in alle Häuser ein, rafften an sich, was sie erraffen konnten, und zerstörten und demolierten alles übrige. Wie Züge riesiger Heuschrecken es tun, so taten auch sie: Sie vernichteten alles auf ihrem Weg und ließen das Land ratzekahl zurück. So gelangten die Tataren (teils durch Überfall, teils durch lügnerische Versprechungen) in den Besitz vieler Städte, darunter auch Kolodjashin und Kamenez. Nur die Stadt Danilow öffnete ihnen nicht ihre Tore, sondern setzte sich tapfer zur Wehr. Und sie wurde dafür belohnt; denn eingedenk Batu-Khans Befehl, »ohne sich aufzuhalten vorwärts nach

Sonnenuntergang zu ziehen«, brachen die Mongolen die Belagerung ab und zogen weiter westwärts.
Mit der Stadt Kremenez[1] gedachte Gujuk-Khan leicht und schnell fertig zu werden. Wie ein rohes Ei würde er sie zerdrücken, hatte er sich gerühmt. Doch siehe da, es kam ganz anders!
Kremenez stellte sich ihm dar als eine auf einem steilen Berg gelegene, vorzüglich befestigte Stadt, zu der es nur einen einzigen, leicht zu verteidigenden, aber schwer zu ersteigenden Zugang gab. Was aber Gujuk-Khan am meisten verwunderte, als er, auf seinem Hengst sitzend, mißmutig zu der Bergfestung mit den verschlossenen Toren hinaufsah, war, daß alle Hänge des Berges wie Glas glänzten und glitzerten. Er befahl seinem Dolmetscher, in Begleitung zweier Krieger hinaufzureiten und die Stadt zur Übergabe aufzufordern. Wenn diese Übergabe noch in der gleichen Stunde erfolge, so verspräche er den Einwohnern Sicherheit an Leib und Leben, auch solle ihr Eigentum nicht angetastet werden. Doch als die drei Parlamentäre den Berg hinaufreiten wollten, erwies sich das als ein Ding der Unmöglichkeit. Die Einwohner hatten nämlich die Hänge gründlich mit Wasser besprengt, das nun in der Winterkälte gefroren war, so daß Kremenez tatsächlich wie auf dem Gipfel eines gläsernen Berges lag. Und Gujuk-Khan war nicht der Prinz, der ihn ersteigen sollte.
Zwar wartete er zwei Tage, bis die Wurfmaschinen und Mauerbrecher eintrafen. Doch wenn er auch vor jede Kriegsmaschine gleich zwei Dutzend Ochsen spannen ließ, sie kamen nicht den Berg hinauf. Er mußte sich damit begnügen, die Stadt von unten aus beschießen zu lassen, doch war die Entfernung zu groß, als daß die geschleuderten Steine dem Stadttor und den Mauern hätten viel anhaben können.
Gujuk-Khan ließ einige früher gefangengenommene Russen vor sich bringen, um sie mit Hilfe eines Dolmetschers, der der tatarischen, kumanischen und russischen Sprache mächtig war, zu verhören.
»Wer verteidigt diese verfluchte Stadt?« fragte er und erhielt zur Antwort, daß Fürst Daniil von Galitsch die Verteidigung der Feste Kremenez dem Tysjazki Nikodim anvertraut habe, der nun auf die List verfallen sei, den Berg in einen Eisberg zu verwandeln.
Nachdem er noch mehrere Tage vergeblich vor Kremenez gelegen hatte, mußte Gujuk-Khan unter dem Spott und Hohngelächter der von den Mauern ihm nachwinkenden Einwohner unverrichteterdinge wieder abziehen. Zuvor aber gab er aus Rachsucht Befehl, sämtliche bisher von ihm gemachten russischen Gefangenen zu erschlagen.

---

1 Kamenez liegt in Westpodolien, Kremenez im südwestlichen Wolhynien. Halitsch oder Galitsch = eine Kreisstadt im westlichen Teil des Gouvernements Kostroma, an einem See gelegen, war im 13. und 14. Jahrhundert Hauptstadt eines selbständigen Teilfürstentums und wurde 1450 dem Großfürstentum Moskau einverleibt.

Neunter Teil

Der mongolische Arkan über Europa

Die Attacke auf Osteuropa

Wie zeitgenössische Chroniken berichten, wurden die Oberhäupter der europäischen (insbesondere natürlich der osteuropäischen) Staaten bei der Nachricht von einem unmittelbar bevorstehenden Einfall der wilden Tatarenhorden in ihre Gebiete von panischem Entsetzen gepackt und beeilten sich, hastig die notwendigsten Abwehrmaßnahmen zu treffen: Truppen aufzustellen, sogar die Bevölkerung zu bewaffnen.

Viele hatten gehofft, daß der römisch-deutsche Kaiser Friedrich II. von Hohenstaufen sich an die Spitze eines vereinigten europäischen Ritterheeres stellen und es gegen Batu-Khans furchtbare Horden führen würde. Doch der Kaiser blieb in Italien, völlig in Anspruch genommen durch die Sorge um die Erhaltung seines unter- und oberitalienischen Reiches und durch die politische Auseinandersetzung mit dem kirchlichen Oberhaupt der katholischen Christenheit, die ihren Höhepunkt erreichte, als der fast hundertjährige Gregor IX., der als Kardinal noch Friedrich von Hohenstaufen in Aachen zum Kaiser gekrönt hatte, ihn zum zweitenmal in den Kirchenbann tat. Dieser fortdauernde Machtkampf zwischen Papst und Kaiser verhinderte jedes gemeinsame Unternehmen der europäischen Fürsten zur Rettung des Abendlandes vor den Mongolen. Erst als der Papst sich der Einsicht in die Größe der Gefahr, die der ganzen Christenheit von den gleich einer Springflut sich den Grenzen Europas nähernden furchtbaren Horden drohte, nicht länger verschließen konnte, dachte er daran, die christlichen Könige und Fürsten zu einem gemeinsamen Kreuzzug gegen die Mongolen aufzurufen, und wäre vielleicht sogar bereit gewesen, den Oberbefehl über dieses Kreuzritterheer dem ihm verhaßten Kaiser Friedrich anzuvertrauen.

Doch noch ehe es zur Aufstellung eines solchen Kreuzritterheeres kam, waren die Horden Batu-Khans schon in Osteuropa eingedrungen.

Alle bis auf uns gekommenen zeitgenössischen Nachrichten über die Bewegungen des mongolischen Heeres tragen einen äußerst verworrenen Charakter, und außerdem sind es nur sehr wenige. Einige davon (die aus verschiedenen Quellen geschöpft sind) mögen hier folgen:

»Nach dem Fall Kiews im Dezember 1240 brach der älteste von Dschingis-Khans Enkeln, Baty, an der Spitze von fünfmalhundert-

tausend Mann zu Roß auf, um sich die abendländische Christenheit zu unterwerfen.
Der erste Staat auf seinem Wege war Polen. Im Winter (1240 bis 1241) drangen die Mongolen in Klein-Polen ein, erstürmten die Städte Sandomir und Krakau und brannten sie nieder.
Hierauf teilte Baty sein Heer: Der größere Teil zog über die Tatra (Karpaten) gegen das ungarische Königreich. Es war ein mühsamer, beschwerlicher Zug übers Gebirge, da alle wichtigen Pässe beizeiten mit gewaltigen Steinblöcken und riesigen Baumstämmen versperrt und verrammelt worden waren. Auf Batus Befehl wurden die Barrikaden angezündet, und die schwarzen Rauchwolken dieser Feuer setzten die Bevölkerung in Kenntnis über die Bewegungen des mongolischen Heeres.
Der andere Teil von Batys Heer zog nordwärts nach Großpolen und von dort zu den Marken Böhmens.
Die Angst vor diesem grausamen Feind verbreitete sich weit über die Länder; dennoch rüstete man in Deutschland nur dort, wo die Gefahr am bedrohlichsten war. Einige Fürsten sandten dem polnischen Großfürsten, Heinrich dem Frommen, der sich in Niederschlesien zum Kampfe rüstete, Hilfe.
Andere Hilfstruppen eilten nach Böhmen, wo König Wenzel unter Hintansetzung aller anderen Geschäfte eifrig Maßnahmen zur Verteidigung seines Landes traf. Unter seinem Banner sammelte sich an vierzigtausend Mann Fußvolk und an sechstausend Reiterei. Mit dieser Streitmacht zog er in Eilmärschen zur schlesischen Grenze, um sich mit dem Heere Heinrichs des Frommen zu vereinigen. Zu gleicher Zeit rückten die Mongolen mit Khan Paidar (Peta) an der Spitze schnell auf Liegnitz vor. Unweit dieser Stadt (bei Wahlstatt) nahm Großfürst Heinrich, ohne sich vorher mit König Wenzel ins Einvernehmen gesetzt zu haben, die unglücklich verlaufende Schlacht gegen die Mongolen am 9.April 1241 an. Zehntausend christliche Streiter ließen in diesem unseligen, mit einer furchtbaren Niederlage endenden Treffen ihr Leben, unter ihnen Heinrich der Fromme. König Wenzel kam mit seinem Heer um einen Tag zu spät in Liegnitz an. Hätte Heinrich auf ihn gewartet, so wäre es durchaus möglich gewesen, daß die Schlacht einen ganz anderen Verlauf genommen hätte. Die Mongolen wichen einem Waffengang mit König Wenzel aus und zogen sich nach Oberschlesien zurück. Auf ihrem Rückzug hausten sie mit Feuer und Schwert.
Als die deutschen Bundesgenossen des böhmischen Königs sahen, daß von ihren Ländern die schlimmste Gefahr fürs erste abgewendet war, gingen sie auseinander, und König Wenzel mußte sich auf den Schutz seiner böhmischen und mährischen Marken beschränken.
Vergeblich suchten die Mongolen, durch das Glatzer Gebiet ins Böhmische einzudringen, die verrammelten Gebirgspässe hinderten sie daran. Erst drei Wochen später öffneten sich Paidars Horden durch die Einnahme von Troppau einen Weg nach Mähren und nahmen Prerau,

Littau, Wischau und andere Städte eine nach der andern ein, brandschatzten und zerstörten berühmte alte Klöster in Hradisch, Heiligberg und anderen Orten. Die fruchtbare Hanna-Ebene verwüsteten sie ganz und gar. Die Bevölkerung ließ ihr ganzes Hab und Gut im Stich und flüchtete sich in die Berge und Wälder.
Nur drei Städte – Olmütz, Brünn und Neustadt – wurden von den Mongolen erfolglos belagert; aber auch einzelne Schlösser und Vesten wehrten den Angriff der grimmen Feinde tapfer ab. Durch seinen heldenhaften Widerstand erwarb sich Bistritz am Berge Hostein großen Ruhm.
Inzwischen hatte König Wenzel seine Streitmacht neu formiert und zog den Mongolen ins Mährische entgegen. Herzog Friedrich der Streitbare von Österreich lieh ihm dabei seinen Beistand.
Bei dem von den Tataren eingeschlossenen Olmütz brachte der böhmische Edle Jaroslav von Sternberg den Horden des Khans Paidar eine empfindliche Niederlage bei, und der Khan selbst fiel durch Jaroslavs tapfere Hand.
Gleich darauf räumten Paidars Truppen Mähren und zogen nach Ungarn, um sich dort mit Batys Truppen zu vereinigen.«

Die Schlacht bei Liegnitz

(Aus den Reisenotizen des Hadschi Rachim)

»Ich flehe den Allwissenden an, mir genügend Verstand und Vernunft zu geben, um wahrheitsgetreu den erstaunlichen Feldzug des erhabenen Sain-Khans gegen die Reiche und Völker des Abendlandes zu beschreiben, die Ursachen seines glänzenden Gelingens und der Vernichtung der in Verwirrung geratenen Gegner des Dschichangirs zu ergründen und zu erklären.
Noch während der Belagerung Kyjuws hatte Batu-Khan den rechten Flügel seines Heeres vorausgesandt, damit er die angrenzenden Gebiete besetze und auskundschafte, was für feindliche Streitkräfte ihm beim weiteren Vormarsch begegnen könnten.
Eine der tatarischen Abteilungen drang bis zur Stadt Lublin vor und kehrte, nachdem sie alles auf ihrem Wege zerstört hatte, mit reicher Beute ins Hauptquartier zurück. Andere tatarische Verbände überschritten die Weichsel und wandten sich gegen die große und reiche Stadt Krakau. Der Krakauer Wojewode Wladimir machte eines Nachts einen Ausfall aus der belagerten Festung, überfiel die schlafenden Tataren und rieb eine nicht unbedeutende Abteilung fast gänzlich auf. Die dem Tode entgingen, zerstreuten sich. Ein bedeutender Teil von den in tatarische Gefangenschaft geratenen Landsleuten des tapferen Wojewoden verdankte ihm ihre Befreiung, alldieweil sie durch ihn Gelegenheit bekamen, sich während des nächtlichen Gefechts, die allgemeine Verwirrung ausnutzend, aus dem Staube zu machen und Zuflucht in den tiefen

Wäldern zu suchen. Krakaus gesamte Einwohnerschaft verließ ebenfalls die Stadt, die, von den Fortziehenden angezündet, an allen Ecken und Enden gleichzeitig zu brennen anfing.«

Nachdem Batu-Khan sein riesiges Heer in fünf Armeegruppen geteilt hatte, gab er das Zeichen zur Attacke auf Europa. Bei Liegnitz in Schlesien lieferte am 9. April des Jahres 1241 zum erstenmal ein europäisches Heer den Tataren eine große Schlacht, mit dem schlechtesten Erfolg allerdings.
Mit einem trutzigen Kirchenlied auf den Lippen gingen als erste mehrere Knappschaften böhmischer Bergleute in dicht geschlossenen, wohlgeordneten Reihen gegen die mongolischen Reiter vor. Sie hatten sich große weiße Kreuze auf die Brust genäht als Zeichen ihrer entschlossenen Todesbereitschaft im Kampfe für Glaube und Heimat. Die Tataren nahmen zu ihren gewöhnlichen Listen ihre Zuflucht; sie stellten sich an, als wären ihre Reihen in wüsteste Unordnung geraten, und wichen zurück, um ihre Gegner zu veranlassen, dem vermeintlich fliehenden Feind in weniger geordneten Formationen nachzueilen, und zwar in Richtung auf ein sumpfiges Moor. Als das Fußvolk, das sich schon im Besitz des Sieges wähnte, sich weit genug von dem übrigen Heer hatte fortlocken lassen, machten die Mongolen kehrt und warfen sich mit fürchterlichem Geschrei auf die völlig verblüfften Bergknappen, wichen jedoch einem eigentlichen Handgemenge mit vielem Geschick immer wieder aus, töteten vielmehr ihre weniger beweglichen Feinde aus sicherer Entfernung mit gutgezielten Pfeilschüssen. Da half den Knappen der verzweifeltste Mut nichts, sie mußten allesamt ins Gras beißen. Zwei andere Abteilungen Fußvolk, die ihnen zu Hilfe eilten, wurden in einer wütenden Attacke von den Mongolen ebenfalls aufgerieben. Die preußischen Deutschordensritter rückten in ihrer keilförmigen Schlachtordnung vor, waren aber in ihren Eisenrüstungen viel zu schwerfällig gegenüber den flinken wendigen Tataren und vermochten nicht nur nichts gegen sie auszurichten, sondern erlagen ebenfalls ihrem Ansturm. Schwerter und Pfeile knickten diese Blüte der Ritterschaft, die man bis dahin als die beste Kriegerschaft des Abendlandes anzusehen gewohnt gewesen war. Am verhängnisvollsten wurde den Rittern, daß sie sich von den Tataren ebenfalls in den Sumpf verlocken ließen, wo sie infolge des schweren Gewichts ihrer Rüstung (selbst die großen mächtigen Rosse waren ja eisengepanzert) entweder lebendig versanken oder steckenblieben und den sicher treffenden Tatarenpfeilen ein leichtes Ziel boten.
Auch der Anführer dieses Heeres, der tapfere, aber vom Schlachtenglück wenig begünstigte Heinrich der Fromme, fand den Tod.
Nachdem die Mongolen in der Umgebung von Liegnitz wie die Vandalen gehaust, die Stadt selber aber nicht angerührt hatten, wandten sie sich gegen Ratibor und drangen in Mähren ein.
Mit Mährens Verteidigung war der böhmische Edle Jaroslav von Stern-

berg betraut worden, der aber vom König den ausdrücklichen Befehl erhalten hatte, eine offene Feldschlacht zu vermeiden, dafür aber die Städte zu verteidigen. Jaroslav ließ in Brünn nur eine geringe Besatzung zurück und zog mit allen Truppen, die er zusammenraffen konnte (es waren fünftausend Mann Fußvolk und fünfhundert Reiter), auf Olmütz, welcher Stadt sich auch die Mongolen näherten und sie einschlossen, kaum daß Jaroslav eingezogen war.

Jaroslav entschloß sich zu einem nächtlichen Überfall des Lagers der Tataren und errang, begünstigt durch die Dunkelheit, einen Sieg, von dem die Kunde sich im Lande mit Windeseile verbreitete, weil er bewies, daß man den Mongolen nicht nur Widerstand leisten, sondern daß man sie sogar überwältigen konnte. Freilich kehrten von den an dem kühnen Ausfall Beteiligten nur wenige wieder in die Stadt zurück, die Mongolen aber hatten dem Tode noch größere Opfer zollen müssen, und unter ihren Gefallenen waren auch der Dschingiside Khan Paidar und Mussuk, der Pflegebruder von Batu-Khans jüngster Frau Juldus-Hatun.

Die Mongolen errichteten ihnen und den übrigen gefallenen Bahaduren und Dschigiten einen gewaltigen Scheiterhaufen, von dessen Flammen sich der Himmel über der Stadt blutrot färbte. Aber drei Tage nach dieser Bestattungsfeier hoben sie die Belagerung von Olmütz überraschend auf, einem Befehl ihres Dschichangirs folgend, der ihnen gebot, zu einer bestimmten Frist zu seinem Heer in Ungarn zu stoßen.

Es wäre aber durchaus denkbar, daß die Tataren immer, wenn ihnen ein Unternehmen nicht ganz geglückt war, sich auf einen solchen Befehl ihres Dschichangirs beriefen und eine fruchtlose Belagerung abbrachen.

Der unerschrockene Spielmann

Mehrere Tage schon dauerte der Sturm der Tataren auf die polnische Stadt Sandomir. Als sie glaubten, die Verteidiger genügend geschwächt zu haben, trieben sie die abgezehrten und zerlumpten Gefangenen, die sie auf dem Zuge hierher gemacht hatten, unter Peitschenhieben und Keulenschlägen an, vor ihnen die wankenden Sturmleitern hinaufzusteigen und von der Hand der eigenen Brüder den Tod zu erleiden.

Sieht man von dem verzweifelten Mute ab, den die Bewohner von Sandomir bei der Abwehr der bedrohlichen Sturmangriffe entfalteten, so hörte man während der Kampfpausen innerhalb der Mauern der einst so frohen, durch ihre heiteren Lieder und schönen Frauen berühmten Stadt nichts als Weinen und Klagen und außerhalb der Mauern den an Wolfsgeheul gemahnenden Gesang der schlitz- und schieläugigen Belagerer, mit dem sie ihrer Sehnsucht nach der weit entfernten Heimat am Kerulon und Onon[1] Luft machten.

---

1 Kerulon und Onon = Flüsse in Zentralasien, wo Dschingis-Khan seine Kindheit verbrachte.

Wenn sie nicht sangen, dann hockten sie in Gruppen um die in der Dunkelheit der Nacht hellodernden Lagerfeuer und lauschten den Worten der um ihre Ansicht befragten erfahrenen älteren Krieger; ob die Belagerung bald erfolgreich zu Ende ginge oder ob sie am Ende gar aufgehoben würde, welche Beutegüter die empfehlenswertesten wären, Kleidungsstücke und Pelze oder goldene und silberne Becher, und welchen Preis man für Gefangene, die man machen würde, auf dem Sklavenmarkt bekäme, wenn es ein starker, zur Arbeit tauglicher Mann oder ein vollbusiges strammes Weib oder ein hübsches junges Mädchen wäre – das waren die Themen, um die sich die Gespräche der grimmen, beutegierigen Krieger drehten.

Die Belagerung Sandomirs nahm eine glückliche (das heißt für die Belagerer glückliche) Wendung, als der Dschichangir selbst mit dem Tumen seiner Tollkühnen und vier Mauerbrechern vor der Stadt erschien.

An einem trüben Morgen begannen die Rammböcke dröhnend gegen die Stadtmauer zu stoßen, und die Wurfmaschinen schleuderten große Stein- und Felsbrocken in das Stadtinnere. Jedes dieser Wurfgeschosse war so gewaltig, daß nur vier Mann es mit vereinten Kräften auf den Hebelarm des Katapultes legen konnten.

Da war wenig mehr für die Eingeschlossenen zu hoffen, und in der Tat: Bald drangen die Mongolen durch die vier in die Mauer geschlagenen Breschen in die Gassen und Straßen der Stadt ein. Nachdem sie ihren Blutdurst ausgiebig gestillt hatten, zwangen sie die überlebenden Stadtbewohner (soweit es diesen nicht geglückt war, sich irgendwo in Kellern zu verbergen), ihr ganzes Hab und Gut auf einem freien Platz zusammenzutragen, wo es dann unter die Sieger verteilt, ein Fünftel davon aber für den Dschichangir und ein zweites Fünftel für den Kagan in Kara-Korum beiseite gelegt wurde.

Alsdann wurden die Gefangenen gezwungen, die Barrikaden am Haupttor der Stadt wegzuräumen und alle zum Tor führenden größeren Straßen von Trümmern, Steinen und Balken zu säubern, damit der erhabene Sain-Khan samt Gefolge seinen feierlichen Einzug in die eroberte Stadt halten könne.

Genau zur Mittagsstunde ritt Batu in vergoldetem Ringpanzer und silbernem, mit Reiherfedern garniertem Helm, um die Schultern einen goldbestickten Zobelpelz, auf seinem panthergleich gefleckten, goldgeschirrten, tänzelnden Hengst an der Spitze eines prächtigen Zuges durch das Tor ein und zu dem mit den Fuhren der hierher geflüchteten Dörfler umstandenen Hauptplatz der Stadt, wo seine Aufmerksamkeit durch die majestätische, doppeltürmige Bischofskirche gefesselt wurde.

»Ist das die Wohnung des Polengottes?« fragte er.

»Du sagst es«, antwortete der befragte Dolmetscher. »Dies ist die Kirche der Katholiken und das längliche Gebäude nebenan ein Mönchskloster, dessen Insassen sich mit dem Abschreiben heiliger Schriften befassen.«

»Ich will hören, wie die lateinischen Schamanen beten«, sagte Batu,

indem er seinen Hengst zum Kirchenportal hinlenkte. »Sie sollen mir ihre Lieder vorsingen.«
Die mit kunstvollen Schnitzereien reichgeschmückten Flügel des Portals waren weit geöffnet. In der Vorhalle zügelte Batu sein Roß vor einem figurenreichen Al-fresco-Gemälde.
»Was sind das für Leute, die hier abgebildet sind?«
»Das Bild stellt das ›Jüngste Gericht‹ dar«, erläuterte der Dolmetscher, »welches am letzten Tage der Welt stattfindet. Dann steigen die Toten aus ihren Gräbern und erscheinen vor Gottes Thron, um für ihre Taten oder Missetaten das Urteil zu empfangen.«
»Und was ist das für ein geschwänztes und gehörntes Ungeheuer mit Bocksbeinen, das sich kopfüber in die Tiefe stürzt?«
»Das ist Satan, der Herrscher der Finsternis, der die Menschen dazu verlockt, Sünden und Verbrechen zu begehn... Die Christen nennen solche bösen Mangusse ›Teufel‹...«
»Und beten die Polen diese Teufel ebenfalls an?«
»Nein, sie beten sie nicht an, aber sie fürchten sie.«
»Fürchten sollen sie uns!« sagte der hinzutretende Khan Ordu. »Sklaven sollen immer in Furcht vor ihren Herren leben.«
Batu-Khan ritt durch den großen Mittelgang zum Altar und wollte wissen, was die davor aufgestellte bemalte Statue einer mit Blumen, Bändern und Ketten behängten Frau zu bedeuten habe.
Als man ihm sagte, dies sei die »Mutter Gottes«, die »Gebärerin des Heilands«, fragte er ungeduldig:
»Wo bleiben denn die Sänger und Diener dieses Hauses? Warum eilen sie nicht herbei, um mir den mir gebührenden Empfang zu bereiten und mir zu Ehren und meinetwegen auch zum Lobe dieser Gottesgebärerin schöne Lieder zu singen? Holt sie flugs her!«
Er stieg von seinem Roß und nahm in einem breiten geschnitzten Sessel, dem Ehrenplatz des Wojewoden von Sandomir, mit untergeschlagenen Beinen Platz, während die Nuker davonstürzten, um die Sänger herbeizuholen. Aber sie kamen nur mit einem einzigen Priester zurück, einem ehrwürdigen Greis in langer schwarzer Soutane, der in seiner Hand einen Rosenkranz hielt, mit dessen Kügelchen er nervös spielte. Sonst aber ließ er sich keine Furcht anmerken. Dicht vor Batu blieb er stehen und forschte mit seinen kurzsichtigen Augen im Angesicht des furchtbaren Tatarenherrschers, der für ihn die leibhaftige Verkörperung Satans war.
»Sag mir, Alter, wo sind denn deine Schamanen? Weshalb haben sie sich vor mir versteckt?«
Der Alte bekreuzigte sich mehrmals, dann erwiderte er mutig:
»Sie haben sich nicht versteckt. Als eifrige Streiter für ihren Glauben sind sie alle auf den Mauern den Heldentod gestorben, und der Herr hat ihre Seelen zu sich genommen. Mich allein hat er am Leben gelassen, damit ich sein Haus hüte und für die Seelen meiner Brüder bete.«
»Ich schätze solche tapferen Gegner«, sagte Batu und rief dann nach

seinem Chronisten, dem Hadschi Rachim, der mit einem schneeweißen hohen Turban auf dem Haupte aus dem Gefolge hervortrat, gegen dessen prächtige, prunkvolle Kleidung er in seinem bescheidenen dunklen Gewand abstach. »Mein ehrwürdiger Lehrer«, fuhr Batu, das Wort an den Hadschi richtend, fort, »nimm dich dieses Greises an und laß dir von ihm alles über dieses Bethaus und seine Einrichtungen genauestens erklären, damit nichts in deinem Buche über meine Feldzüge vergessen werde.«

»Ich höre und gehorche, erhabener Sain-Khan. Zuvor aber erlaube mir, deine Aufmerksamkeit auf etwas anderes zu richten. Du wünschtest, daß man dir Lieder vorsinge. Da die Mönche aber nicht mehr am Leben sind und dir ihre Gebete zur Gottesmutter also nicht vorsingen können, so möchte ich dir einen Ersatz dafür schaffen. Draußen auf dem Platz sah ich einen jener Spielleute, die von Stadt zu Stadt ziehn und den Leuten ihre Lieder vorsingen ... Laß ihn hereinholen, ehe ihm ein Leids geschieht, denn er beträgt sich recht herausfordernd, und es könnte durchaus sein, daß deine Krieger daran Anstoß nehmen.«

Auf einen Wink des Dschichangirs eilten ein paar seiner Turgauden hinaus und kehrten bald darauf mit einem ärmlich gekleideten Jüngling zurück, dem das lockige blonde Haupthaar bis auf die Schultern herabwallte. In der einen Hand hielt er seine Laute, mit der andern preßte er ein Tuch auf eine heftig blutende Stirnwunde. Stiefel hatte er keine an, die hatten die Tataren ihm schon von den Füßen gezogen. Halblaute Verwünschungen ausstoßend, blickte er sich trotzig um.

Auf einen Wink Batu-Khans trat Duda hervor und machte sich daran, den Spielmann oder Sänger auszufragen:

»Wie man sagt, sollst du die Bewohner Sandomirs durch deine frechen Lieder zum Widerstand gegen den erhabenen Sain-Khan aufgewiegelt haben ...«

»Ja, das habe ich«, gestand frank und frei der junge Spielmann. »Und wenn ich lebend von hier wieder fortkomme, so werde ich anderswo das gleiche tun und mein Volk durch meine Lieder zum Kampf für seine Freiheit aufrufen. Ja, es käme mir gar nicht darauf an, ein solches Lied gleich hier vor den Ohren des Würgers unsrer Freiheit anzustimmen ...«

»Das sollst du ja auch. Eigens zu diesem Zweck hat unser erhabener Sain-Khan dich herbeiholen lassen.«

Der Spielmann warf einen ungläubigen Blick auf das Gesicht des Dschichangirs, in dessen steinern unbeweglichen Zügen niemand hätte lesen können, was er in seinen Gedanken bewegte.

»Ich bin bereit zu singen, obwohl ich weiß, daß meiner alsdann die grausamste Todesstrafe wartet.«

Der redliche Duda verwahrte sich gegen diese Annahme, denn es sei niemandem gegeben, das letzte Wort des erhabenen Sain-Khans zu erraten. Vielleicht würde ihm sogar, ganz gegen alle seine Erwartungen, eine reiche Belohnung winken.

»Er mag singen!« gebot Batu-Khan.

Da ließ der Spielmann sein blutbeflecktes Tuch fallen, griff ein paar Akkorde auf den Saiten seines Instruments und begann zu singen, mit etwas heiserer Stimme zwar, aber mit tiefer Empfindung:

»Wie auf dem Friedhof klingt in den Dörfern ein Gegreine:
›Schlimm sind wir dran, ach, schlimm! Nur Asche und Gebeine!
Die Mädchen pflücken keine Himbeer'n mehr im Walde,
die Hirten treiben nicht das Vieh zur Halde.
Ja, schlimm sind wir daran, wie schlimm!‹«

»So gehört sich's auch für ein besiegtes Volk«, unterbrach Batu-Khan, dem das Lied Wort für Wort übersetzt worden war, den Vortrag des Sängers.
Dieser fuhr fort:

»Des Nachts, wenn andre Menschen friedlich schlummern,
treibt es den argen Heiden ruhelos umher.
›Baty, was wälzest du dich auf den Kissen?
Baty, schlägt dir im Busen das Gewissen?‹
›Vor Durst kann ich in Schlaf nicht sinken,
ich muß an Menschenblute satt mich trinken!‹
Ach, schlimm sind wir daran, wie schlimm!«

Dem Dolmetscher, dem schon bei den Worten »arger Heide« die Zunge stockte, hatte immer zögernder übersetzt und war schließlich ganz verstummt. Erst ein mahnender Blick Batus brachte ihn dazu, die Strophe vollends zu übersetzen. Doch ganz gegen sein Erwarten fühlte sich Batu in seiner Zufriedenheit nicht gestört, er bemerkte lediglich:
»Ein großer Regent muß auch grausam sein.«
Der Sänger erhob wieder seine Stimme:

»Menschenfleisch, das fressen die Wölfe,
Menschenblut, das trinken Werwölfe.
Den Wolf im Walde schlägt man mit dem Knüttel tot,
dem Werwolf stößt man einen spitzen Pfahl ins Herz...«

Batu-Khan, der kein Auge von dem Spielmann ließ, verlangte ungeduldig nach der Übersetzung.

»Ja, schlimm ergeht's uns. Doch schlimmer wird es unsern Feinden gehn!
Dem großen Khane werden wir den Kopf abschlagen
und mit den Schädeln seiner kleinen Khane unsre Straßen pflastern.
Erhebe dich, mein Volk, mit frischem Mut und neuer Stärke!
Steh auf, steh auf! Zerreiße deine Bande,
und die verhaßten Feinde treibe aus dem Lande!«

Batu-Khan hatte aufmerksam zugehört mit unerschütterlicher, unergründlicher Miene, bis zu dem Augenblick, da der Sänger nach dem letzten laut herausgeschrienen Wort zusammensackte. Aus seinem Munde kroch wie ein rotes Schlänglein Blutgerinnsel. Seinen Händen entsank die Laute und gab beim Aufschlagen einen klagenden Ton von sich. Duda fing den Spielmann auf und ließ ihn aus seinen Armen auf die Steinfliesen niedergleiten.

Nach einer langen Weile heftete Batu seinen Blick auf den abseits stehenden Hadschi Rachim und fragte:

»Was meinst du hierzu, mein Lehrer?«

Der um seine Meinung Befragte trat rasch zu dem Sessel hin, auf dem der Dschichangir saß, und flüsterte ihm einige Worte ins Ohr.

Batu-Khan schüttelte kaum merklich den Kopf und sagte dann bedächtig:

»Du bist und bleibst ein Derwisch und denkst wie ein Derwisch... Dieser Jüngling hat die Dreistigkeit gehabt, den ›Erschütterer des Erdkreises‹ ins Gesicht hinein zu beleidigen, und soll dafür noch belohnt werden?... Außerdem singen meine Uligertschi nicht schlechter als er... Man führe mein Roß vor!«

Am Abend des gleichen Tages notierte der in einer engen Klosterzelle beim Schein eines knisternden Talglichts über sein Reisetagebuch gebeugte Hadschi folgendes:

»In der polnischen Stadt Sandomir hat der siegreiche Dschichangir nach feierlichem Einzug im Gotteshause dem Gesang eines polnischen Spielmanns sein Ohr geliehen. Das Lied des unerschrockenen Sängers schloß mit den kühnen Worten:

»Steh auf, mein Volk, zerreiße deine Bande
und treibe die verhaßten Feinde aus dem Lande!«

Um meine Meinung befragt, riet ich dem erhabenen Sain-Khan, zu handeln, wie Iskander Dsul-Karnain in seiner Großmut gehandelt haben würde.

»Du hast das Land der Polen erobert«, sprach ich zu ihm, »jetzt bemühe dich, die Herzen deiner neuen Untertanen zu erobern. Bedecke die frierenden Schultern des Sängers mit einem wärmenden Pelz! Dann werden Kinder und Kindeskinder der heute Lebenden sich in Märchen und Liedern voll Erstaunen deiner Großmut und Freigebigkeit erinnern.«

Bei mir aber dachte ich:

›Wer weiß, vielleicht verkündet der Sänger die Wahrheit?... Jahrhunderte vergehn, und viele Völker werden von der Erdscheibe hinweggeweht werden wie Rauch, der von einem Windstoß hinweggefegt wird. Doch für alle Ewigkeit erhalten sich die Lieder auch der untergegangenen Völker und damit vielleicht die Kunde, wie ein edel denkender Sieger einen furchtlosen Sänger, der sein besiegtes Land mehr liebte als sein Leben, großmütig belohnte.‹

Doch Batu-Khan befolgte meinen Rat nicht, sondern bedeutete durch einen Wink an seine Turgauden, sie möchten dem Ohnmächtigen den

Genickfang geben. Die Leiche des Spielmanns blieb verlassen auf den Steinfliesen der Kirche liegen...«

Und noch ein weiterer Auszug aus den Reisenotizen des Hadschis sei hier gleich eingeschaltet:
»Da Batu-Khan mir aufgetragen hat, seinen ungewöhnlichen Feldzug zur Unterwerfung sämtlicher »Abendländer« genauestens zu beschreiben, befrage ich immer jeden eingebrachten Gefangenen nach den Eigenheiten seines Landes und Volkes. Dabei habe ich zu meiner größten Verwunderung auch erfahren, wie sorglos diese Völker die Gefahr, die ein Einfall der Tataren für ihr Land heraufbeschwor, unterschätzt haben. Keiner der Madjaren scheint es für möglich gehalten zu haben, daß die asiatischen Horden jemals auch nur bis an die Grenzen ihres Reiches vordringen würden.
Bei solchen Verhören ist mir der Schreiber des arabischen Gesandten Abd ar-Rahmân, ein redlicher Mann namens Duda, stets sehr nützlich gewesen dank den wirklich erstaunlichen Kenntnissen fremder Sprachen, die er sich im Laufe seines unsteten Lebens erworben hat.
So habe ich durch Dudas Vermittlung auch folgende Einzelheit erfahren:
Zur Zeit, da das Heer des inzwischen gefallenen Khans Paidar Polen, Schlesien und Mähren verwüstete und Batu-Khan seine Tumen über die waldigen Karpaten zum Lande der Madjaren führte, war ihm Daniil, der aus seinem Reiche vertriebene Fürst von Galitsch, vorausgeeilt, um den ungarischen König Bela zu warnen, der aber diese Warnung in den Wind schlug, weil er nicht glauben wollte, daß die mongolischen Horden sich jemals so weit vorwagen würden. Und wie eindringlich auch der kumanische Khan Kotjan, der vor Batu ebenfalls nach der an der Donau gelegenen Hauptstadt der Ungarn, Buda, geflohen war, Daniils Befürchtungen bekräftigte, wollte sich König Bela nicht überzeugen und belehren lassen, zumal da seine Hofleute den Khan Kotjan bei ihm anschwärzten als einen, der es nur darauf anlege, sich bei ihrem allergnädigsten Herrn einzuschmeicheln, um alsdann, wenn er dessen Vertrauen und Gunst erlangt habe, »seine rechte Hand« zu werden.
Allein sie irrten sich: Khan Kotjan war wirklich weitblickender als sie.«

Im Lande der Madjaren

Ende des Jahres 1240 trafen die ersten Nachrichten über den Fall und die Zerstörung Kiews und über den entsetzlichen Zustand, in dem sich die meisten russischen Fürstentümer infolge der von den Tataren angerichteten Verheerungen und Verwüstungen befanden, in Ungarn, Polen und Böhmen ein, deren Herrscher nun wohl oder übel die drohende Gefahr eines Einfalls der Mongolen auch in ihre Gebiete ins Auge fassen mußten. Die Fama wollte wissen, daß über eine halbe Million berittener Barbaren aus Asiens unbekannten Tiefen ausgeschwärmt sei und sich bereits den Grenzen der osteuropäischen Länder, insbesondere Ungarns, nähere, daß bisher noch nichts diese wilden Horden auf ihrem unaufhaltsamen Siegeszuge hätte hemmen können, da die Schnelligkeit und Schlagkraft dieser behenden, flinken und riesigen Scharen unvergleichlich sei.

Zwar gab es auch in den bedrohten Ländern genug Sorglose, welche meinten:

»Der Landhunger der Tataren ist durch die Unterwerfung der russischen Fürstentümer vollauf gestillt. Wozu sollten sie also noch weiter vorrücken?«

Ein zeitgenössischer Chronist, der katholische Mönch Thomas aus der dalmatinischen Stadt Spalato, läßt sich folgendermaßen vernehmen:

»Der Wohlstand, der in den letzten Jahren im Lande herrschte, hatte die Madjaren so sorglos gemacht, daß sie sich um die Zukunft überhaupt nicht kümmerten, keinen Gedanken daran verschwendeten, daß auch einmal eine Wendung der Dinge eintreten könnte, und deshalb auch keinerlei Befestigungs- und Verteidigungsmaßnahmen trafen.«

Er schiebt die Schuld hauptsächlich auf die Verweichlichung der madjarischen Aristokratie:

»Junge Leute aus den obersten Schichten schliefen bis in den hellen Tag hinein und widmeten die übrige Zeit eitlen Vergnügungen, zu denen sie sich so prächtig herausputzten, wie es sonst eigentlich nur Frauen zu tun pflegen. Über die Prophezeiung eines bevorstehenden Unglücks machten sie sich bloß lustig und meinten, das seien Pfaffenmärchen zur Einschüchterung der Leute, damit diese fleißiger die Kirchen besuchten und reichlichere Opfergaben spendeten.«

Ein ungarischer Priester gab um die Jahreswende 1240/41 dem Erzbischof von Paris einen ausführlichen Bericht über die furchtbare »Geißel Gottes«, wie er den Tatarenkhan nannte, dessen Hauptquartier sich vorerst noch am russischen Strome Dnepr befände, dessen Vorhuten aber bereits Streifzüge bis zu den ungarischen Marken unternommen hätten.

»Die Zustände im Lande der Madjaren sind keineswegs in bester Ordnung. Abgesehen davon, daß die Staatsverwaltung und die Organisation des Heeres sehr zu wünschen übrig läßt, herrscht unter den Bauern, dem Nährstand des Landes, äußerste Erbitterung. Sie können es nicht vergessen, daß ihre Väter und Großväter einst frei gewesen sind, daß aber seit dem Beginn des dreizehnten Jahrhunderts durch einen königlichen Erlaß alle Bauern und Pflüger zu Leibeigenen und Hörigen erklärt worden waren und die ihnen bis dahin gehörende und von ihnen bebaute Erde zum allergrößten Teil in den Besitz der Feudalherren, der adligen Großgrundbesitzer, übergegangen war. Unter diesen Feudalherren, deren größte Sorge es zu sein scheint, die Macht ihres Lehnsherrn, des Königs, möglichst stark zu beschneiden, befinden sich auch viele

Deutsche, die erst recht keine gemeinsamen nationalen Interessen mit den von ihnen bettelarm gemachten landlosen madjarischen Bauern haben.«

Die Pußta

Ein ungarischer Dichter des vorigen Jahrhunderts entwirft von der Pußta, in der die erste Begegnung der tatarischen Reiter mit dem madjarischen Heer stattfand, ungefähr folgendes Bild:
»Die Pußta, eine öde freie Steppe, wird oft von furchtbaren orkanartigen Stürmen heimgesucht, die einem im Winter die Augen mit Schnee verkleben und im Sommer mit Sand vollstreuen. Im Gegensatz zum Hirten und Viehzüchter, der hier in seinem eigentlichen Element ist, kommt sich der Stadtbewohner in der grenzenlosen Weite der Pußta ganz verloren vor und wird von einem Gefühl der Trostlosigkeit übermannt. Meilenweit ist das niedrige Hirtenhaus mit dem langen Hebebalken des Ziehbrunnens der einzige Ruhepunkt für das Auge. Neben dem Brunnen stehen zwei Tröge, von denen der obere, höhere für die Pferde, der untere, niedrigere für das übrige Vieh bestimmt ist. Unweit davon ist der überdachte Stall (Akol oder Istallo) und das Freigehege für das Vieh. Lange Reihen von Sonnenblumen bilden den Abschluß der einsamen kleinen, von zottigen Hunden der Pudelrasse bewachten Siedlung gegen die freie, öde, fast baumlose Steppe, deren Sandboden mit magerem Rasen und brauner Heide überkleidet ist. Manchmal stößt man auch auf Sümpfe, in deren Röhricht nicht selten sich Wolfsrudel verbergen. Das ganze Jahr hindurch ist die Pußta belebt von zahllosen Pferde-, Rinder-, Schweine- und Schafherden. Ein eigentümlicher Reiz dieser flachen Landschaft, den sie mit der Wüste gemein hat, ist die Erscheinung der Luftspiegelung, die besonders an drückend heißen Sommertagen ihre Phantasmagorien über die braune Fläche zaubert und Trugbilder von Städten, Seen und Waldstücken schafft. Eine andere eigentümliche Erscheinung sind die Staubsäulen, dichte Massen wirbelnden Sandes, die sogar Pferd und Wagen umzuwerfen imstande sind.«
An anderer Stelle heißt es:
»Nach dem Einfall der Tataren im dreizehnten Jahrhundert und später der osmanischen Türken im fünfzehnten, die alles dem Erdboden gleichmachten, bestanden die meisten ungarischen Dörfer fast nur noch aus Erdhöhlen und ein paar elenden, halbverfallenen Hütten, in denen bitterste Lumpenarmut in Roheit und Unwissenheit hauste.«
Ein anderer Dichter entwirft dieses Bild:
»Ich sehe die mir so wohlvertraute heimatliche Landschaft wieder, die Pußta, die von der Theiß und der Donau zärtlich umfaßt wird wie von den Armen einer Mutter, die ihr Kindchen in Schlaf wiegt. Nur ein einziger Weg (oder was man Weg nennen könnte) führt durch die flache

Ebene, die nicht mit grünem Gras, sondern mit brauner Heide bewachsen ist. Es ist drückend schwül, deshalb grast das Vieh auch nicht, sondern ruht träge aus. Auch der Hirt liegt irgendwo im kümmerlichen Schatten eines Dornbuschs ausgestreckt, und die Hunde sind von der Hitze so apathisch, daß sie nicht einmal einen Blick auf den vorbeiziehenden Wanderer werfen.
In einer schmalen Senke rieselt ein Bächlein hin, dessen karges Rinnsal kaum bemerkbar ist; nur wenn ein darüberhinschießender Vogel mit seinen Flügeln den Wasserspiegel streift, sprühen ein paar Spritzer auf. An der seichtesten Stelle dieses Bächleins ist auf dem gelben Sande eine Schar bunter Blutegel zu sehen. Langbeinige Wasserspinnen und Wasserkäfer flitzen blitzgeschwind über die flache Kuhle hin.
In der Ferne ragt der schräge Hebebalken eines Ziehbrunnens auf; es sieht aus, als wäre er in die Betrachtung einer Luftspiegelung versunken... Was für Träume mögen den Wanderer heimsuchen, dem es einfällt, sich neben diesem halbverschütteten ausgetrockneten Brunnen, der nichts weiter mehr ist als eine tiefe Grube, zur Ruhe niederzulegen?«

Die Zwillingsstädte

Ein Ausländer, der damals das Land der Madjaren bereiste, hat die Eindrücke, die er dabei gewonnen, in seinen Reisenotizen festgehalten. Die ungarische Hauptstadt Buda und ihre Zwillingsschwester Pest beschreibt er folgendermaßen:
»Zwei Städte liegen seit alters einander gegenüber auf den Ufern der sie trennenden, träge strömenden Donau. Zur Zeit des Eisgangs und des Frühjahrshochwassers sind sie gänzlich voneinander abgeschnitten, in der übrigen Zeit miteinander verbunden, winters durch die Eisdecke des zugefrorenen Flusses, sommers durch eine Brücke, die auf untereinander vertäuten und an Pfählen verankerten Pontons ruht und so breit ist, daß zwei sich begegnende Fuhrwerke noch aneinander vorbeikommen, sogar wenn es Heufuhren sind.
Jede der Zwillingsstädte ist von zinnengekrönten Mauern und einem tiefen Graben umgeben, über den hinweg lediglich zwei Zugbrücken führen, die des Nachts an eisernen Ketten hochgezogen werden, so daß niemand in die Stadt gelangen kann. Die schweren, mit Eisen beschlagenen Tore werden von einer gutbewaffneten Stadtwache in eisernen Harnischen bewacht.
Buda liegt am westlichen, Pest am östlichen Ufer der Donau, und gleich dahinter beginnen die ungarischen Steppen, die sogenannten Pußten, sandige, anfangs leicht hügelige, später gänzlich flache Steppen, wo riesige Herden der edlen, in aller Welt berühmten, im Springen sehr gewandten madjarischen Rosse weiden.
Buda (auch Ofen genannt) ist Sitz des Hochadels. Der sich inmitten der Stadt erhebende Festungsberg trägt die königliche Burg, die für sich

allein schon eine kleine, gut zu verteidigende Stadt bildet und bewacht wird von der ständig scharf Ausguck haltenden Burgwache. Aber auch die Häuser des Adels ähneln kleinen Burgen, deren Fenster ganz den Eindruck von Schießscharten machen. Für die Nacht werden die Zugänge zu den schmalen Gassen mit Ketten versperrt.
Solche Vorsichtsmaßregeln zeugen für eine fortwährende Furcht vor Unruhen, geheimen Verschwörungen und plötzlichen Überfällen, die den König von überallher bedrohen. Und in der Tat lebt er in ständiger Besorgnis vor seinen Vasallen, Herzögen, Grafen, Baronen, die sich ihrer Versippung mit der höchsten ausländischen Aristokratie, ja mit deutschen Königshäusern rühmen. Diese Aristokraten, von denen jeder einzelne auf den Thron prätendiert, versuchen alle Macht im Staate an sich zu reißen und sich und ihrem Geschlecht alle möglichen Privilegien zu sichern.
Nur der Bauer, dem man Boden und Freiheit genommen hat, ist rechtlos und darf auch keine Waffen tragen oder daheim aufbewahren. Freilich ist das nicht immer so gewesen: Vor einem halben Jahrhundert noch war der Bauer frei und saß auf eigener Scholle, bis die aus Deutschland, Schlesien, Siebenbürgen und anderswoher eingewanderten Aristokraten sich kraft der dem König abgetrotzten Edikte seines Bodens bemächtigten und ihn selber zum Hörigen machten.«

Als König Bela[1] Khan Kotjans Danksagebrief empfing, worin ihm aus Erkenntlichkeit für die huldvoll gewährte Erlaubnis zur Ansiedlung der Kumanen innerhalb der ungarischen Reichsgrenzen Zusicherungen ihrer Treue und Ergebenheit gemacht wurden, berief er den Kronrat ein, um diesen von seinen getroffenen Entschlüssen in Kenntnis zu setzen. Sie fanden aber nicht die Billigung der Ratsmitglieder, die den König mit Vorwürfen überhäuften, weil er eine so große Zahl von Fremdlingen in den Verband des madjarischen Staates aufnehmen wollte. (Das Volk

1 Gemeint ist Bela IV. aus der arpadischen Dynastie, Sohn jenes Andreas II., dem der Adel die »Goldene Bulle« (Ungarns Magna Charta) abgerungen hatte. Durch Niederhaltung des Adels wollte Bela das alte königliche Ansehen wiederherstellen. Er regierte von 1235 bis 1270, verbrachte aber davon die zwei Jahre von seiner Vertreibung durch die Mongolen bis zu deren Abzug aus Ungarn im Asyl in Österreich, das ihm erst gewährt wurde, nachdem er dem Herzog Friedrich II. dem Streitbaren, dem letzten Babenberger, seiner Schätze ausgeliefert und drei Komitate abgetreten hatte. Seine von allem Anfang an wohltätigen Reformen wurden durch den Mongoleneinfall unterbrochen. Nach dem Abzug der Horden rief er deutsche und italienische Ansiedler in das entvölkerte Land und begünstigte und förderte den Bürgerstand (zum Nachteil des Adels), indem er die Anzahl der Freistädte vermehrte. Durch die Ernennung seines Sohnes Stephan zum Mitregenten, dessen Empörungsversuche ihm die letzten Lebensjahre verbitterten, veranlaßte er innere Kämpfe, die auch unter Stephans Sohn Ladislaus noch andauerten und den Verfall des Staates herbeiführten.

der Kumanen – an dessen Treue und Ergebenheit zu glauben die eingesessenen ungarischen und eingewanderten deutschen Aristokraten sich durchaus weigerten – war vierzigtausend Zelte, d. h. Familien, stark.)
König Bela, der zur Bedingung der Aufnahme gemacht hatte, daß die Kumanen den Christenglauben römisch-katholischer Konfession annehmen mußten, verfolgte mit dieser »Einbürgerung« ein dreifaches Ziel: erstens dem römischen Papst und seiner Kirche neue Anhänger zuzuführen; zweitens die Streitmacht seines Reiches um ein tapferes, im Kampfe mit den Tataren bereits erprobtes Reiterheer zu verstärken; und drittens aus diesem wiederum eine Elitetruppe als Leibgarde und Stütze seines Thrones auszulesen.

Khan Kotjans Ende

So war denn das Volk der Polowezer oder Kumanen, nachdem es die Karpaten hinter sich gelassen, in der ungarischen Tiefebene angelangt und hatte die ihm vom König angewiesenen Wohnplätze bezogen, in der Hoffnung, hier unbehelligt von den schrecklichen Tataren der Viehzucht obliegen zu können. Indessen war gerade die Tatsache, daß König Bela als Herrscher eines den Mongolen stammverwandten Volkes den Polowezern Asylrecht gewährte, dem Tatarenkhan Batu ein besonders scharfer Dorn im Auge, und er verlangte durch Abgesandte von dem ungarischen König die sofortige Auslieferung des inzwischen in Buda eingetroffenen Khan Kotjans und seiner ganzen Sippe.
Vom König war Khan Kotjan mit wohlwollender Herzlichkeit aufgenommen worden, der madjarische und ausländische Adel jedoch begegnete ihm mit feindseligem Mißtrauen und versuchte auch das Volk gegen die Einwanderer aufzuhetzen.
»Das ist ein Stamm«, so sagten sie, »der seinen Sitten und Gebräuchen nach so sehr an einen Vortrupp unserer Feinde erinnert, daß man ihm freundschaftliche Gefühle für uns schwerlich zuschreiben kann. Traut ihnen nicht! Spione sind es, ganz gewiß, und wenn es zum Kampfe kommt, so werden sie wohl eher zu Verrätern an uns werden, als daß sie auf unserer Seite gegen die schrecklichen Tataren kämpfen.«
Kein Wunder, daß diese immer wieder ausgestreute Saat des Mißtrauens im Volke Wurzel schlug. Es kam zwischen den frisch aus dem Osten Zugewanderten und den Alteingesessenen auf Grund künstlich erregter Mißverständnisse zu fortwährenden Reibereien, und der Adel beschuldigte den König, er nähme stets nur die Partei der Einwanderer gegen seine Untertanen. Diese unablässig geschürten Zwistigkeiten sollten dem Staat im Augenblick, da Einigkeit im Denken und Handeln zum Wohle aller die dringlichste Forderung gewesen wäre, zum Verhängnis gereichen.
Dabei standen Denken und Handeln des Adels, ja die einzelnen Hand-

lungen selbst, in krassem Widerspruch zueinander. Während man sich einerseits von einem Aufruf des Papstes an alle Fürsten der Christenheit, sich zu einem gemeinsamen Abwehrkampf gegen die Heiden zusammenzutun, eine so starke Wirkung versprach, daß allein schon dieser Appell Batu-Khan bedenklich stimmen und von weiterem Vordringen abschrecken müsse, lag man andrerseits dem König unablässig in den Ohren, dem Verlangen Batus stattzugeben und ihm den Khan Kotjan samt seiner ganzen Sippschaft auszuliefern und sämtliche Kumanen aus den ungarischen Pußten, wo sie ihre Zelte aufgeschlagen hatten, wieder zu vertreiben. Zu gleicher Zeit aber ließ man sich dazu hinreißen, die Abgesandten Batus zu erschlagen, was diesen natürlich in eine rasende Wut versetzte.

Während einer vom König einberufenen Beratung, zu welcher auch Khan Kotjan mit seinen Söhnen erschienen war, erklärten die madjarischen Feudalherren ganz unverblümt:

»Da der König seine ganze Freundschaft den Kumanen geschenkt hat, so mag er zusehn, wie sie ihm gelohnt wird. Wir werden keinen Finger zu seinem Beistand rühren, mag er sich um Hilfe an jene wenden, denen er von dem uns allein gehörigen madjarischen Grund und Boden Anteile zugewiesen hat.«

Vergebens bot der König seine ganze Autorität zugunsten seiner Gäste und Verwandten (seine Mutter war eine kiptschakische Fürstentochter) auf und schlug der Versammlung vor, doch erst einmal zu prüfen und zu untersuchen, ob der wider die Kumanen und ihren Khan erhobene Vorwurf der Spionage und Verräterei denn auch wirklich begründet sei, woran doch wohl gezweifelt werden dürfe, da der Khan ihm in seinem und seines Volkes Namen zugeschworen habe, daß sie die neue Heimat mit ihrem Leben und ihrem Blute verteidigen würden. Mit dem Rufe: »Nieder mit dem Verräter! Der Spion des Tatarenkhans soll sterben!« zogen die Feudalherren blank und stürzten sich auf den Khan, der, ungeachtet seines hohen Alters, noch über erstaunliche Körperkräfte verfügte und mehreren seiner Angreifer mit einer Bank den Schädel einschlug, ehe er unter ihren Schwerthieben entseelt zu Boden sank. Mit ihm zusammen wurden auch seine Söhne ermordet. Man schlug ihnen die Köpfe ab und warf sie durchs Fenster auf die Straße, damit das Volk sie sähe. Wie aus einem Mund hallte durch die ganze Stadt, durch das ganze Land der Schrei: »Alle verräterischen Kumanenhunde sollen auf die gleiche Weise sterben!«

Als die Kumanen von dem furchtbaren Tod ihres Anführers Kunde erhielten, brachen sie hastig ihre Zelte ab und zogen mit ihren Viehherden ins Mündungsgebiet der Donau, ins Land des Bulgarenzaren Koloman, der ihnen in der Dobrudscha Wohnstätten anwies.

Inzwischen war Batu, der die Wachen der Karpatenpässe überrumpelt hatte, über Munkacz und Ungvar ins Ungarland eingefallen. Als diese beängstigende Nachricht in Buda eintraf, verlangte König Bela von seinen Vasallen, daß sie ihm mit ihren Mannen Heeresfolge leisteten.

Er selber setzte mit Truppen, die er in höchster Eile unter seinem Banner gesammelt hatte, über die Donau und verschanzte sich dort. Seine Familie schickte er zur Nordgrenze des Landes, ebenso den Staatsschatz, dessen sich jedoch sofort der Herzog Friedrich von Österreich bemächtigte.

Die Schlacht am Sajo

Batu-Khan rückte mit seinem Heer, zu dem inzwischen auch die Horden aus Polen, Schlesien und Mähren gestoßen waren, vor Buda, in dessen Nähe er ein riesiges Lager aufschlagen und durch ausgesandte Abteilungen die Umgebung verwüsten ließ.
König Bela konnte sich zu einem Ausfall aus seinem Castrum[1] nicht entschließen, sosehr ihn auch der Erzbischof Ugolan von Kalocsa wegen seines Kleinmuts tadelte. Schließlich stellte sich Ugolan selbst an die Spitze einer Abteilung serbischer Reiter und machte, entgegen dem ausdrücklichen Befehl des Königs, einen Ausfall. Die Mongolen ergriffen wie immer die Flucht – natürlich nur eine Scheinflucht –, bis sie ihre Verfolger in einen Sumpf gelockt hatten, über den sie selber dank ihrer leichten Rüstungen und flinken Pferde leicht hinwegsetzten, in dem die viel schwerer bewaffneten Reisigen des Erzbischofs aber steckenblieben, von den zurückkehrenden Mongolen umzingelt und aus sicherer Entfernung durch Pfeilschüsse einer nach dem andern erledigt wurden. Nur mit knapper Not gelang es dem Erzbischof, mit zweien oder dreien seiner Reisigen diesem Hinterhalt zu entrinnen. Ungeachtet seines Mißerfolges aber fuhr er fort, dem König zuzusetzen und ihn zu einem Generalangriff auf die Tataren, deren Zahl er gewaltig unterschätzte, zu überreden. Bela jedoch war gegen alle Ratschläge und Forderungen Ugolans taub.
Batu-Khan hatte inzwischen durch kreuz und quer ausgeschickte Streifzüglerkorps das Land in weiterem Umkreis verheeren lassen. Der Bischof von Groß-Wardein, der mit einem von ihm gesammelten Heer nach Pest unterwegs war, erfuhr, daß eine mongolische Bande von Plünderern, reich beladen mit Beute, ganz nah vorüberzog, und griff sie an. Auch diesmal wandten die Mongolen das Mittel der Scheinflucht an, lockten die bischöflichen Truppen in einen Hinterhalt, wo eine zweite Abteilung gut bewaffneter Mongolen ihnen auflauerte und sie bis auf einen geringen Überrest aufrieb, mit dem der Bischof schließlich ganz erschöpft im Lager des Königs anlangte.
Nachdem die Mongolen etwa zwei Monate vor Buda gelegen hatten, zogen sie eines Tages unter Trommelschlag und Trompetenschall auf demselben Wege ab, auf dem sie gekommen waren, ganz als wollten sie in ihre asiatischen Steppen heimkehren.

---

1 Castrum = befestigtes Heerlager.

Da endlich faßte sich König Bela ein Herz und wagte sich aus seinem Lager hervor, um dem abziehenden Feinde nachzusetzen. Am Westufer des Sajo[1], in der Nähe einer auf verankerten Kähnen ruhenden Brücke, machte er halt und schlug ein zweites Castrum auf, das er mit festen Erdwällen umgeben ließ. Einige Tage herrschte Ruhe, dann nahmen die Tataren vom andern Ufer aus die Brücke, zu deren Schutz Bela tausend Krieger aufgestellt hatte, unter Beschuß. Die Verteidiger der Brücke mußten unter dem Hagel von Wurfgeschossen, den die chinesischen Katapulte auf sie schleuderten, weichen, und die Mongolen setzten nun ungehindert über den Fluß und schlossen das Castrum des Königs von allen Seiten ein. Unter den Eingeschlossenen, die gegen die Wurfgeschosse der Katapulte und die langen Pfeile ziemlich wehrlos waren, brach eine Panik aus, und die Feudalherren, die dem König mit ihren Mannen gefolgt waren, weigerten sich, den Kampf mit dem über mächtigen Feinde durch Ausfälle aufzunehmen. Nur des Königs Bruder, der Herzog Kalman, ferner der Erzbischof Ugolan und der Großmeister der deutschen Ordensritter entschlossen sich um des guten Beispiels willen zu einem Ausfall, wurden aber von den Mongolen unter großen Verlusten zurückgewiesen und wieder ins Lager zurückgedrängt, aus dem sich nun erst recht niemand mehr herauswagte.
Einzig und allein der tapfere Herzog Kalman riskierte mit seinen Mannen noch einen zweiten Ausfall, und während seine Leute wacker mit den Mongolen fochten, benutzten mehrere der Feudalherren diese Gelegenheit, sich mit einer kleinen Schutzgarde heimlich aus dem Lager zu schleichen. Die Mongolen bemerkten diese Flucht sehr wohl, drückten aber absichtlich ein Auge zu und ließen die Herren unbehelligt entwischen, weil sie damit rechneten, daß dieses böse Beispiel Schule machen und das Lager sich nach und nach leeren würde. Und so war es auch: Immer mehr Abteilungen entwichen heimlich, so daß dem König schließlich nichts weiter übrigblieb, als ebenfalls sein Heil in der Flucht zu suchen.
Die Mongolen hatten die Entweichenden bisher ungeschoren gelassen, ihnen aber auch keine Möglichkeit gegeben, sich zu zerstreuen. Jetzt fielen sie nun von allen Seiten und mit einem Schlag über die vereinzelten Abteilungen her, die keine Fühlung mehr untereinander hielten und von denen jede, nur auf sich selbst gestellt, ziemlich schwach und hilflos war; so kam es, daß die meisten der madjarischen Krieger durch die Schuld des Königs und seiner Vasallen einen nutzlosen und ruhmlosen Tod sterben mußten.
Mit nur geringem Gefolge glückte es dem König dank der Schnelligkeit seiner guten Rosse, sich einer Gefangennahme zu entziehen.
In den frühesten Morgenstunden des nächsten Tages verließen mehrere Reiter, die noch etliche mit Säcken beladene Saumtiere mit sich führten,

---

1 Der Sajo entspringt auf dem Berge Stolica und mündet nach Vereinigung mit dem Hernad in die Theiß.

das mongolische Lager. Einem vor langen Zeiten festgesetzten Brauche entsprechend, schickte der Dschichangir durch sie an den Kagan nach Kara-Korum als Zeichen seines Sieges tausend scheußliche Trophäen: tausend rechte Menschenohren, den gefallenen Gegnern nach der Schlacht abgeschnitten.

Als die Mongolen darangingen, das von den Madjaren verlassene Castrum zu plündern, fanden sie im königlichen Zelt ein von Bela vergessenes Siegel. Als man es zu Batu-Khan brachte und er sich von einigen gefangenen Adligen hatte erklären lassen, welche Bewandtnis es damit hatte, verfiel er auf eine teuflische List: Von seinen Dolmetschern ließ er einen Brief abfassen, gerichtet an die Feudalherren des Landes und an das madjarische Volk, in einem Stil und Tonfall, als wäre er von König Bela geschrieben.

»Laßt euch nicht aus Furcht vor den Mongolen dazu bewegen, eure Wohnstätten zu verlassen. Obgleich Wir durch einen plötzlichen Überfall der Tataren gezwungen waren, Unser Lager zu räumen, so hoffen Wir doch fest, mit Gottes Hilfe bald wieder zu den Waffen greifen zu können. Betet fleißig zum Allmächtigen, daß er Uns seinen Beistand im Kampfe gegen Unsere Feinde und den schließlichen Sieg verleiht!

König Bela IV.«

Nachdem man eine Menge Abschriften dieses Briefes hergestellt hatte, wurde auf jede mit dem erbeuteten Petschaft das königliche Siegel gedrückt. Durch Eilkuriere schickte man sie dann nach allen Enden des Landes und ließ sie auf schlaue Weise in die Hände derer gelangen, die zu täuschen sie bestimmt waren.

Viele Madjaren, die sich mit der Absicht getragen hatten, mit den Ihren in die Berge und Wälder zu fliehen, ließen sich durch diesen gefälschten Brief betören; sie blieben im Vertrauen auf die königlichen Zusicherungen ruhig in ihren Wohnstätten und wurden auf diese Weise früher oder später allesamt Opfer der grimmen Mongolen, die keinen verschonten.

Die Mongolen schlossen die Zwillingsstädte Pest und Buda, in denen sich kaum noch Besatzung befand, abermals ein und nahmen sie unter verhältnismäßig leichten Verlusten im Sturm, plünderten und brandschatzten und töteten alle Einwohner, wobei sie ihren wilden Gelüsten freien Lauf ließen.

So wurde Batu-Khan im Jahre 1241 zeitweiliger Gebieter von Madjar-Orszag[1].

---

1 Madjar-Orszag = Ungarland.

Auf dem Wege zum »letzten Meere«

(Aus Hadschi Rachims Reisetagebuch)

»Der heilige Regent wird gewiß frohlockt haben, als er von seinem Wolkenthron herab beobachtete, wie sein kühner Enkel am Flusse Sajo das gesamte madjarische Heer vernichtete.

Nach der Einnahme von Buda und Pest setzte Batu-Khan als Verweser des madjarischen Königreichs den Khan Scheibani ein. Dieser entsandte in alle Komitate[1] »Knese«[2], die zugleich auch oberste Richter waren, mit dem Auftrag, Tribute einzutreiben, die in Pferden und anderem Vieh, Waffen und Kleidern, Nahrungs- und Futtermitteln und »Geschenken« bestanden.

Einige der früheren Vasallen des Königs erboten sich freiwillig zur Übernahme eines solchen Knesen-Amtes – es waren übrigens dieselben, die sich dazu bereit gefunden hatten, den gefälschten Königsbrief zu verbreiten – und übten es auch eine Zeitlang aus. (Was übrigens auch ein in die Gewalt der Mongolen geratener katholischer Priester namens Rogerius bezeugt, der äußerst aufschlußreiche Aufzeichnungen hinterlassen hat.)

Zuerst wollte es scheinen, als wäre es den Madjaren vergönnt, unter der mongolischen Fremdherrschaft verhältnismäßig ruhig leben zu können; doch bald setzten die Drangsalierungen ein: Die Knese verlangten, daß ihnen die hübschesten Frauen und Mädchen zugeführt wurden, erhöhten fortwährend die in Vieh zu entrichtenden Tribute, forderten schließlich immer kostbarere »Geschenke«, die ihnen die Dörfler persönlich überbringen mußten; hatten die Knese aber die Geschenke in Empfang genommen, so ließen sie die Überbringer kurzerhand erschlagen oder auf sonst eine Art umbringen.

Ob Batu-Khan über diesen Mißbrauch der Macht im Bilde war? – Wenn ja, so war es ihm jedenfalls gleichgültig.

In ihm brannte nur der einzige Wunsch: immer weiter vorrücken, dem flüchtigen König Bela auf den Fersen bleiben, ihn einholen und ihn dafür exemplarisch bestrafen, daß er die Verwegenheit gehabt hatte, in Aufrufen an seine Untertanen seine baldige Rückkehr, die Befreiung von der Fremdherrschaft und die Wiedererrichtung eines unabhängigen ungarischen Königreiches in Aussicht zu stellen.

Doch da es jetzt über mächtige Gebirgsketten hinging, wo nur das spärlichste Futter für die Pferde zu finden war, und über Felsgestein, auf dem sie sich die unbeschlagenen Hufe beschädigten, gestaltete sich der Vormarsch schwieriger.

Aber Batu-Khan, durch vorausgesandte Späher über die Bewegungen

---

1 Die Komitate (d. i. Grafschaften – von lat. comes = Graf) sind eine Einrichtung Stephans I. des Heiligen (995–1038), der sein Reich nach deutschem Muster gliederte.

2 Knes = Landvogt.

seines flüchtigen Gegners wohl informiert, verfolgte hartnäckig dessen Spur, freilich ohne seiner habhaft werden zu können.
So gelangte Batu bis zur Stadt Zagreb oder Zagrab, die im Tale der Save am Fuße eines bewaldeten Gebirges gelegen ist, und bewegte sich dann weiter in der Richtung aufs Meer zu. Endlich erblickte er von einem hohen Berggipfel aus den blauen Wasserspiegel der Adria, und er und alle, die mit ihm waren, fragten sich: ›Ist dies nun das letzte Meer?‹
Beim Abstieg zum Ufer hinab kam ein von einem Mauerviereck umgebenes Küstenstädtchen in Sicht, in dessen kleinem Hafen jedoch kein einziges Schiff lag. Ganz weit draußen, in dunstiger Ferne, blinkten ein paar weiße Segel, die sich unmerklich immer weiter entfernten.
Die Einwohner des auf einer Halbinsel gelegenen Städtchens – es war die Stadt Spalato oder Split – stellten sich zunächst tot und kamen erst zum Vorschein, nachdem Batu-Khan einige Brandpfeile in die Stadt hatte schießen lassen, die auch an zwei oder drei Stellen Brände verursachten.
Nun öffneten sie dem Mongolenkhan das Stadttor und führten ihn auf sein Verlangen durch den verfallenen Residenzpalast des römischen Imperators Diokletian.
Seine Forderung aber, ihm den König Bela auszuliefern, konnten sie beim besten Willen nicht erfüllen, weil dieser, die Rache des ihn verfolgenden Tatarenkhans fürchtend, nach kürzestem Aufenthalt mit seinem Gefolge mehrere gerade im Hafen ankernde Segelschiffe bestiegen hatte, eben jene, deren Segel am Horizont noch zu sehen waren. Da Windstille herrschte, waren sie noch nicht weitergekommen.
Außer sich vor Wut, befahl Batu-Khan seinen Kriegern, jedes Haus der Stadt gründlich zu durchsuchen und alles, was sich an Lebens- und Nahrungsmitteln vorfände, rücksichtslos zu beschlagnahmen. Und es fand sich ziemlich viel, da Spalato ein Umschlaghafen der venezianischen Handelsflotte war. Doch hatte Batu ausdrücklich angeordnet, Leib und Leben der Einwohner zu schonen und es bei der Plünderung bewenden zu lassen. Nach der beschwerlichen Überschreitung der Gebirge, wo die wilden Asiaten ebenso wie ihre struppigen Pferde hatten Hunger leiden müssen, schlugen sie sich hier an dem Überfluß den Bauch voll, tranken köstliche Weine dazu und trieben auch sonst in der Stadt ihr Unwesen.«
Batu-Khan war zum steinigen Ufer der Adria geritten, auf welches die durchsichtigen Wellen unermüdlich und unablässig aufliefen, um schäumend wieder zurückzufluten. Batus Hengst beschnupperte mißtrauisch das salzige Wasser, wollte aber davon nicht saufen.
Batu-Khan hielt mit sich folgendes Selbstgespräch:
»Bisher haben unsre braven Rosse, angetrieben von meinem Willen, noch jeden Strom und jeden Fluß durchschwommen. Jetzt aber scheint die Grenze erreicht zu sein, wo mein Wille unwirksam wird ... Der große ›Erschütterer des Erdkreises‹ hat meinem Vater, dem ruhmreichen Dschutschi-Khan, letztwillig aufgetragen, alle Länder gen Son-

nenuntergang im Siegeslaufe zu durchziehn bis zu jener Stelle, wo die Wellen des letzten die Erdscheibe umspülenden Meeres die Hufe seines Rosses benetzen würden...

An meines Vaters Stelle habe ich diesen Zug gen Sonnenuntergang unternommen... Stehe ich jetzt wirklich am Gestade des ›letzten Meeres‹?... Ich weiß es nicht! Mein Hengst jedenfalls weigert sich weiterzugehn... Jetzt müßte man zu Schiffe übers Meer segeln... Doch kann man einem echten Bahadur zumuten, den Sitz im Sattel mit dem Sitz im schwankenden Boot zu vertauschen?...

Also werde ich meinen Weg am Ufer entlang bis zur Stadt Tergeste[1] fortsetzen. Dort wird sich entscheiden, ob mein siegreiches Heer noch weiterziehen muß, um auch die Italer und Franken zu schrecken, oder ob es an der Zeit ist, den Speer in die Erde zu stoßen und den Feldzug für beendigt zu erklären...«

Die blutige Hand

(Aus den Aufzeichnungen des Hadschi Rachim)

»Im Monat Safar[2] dieses Jahres des Panthers ereignete sich folgendes: Vor einem Städtchen, wie ihrer viele an der adriatischen Küste liegen, erschien eine mongolische Reiterschar, bei der sich der Dschichangir selbst befand. Da ein Sturm im Anzug zu sein schien, meinte der erhabene Sain-Khan, es wäre angenehm, einen Tag der Ruhe in den Mauern dieses auf einer Halbinsel gelegenen Städtchens zu pflegen.

Das altertümliche Tor der Stadt, die wie ausgestorben schien (wahrscheinlich hatten sich die Einwohner in ihren Kellern verkrochen), war jedoch fest geschlossen, und auch auf den wiederholten Ruf der Herolde ließ sich kein Mensch sehen. Infolgedessen trat eine der Wurfmaschinen in Tätigkeit und klopfte etwas unsanft und unbescheiden an. Zwischen den Zinnen der Mauer zeigten sich etwelche erschrockenen Gesichter, verschwanden jedoch sofort wieder.

Batu-Khan befahl nunmehr seinen Nukern, einige Brandpfeile in die Stadt zu schießen. Man tat so, und bald darauf stieg an einer Stelle eine dichte Rauchwolke auf. Wieder erschienen Leute auf der Mauer, vornehme Bürger und Mönche, die uns ihre hölzernen Kreuze entgegenstreckten und dazu etwas riefen, das wie »Apage!«[3] klang.

Nachdem die von den Mongolen abgeschossenen Pfeile noch einen zweiten Brand verursacht hatten, taten sich die Torflügel weit auf, und heraus schritt eine Prozession, an deren Spitze zwei Greise gingen, von

---

1 Tergeste – lateinischer Name für Triest.

2 Safar = zweiter Monat im mohammedanischen Mondjahr (März).

3 Apage! = (griech.) Hebe dich hinweg! Entweiche! (Apage, Satanas! Hebe dich hinweg, Satan!)

denen einer eine Silberschüssel mit Salz und Brot und der andre auf einem Samtkissen die großen Stadttorschlüssel trug.
Der erhabene Sain-Khan fragte:
»Wer ist das Oberhaupt der Stadt?«
»Jener ist es!« riefen alle und deuteten auf den Greis mit dem Samtkissen, der ein langwallendes blaues, mit goldenen Blumen besticktes Gewand anhatte.
Der also Bezeichnete ließ sich vor Batu-Khan auf die Knie nieder, und alle anderen folgten seinem Beispiel.
Als man das Kissen mit den Schlüsseln zu Füßen Batu-Khans niedergelegt hatte, fragte dieser nach dem Namen der Stadt.
»Salona![1] Spalato! Split!« antwortete man im Chor.
»Viel zu viele Namen für eine so kleine Stadt!« brummte der mürrische Subudai-Bahadur.
»Und was sind das für Ruinen?« erkundigte sich der Dschichangir, indem er mit seiner Reitpeitsche auf gewaltiges altes Mauerwerk und teilweise eingestürzte Gewölbebogen zeigte.
»Das sind die Ruinen vom Palaste des Diokletian[2]«, lautete die Antwort.
»Und wer war dieser Diokletian?« wollte Batu-Khan wissen.
»Er war der mächtigste der römischen Kaiser und herrschte über den ganzen Erdkreis«, klärte ihn das Stadtoberhaupt von Spalato auf.
»Nie habe ich von einem solchen Beherrscher des ganzen Erdkreises gehört«, widersprach Batu-Khan. »Nur der heilige Regent und Iskander Dsul-Karnain waren solche Beherrscher des Erdkreises. Euer Diokletian ist wahrscheinlich ein Hirngespinst, von euch selbst ausgebrütet.«
»Nein, zürne uns nicht«, beschwor ihn der Greis. »Ich sprach die lauterste Wahrheit.«
»Wann hat er gelebt?«
»Vor tausend Jahren. Nachdem er die Regierung niedergelegt hatte, ließ er sich von ägyptischen Baumeistern hier einen Palast errichten.«
»Und warum hat er sich dafür einen so ungünstigen Fleck gewählt?«

---

1 Salona = eigentlich ein Dorf in unmittelbarer Stadtnähe.

2 Römischer Kaiser, geboren 245 u. Z. zu Dioklea in Dalmatien als Sohn eines Freigelassenen, wurde nach dem Tode des Carus (in dessen Leibwache er als Offizier diente) im September des Jahres 284 von den Offizieren des Heeres zum Cäsar ausgerufen. Er gliederte das römische Reich so, daß ein Oberkaiser (Augustus) mit einem Cäsar die Osthälfte und ein zweiter Augustus mit einem zweiten Cäsar die Westhälfte regierte. Nach zwanzig Jahren sollten die Auguste abdanken und die Cäsaren zu Augusten erhoben werden. Diokletian, der in Nikomedia residierte, legte im Mai 305 seine Herrschaft freiwillig nieder und lebte auf seinen Gütern bei Solonä, wo er 313 starb. Sein Residenzpalast in Spalato war eins der bedeutendsten Bauwerke des Altertums. Seine Grundform ist ein Rechteck von 179 zu 215 m Seitenlänge. An den drei Landseiten war der Palast durch eine hohe Umfassungsmauer mit 16 Türmen geschützt. Von den vier Palasteingängen ist die freigelegte Porta aurea (goldene Pforte) wohlerhalten.

»Weil er hier in dieser Gegend geboren war und hier auch sterben wollte. Er hatte sein Reich unter seine drei Mitregenten geteilt und beschäftigte sich in seinem Alter nur mit Gemüse- und Obstbau in seinem Palastgarten.«

»Und warum liegt dieser Palast jetzt in Trümmern? Warum hat man ihn nicht besser instand gehalten?«

»Wir haben ihn nie anders gekannt, und schon zu Lebzeiten unserer Väter und Vorväter lag er in Trümmern.«

»Was Besseres als Trümmer scheint ihr auch nicht zu verdienen«, bemerkte Batu-Khan voll Verachtung.

Dann gebot er den beiden Greisen, ihn durch die Ruinen des Palastes zu führen, damit er ihn besichtige. Es war ein rechteckiger, festungsähnlicher Bau, von hohen Mauern umgeben. Einige der Säle waren noch leidlich gut im Stande, in anderen war die Kuppel der Decke eingestürzt. In einem Saal ohne Dach stand ein fast noch zur Gänze erhaltener Thron des römischen Kaisers. Diener breiteten davor und darüber Teppiche aus und entzündeten zu beiden Seiten wärmende Feuer. Mongolische Schamanen warfen Kräuter hinein, die beim Verbrennen Dämpfe entwickelten, welchen die Kraft innewohnte, die etwa in den Ruinen hausenden bösen Mangusse zu verscheuchen. Batu-Khan nahm auf dem Thron Platz und betrachtete interessiert die steinerne Nachbildung eines Fabelwesens, bestehend aus einem ruhenden Löwenleib mit einem Menschenkopf. Wie man mir sagte, ist dieses steinerne Ungeheuer eigens aus Ägypten (wo es »Sphinx« genannt und als Gottheit verehrt und angebetet wird) nach Spalato gebracht worden.

Das Stadtoberhaupt kniete vor dem Dschichangir nieder und bot ihm auf einer Silberschüssel verschiedene Speisen an, doch Batu-Khan verschmähte sie.

»Das wirst du alles selber essen. Und wenn du danach am Leben bleibst, so will ich dich begnadigen. Stirbst du aber nach dem Genuß dieser Speisen, so werde ich deine ganze Stadt dem Erdboden gleichmachen lassen.«

Vor Angst an allen Gliedern schlotternd, gingen die beiden Greise beiseite, ließen sich auf eine umgestürzte und geborstene Säule sinken und verzehrten hastig unter Aufsicht mehrerer Nuker, die die beiden Alten dann und wann mit den Spitzen ihrer Speere ein bißchen »kitzelten«, die mitgebrachten Speisen.

Der erhabene Sain-Khan beobachtete diese Szene eine Weile, dann befahl er, man möge ihm seinen milchweißen Seter vorführen. Aus einem am Sattelgurt hängenden Lederbeutelchen nahm Batu-Khan einige Stückchen Zucker und reichte sie dem Hengst. Hierauf ritzte er mit der Spitze seines Dolches den seidigen weißen Hals des Tieres, drückte seine Lippen auf die Wunde und saugte das Blut aus. Mehrere Krieger der Leibgarde mußten das unruhig werdende Roß solange festhalten. Als Batu-Khan sich an dem Pferdeblut, das ihm das Gesicht und

dem Tiere den schneeweißen Hals besudelte, satt getrunken hatte, meinte er:
»Das ist der einzige Trunk, den man ohne Furcht vor Gift nehmen kann. – Leben die beiden Alten noch?«
»Sie leben! Sie leben!« riefen mehrere Stimmen.
»Warten wir noch bis zur Nacht. Sind sie dann noch nicht gestorben, so laßt sie laufen. Dennoch gestatte ich meinen Kriegern, die Stadt zu plündern. Sie mögen aber dabei das Leben der Einwohner schonen.«
Als er dies gesagt hatte, preßte Batu-Khan seinen Handteller auf die blutende Wunde am Pferdehals und dann auf die glatte helle Marmorwand hinter der Lehne des Throns, auf der ein blutroter Abdruck seiner Rechten mit den fünf gespreizten Fingern haftenblieb.
»Dieser Abdruck meiner Hand soll die Nachwelt an meinen Besuch im Palast des römischen Kaisers, der angeblich einstmals über alle Abendländer herrschte, erinnern. Aber wenn ich wieder an den Itil zurückgekehrt sein werde, will ich meine Zeit nicht mit dem Anbau von Kohl unnütz vertun. Meiner harren größere Aufgaben. Und ich ziehe es vor, als Krieger im Sattel zu sterben…«

Zehnter Teil
Batu-Khan am Gestade der Adria

Verwirrung und Entsetzen in ganz Europa

Wenn man im Jahre 1241 mit der Schnelligkeit des Gedankens hätte eine Reise quer durch Europa machen können, so würde man überall die Menschen in größter Bestürzung über die Nachrichten aus dem Osten gefunden haben. Es waren dies die Nachrichten von den sich überstürzenden Ereignissen im Osten, Nachrichten über Batu-Khans Eilmärsche durch Polen, Schlesien, Böhmen, Mähren, Ungarn und von seinen Siegen bei Lublin, Sandomir, Krakau, bei Liegnitz und Breslau und schließlich die Schreckenskunde von der völligen Vernichtung des ungarischen Heeres am Sajo und bei Buda und Pest.

Mit einem weiteren Vordringen der von Blut- und Brandgeruch umwehten Tataren nach Deutschland, Italien und Frankreich mußte gerechnet werden. Wer oder was hätte die furchtbaren Eroberer auch zurückhalten sollen? Der Kaiser Friedrich richtete beredte Appelle an seine Vasallen, sie möchten den asiatischen Horden ein starkes Heer entgegenstellen.

»Es ist Zeit«, so schrieb er, »aus dem Schlaf zu erwachen, sowohl die leiblichen als auch die geistigen Augen zu öffnen. Schon liegt die Axt der Tataren am Stamm des Baumes. Längst schon hörten Wir von der Bedrohung der christlichen Welt durch die heidnischen Horden aus Asien, hielten aber die Gefahr für ferneliegend, solange sich noch so viele tapfere christliche Monarchen unter uns befanden. Doch jetzt, da diese bereits umgekommen sind, ist die Reihe an Uns, Bollwerk des Christentums zu sein gegen dieses wilde ungeschlachte Volk, das einem Herrscher untertan ist, dem es knechtisch dient, dem es göttliche Ehren erweist, ja, den es einen Gott der Erde nennt.«

Und ganz ähnlich wie der Kaiser eiferte der Papst; aber untereinander ihre Zerwürfnisse zu schlichten und der christlichen Welt ein Beispiel einmütigen Handelns zu geben, daran dachten beide nicht.

Dem englischen König schilderte Kaiser Friedrich II. die Tataren folgendermaßen:

»Es sind Menschen von kleiner, unansehnlicher Leibesgestalt, was die Länge betrifft, aber gedrungen, breitschultrig, ausdauernd, abgehärtet, tapfer, unerschrocken sich auf einen Wink ihres Herrschers in jedes Unternehmen stürzend. Ihre Gesichter sind flach und breit, ihr Blick ist stier und trotzig und furchtbar ihr Kampfgeschrei. Sie tragen ungegerbte Ochsen-, Esel- und Pferdehäute, die ihnen als Schutzwehr dienen...« Übertreibende Gerüchte gingen um. So hieß es, das Heer des Tatarenkhans nähme eine Fläche ein von zwanzig Fußreisetagen in der Länge und fünfzehn in der Breite. Und da man das griechische Wort »Tartaros«, welches das Toten- oder Schattenreich, die Unterwelt bezeichnet, und die in »Tartar« verderbte Form des Namens dieser kriegerischen Völkerhorden gleichsetzte, hieß es, die »Tartaren« kämen direkt aus der Hölle, und ihr »Tartar-Khan« wäre der Höllenfürst in Person.

Der schon erwähnte gelehrte Mönch Thomas aus Spalato, der den über die Balkanhalbinsel hinbrausenden Mongolensturm miterlebt hatte, beschreibt in seiner »Chronik« diese wilden Krieger, von denen das abergläubische Volk behauptete, sie sähen überhaupt nicht wie Menschen, sondern vielmehr wie geschwänzte Teufel oder Tiere aus, folgendermaßen: »Es sind Männer von kleinem Wuchs, aber breitschultrig. Ihre bartlosen Gesichter sind ganz platt, die Nase stumpf und breit, und die schiefen Schlitzäuglein stehen weit voneinander ab.

Ihre Kleidung, die aus zwei zusammengenähten Fellen (mit der haarigen Seite nach außen) besteht, ist undurchlässig für Kälte und Feuchtigkeit. Ihre Helme sind aus Eisen oder Leder. Bewaffnet sind sie meistens mit einem ziemlich kurzen Krummschwert, mit Lanzen und mit Pfeil und Bogen. Ihre langen, vier Finger breiten Pfeile haben scharfe Spitzen aus Eisen oder Knochen. An ihren Feldzeichen hängen lange Pferdeschwänze.

Ihre unsagbar struppigen Rosse, auf denen sie oft auch ohne Sattel reiten, sind klein, doch sehr stark und ausdauernd und an lange Märsche und an Hunger gewöhnt. Obgleich ihre Hufe nicht mit Eisen beschlagen sind, erklettern sie doch auch Berge so leicht, wie Wildziegen es tun. Nach einem angestrengten Ritt von drei Tagen genügt ihnen eine kurze Ruhepause und eine kleine Portion Futter.

Auch die Reiter sind nicht verwöhnt, was ihre Nahrung betrifft. Sie essen kein Brot, sondern rohes Fleisch, das sie unter ihrem Sattel weich reiten, und ihr Getränk ist Stutenmilch und Blut.

Die Tataren gehen selbst nicht gern als erste in den Kampf. Lieber treiben sie, zumal bei der Erstürmung von Städten, Gefangene vor sich her, die sie unbarmherzig peitschen, wenn sie sich nicht blindlings ins Gefecht und in den Tod stürzen.

Kein Fluß ist zu breit und zu reißend, als daß sie ihn nicht mit ihren Rossen durchschwämmen. Wenn dies aber durchaus nicht möglich ist, so setzen sie auf ledernen Weinschläuchen, die sie mit Luft prall aufblasen, über oder auf Flößen aus Schilfrohr.

Die Feldzelte, die sie benutzen, sind aus Filz oder Leder angefertigt. Obgleich die Tataren doch immer in gewaltigen Scharen ziehen, gibt es in ihren Feldlagern weder Murren noch Zwistigkeiten. Knechtisch und bedingungslos gehorchen sie ihren Vorgesetzten.«

In Europa hätte man es am liebsten gesehen, wenn an der Spitze eines »Kreuzritterheeres« der äußerst fromme französische König Ludwig IX. (der siebenundzwanzig Jahre nach seinem Tode von Papst Bonifazius heiliggesprochen wurde) zu einem Kreuzzug gegen die Tataren aufgebrochen wäre.
Wie die Nachricht vom Einfall des »Tartar-Khans« in Europa am Hofe zu Paris aufgenommen wurde, das berichtet der Beichtvater des Königs, der Mönch Matthieu:
»Als die Nachricht vom Einfall des »Tartar-Khans« der frommen Königin Blanche[1] zu Ohren kam, der Mutter des Königs von Frankreich, die eine der bedeutendsten Frauen unserer Zeit gewesen ist, rief sie:
»König Ludwig, mein Sohn, wo sind Sie?«
Er fragte, zu ihr tretend:
»Meine Mutter, was wünschen Sie?«
Da sprach die Königinmutter unter tiefen Seufzern und Strömen von Tränen:
»Was sollen wir tun, mein Sohn, angesichts dieser fürchterlichen Geschehnisse, von denen die Kunde bis an unser Ohr gedrungen ist? Sollen wir alle und auch unsere heilige katholische Kirche wirklich der Vernichtung anheimfallen durch diese grausamen Heiden, die um unserer Sünden willen über uns kommen?«
Hierauf erwiderte der allerchristlichste König traurig, doch nicht ohne Festigkeit der inneren Überzeugung:
»Ein himmlischer Trost wird uns bleiben. Denn ob diese Tataren, wie diese argen Heiden sich nennen, nun bis zu uns gelangen oder ob wir ihnen folgen dorthin, wo sie leben, so werden wir trotzdem ins himmlische Paradies eingehen.«
Und weiter sprach er:
»Schlagen wir die Tataren oder werden wir von ihnen geschlagen – wir gehen in jedem Falle zu Gott ein, entweder als Gläubige oder als Märtyrer!«

Unter den von den Mongolen bereits aus ihren Reichen vertriebenen Monarchen war einer, der den Glauben an bessere Tage nicht verlor – König Bela von Ungarn, der sich mit seiner Familie und seinem Gefolge auf venezianischen Handelsschiffen inmitten der Inselwelt der adriatischen Küste verborgen hielt, durch Fischer, die zu ihm fuhren, von den Vorgängen unterrichtet wurde und durch sie Botschaften an sein Volk sandte, worin er es aufforderte, den Mut und die Hoffnung ja nicht sinken zu lassen und einer baldigen Befreiung des Landes von den räuberischen Horden gewiß zu sein. Auch die verjagten russischen

1 Blanca von Castilien, die Gemahlin Ludwigs des VIII., die nach dessen Tod sehr klug und tatkräftig für ihren Sohn die Regentschaft führte und, solange sie lebte, einen großen Einfluß auf den König hatte.

Fürsten Michail von Tschernigow und Daniil von Galitsch, die sich in seiner Gesellschaft befanden, ermutigte Bela und stellte ihnen eine baldige Rückkehr in die Heimat in Aussicht.

Ist dies nun das letzte Meer?

Bei ihren turbulenten Gelagen, bei denen in Strömen die aus den Weinkellern der ungarischen Barone stammenden Weine flossen (und auch hinterher in ihren Rauschträumen), gedachten die Mongolen oft jener Zeit, da sie am Gestade des letzten Meeres angelangt sein würden. Dann würde Batu-Khan auf einem aus den Wogen emporragenden Felsen aus der Wacholderholzschale seines Großvaters dem heiligen Regenten und den himmlischen Geistern, die den Mongolen bei der Unterwerfung des ganzen Erdkreises geholfen hatten, ein Trankopfer von Airan[1] darbringen.

Und dann... Es ließ sich nicht voraussehen, was dann geschehen und wie Batu-Khan den unterworfenen Erdkreis regieren würde... Vielleicht könnte, wer dazu Lust hatte, bei den feigherzigen »Abendländern« bleiben und ihre gebeugten Nacken mit Peitschen schlagen, damit sie knechtischen Gehorsam vor den mongolischen Tughs und Buntschuks mit den flatternden Roß- und Yakschweifen lernten. Wem das aber zu langweilig war, der konnte in die heimatlichen Steppen und Gebirge, die Zufluchtsstätten von Hirschen und Antilopen, von Bären und Panthern, zurückkehren.

Mit kehlig-kreischenden Stimmen stimmten sie einen Gesang an, der wie Wolfsgeheul klang:

»Ach, wie viele, viele Jahre steh' ich nun schon im Feld!
Als junger Heißsporn zog ich aus und bin jetzt müd und matt.
Statt schwarzer Zöpfe hängen graue Zotteln mir am Kopf...
Ein muntrer Springinsfeld war ich, stets unbeschwerten Sinns,
und hatt' ich eine Nacht durchzecht, so spürte ich das kaum.
Jetzt aber bin ich so gealtert, so vergreist,
daß, wenn ich ein paar Schalen Ungarweins geleert,
die ehedem so scharfen Augen mir den Dienst versagen
und die Spitze meines langen Schilfrohrpfeils
mir vor dem Blick verschwimmt, der sich ein Ziel sucht.
O böses graues Alter! Warum verschlangst du meine goldne
Jugend?« –

Und nun auf einmal ging wie das Aufblitzen eines Wetterleuchtens durch alle mongolischen Zeltlager die Kunde, daß sie, während sie Krieg geführt und den geflohenen König Bela verfolgt hatten, sich schon dem verheißenen »letzten Meere« genähert hätten, daß es, sobald sie von den Gebirgen herabgestiegen, vor ihnen liegen würde – türkisblau bei

1 Airan = gegorenes, berauschendes Getränk.

Windstille, schwarz und aufgewühlt bei Unwetter... Also war das Ende des Feldzugs wohl nicht mehr fern?...

Doch dann machten wieder andere Nachrichten die aufkeimenden freudigen Hoffnungen auf baldige Heimkehr zunichte. Die Dolmetscher, deren Aufgabe es war, die Gefangenen auszuforschen, erklärten: »Das azurblaue Meer vor uns ist noch gar nicht jenes ›letzte Meer‹, in dem jeden Abend die goldene Sonne zerschmilzt... Es ist bloß ein schmaler Meeresarm, eine Meeresbucht, und jenseits liegt das blühende italische Land, wo sich die Hauptstadt aller Hauptstädte des Abendlandes befindet – das reiche berühmte Rûm[1].«

»Aber wie gelangen wir denn zu diesem reichen Rûm hin?« fragten die Nuker. »Sollen etwa unsre Rosse, die zwar gewöhnt sind, durch Flüsse und Ströme zu schwimmen, auch über dieses azurblaue Meer hinüberschwimmen? Oder sollen wir große Schiffe besteigen? Doch die müßten sehr groß sein, damit sie unter der Last der reichen Beute, die wir gemacht haben, und unter unsrem eignen Gewicht und dem unsrer Rosse nicht auf den Grund sinken. Sonst würden wir nicht ans jenseitige italische Ufer, sondern ins Reich des tückischen Gottes Erlek[2] gelangen, des Fürsten über alle bösen Mangusse... Wäre es nicht am einfachsten, diese Meeresbucht immer am Ufer entlang zu umreiten?«

»Immerhin müßten wir dann unsre Beute zurücklassen«, gaben andre zu bedenken.

»Wie könnten wir das? Aus den schwarzen Bergen würden die verwegenen Slawen herabsteigen und sich ihrer bemächtigen.«

Dennoch waren die meisten Mongolenkrieger froh, daß irgendein Meer nahe und somit eine Veränderung zu erwarten war. Vielleicht gab es jenseits des Meeres wieder weite Steppen und saftiges Weideland?

Bald erreichten die Vorhuten das Adriatische Meer, verteilten sich längs der Küste und machten vor den mauerumgebenen Hafenstädten halt. Die Mongolen, denen das Roß der gehorsamste Diener und gleichzeitig der treueste Freund und weiseste Lehrer ist, sprachen, als ihre Tiere sich weigerten, das salzige Meerwasser zu trinken:

»Nein, meinem Roß und mir, uns gefällt das Meer nicht... Unsre schäumenden Bergbäche und blauen Steppenflüsse sind uns tausendmal lieber. Ihr süßes Wasser schmeckt unvergleichlich besser als dieses Bitterwasser hier...«

»Was aber sollen wir tun?« fragten andere.

»Unser erhabener Sain-Khan wird selbst sehn, daß es hier nicht genug Futter für unsere Rosse gibt, die vor Hunger schon Baumrinde genagt haben. Batu-Khan und Subudai-Bahadur, der große Atalik, die alles am besten wissen, werden uns schon sagen, ob wir hier haltmachen oder noch weiter vorrücken sollen...«

---

1 Hier natürlich Rom (Westrom), an früherer Stelle war damit Ostrom, d. h. Byzanz, gemeint.

2 Erlek = ein Unterweltsgott der Mongolen, eine Art Höllenfürst.

»Es gibt nur einen Gott des Krieges«, sagte Batu-Khan zu dem neben ihm reitenden arabischen Gesandten, während sie sich auf den freien Gipfel eines kleinen Hügels hinaufbegaben, der zum Beratungsplatz bestimmt worden war, »und das ist unser höchster Gott Sulde. Er ist unsichtbar, und man braucht ihm keine Götzenbilder zu errichten... Wenn ich hier meinen Feldzug zum Abschluß brächte, so müßte man auf diesem Hügel nicht etwa das Standbild eines Gottes aufstellen, sondern das Standbild eines Rosses, eines milchweißen Rosses, weil nur allein dank seinen braven ausdauernden Rossen es dem mongolischen Heer möglich ist, derartige gewaltige Kriegszüge durchzuführen. Und ich werde alle Völker zwingen, vor diesem Standbild unsres Rosses auf dem Bauch zu kriechen und ihm die Hufe zu küssen!«

Eine einsame alte Kiefer mit verkohltem Geäst, deren Wipfel durch einen Blitz zerstört worden war (der Kriegsgott Sulde hatte ihn herabgeschleudert), stand neben dem Platz, und rund um sie herum waren mehrere kleinere Bäume etwa in Manneshöhe gekappt und scharf zugespitzt, so scharf wie eine Lanzenspitze. Vorüberreitende Mongolen schielten scheu zu diesen Pfählen hin und dachten sich dabei, daß der erhabene Sain-Khan sich wohl über jemanden erzürnt haben müsse, der nun hier gepfählt werden sollte. Es war dies eine der grausamsten Hinrichtungsarten: Der Delinquent wurde grätschbeinig oben auf den Pfahl gesetzt, dessen Spitze sich durch den Druck seines eigenen Körpergewichts immer tiefer in seinen Leib hineinbohrte.

Diener breiteten zahlreiche Teppiche auf dem Boden aus; denn alle Dschingisiden waren zur Beratung geladen und sämtliche Temniks.

Batu-Khan nahm mit untergeschlagenen Beinen auf einem aus neun übereinandergelegten Satteldecken aus Filz provisorisch errichteten Sitz Platz. Rechts von ihm ließ sich sein Bruder Ordu-Khan nieder, der von so gewaltiger Körperfülle war, daß man bei einem Ritt für ihn stets zwei Pferde mitführen mußte, die er von Zeit zu Zeit wechselte, denn eines allein wäre nach verhältnismäßig kurzer Zeit unter der Last seines Reiters zusammengebrochen. Neben Ordu saß dessen Vetter Mengu-Khan, der von allen Dschingisiden Batus Herzen am nächsten stand und ihm auch am treuesten ergeben war. Sonst saß gewöhnlich auf den folgenden Plätzen Gujuk-Khan samt seinen Anhängern, doch heute waren diese Plätze leer.

Zur Linken Batus hockte der einäugige Subudai-Bahadur, und weiter folgten die übrigen Temniks: Burundai, Kurmischi und so fort, alle, die sich auf diesem Zuge und auf früheren Zügen durch ihre Taten Ruhm erworben hatten. Abd ar-Rahmân, dem arabischen Gesandten, war ein Platz am Rande des größten Teppichs unmittelbar dem Dschichangir gegenüber angewiesen worden, ebenso dem Hadschi-Rachim, hinter ihnen hockte der rotbärtige Duda, der sich als Dolmetscher unentbehrlich zu machen verstanden hatte.

Es herrschte tiefes Schweigen in der Versammlung, die Batu-Khans Entscheidung über Fortsetzung oder Beendigung des Feldzuges erwartete. Nur ab und an war ein respektvoll-leises Flüstern zu hören. Plötzlich rief irgend jemand laut in die lastende Stille:
»Ein Eilkurier von weit her!«
Im gestreckten Galopp kamen zwei Meldereiter näher, zügelten ihre Rosse am Fuße des Hügels und sprangen ab. Waffenklirrend kam der an des toten Mussuk Stelle getretene Arslan-Mergen den Hügel herauf, gefolgt von einem der beiden über und über mit Staub bedeckten Kuriere.
»Stell dich hierher an meine Seite!« gebot Arslan-Mergen ihm zuerst, und dann forderte er ihn auf: »Und nun mach deine Meldung!«
Der Kurier zog aus seinem Busen eine Lederrolle hervor und reichte sie mit steif ausgestrecktem Arm dem Dschichangir hin.
»Ein Schreiben an das Oberhaupt von Dschutschis Uluss[1], an den Gebieter der Blauen Horde, Batu-Khan, von der erhabenen Regentin der mongolischen Länder«, sagte er, und es klang, als hätte er den Satz vorher mühsam auswendig gelernt.
Batu-Khan erhob sich, und mit ihm erhoben sich alle Anwesenden, und sprach in feierlichem Ton:
»Tritt näher!«
In der gespannten Stille hörte man jemanden mit vor Erregung erstickender Stimme flüstern:
»Das Unabwendbare ist geschehen!«
Mit kleinen zögernden Schritten trat der Kurier näher, warf sich vor dem Dschichangir nieder und küßte den Boden zu dessen Füßen. Dann löste er, noch immer auf den Knien, den Riemen, mit dem die Lederrolle umwickelt war, und zog eine Pergamentrolle heraus, von der an roter Schnur das blaue Wachssiegel des Kagans herabhing. Batu-Khan nahm das Pergament entgegen, drückte es gegen Stirn, Lippen und Brust, entfaltete es und las schweigend, was darin geschrieben stand. Als er damit zu Ende war, bedeckte er als Zeichen der Trauer seine Augen mit dem Ärmel und verharrte stumm und reglos eine geraume Weile in dieser Haltung. Dann ließ er den Arm wieder sinken, warf den Kopf in den Nacken, überreichte das Pergament seinem Siegelbewahrer Ak-Hassan und gebot ihm:
»Lies den hier Versammelten vor, was die Gemahlin des erhabenen Kagans, meine Tante Turakina, mir schreibt!«
Respektvoll nahm Ak-Hassan die Pergamentrolle mit beiden Händen entgegen, drückte sie ebenfalls an Stirn, Mund und Brust und las dann in singendem Tonfall laut vor:
»Dem heiligen Regenten, der von seinem Wolkensitz herab sein väterlich-fürsorgliches Auge auf seinem geliebten Mongolenvolk ruhen läßt, hat es gefallen, seinen Sohn, meinen Gemahl, den unvergleichlich

---

1 Uluss = Horden-, Nomadenlager (hier im Sinne von Stamm oder Sippe).

strahlenden Kagan Ugedai-Khan, zu sich in die unübersehbaren Scharen seines ewigen Heeres abzuberufen. Hört nun alle, in deren Adern das edle Blut des heiligen Regenten fließt, ihr Kürjagane und Dschingisiden: Kommt sofort nach Kara-Korum zum Kurultai[1], um den Nachfolger des verewigten Kagans, den neuen Gebieter über das grenzenlose mongolische Reich zu wählen!«
Wie abwesend in die Ferne blickend, sprach Batu-Khan:
»Heute und morgen und weitere sieben Tage werden wir nach herkömmlichem Brauch um den verewigten Kagan Ugedai-Khan weinen und klagen... Es wage aber keiner, ohne ausdrücklichen Befehl von mir nach Kara-Korum zu reiten. Zuerst fordert unser Feldzug zur Unterwerfung aller ›Abendländer‹ seine siegreiche Vollendung! Der Kurultai wird später zu einem von mir noch näher zu bestimmenden Zeitpunkt einberufen werden!«
Mehrere der Anwesenden, die schon die Arme in die Höhe gereckt hatten, um ein Jammergeschrei zu erheben, ließen sie stumm wieder sinken, als sie sahen, wie kalt und ungerührt der Dschichangir blieb, der seinen Platz auf den Satteldecken wieder einnahm und, nachdem der Kurier abgetreten war, dem schon darauf wartenden Arslan-Mergen einen Wink mit den Augen gab.
»Erlaube mir, erhabener Dschichangir, den Versammelten Bericht zu erstatten«, sprach Arslan-Mergen vortretend.
»Sprich!«
»Heute im Morgengrauen hat Gujuk-Khan samt seinem Gefolge und unterm Schutz einer Leibgarde unser Lager verlassen, und zwar so hastig, daß er die gute Hälfte seiner Rosse und seines sonstigen Viehs und den größten Teil seiner Beute zurückließ. Einige seiner Krieger sagten mir, Gujuk-Khan hätte schon vor einiger Zeit Andeutungen über seine baldige Rückkehr nach Kara-Korum gemacht. Obwohl der Khan einen großen Vorsprung hatte, gelang es mir und meiner Schar dennoch, ihn einzuholen. Er schlug wie ein Rasender mit der Peitsche auf seinen Hengst ein und rief mir zu: ›Mag sich der Sain-Khan weiterhin allein auf die Suche nach dem ‚letzten Meer' begeben; mich ruft eine andere, wichtigere und höhere Aufgabe!‹ Aber wir ließen ihn nicht entkommen, sondern bemächtigten uns seiner Person.«
Alle Anwesenden warteten gespannt darauf, was Batu-Khan jetzt sagen würde.
Er wies bloß mit einer Hand auf die zugespitzten Pfähle hin und meinte trocken:
»Dort, das ist der hohe Platz, den Gujuk-Khan sich verdient hat. Ein Krieger, der sich während eines Feldzugs ohne ausdrückliche Genehmigung seines Vorgesetzten von der kämpfenden Truppe entfernt, ist ein Fahnenflüchtiger, ein Verräter an seinem Volke. Wie könnte ein solcher Mensch, der ein so schlechtes Beispiel des Ungehorsams ge-

1 Kurultai = eine Art Reichstag der Mongolenkhane.

geben hat, eine ›höhere und wichtigere Aufgabe‹ zu erfüllen imstande sein? ... Gujuk-Khan hat sich durch diese schändliche Handlungsweise selbst mit einem einzigen Schritt an den Rand des Grabes gebracht. – Der Gott des Krieges, Sulde, wird ihn richten!«

»Erhabener Sain-Khan, gestatte mir, ein Wort zu bemerken!« unterbrach der arabische Gesandte Abd ar-Rahmân die eingetretene Totenstille. »Du hast sehr richtig erkannt: Zuerst fordert unser Feldzug zur Unterwerfung aller ›Abendländer‹ seine siegreiche Vollendung! Und solange du selbst nicht in die Speichen des Schicksalsrades greifst, um es zum Stillstand zu bringen, und ehe die letzten der abendländischen Könige und Fürsten nicht durch dich ihre verdiente Züchtigung erhalten haben, wirst du das gewiß nicht tun, solange ist an eine Umkehr nicht zu denken. Währenddessen mag Turakina-Hatun, die kluge und einsichtige Gemahlin des verewigten Kagans, unterstützt von ihren weisen und erfahrenen Ratgebern, das grenzenlose mongolische Reich als Regentin verwalten. Erst wenn die Hufe deines milchweißen Seter von den Wellen des ›letzten Meeres‹, das unsere Erdscheibe umspült, benetzt werden, wirst du deinem unbesiegbaren Heer das Zeichen zur Um- und Heimkehr geben, aber erst dann, wenn alle Völker des Erdenrunds in deiner erhabenen Person ihren einzigen und alleinigen Herrscher anerkannt haben ...«

Ein von Mengu-Khan angestimmtes allgemeines Geschrei: »Es lebe unser unbesiegbarer Sain-Khan, der Bezwinger aller Völker des Erdenrunds, er lebe tausend Jahre!« unterbrach hier die schlaue Rede des Gesandten des Kalifen von Bagdad, die darauf berechnet war, jeden in Batus Hirn etwa aufsteigenden Gedanken an eine sofortige Umkehr im Keime zu ersticken.

Die standhaften Skipetaren

Lässig rollten die Wellen auf das steinerne Ufer und nahmen im Zurückweichen bunte Kiesel und Muscheln, die ihre Vorgängerinnen angespült hatten, wieder mit sich.

Am Ufer hielt eine tatarische Hundertschaft, und ihre Pferde reckten den Hals nach dem Wasser hin. Hatten sie es aber dicht vor den Nüstern, so wendeten sie schnaubend ihre Köpfe wieder davon ab. Kommandos ertönten, die Hundertschaft teilte sich, und beide Halbhundertschaften ritten nach verschiedenen Seiten davon. Jeder flatterten die Roßschweife eines Tughs[1] voran.

Hinter dem Hügel hervor kam eine andere Kavalkade angesprengt, deren Bannerträger den Buntschuk Batu-Khans hielt: Auf einem fünfeckigen Seidentuch war ein weißer Jagdfalke eingestickt, in dessen

1 Tugh oder Buntschuk = Feldzeichen mit Roßschweifen oder Yak (Grunzochsen)-Schwänzen.

Fängen sich ein schwarzer Rabe wand; neun dicke, lange Schweife flatterten lustig im Wind.
Batu-Khan zügelte seinen milchweißen Hengst von wahrhaft blendender Schönheit, der von der langen Reise wohl etwas abgemagert war, aber in der Leichtigkeit und Anmut seiner Bewegungen nichts eingebüßt hatte, erst ganz dicht am Ufer und spähte dann angestrengt in die blaue dunstige Ferne, wobei er seine Augen mit der Hand beschattete.
Dann streckte er den rechten Arm in eine bestimmte Richtung aus und fragte den Gesandten des Kalifen, der auf einem madjarischen Rotfuchs neben ihm hielt:
»Was sind das für Schiffe?«
Nachdem auch Abd ar-Rahmân in der gewiesenen Richtung in die Ferne gespäht hatte, sagte er:
»Ich würde denken, es ...«
»Jetzt ist keine Zeit mehr zum Denken, jetzt muß man wissen«, unterbrach ihn Batu-Khan schroff.
Von der anderen Seite her näherte sich Subudai-Bahadur auf seinem rehbraunen Hengst, dessen Zügel er mit seiner verkrüppelten Hand hielt. Mit der anderen klopfte er ihm den Hals und sagte:
»Siehst du, Sain-Khan, mein Rehbrauner mag dieses widerlich salzige Wasser nicht saufen. Aber es ist ja längst noch nicht das Wasser des letzten Meeres, sondern bloß eine Bucht, auf der König Bela glaubt, sich deinem Zugriff entziehn zu können.«
»Willst du damit sagen, daß auf einem jener Schiffe König Bela sei?«
»Ja.«
»Woher weißt du das?«
»Von festgenommenen Gefangenen; sie behaupten, auf jenen Schiffen, die nur auf günstigen Fahrwind warten, befinde sich der Ungarkönig mit seinem Gefolge.«
»Ich will selbst mit den Gefangenen sprechen.«
»Gleich werden sie hier sein.«
Subudai wendete sein Roß und ritt davon.
Der Dschichangir stieg aus dem Sattel, das gleiche tat sein Gefolge, unter dem sich Batu-Khans ewig kränkelnder Sohn Sartak befand, ferner die Brüder Ordu und Berke, auch der Hadschi Rachim. Neue Reitertrupps langten an, Diener mit Reservereitpferden und beladenen Packpferden und Maultieren.
Der Dschichangir hatte sich am Fuße des Hügels niedergelassen und schaute unverwandt aufs Meer hinaus, auf dessen glitzerndem Spiegel sich die Schiffe mit schlaffen Segeln wie weiße Schwäne wiegten.
Da ertönte Wehgeschrei. Mehrere Mongolenkrieger trieben mit Peitschenhieben etwa zwei knappe Dutzend Gefangene herbei, die alle aus gräßlichen Wunden heftig bluteten. Über weißen (jetzt allerdings völlig verdreckten) Hemden trugen sie buntgestickte Schaffellwesten und weite Pluderhosen, deren Beine über den Fußknöcheln durch Riemen zusammengerafft wurden. Ihre langen dunklen Locken wallten

ihnen bis auf die Schultern herab. Die Hände hatte man ihnen auf dem Rücken zusammengebunden. Die blutenden Wunden, das zerzauste Haar, die beschmutzten und zerfetzten Kleider – all das zeugte davon, daß diese Männer vor ihrer Gefangennahme einen verzweifelten Widerstand geleistet haben mußten. Einige von ihnen wankten und torkelten, ohne sich zu widersetzen, in die Richtung, in die sie gestoßen wurden, andere wieder fuhren fort, sich zu wehren, und wurden dafür von den Mongolen erbarmungslos gepeitscht und unflätig beschimpft, die ihrerseits wieder von dem hinterdreinreitenden Subudai angetrieben wurden. Dem einäugigen Bahadur folgte auf einem mausgrauen Esel Duda der Redliche und trat seinem Reittier, um dessen träge Gangart zu beschleunigen, ununterbrochen mit den Fersen in die Flanken.
Am Ufer wurden die Gefangenen in einer Reihe vor Batu aufgestellt, aber wenigstens die Hälfte von ihnen sank sogleich zu Boden. Doch die Mongolen brachten sie mit neuen Peitschenhieben wieder auf die Beine: »Seht ihr denn nicht, vor wem ihr steht, ihr Hundesöhne? – Ihr steht vor dem Beherrscher der Welt.«
Batu-Khan selber legte sich ins Mittel, indem er die Hand hob und mit einem »Genug!« Einhalt gebot.
»Wer seid ihr, daß ihr es gewagt habt, gegen den Erschütterer des Erdkreises zu kämpfen?« krächzte Subudai.
Jetzt sollten sich die vielseitigen Sprachkenntnisse des inzwischen auf seinem Esel nachgezockelten Duda wieder einmal als nützlich erweisen. Er ließ sich mit den Gefangenen in einer den Mongolen unverständlichen Sprache in eine Wechselrede ein und erklärte dann dem Atalik:
»Diese Männer sind aus einem jener Bergdörfer hoch oben auf den Gipfeln, die wie trutzige Festungen aussehn. Und so trutzig wie ihre Wohnstätten sind auch die Menschen. Niemals ergeben sie sich, sondern kämpfen bis zum letzten Atemzug.«
»Wie habt ihr sie denn ergreifen können?« erkundigte sich Batu-Khan bei seinen Kriegern.
Einer von ihnen antwortete:
»Da wir den Befehl erhalten hatten, um jeden Preis Gefangene einzubringen, warfen wir unsere Fangleinen über sie und schleiften sie dann hinter uns her hierherunter. Davon sind sie auch so zerschunden.«
»Frag sie, wie sie die Tollkühnheit haben konnten, sich meinem Heere, das so zahllos ist wie die Wolken am Himmel, zu widersetzen, wenn ihrer bloß so wenige sind«, sagte Batu zu Duda, der von seinem Esel gesprungen war und von neuem auf die Gefangenen einredete.
Erst antworteten sie alle durcheinander, dann überließen sie einem Jüngling das Wort, dessen Gesicht fürchterlich zerschunden und verschwollen war.
»Was sagt er?« fragte ungeduldig Batu-Khan.
»Dieser junge Mensch ist ein Hirt aus einem jener Gebirgsnester oben auf dem Paß, wo die Kämpfe noch andauern. Er sagt, sie hätten friedlich davon gelebt, ein karges bißchen Erdkrume zwischen den Felsen müh-

selig zu bestellen und ihr ein hartes Gerstenbrot abzuringen. Niemandem hätten sie etwas zuleide getan, schon allein weil sie so weit abseits von allen anderen Menschen gelebt hätten...«
»Sag ihnen, ich fände solchen unermüdlichen Fleiß löblich und würde ihnen die Freiheit schenken, wenn sie sich dazu verstünden, sich mir zu unterwerfen und meinem Roß die Hufe zu küssen.«
Duda übersetzte den Skipetaren[1], denn solche waren es, diese Worte und strich sich bei ihrer Antwort nachdenklich den roten Bart.
»Sie sind einverstanden, die Hufe deines Rosses zu küssen«, sagte er dann, »bitten dich aber, ihnen ihre Kinder wiederzugeben, die von deinen Kriegern verschleppt wurden.«
»Das ist gut«, meinte Batu-Khan. »Aus diesen Kindern werden uns kühne und verwegene Krieger erwachsen.« Dann wandte er sich an Subudai. »Zeige mir die Landkarte. Ich möchte sehn, wie weit es noch bis zur Stadt Tergeste ist.«
»Gleich zeig ich sie dir!« sagte Subudai, steckte zwei Finger seiner Linken in den Mund und stieß einen durchdringenden Pfiff aus, so durchdringend, daß es schien, als weckte er ein Echo in den Bergen. Doch war dies nur die Antwort seines alten Dieners Saklab, der gleich darauf sich auf einem Fuchs durch die Reiter drängte und hinter sich noch ein Lastpferd herzog. Einem Lederbeutel auf dem Rücken des Lastpferdes entnahm Subudai eine Pergamentrolle, und als er sie aufrollte, sah man darauf in groben Umrissen die adriatischen Küstengebiete aufgezeichnet.
Die Skipetaren, die inzwischen losgebunden worden waren, warfen sich nun vor Batu-Khan in den Staub und küßten der Reihe nach die Hufe seines Rosses.
Batu, mit der Reitpeitsche in die Ferne deutend, ließ durch den Dolmetscher einen von ihnen fragen:
»Wie heißt jene Stadt dort auf der Halbinsel?«
»Das ist die Stadt Spalato. In ihren Mauern steht der Palast eines römischen Kaisers.«
»Ganz recht, dort sind wir vorbeigekommen. Und was für Städte liegen in der entgegengesetzten Richtung längs der Küste?«
»Erst verschiedene kleine Häfen und Festungen und dann eine große reiche Stadt mit einem Hafen voller venezianischer Schiffe. Das ist Triest. Aber die Zitadelle ist stark bemannt und ihr Kommandant ein tüchtiger Kriegsmann.«
»Und welche Städte kommen dann noch?«
»Dann kommt die überaus reiche Handelsstadt Venedig. Fast alle Schiffe auf diesem Meer gehören venezianischen Kaufleuten...«
»Und wieviel Tageritte sind es von Venedig nach der Hauptstadt aller Hauptstädte des Abendlandes, nach Rûm?«
»Du wirst so viele Tage dazu brauchen, wie du willst. Aber gewöhnliche

1 Skipetaren = Albaner oder Albanesen.

Reisende können jetzt überhaupt nicht mehr dorthin gelangen, weil man in Erwartung deines Angriffs alle Straßen durch Feldwachen gesperrt hat.«

»Hat sich ein großes Heer dort versammelt?«

»Was heißt groß, im Vergleich zu deinem? Außerdem hat niemand Lust zu kämpfen. Alles flieht südwärts. Sogar der Kaiser, heißt es, sei aus Rûm nach der Insel Sizilien geflohn.«

»Du brauchst den Apfel nicht erst zu pflücken, er fällt dir überreif von selbst in die Hand!« rief der Frankenhasser Abd ar-Rahmân.

»Was soll mit diesen Gefangenen geschehen?« fragte Subudai-Bahadur.

Batu-Khan antwortete nur mit einer Geste: Mit dem Zeigefinger zog er in der Luft einen Strich von oben nach unten. – Das war die Geste, die alle am meisten fürchteten: Sie drückte ein Todesurteil aus.

Der Hügel, auf dem die von Batu-Khan einberufene Versammlung stattgefunden hatte, war leer. Die zugespitzten Pfähle standen noch als Warnung für andere Pechvögel. Diener rollten die ausgebreiteten Teppiche zusammen.

Unweit davon, am Hang, in einem Klettengestrüpp, lagen die gefangenen Skipetaren der Länge lang am Boden wie in tiefem Schlaf. Es war auch ein tiefer Schlaf, der tiefste überhaupt – der ewige.

Als sie begriffen hatten, daß sie ohnehin dem Tode geweiht waren, hatten sie sich dafür entschieden, ihr Leben so teuer wie möglich zu verkaufen, sich wie rasend auf die Mongolen gestürzt und natürlich in diesem ungleichen Kampf den kürzeren gezogen.

Der Henker, ein athletischer Mann, hatte ihnen mit seiner großen schweren Keule der Reihe nach den Schädel zerschmettert. Noch jetzt stapfte er in der Nähe der Toten ungeduldig umher, weil er auf die Beendigung eines Gesprächs wartete, das der rotbärtige Duda mit einem gefangenen Benediktiner führte, dem das gleiche Urteil gesprochen worden war wie den Skipetaren.

Das arme Mönchlein verneigte sich bei jedem Wort, das es sprach, demütig bis zur Erde, hielt krampfhaft ein Holzkreuz zwischen den Händen fest und schickte unhörbare Stoßgebete zum Himmel. Der Henker, dem das Warten zu lange dauerte, knurrte mit heiserer, roher Stimme grimmig:

»Ich habe von dem erhabenen Sain-Khan selbst den Befehl erhalten, ihm den Schädel zu zerschmettern... Darf man da so lange säumen?«

Duda nahm ein ovales Messingplättchen, eine Paizsa, von seinem Halse und fuchtelte damit dem Mongolen vor dem Gesicht herum.

»Jeder spätere Befehl macht den früheren ungültig«, wiederholte er dabei ein ums andre Mal. »Gleich wird der große Atalik Subudai-Bahadur hier erscheinen und mir diesen römischen Schamanen lebendig überantworten. Ich brauche seine Auskünfte für eine wichtige Sache. Also troll dich!«

»Der einäugige Bahadur kann mir befehlen, was er will, in diesem Falle

werde ich ihm doch nicht gehorchen. Ein Befehl aus dem Munde des erhabenen Sain-Khans gilt mehr als ein Befehl aus jedem anderen Munde.«
»Das werden wir schon sehn!« rief Duda zornig und versuchte den Athleten fortzustoßen. Der aber schielte ihn bloß mürrisch von der Seite her an und faßte seine Keule fester.
In diesem Moment kam Subudai auf seinem Rehbraunen angesprengt. Duda winkte ihm mit beiden Händen zu und rief:
»Halt an, unvergleichlicher Bahadur! Ich habe dir etwas überaus Wichtiges zu sagen!«
Subudai zügelte seinen Hengst, dessen Schweif die Erde fegte.
»Also sprich, aber fasse dich kurz!«
»Überlaß mir diesen Mönch!«
»Wozu?«
»Er weiß sehr viel bedeutsame Dinge, denn er ist durch alle ›Abendländer‹ gewandert und hat alle Könige und ihre Heere gesehen und könnte mir äußerst wichtige Aufschlüsse geben.«
»Er lügt«, tat Subudai diese Begründung ab und spornte sein Pferd.
»Nein, er lügt nicht. Ich habe ihn geprüft«, widersprach Duda.
»Dann forsch ihn aus, und schreib alles genau auf, was er dir erzählt. Hörst du? Ich will heute abend alles wissen ... Und du«, fauchte er den Henker an, »laß diese beiden in Frieden! Daß du mir dem lateinischen Schamanen kein Haar krümmst!«
Damit versetzte er seinem Hengst einen Schlag mit der Peitsche, daß dieser einen mächtigen Satz vorwärts machte. Der Henker ließ seine Keule fallen und sprang erschrocken zur Seite, indem er seinen Kopf mit beiden Händen schützte. Dann drückte er sich seitwärts in die Büsche.

Elfter Teil

Der Beginn der Uneinigkeit

Batu-Khan vor Triest

Eine mongolische Reiterabteilung bewegte sich in langgezogener Kette auf schmalen, meist steinigen und felsigen Uferpfaden immer am Gestade des azurblauen Adriatischen Meeres nordwärts. Die Berge stießen bis ans Meer vor, und ihre in die Fluten abfallenden Ausläufer machten manchmal den Eindruck von Tatzen eines riesigen Ungeheuers. Die fremden Krieger – in ihrer seltsamen Fellkleidung in dieser sonnigen Welt des Südens schon für das Auge allein recht störend wirkend – führten sich auch sehr störend auf, denn sie ritten rücksichtslos über bebaute Äcker und Felder hinweg (und welches Fleckchen Erde wäre hier nicht bebaut gewesen?), sobald sie irgendwo abseits von ihrem Wege ein Flüßchen oder einen Bach erblickten, wo sie ihre Rosse tränken konnten. Hatten diese genug gesoffen, so ging der Ritt weiter, unaufhaltsam weiter.
Als sie einen der ins Meer vorspringenden felsigen Ausläufer des Gebirges überquert hatten, zügelten die wilden Reiter jedoch unwillkürlich ihre Rosse, ganz gebannt von dem Anblick, der sich ihnen bot: Unten am Fuße des Karstplateaus lag wie eine große hellblaue Schale der Golf von Triest, eingeschlossen von den amphitheatralisch ringsum emporsteigenden Bergen, deren Hänge bedeckt waren mit Weilern und Dörfern, grünenden Hainen und Gärten. Auf einem vereinzelten Hügel unweit des Ufers ragten die Steinmauern der Zitadelle auf.
Und überall, auf allen Wegen und Stegen, in den Gärten und auf den Feldern, wimmelte es von Menschen, die emsig bei ihrem Tagewerke waren.
Unten auf dem blauen Wasserspiegel des Golfes leuchteten Segel von verschiedenen Farben, und über dieser Landschaft, die das Schauspiel einer innigen Umarmung von Erde und Wasser bot, denn die Ausläufer des Gebirges streckten sich dem Meerbusen wie geöffnete Arme entgegen, wölbte sich ein völlig wolkenloser strahlender Himmel.
Abd ar-Rahmân, der in funkelnder Rüstung neben dem Dschichangir ritt, sprach zu ihm:
»Da liegt es nun vor dir, das herrliche Triest; schön und reich, wie es ist, wird es eine der kostbarsten Perlen in der schimmernden Kette der von dir eroberten Städte sein. Nimm es, und laß es nie wieder aus deinen

Händen! Es ist ein Diamant von so reinem Feuer, wie du noch keinen besessen hast.«
»Was soll mir das alles?« entgegnete unlustig Batu-Khan, als ob das Bild, das er vor seinen Augen hatte, nicht den mindesten Eindruck auf ihn gemacht hätte.
»Was dir das soll?« rief Abd ar-Rahmân verwundert. »Siehst du denn nicht den geräumigen Hafen? Darin haben Hunderte und aber Hunderte von Schiffen Platz, so viele, daß du dir mit ihnen auch die Herrschaft über die Meere sichern kannst. Sie werden deinen Willen hinaus an alle Küsten tragen und für dich unvorstellbare Reichtümer herbeischaffen, Reichtümer aus aller Herren Ländern...«
Doch Batu-Khan war nicht geneigt, die Begeisterung des jungen Arabers zu teilen. Abweisend und verschlossen blieb seine Miene. Kein Muskel regte sich in seinem bronzebraunen Gesicht. Schließlich wandte er den Blick von dem herrlichen Landschaftsbild ab und ließ ihn wie suchend über die Männer seines Gefolges hingleiten, bis er auf einem von ihnen haftenblieb – auf dem jungen Nochai-Khan.
»Jesun-Nochai! Wir gestatten dir, näher zu kommen.«
Mit einem einzigen Satze war das Roß des verwegenen Dschigiten neben dem Hengste Batus.
»Wie gefällt dir diese Stadt mit ihrem Hafen und ihrer Umgebung von Hainen und Gärten? Abd ar-Rahmân ist darüber in ein solches Entzücken geraten, daß ihm die Worte, in die er es kleidet, gar nicht hochtönend genug sein können.«
»Vorläufig wimmelt es mir in der Stadt und im Hafen und auch in der ganzen Umgebung noch zu sehr von unseren Feinden«, meinte Jesun-Nochai-Khan. »Darum ist sie mir widerlicher als eine Höhle voll böser Mangusse oder stinkender Schakale. Doch wenn du die meisten davon ausgerottet und die übrigen dir unterworfen haben wirst, wird die Stadt gewiß auch mir gefallen, wenn auch nicht so gut, daß ich gleich mein ganzes Leben lang hier bleiben möchte. Doch wozu sag' ich das? Ich bin ja sicher, daß du, sobald du die Bewohner der Stadt und ihrer Umgebung zu deinen Sklaven gemacht hast, auf neue Eroberungen ausziehn wirst.«
»Darüber wird heute abend der Kriegsrat entscheiden«, bemerkte Batu-Khan trocken.

Das Lied des Uligertschis

Der stets mit Vorbedacht handelnde Subudai-Bahadur mahnte den Dschichangir:
»Freilich sollte man Späher aussenden, damit sie auskundschaften, ob sich in der Stadt und Zitadelle von Tergeste eine starke Besatzung befindet. Aber kommt es denn dir, erhabener Sain-Khan, zu, mit einer Handvoll Reiter selbst einen solchen Erkundungsritt auszuführen?

Niemandem ist damit gedient, wenn du dich überflüssigerweise in eine Gefahr begibst, darin du umkommen könntest. Denn höchstwahrscheinlich erwartet uns hinter jenen Hügeln der Kaiser Frederikus selbst an der Spitze eines gewaltigen Heeres, das für eine Entscheidungsschlacht gerüstet ist und die verwegene Hoffnung hegt, deinen bisher unbesiegten tausend und aber tausend Kriegern eine Niederlage zu bereiten und ihnen damit endlich den Ruf ihrer Unbesiegbarkeit streitig zu machen... Denn wenn die deutschen, italischen und fränkischen Feldherren auch jetzt noch nicht alle Maßnahmen für eine solche entscheidende Schlacht getroffen hätten, dann – ja dann wären sie ja hirnlose Hammel. Ich möchte aber darauf schwören, daß sie jeden Mann, der mit einer Waffe umgehn kann, unter die Fahne gerufen und ein gewaltiges Heer auf die Beine gebracht haben, das bereitsteht, sich auf uns zu stürzen, sobald wir in die Stadt eingezogen sind und uns sorglos der Freude über unsern vermeintlichen Sieg überlassen.«

Die übrigen Temniks, an die weitschauende Voraussicht des erfahrenen Feldherrn gewöhnt, billigten seine Worte schweigend. Nur der kecke junge Khan Nochai unterfing sich, wie schon so manches Mal, einen Vorschlag zu machen, der diesmal nicht nur allgemeines Erstaunen, sondern sogar allgemeine Heiterkeit erregte.

»Alles, was unser ruhmreicher Atalik eben gesagt hat, ist vollkommen richtig, und ich weiß auch, daß es meiner unerfahrenen Jugend schlecht ansteht, seinem erfahrenen Alter einen Rat zu erteilen. Und dennoch kann ich nicht umhin, mir als besondere Gnade die Erlaubnis zu erbitten, mit einer Hundertschaft, ja, wenn es sein muß, auch bloß mit einer Zehnerschaft meiner tollkühnen Wagehälse stracks nach Tergeste hineinzugaloppieren... Und ich könnte euch auch gleich erzählen, was wir dort treiben werden und welchen Empfang man uns bereiten wird.«

»So erzähle! Wir werden dich anhören, aber hinterdrein beschließen, was wir für richtig und nötig erachten.«

»Wir werden keine vorsichtigen Nachforschungen betreiben und den Leuten Fragen stellen wie: ›Wer ist der Anführer der Besatzung von Tergeste, und wie stark ist sie?‹ Nein, mit wildem ›Urrukuu!‹[1] und geschwungenen Schwertern werden wir in die Stadt einbrechen und rufen: ›Ergebt euch! Der große Eroberer des Erdkreises, der grimme Batu-Khan selbst, nähert sich eurer Stadt! Breitet Teppiche auf den Straßen und Plätzen aus und sorgt für reichliche Bewirtung an Speis und Trank! Heute wollen wir einen gemeinsamen Festtag feiern!‹ «

Die Anwesenden tauschten lächelnd und schmunzelnd Blicke untereinander, unterdrückten ihre Heiterkeit aber, als sie merkten, daß Batu-Khan sie nicht teilte. Dieser blickte wie geistesabwesend in die Ferne aufs Meer hinaus, wo sich zahllose Schiffe, deren Segel sich unter einer aufkommenden Brise blähten, eben anschickten, in See zu stechen. Khan Mengu fragte mit kaum unterdrücktem Spott:

---

1 Urrukuu! = der Kampfruf der Mongolen.

»Wenn du so genau weißt, was in der Stadt vorgehen wird, so kannst du uns vielleicht auch erzählen, ob ihre Einwohnerschaft willens ist, sich zu verteidigen?«

»O nein, ganz und gar nicht! Die Einwohner von Tergeste sind damit beschäftigt, ihre wertvollste Habe zusammenzupacken, um mit ihren Familien aus der Stadt in die Wälder und Berge zu fliehn. Auf dem Marktplatz aber versammelt sich der Adel, ein jeglicher Bannerherr mit anderthalb bis zwei Dutzend Mannen, und sie spreizen und brüsten sich mit ihren blitzenden Rüstungen und Harnischen, mit ihren Federbüschen auf dem Helm und den goldenen Sporen an den Stiefeln und vollführen einen Lärm wie eine schnatternde Gänseschar; denn sie können sich nicht darüber einig werden, wer der Oberste sein soll, da ein jeder von ihnen es sein möchte.«

»Und wie werden sie dich empfangen, Khan Nochai? Etwa auch mit reichlicher Bewirtung an Speis und Trank?«

»Das wohl kaum. Aber sobald sie von unserm Herannahen hören, werden sie sich aus dem Staube machen und sich in ihre steinernen Burgen und Schlösser einschließen, in der Hoffnung, daß wir es nicht verstünden, deren zinnengekrönte Mauern zu brechen.«

Weshalb aber schwieg Batu-Khan zu diesen Wechselreden seiner Bahadure? Alle warteten auf sein entscheidendes Wort, und es war keiner, der bezweifelt hätte, daß er nach Khan Nochais kecken Reden den Befehl zum Vormarsch auf Tergeste erteilen würde. Doch der Dschichangir starrte noch immer wie abwesend in die Ferne. Er sah keinen seiner Heerführer an, und über sein Gesicht huschte ein Schatten des Unmuts, als sei er mit dem Verlauf der Beratung durchaus nicht zufrieden. Endlich öffnete er den Mund und sprach:

»Die Worte des verwegenen Jesun-Nochai haben mein Herz erwärmt. Er hätte gar nicht anders sprechen können. Unsere Aufgabe aber besteht nicht nur darin, eine Stadt nach der anderen einzunehmen, sondern auch darin, unser großes Mongolenreich zu sichern, welches seine Grenzen schon so ungeheuerlich weit ausgedehnt hat, daß es nun an zwei äußerste Meere stößt: an das chinesische Meer, aus dessen Fluten die Sonne sich allmorgendlich erhebt, und an das letzte Meer, in dessen Fluten sie allabendlich untertaucht und zerschmilzt. Wie haben wir jetzt zu handeln? Von unserem Beschluß hängt der weitere Erfolg unsres Feldzugs ab. Bei jeder Entscheidungsschlacht, die man wagen will, muß man voraussetzen, daß auch der Gegner klug und überlegt alles Nötige und Nützliche getan hat und noch tun wird, um den Sieg zu erringen...«

Er machte eine Pause und blickte alle der Reihe nach an. Dann fuhr er bedächtiger fort:

»Wenn ich es also recht bedenke, so scheint mir äußerste Vorsicht bei unseren nächsten Operationen geboten zu sein. Ja, ich hielte es sogar für ratsam, damit noch ein Weilchen zu warten. Vor allem wäre es mir wichtig, den Ratschluß des Himmels zu erfahren. Die Schamanen sollen kommen, ihren Zauber üben, Gebete sprechen und mir alsdann den

Willen des Kriegsgottes Sulde und der anderen im ewigen Himmel wohnenden Götter verkünden.«
»Du kannst dich sogleich der magischen Kräfte und Künste des erfahrensten unsrer Schamanen bedienen, des uralten Buru-Dschichur, welcher außerdem ein liederreicher Uligertschi ist. Er ist gestern aus unsrer fernen Heimat, aus dem Changaigebirge, hier eingetroffen und befindet sich bei meinem Troß. Ich werde sofort einen Nuker nach ihm senden, und noch heute abend kann er beim Schein des Feuers vor dir seine Gesangs- und Beschwörungskünste üben.«

Am Abend wurde in einer geräumigen Höhle, wie sie im Karst häufig zu finden sind, ein Feuer entzündet. Die Tatarenkhane ließen sich an den Höhlenwänden entlang nieder, die einfachen Krieger mußten draußen bei den Rossen bleiben, obwohl ein fürchterliches Gewitter sich entlud. Ohne Aufhören folgten die Donnerschläge aufeinander, und ein sintflutartiger Regen strömte nieder. Von den Bergen herab stürzten mit ungeheurer Wucht Wassermassen, stauten sich in den Poljes, den durch Querriegel geschlossenen Tälern, und überfluteten alles. Jeder war froh, wenn er unter einem überhängenden Felsen leidlichen Schutz fand, und beneidete die Glücklichen, die in einer Höhle im Trockenen und womöglich am Feuer saßen.
Kurz nachdem der Dschichangir sich zu den in der Höhle versammelten Bahaduren und Khanen gesellt hatte, wurde von zwei Turgauden der berühmte Schamane und Uligertschi Buru-Dschichur hereingeführt, ein uralter Mann, von dessen kahlem Kopfe zwei eisgraue Zotteln bis auf die Schulter hinabfielen. In der Hand hielt er ein Lederfutteral, worin sein Instrument verwahrt war. Unter den buschigen struppigen Brauen blickten Augen hervor, die mit einem freundlichen Ausdruck kindlicher Verwunderung in die Welt sahen. Er nahm umständlich zwischen den bereitwillig auseinanderrückenden Khanen Platz, holte sein Instrument hervor und ließ seine Finger rasch über die Saiten gleiten, um zu erproben, ob sie richtig gestimmt waren. Dann musterte er mit forschendem Blick alle Anwesenden, als ob er unter ihnen den Höchstgestellten, an den er sein Lied zu richten gedachte, suchte. Zuletzt blieben seine Augen auf dem Dschichangir haften, der sich von den übrigen freilich nur durch ein Büschel langer Adlerfedern an seinem Helm und durch sein stolzes gebieterisches Wesen unterschied. Wie fragend ließ Buru-Dschichur seinen Blick zu den Gesichtern der umsitzenden Temniks hinwandern, die ihm heimlich bestätigend zunickten oder zublinzelten. Dann grüßte er den Sain-Khan ehrfürchtig und richtete die von dessen Verwandten ihm aufgetragenen Grüße aus der Heimat aus.
Batu-Khan dankte gnädig und forderte den Uligertschi auf, seine Gesangskunst zu zeigen und ein paar der heimatlichen Steppenlieder vorzutragen, solange draußen das Unwetter wüte.
Buru-Dschichur stieß, wie um seine Stimme zu erproben, einen lang ausgehaltenen, bald an-, bald abschwellenden Ton aus, und die Zu-

hörenden wunderten sich, daß der gebrechliche Greis noch so viel Kraft und Luft in seiner altersschwachen Brust hatte. Schließlich brach der Ton mit einem Seufzer ab. Nachdem der Uligertschi von neuem Atem geschöpft und auf seinem Instrument einige Griffe getan hatte, begann er im Singsang zu deklamieren:

»Sei mir gegrüßt, mein lieber Sohn, sei gegrüßt!
An deinen starken Schultern und Armen erkenn' ich dich
und an deiner kühnen stolzen Haltung,
dich, Trost und Freude aller Mongolen;
dich schwarzgefleckten Panther,
der du auf leisen Sohlen, aber mit lautem Gebrüll
das schwarze Changaigebirge durchstreifst
und das tapferste Herz deines tapferen Volkes bist;
dich einsamen schwarzen Königsadler,
der du auf ausgebreiteten mächtigen Schwingen
hoch über den Gipfeln der höchsten Berge schwebst.
Deine Macht ist unerschütterlich wie ein Felsen aus Jaspis.
Und alle deine ruhmvollen Unternehmen sind vom Glück begünstigt.
Dreimal in jedem Jahr werde ich künftig zu dir kommen...«

»Ja, das tu und sing uns jedesmal ein Lied von der wachsenden Macht und Größe unsres Volkes und davon, welche Freuden, welchen Kummer es hat«, unterbrach ihn Batu-Khan.

Der Uligertschi antwortete singend:

»Was für andere Freuden könnte es haben
als die Freude über die Kunde von deinen Siegen?
Was für anderen Kummer könnte es haben
als den Kummer über dein langes Fortbleiben?
Aber es ist ja in alten Sprüchen geweissagt,
daß du herrschen würdest über siebenundsiebenzig Länder...«

Ein zweites Mal unterbrach Batu den greisen Sänger:

»Ja, das ist wahr! Siebenundsiebenzig Länder... So viele muß ich erobern!«

»Auf eine Jagd folgt eine neue«, riefen im Chor die Anwesenden, eine mongolische Redensart gebrauchend, »und auf einen ersten Sieg der zweite! Du bist dazu geboren, dir sämtliche Völker der Erde zu unterwerfen und über sie zu herrschen!«

Den ganzen Abend bis tief in die Nacht hinein sang der greise Uligertschi den Khanen seine Lieder zum Preise der Steppe, wo Tausende von Wildeseln und Wildpferden grasen, und zum Preise der Heldentaten mongolischer Recken wie Bum-Erdeni, Scharcha-Boden und Daina-Kürül, welche die fürchterlichsten Ungeheuer bezwangen.

Und die Anwesenden seufzten vor Sehnsucht nach der Heimat und wiederholten in langgezogenen kehligen Tönen:

»O unsre ferne wunderschöne Heimat!
O blauer Kerulon, o goldener Onon!

In fremdem Land ist einem alles fremd,
ja, selbst die fremde Luft
liegt schwer dir auf der Brust.
Dein Freund, dein einz'ger,
ist und bleibt dein Roß.

Drum hüt es gut!
Es wird dich retten aus Gefahr und Not
und heil und unversehrt
auf seinem starken Rücken,
auf seinen flinken Beinen
dich wieder in die Heimat tragen!«

Der gefiederte Bote

Am andern Morgen hatte sich der Sturm gelegt. Die letzten Wasserbäche rieselten noch an den Berglehnen herunter.

Gemächlich trabte Subudai-Bahadur am Ufer entlang und ließ von Zeit zu Zeit sein eines Auge in der klaren Himmelsbläue ertrinken. Auf einmal schrie er laut:

»Schaut, schaut! Dort oben, das ist doch ein Königsadler!« Und er deutete mit seiner Reitpeitsche in die Luft. »Am Ende ist es gar der unsre? Schnell, Saklab und Dolibcho, lauft zum Troß und holt die Adlerwärter mit dem Adlerweibchen her! Aber beeilt euch! Wenn wir den Adler fortfliegen lassen, so ist es vielleicht auf Nimmerwiedersehn!«

Die beiden Diener galoppierten davon, doch bald kam der alte Saklab wieder mit einem abgehäuteten Hammel, den er rasch mit dem Messer zerstückelte und die einzelnen Stücke auf einem großen flachen Stein ausbreitete, über den er ein schwarzes Fell gedeckt hatte. Plötzlich umbrauste es den alten Diener wie Sturmwind. Vom Himmel hatte sich der Adler lotrecht herabfallen lassen, direkt auf das ausgelegte Hammelfleisch, von dem er ein großes Stück packte und mit noch ausgebreiteten Schwingen zur Seite hüpfte, um sich sofort wieder in die Lüfte zu erheben. Aber da warfen sich auch schon mehrere mongolische Krieger, die sich von verschiedenen Seiten herangeschlichen hatten, auf ihn.

Der Adler, offenbar zu Jagdzwecken abgerichtet, sträubte sich nicht allzusehr, sondern ließ sich wieder hinübertragen zu dem Stein, auf dem man ihm eine Tafel gerichtet hatte, und hieb wacker mit dem Schnabel in das Fleisch ein.

»Es ist da! Es ist da!« rief plötzlich einer der Mongolen, der den gezähmten Raubvogel um den Hals gefaßt und ihn abgetastet hatte. Er löste ein etwa faustgroßes Lederbeutelchen los und überreichte es mit einem tiefen Bückling dem Atalik, der es, ohne es erst näher zu besehen, in seinen Busen steckte und schnell davonritt.

Der letzte Kriegsrat

(Aus Hadschi Rachims Reisenotizen)

»Verleih mir die Klugheit und Einsicht, Allwissender, deren ich zur Beschreibung dieser geheimen Beratung bedarf, in der die Frage entschieden wurde: Soll das Abendland von der mongolischen Faust noch fester umklammert werden, oder soll man den Griff lockern? Soll man die Rosse anspornen zu einem weiteren Lauf auf der Bahn des Sieges, oder soll man sie umlenken zum Heimritt in die Kiptschakensteppen, wo sie sich stärken und ausruhen können für neue Siegesläufe? –
Die zweimal fünf Finger unserer Hände mit den Spitzen aneinandergelegt, warteten wir stumm auf das erste Wort des Dschichangirs. Wenn ich »wir« sage, so sind damit die Dschingisiden und mehrere Temniks (an ihrer Spitze natürlich der alte Atalik) gemeint. Von den Jüngeren war lediglich Batu-Khans Liebling, der verwegene Jesun-Nochai-Khan, zugegen.
Endlich brach der erhabene Sain-Khan das immer drückender werdende Schweigen:
»Die berittenen Boten haben uns nicht betrogen. Der gefiederte Bote hat einen zweiten Brief gebracht, der Unruhe in mir geweckt hat. Auch ihr werdet reiflich darüber nachdenken, welche Bedeutung dieser Brief für uns und unsere weiteren Entschlüsse und Handlungen haben könnte.« Eine Bewegung ging durch den Kreis der Umsitzenden.
»Laß uns den Inhalt des Briefes wissen, erhabener Sain-Khan!«
»Es ist euch bekannt, daß ich schon vor der Einnahme von Kyjuw noch von Ketschi-Sarai aus meinen getreuen Arapscha in das von Eis und Schnee bedeckte Land der Nowgoroder geschickt habe, damit er jeden Schritt, jede Bewegung des Konas Iskander scharf beobachte und mir darüber berichte. Heute habe ich von einer unserer nächsten Poststationen die Meldung erhalten, daß Arapscha auf dem Wege hierher sei und bald bei uns eintreffen werde. Er lasse mir inzwischen sagen: Iskanders Heer habe soeben eine siegreiche Schlacht gegen die aus Westen und Norden in sein Land einfallenden Feinde geschlagen und sei daraus erstarkt hervorgegangen ...«
»Eins ist klar«, sagte Subudai-Bahadur mit düsterer Stimme und Miene, »dieser junge Konas fängt an, uns gefährlich zu werden.«
»Uns gefährlich? Wieso? Weshalb?« fragte man.
»Erkläre ihnen, da es ihnen von selber nicht einleuchtet, inwiefern dieser Konas Iskander uns gefährlich werden könnte«, forderte Batu-Khan seinen Atalik auf.
Es trat eine so tiefe Stille ein, daß man das leise Plätschern eines von einem Felsen herabrieselnden Wässerchens deutlich hörte.
Subudai-Bahadur fuhr fort:
»Um die Entfernung zwischen unserem gegenwärtigen Standort und unserer neuen Hauptstadt Ketschi-Sarai an der Mündung des Itils zu überwinden, braucht es mehr als sechzig Tagesritte und nochmal un-

gefähr das Doppelte bis zu unserer alten Hauptstadt Kara-Korum, der Residenz des erhabenen Kagans aller Mongolen.«

Subudai hob die Arme über den Kopf empor (das heißt, mit seinem gesunden Arm vollführte er diese Bewegung, mit seinem verkrüppelten deutete er sie bloß an) und beugte sich tief vornüber zum Zeichen der schmerzlichen Erinnerung an den Tod des Khans Ugedai. Dann führte er weiter aus:

»Wir müssen diesen langen Weg sichern gegen jedwede Störung oder Unterbrechung, nicht nur, weil ihn der heilige Regent uns mit seinem Heer gebahnt hat, sondern auch, weil wir allein auf diesem Wege Verstärkungen an Kriegern und Nachschub an Pferden, Waffen und Proviant erhalten, natürlich auch Nachrichten von daheim und aus den eroberten Gebieten...«

»Wie wahr! Hört nur!« wurde gerufen.

»Wer ist also unser gefährlichster Feind?« fragte der einäugige Bahadur, wartete aber nicht auf eine Antwort, sondern gab sie selbst: »Derjenige, der diese Lebensader, die uns mit der Heimat verbindet, durchschneidet. Und wer käme da in Betracht? – Kaiser Frederikus etwa? Ach nein, ihn brauchen wir nicht zu fürchten, er hat genug damit zu tun, seine vom römischen Papst gegen ihn aufgewiegelten italischen Untertanen zum Gehorsam anzuhalten, wie wir von Gefangenen wissen.«

»Außerdem hält er sich auf seiner Insel vor uns versteckt, dieser ruhmreiche Kaiser, weil er hofft, uns von dort aus zu Schiff am leichtesten entwischen zu können«, sagte verächtlich Jesun-Nochai-Khan.

»Mag sein, daß er sich versteckt hält. Mag sein, daß er uns zu entwischen hofft«, meinte Subudai-Bahadur. »Jedenfalls brauchen wir ihn nicht zu fürchten.«

»Wen aber dann, wenn nicht ihn? Wer könnte uns sonst noch gefährlich werden?« rief es von allen Seiten.

»Ich wüßte zwei Männer, die uns weitaus gefährlicher werden könnten«, sagte Subudai. »Im Süden des Abeskunischen Meers, in Tauris, lauert Khan Chulagu und führt irgend etwas Böses gegen uns im Schilde. Er sammelt Truppen, wie man uns meldet. Vielleicht gedenkt er einen Schlag gegen Ketschi-Sarai zu führen? Früher oder später werden wir uns ernstlich mit ihm befassen müssen...«

»Gut, befassen wir uns mit ihm!... Mit ihm werden wir rasch fertig sein!...« ertönten Stimmen. »Doch wer wäre der zweite zu fürchtende Gegner? Sag es uns!«

»Das müßt ihr schon selbst erraten. Ein Löwe ist nicht gefährlich, solange er an den Zitzen der Löwin saugt. Mit der Muttermilch aber saugt er gewaltige Kräfte ein und wird furchtbar...«

Subudai ließ eine Pause eintreten. Alle hielten den Atem an, um ja kein Wort von dem, was folgen würde, zu verlieren. Der große Atalik zog aus seinem Busen ein Lederbeutelchen hervor und hielt es in die Höhe.

»Reich es dem Hadschi Rachim!« gebot Batu-Khan. »Er soll uns die Botschaft von Arapscha vorlesen, die uns ein zur Briefbeförderung abgerichteter Adler gebracht hat. Diesen Adler hatte ich auf einer unserer Poststationen zurückgelassen, sein Weibchen aber mit hierhergenommen.«

Ich öffnete das Beutelchen und entnahm ihm ein mehrfach zusammengefaltetes dünnes Pergamentblättchen. Nachdem ich es auf meinen Knien geglättet hatte, überlas ich die enggeschriebenen Zeilen erst rasch und leise für mich und dann noch einmal laut und langsam für alle.

»Folgendes schreibt Arapscha, der Turgaud:

›Dem mächtigen Herrscher der Länder der Blauen Horde, dem Eroberer des Abendlandes sendet einen eiligen Bericht sein getreuer Turgaud und wünscht ihm ein langes und siegreiches Leben noch tausendundein Jahr ...‹ «

»Weiter! Weiter!« rief man mir ungeduldig zu.

» ›Ich melde dir, daß die deutschen Ritter aus Livland auf dem Eise eines großen Sees mit dem Heer des Konas Iskander von Nowgorod zusammengestoßen sind ...‹ «

»Rascher! Wer hat wen geschlagen?« drängten die Khane.

»Gleich werde ich's euch sagen ... Es ist etwas undeutlich geschrieben und schwer zu entziffern ... Ah, jetzt weiß ich's! – Iskander schlug die Deutschen ...«[1]

»Was für ein tapferer Konas! Was für ein wackerer Bahadur!« riefen die Khane lachend, verstummten jedoch, als sie bemerkten, was für ein finsteres Gesicht Batu-Khan machte.

»Was schreibt Arapscha sonst noch?« fragte er.

»Er schreibt: ›Jetzt hat Konas Iskander ein kampferprobtes sieggewohntes Heer, voller Vertrauen zu seiner eigenen Schlagkraft, und es gehen Gerüchte um, daß er beabsichtige, das ganze russische Land von jeder Fremdherrschaft zu befreien. Gleich nach diesem geflügelten Boten werde ich selbst bei dir anlangen und dir mündlich berichten, was ich gehört und gesehen habe.‹ «

»Ich will diesem Iskander von Angesicht zu Angesicht gegenüberstehn!« rief Batu-Khan in aufbrausendem Zorn. »Man lasse ihn hierherkommen in mein Zelt, und dann werde ich bestimmen, was mit ihm geschehn soll!«

»Und wenn er sich weigert zu kommen?« fragte Khan Mengu.

»Dann werde ich ein zweites Mal mit meinem Heer gegen Nowgorod ziehen, und diesmal sollen weder Fröste noch Sümpfe und auch keine über ihre Ufer getretenen Ströme mich aufhalten ... Ich werde das ganze

---

1 Alexander (seit 1238 Fürst von Nowgorod) tat sich in den Kämpfen gegen die Schweden und Deutschen hervor und war von einem erstaunlichen Kriegsglück begünstigt. Die Schweden schlug er 1240 an der Newa und erhielt wegen dieses glänzenden Sieges den ehrenden Namen »Newski«; auf dem mit Eis bedeckten Peipussee schlug er 1242 die Kreuzritter. Mit den Mongolen wußte er sich auf guten Fuß zu stellen. Er starb 1263 als Großfürst von Wladimir.

russische Land im Norden in eine tote Wüste verwandeln wie die anderen Fürstentümer auch...«

Die Dschingisiden tauschten bedenkliche Blicke untereinander, alle von dem gleichen beunruhigenden Gedanken heimgesucht, den der unbeherrschte Khan Nochai als einziger in Worte zu kleiden wagte, indem er leidenschaftlich ausrief:

»Und Tergeste? – Unmöglich!«

Batu-Khan, der sehr wohl begriff, daß Khan Nochai mit dieser Frage die Zweifel und Bedenken aller ausdrückte, sprach so gelassen, wie es ihm nach seiner Zornesaufwallung möglich war:

»Einem Feldherrn gereicht Vorsicht und Besonnenheit ebenso zum Nutzen wie Mut und Verwegenheit... Ja, jetzt bin ich der Ansicht, daß es am ratsamsten und richtigsten sein wird, in die Kiptschakensteppen heimzukehren, um meine neue Hauptstadt Ketschi-Sarai gegen alle etwaigen Überfälle zu sichern...«

»Heimkehren?« rief Jesun-Nochai-Khan, alle Zurückhaltung vergessend. Er warf sich vor Batu-Khan nieder und beschwor ihn: »Nur das nicht! Das wäre ein verhängnisvoller Entschluß!«

»Auch ich flehe dich an, lenke die Rosse nicht heimwärts, sondern vorwärts!« sekundierte Abd ar-Rahmân dem hitzigen jungen Mongolenkhan. »Befiehl deinem Heer, sofort vorzurücken. Morgen schon wird es in Tergeste sein, sieben Tage später in Venedig, und noch dreißig Tage später wird die Stadt Rûm in deinen Händen sein und mit ihr die Herrschaft über den ganzen Erdkreis.«

»Jetzt darf es wirklich kein Zögern und Schwanken mehr geben«, pflichtete Subudai-Bahadur den beiden Heißspornen bei. »Vorwärts, vorwärts! Bis zum letzten Meer!« brüllte er wie rasend, und sein einziges Auge funkelte bedrohlich.

Batu-Khan gebot allen durch einen Wink seiner Hand, sich wieder auf ihre Plätze zu verfügen. Dann richtete er das Wort an Subudai-Bahadur:

»Mein verehrter Lehrer und Erzieher, sage mir deine aufrichtige Meinung. Wird der unruhige Iskander jetzt, wo er sich auf ein starkes, kampferprobtes und sieggewohntes Heer stützen kann und er mich so weit fort von meiner Hauptstadt weiß, es wagen, gegen Ketschi-Sarai zu ziehn und mir den Rückweg nach unserer Heimat zu verlegen? Doch speise mich ja nicht mit süßen, aber leeren Trostworten ab, sondern sage mir die bittere Wahrheit, wie dein treues Herz sie dir eingibt.«

»Ich werde ganz aufrichtig zu dir sein und dir keinen meiner Gedanken verhehlen... Gewiß, Iskander von Nowgorod verfügt jetzt über ein schlagkräftiges Heer, das ihm, weil es an ihn und sein Kriegsglück glaubt, durch Feuer und Wasser überallhin folgen würde, wohin zu führen es ihm beliebte, und sei es bis in das unterirdische Reich der bösen Mangusse. Wenn Konas Iskander es also wirklich auf deine Hauptstadt Sarai abgesehn hätte, so wäre er von Nowgorod aus jedenfalls viel schneller dort als du von hier aus. Ein Teil seines Heeres würde auf Booten und Flößen den Itilstrom hinabschwimmen, der andere aber am Ufer entlangreiten...«

Batu-Khan hatte während dieser Rede seines Ataliks ein seidenes Tuch in seinen Händen zusammengeknüllt, jetzt riß er es mit einem knisternden Geräusch entzwei. Mit gesenktem Kopf, ohne jemanden dabei anzusehen, fragte er sehr leise:

»Und wird Iskander gegen Ketschi-Sarai marschieren oder nicht?«

Ohne Zaudern antwortete Subudai-Bahadur:

»Ich bin felsenfest davon überzeugt, daß er es nicht tun wird!«

»Weshalb nicht?«

»Erstens weil du unter einem glückhaften Stern geboren bist und demzufolge bei keinem deiner Unternehmen Rück- und Fehlschläge erleiden wirst. Und zweitens erinnere ich mich an das Vermächtnis des niemals irrenden heiligen Regenten, welches lautet: ›Das mongolische Heer soll bis zum letzten Meere ziehn, und es wird diesen Zug, auf dem es unter dem besonderen Schutze des Kriegsgottes Sulde steht, mit Leichtigkeit durchführen, wenn es unterwegs überall den Gesetzen meiner Jassa Gültigkeit verschafft.‹ Das habe ich mit meinen eigenen Ohren von seinen eigenen Lippen vernommen, und deshalb bin ich fest davon überzeugt, daß du spielend sowohl Tergeste als auch Venedig und Rûm einnehmen wirst. Ich sehe schon alle Fürsten des Abendlandes, Kaiser, Könige, Herzöge und Barone, sich liebedienerisch um dich drängen und einander ausstechen, um dir den Treueeid zu leisten. Deshalb rate ich dir noch einmal aufs entschiedenste: Unterbrich nicht den Feldzug, der sich bis jetzt so glücklich angelassen hat, sondern setze ihn fort! Es ist ja schon so viel getan, daß der Rest keine Anstrengung mehr bedeutet. Erteile morgen schon, nein, besser heute noch, den Befehl zum Weitermarsch!«

»Nein«, sagte Batu-Khan kalt und gebieterisch. »Ich erteile den Befehl zur Umkehr! Wir reiten heim nach Ketschi-Sarai.«

»Da trennen sich unsre Wege«, ächzte Subudai, »denn ich reite nicht mit zurück!«

Voller Verwunderung blickten die Khane auf die beiden Männer, die bisher stets ein Gedanke und ein Wille gewesen waren.

Batu-Khan sprang auf, und seine Hände zitterten, als er den alten Bahadur anschrie:

»Bist du's wirklich, du, mein Lehrer und Erzieher, der so zu mir spricht?... Du, mein Atalik, weigerst dich, dich meinem Willen zu fügen?... Du solltest meine Entscheidung unterstützen, aber dich ihr nicht widersetzen... Doch wenn du auf deiner Weigerung beharrst, so werde ich vor nichts zurückschrecken, selbst davor nicht, dich hinrichten zu lassen!« drohte er.

»So laß auch mich zugleich mit hinrichten!« rief Jesun-Nochai-Khan völlig außer sich. »Ich reite ebenfalls nicht mit dir, wenn du die Rosse umkehren läßt. Dir leuchtet in Rûm eine weit herrlichere Zukunft als in Ketschi-Sarai am Schilfröhricht des Itils! Und wenn du diese glänzende Zukunft verschmähst, so laß mich lieber in die Dienste des Bulgarenzaren treten, damit ich für ihn wenigstens das östliche Rûm, die alte Hauptstadt der griechischen Kaiser, erobere, obschon ich der Meinung bin, nicht ihm, sondern dir sollte diese berühmte Stadt gehören.«

»Und ich will mit dir zu den Bulgaren gehn, tapferer Jesun-Nochai-Khan«, brüllte Subudai-Bahadur mit vor Wut und Empörung heiserer und überschnappender Stimme. Dabei schlug er sich mit seiner gesunden Hand wie ein Rasender gegen die Brust. »In mein Herz eingegraben steht der Befehl eines höheren Regenten, dem ich gehorchen muß.« Und er wandte sich wieder an Batu. »Ja, ja! Es ist der Befehl deines Großvaters! Und du, sein Enkel, solltest dich nicht weigern, ihn zu vollziehn!«

»Kehr nicht um!« rief Jesun-Nochai noch eindringlicher. »Höre auch diesmal auf deinen Atalik, wie du immer auf ihn gehört hast! Die Fürsten des Abendlandes liegen ja schon vor dir auf dem Bauche, um dir die Füße zu lecken wie feige Köter, die dabei mit ihren räudigen Schwänzen wedeln... Das tapferste Volk, die Russen, hast du ja schon überwunden, und im Vergleich zu der Mühe, die es dich gekostet hat, ihren rasenden Widerstand zu brechen, ist alles andre doch bloß ein Kinderspiel. Erinnere dich, wie viele deiner Bahadure du allein bei der Einnahme von Kyjuw geopfert hast. Und jetzt willst du einfach umkehren? Oh, diesen Entschluß würdest du bis ans Ende deiner Tage bitter bereuen, und noch in tausend Jahren werden dir deine Nachkommen die heftigsten Vorwürfe machen, daß du das Vermächtnis des heiligen Regenten so schlecht erfüllt hast. Und alle diese Kaiser und Könige, diese Herzöge und Barone, wie werden sie sich brüsten und behaupten, aus Angst vor den Hahnenschwänzen auf ihren Helmen wärest du wieder umgekehrt und sie hätten dich und dein Heer da und dort so gründlich geschlagen, daß du und deine Bahadure zu Fuß, ohne Roß und Wagen, wie geprügelte Hunde in ihre Steppen zurückgeschlichen und noch froh gewesen wären, wenigstens ihr lumpiges bißchen Leben zu retten...«

»Sie werden nicht wagen, das zu behaupten!« fuhr Batu wütend auf.

»Sie sagen's schon jetzt!«

»Genug, genug! Schweige!« schrie Batu-Khan. »He, Turgauden! Hierher zu mir!«

Zwei Krieger der Leibwache eilten herbei und standen, die Hände am Schwertknauf, vor Batu-Khan stramm.

»Achtung und Gehorsam!« riefen sie.

Vor Zorn an allen Gliedern bebend, stieß Batu-Khan mit wuterstickter heiserer Stimme hervor:

»Packt ihn! Bindet ihn! Brecht ihm das Rückgrat und werft ihn den Hunden zum Fraß vor!«

Die beiden Leibwächter wichen zurück und zögerten, dem Befehl nachzukommen.

»Habt ihr nicht gehört, was ich euch befohlen habe?« brüllte Batu-Khan mit einem vor Wut zur bösen Fratze verzerrten Gesicht.

Die beiden Turgauden traten unschlüssig auf den jungen Khan zu und schnürten ihm die Hände auf dem Rücken zusammen. Alle Khane rutschten auf den Knien zu Batu-Khan hin und baten ihn, aus Mitleid dem Frevler seine Schuld zu vergeben. Doch Batu stieß die ihm am nächsten Knienden mit dem Fuß beiseite, stürzte hinaus und sprang auf sein Roß. Hinter ihm führten die Turgauden den gebundenen Nochai-Khan hinaus, der mit stolz erhobenem Kopf zwischen ihnen ging und laut rief:
»In jeder Schlacht war ich darauf gefaßt, dem Tode zu begegnen. Wenn er mich nun hier und auf diese Weise antrifft, so fürchte ich ihn auch nicht. Um eins aber bitte ich dich, erhabener Sain-Khan: Solange mir noch nicht das Rückgrat gebrochen ist, erlaube mir zum Abschied vor meinen Kampfgefährten das letzte Lied[1] zu singen!«
»Es sei dir erlaubt! Sing!« rief Batu-Khan im Davonreiten.
»He, Buru-Dschichur, alter Uligertschi!« rief Jesun-Nochai. »Tritt heran, setz dich und begleite mich auf deiner Chur, wie es Brauch in unsern Steppen ist!«
Der alte Sänger und Spielmann humpelte heran, ließ sich mit greisenhafter Umständlichkeit auf der Erde nieder, holte die Chur aus dem Sack hervor, hing sie sich um den Hals und begann mit seinen gekrümmten Fingern die Saiten zu schlagen.
Alle Kürjagane und Temniks, die dem letzten Kriegsrat beigewohnt hatten, hockten sich rings im Kreise nieder, und Jesun-Nochai-Khan begann zu singen:

»O blauer Himmel, höre mein Gebet!
Ein tapferer Mongolenkrieger,
der auf seines Schwertes Klinge,
auf seines Speeres Spitze
sein ganzes Leben hat gesetzt,
schickt es empor zu dir!

Ich flehe:
Laß nicht in Greisenschwäche mich den Strohtod sterben
beim Wehgeschrei und Heulen der Weiber und Schamanen!

Laß nicht als Bettler mich am Straßenrande enden,
wenn glöckchenklingelnd Karawanen durch die Steppe ziehn!

Gönn mir das Glück, den Kriegsruf abermals zu hören,
Seit' an Seite mit andern unerschrockenen Dschigiten
auf die geschloßnen Reihn der Feinde loszustürmen.

---

1 Bei den Mongolen wie auch bei den Chinesen war es einem zum Tode Verurteilten erlaubt, auf dem Wege zum Richtplatze sein letztes Lied zu singen, worin er seine Taten oder Verdienste pries.

Wach auf, in Schlaf gesunkner Bahadur, wach auf!
Das Roß gesattelt und um den Hals, den biegsamen,
den Zaum von Silber ihm gelegt.
Dann schnell dorthin, wo es im Lager wimmelt,
als wär's ein aufgestörter Ameishaufen.
Auf allen Wegen wirbelt schon der Staub der Reiterscharen;
Tughs und Buntschuks, Feldzeichen mächt'ger Khane schweben über ihnen.
Das gellende Geschmetter der Karnai hat alles aufgeweckt,
überall rasseln und wirbeln dumpf die Trommeln.

O blauer Himmel, hör mein Flehn!
Laß mich den ehrenvollen Tod im Schlachtgetümmel finden,
die Brust durchbohrt von Pfeilen, mit gespaltnem Schädel
im vollen Lauf des Rosses aus dem Sattel stürzend,
daß über mir ich tausend Hufe flimmern seh',
die unter ihrem Schlag den wunden Leib zerstampfen,
während die Gefährten, den Feind verfolgend, weitersprengen.

Mit Wonne will ich sterbend noch vernehmen,
wie ihre Siegesrufe leis und leiser werden.
Und später kehren als Sieger sie zurück,
im Schritt jetzt trottend, vorgebeugt im Sattel,
nach der gefallenen Batyre Leichen suchend.

Sie finden mich, zu blut'ger Masse schon zerstampft,
unkenntlich das Gesicht, das einstmals übermütig lachende.
Doch meine Hand erkennen sie,
die noch in Totenstarre das Schwert umklammert hält.
Und sorgsam legen sie des Freundes Leib
auf kreuzweis hingehaltne Speere
und tragen ihn zum Holzstoß der Bestattung,
wo sie die Leichen aufeinanderschichten.

Auch meinen treuen Freund in allen Schlachten,
den panthergleich gefleckten Hengst,
führen sie hin und bohren ihm den kalten Stahl ins Herz,
damit in jenem andren Leben nach dem Tode
vergoßnes Blut uns weiterhin verbinde.

Unser erhabner Dschichangir,
von seinem milchigweißen Seter steigt er,
den letzten Scheiterhaufen eigenhändig anzuzünden.
›Bai-uralla! Ba-atı dsorrigci!‹ ruft er den Toten zu.
›Dank euch, ihr heldenmütigen Recken!

Lebt wohl, ihr Tapfern, bis zum Wiedersehn im Reich der
Schatten!‹
Ein Wirbel von Rauch und Flammen schlägt tosend in die Höh',
und von dem feurigen Orkan erfaßt und mitgerissen,
steigen empor die Seelen aller Bahadure wie die Falken
und fliegen hoch und höher in jenes Reich über den Wolken.«

Batu-Khan, der sein Roß in einiger Entfernung gezügelt hatte, um ebenfalls Nochais letztem Lied zu lauschen, hatte sich während des Gesanges mehrmals mit seinem weiten Ärmel über die Augen gewischt. Jetzt stieg er aus dem Sattel und ging langsam auf den jungen Khan zu. Aus seinem Gürtel zog er einen Dolch mit haarscharfer Klinge und schnitt damit die Riemen durch, die Nochais Hände auf dem Rücken zusammenhielten.
Zärtlich streichelte er dem Neffen die Wange und sprach:
»Wahrlich, du hast mit deinem Gesang mein Herz gerührt... Du bist ein tapferer Dschigit, dem die Sonne des Ruhms noch lange leuchten und den der Tod noch lange fliehen wird! Ich will dir deine verwegenen Worte verzeihn, ja, ich habe sie bereits vergessen... Sprich, welche Bitte kann ich dir erfüllen?«
Bleichen Angesichts, gesenkten Hauptes, mit geschlossenen Augen, damit er seinen Oheim nicht anzusehen brauchte, flüsterte Nochai:
»Wenn du wirklich umkehren willst, so sei mir gestattet, mit meinem Tumen zum Bulgarenzaren überzugehn, und ich schwöre dir, daß ich ihn entweder umbringen oder zu deinem treuesten Bundesgenossen machen werde. Für dich will ich das östliche Rûm erobern, damit es das Seetor deines großen Reiches der Blauen Horde werde.«
»Es sei dir gestattet.«
»Dann erlaube auch mir, mit Nochai-Khan fortzureiten«, krächzte Subudai-Bahadur finster. »Vielleicht gelangen wir beide doch noch zum letzten Meer, damit das Vermächtnis des heiligen Regenten erfüllt werde. Ich mag nicht in Ketschi-Sarai den ganzen Tag auf der faulen Haut liegen und von meinen früheren Feldzügen träumen.«
Batu-Khan sah zuerst seinen alten Erzieher ganz ungläubig an, dann sagte er kalt:
»Mir sind genügend starke Flügel gewachsen, so daß ich künftig auch ohne deine Hilfe werde fliegen können. Ich gestatte auch dir, mich zu verlassen.«
Er schritt auf seinen Hengst zu, drehte sich aber, bevor er aufstieg, noch einmal zu dem alten Atalik um, der mit hängendem Kopf und hängenden Schultern ganz geknickt dastand; als wäre er auf einmal um Jahrzehnte gealtert, so hinfällig sah er aus. Mehrere Augenblicke standen beide Männer sich gegenüber, dann stürzten sie einander in die Arme und verharrten so, jeder seinen Kopf auf die Schultern des andern gelehnt.«

Am selben Tage noch machte das mongolische Heer kehrt und zog auf denselben Wegen und Stegen, auf denen es gekommen war, wieder ostwärts über die Gebirgsketten und durch die ungarische Tiefebene zurück nach Descht-i-Kiptschak[1] an die Mündung des mächtigen Itilstromes.
Subudai-Bahadur legte den Rückweg in seinem eisernen Wagen zurück, den er nur selten verließ. Bald mußte er sich von Batu-Khan und seinen alten Waffengefährten trennen.
Es dauerte lange, bis die Menschen des Abendlandes sich von ihrem furchtbaren Schrecken erholten. Zunächst konnten sie es kaum fassen, daß die Gefahr gebannt sein sollte und sie noch einmal glimpflich davongekommen waren. Dann gingen sie mit neuem Vertrauen zur Zukunft daran, in ihren Ländern eine friedliche Ordnung wiederherzustellen.
Höfische Sänger verherrlichten erdichtete Heldentaten ihrer Könige, Herzöge und Barone, die sich während der schlimmen Notzeit des Mongolensturms feige hinter den Mauern ihrer festen Schlösser und Burgen verkrochen hatten. Der namenlosen Helden und stillen Dulder aber, die zu Tausenden und aber Tausenden auf den blutgetränkten Ebenen Europas ihr Leben hatten lassen müssen, gedachten diese Sänger in ihren Liedern nicht.

---

1 Descht oder Dascht = persische Bezeichnung für weite Ebenen, auch für Steppen und Wüsten, Descht-i-Kiptschak = also: Kiptschakensteppe.

Zwölfter Teil

Am azurblauen Meer

In der Villa des Kaisers

Unweit der Stadt Palermo, am Nordstrand der Insel Sizilien, stand inmitten eines Parkes mit einem Pflanzenwuchs von fast tropischer Üppigkeit die Marmorvilla des Kaisers Friedrich, über deren zum Meer hinunterführende Terrassentreppe sich bei stürmischem Wetter die bewegten Wellen schäumend und sprühend ergossen. In einer kleinen Bucht ganz in der Nähe lagen zwei prächtige Felucken[1] vor Anker; auf ihnen konnte der Kaiser im Falle der Not und Gefahr jederzeit nach Alexandria oder Beirut zu seinen arabischen Freunden entkommen.
Hierher brachten Kuriere, die weite Wege hinter sich hatten, ausführliche Berichte aus allen Teilen des staufischen Reiches und natürlich auch über den Mongolenzug von Sarai her durch die russischen und polnischen Teilfürstentümer nach Mähren, Böhmen und Ungarn und schließlich ans Adriatische Meer.
Beim Purpurschein des rasch erlöschenden Abendrotes las der Kaiser auf der Terrasse seiner Villa den letzten Bericht über den Stand der Dinge, der ihn in einen Zustand nervöser Gereiztheit versetzte. Im Auf- und Niedergehen schnitzelte er mit seinem Jagddolch an seinem Stock herum und warf die Späne über die Balustrade ins dunkelblaue, bewegte Wasser.
Der Kanzler ließ sich melden; ihm wurde aber gleich bedeutet, Majestät sei heute nicht zur Erledigung von Staatsgeschäften aufgelegt; was sich nur irgend aufschieben lasse, möge aufgeschoben werden, zumal da Majestät sich mit der Absicht trüge, sich nach Neapel oder Genua zu begeben.
»Vielleicht auch noch weiter?« klopfte der Kanzler vorsichtig auf den Busch, erhielt aber keine Antwort. Also unterdrückte er auch jede Frage danach, welche Neuigkeiten seinem kaiserlichen Herrn so sichtlichen Verdruß bereitet hatten, obschon er manchen neugierigen Seitenblick auf die mit einem schwarzen Wachssiegel an gelber Schnur versehene Pergamentrolle warf. Er beschränkte sich darauf, dem Kaiser die Ankunft eines Kuriers aus Triest zu melden.

1 Felucke = Kriegsfahrzeug nach Art einer Galeere; es hatte Ruder und Segel zugleich.

»Ich habe den Brief des Statthalters, den er mir gebracht, noch nicht geöffnet. Geruhen Majestät, ihn zu lesen?«
Dabei blickte er dem Kaiser, der noch immer an seinem Stock schnitzelte, forschend in das nervös zuckende Gesicht.
»Ein Kurier aus Triest?« stieß Friedrich zwischen den Zähnen hervor. »Ein Brief vom Statthalter? Was wird da schon groß drinstehn? Er wird um die Erlaubnis nachsuchen, mir persönlich von unaufschiebbaren Angelegenheiten berichten zu dürfen. Das Ganze läuft bloß darauf hinaus, daß der vor Angst zitternde Statthalter unter dem Vorwand persönlicher Berichterstattung die Stadt verlassen möchte, um den Hufschlag der heranrückenden tatarischen Reiterei nicht mehr hören zu müssen. Mit anderen Worten: Der saubere Herr möchte seine kostbare Person in Sicherheit bringen.«
»Das wäre schon möglich. Der Brief wird uns darüber Gewißheit verschaffen. Darf ich ihn vorlesen?«
»Wenn es durchaus sein muß – bitte!«
Der Kanzler trat zu dem kleinen Tisch mit drei geschweiften Beinen und legte seine Aktenmappe darauf nieder. Mit einem silbernen Schlüsselchen öffnete er das Schloß und zog eine mit roter Schnur umwickelte Pergamentrolle hervor, entfaltete sie und begann halblaut, aber deutlich artikulierend, zu lesen. Als er fertig war, sah er den Kaiser an, der mit einer ärgerlichen Gebärde das Ende seines zerschnitzelten Stockes ins Meer warf und mit einem verächtlichen Kräuseln der Lippen sagte:
»Schöne Zeitungen, die man mir da meldet!... Daß man gehört habe, das Tatarenheer sei groß, sehr groß, ungeheuer groß... Daß es schon vor Spalato stehe und gewiß bald vor Triest... Daß nicht nur die Einwohner ihr Heil in der Flucht suchen, sondern auch die angeworbenen Söldner... Nun, dann werden die Horden der Asiaten ja ungehindert bis nach Rom und Lyon marschieren können!«
Bei sich aber dachte er:
›Unter solchen Umständen wird es wohl am gescheitesten sein, nach Ägypten zu segeln und sich dort mit arabischer Philosophie und Wissenschaft zu befassen...‹
Er drehte sich brüsk auf dem Absatz um und verfügte sich schnellen Schrittes in die inneren Gemächer.

Ein unerwarteter Bote

Am selben Abend saß Friedrich noch spät in seiner Bibliothek an einem Tisch, den ein schwarzer, mit Silberfäden bestickter arabischer Schal bedeckte. Darauf lag aufgeklappt ein großes Buch, dessen Ledereinband an den Ecken mit Messing beschlagen war. Der Kaiser lehnte in einem massiven, mit blauem Samt gepolsterten Eichenholzsessel. In die hohe Rückenlehne war ein von zwei versilberten Löwen gehaltener Schild mit dem vergoldeten Wappen der Hohenstaufen geschnitzt.

Friedrich II., vielseitig interessiert und literarisch hochgebildet, war ein ausgezeichneter Kenner der Werke der klassischen griechischen und römischen Literatur, lieber aber las er noch die Schriften der arabischen Poeten, Philosophen, Gelehrten und Ärzte, deren Sprache er vollkommen beherrschte und sich darin sowohl mit seinen sarazenischen Dienern verständigte als auch mit den Gelehrten, die er aus Bagdad und Kairo an die von ihm gegründete Universität von Palermo berufen hatte. An diesem Abend war er mit einer Lieblingsarbeit beschäftigt: mit der Abfassung eines »Traktats über die Beize mit Gierfalken«.
Ein junger Sarazene in einem dunkelblauen Gewand, auf dem Haupt einen hohen bunten Turban, trat auf bloßen Füßen lautlos ein und blieb mit über der Brust verschränkten Armen reglos stehen. Friedrich hob den Kopf, schob das Sammetbarett, das seine trotz seiner siebenundvierzig Jahre noch üppigen blonden Locken bedeckte, in den Nacken und fragte: »Was gibt's?«
Der Sarazene beugte sich vor, setzte eine äußerst geheimnisvolle Miene auf und flüsterte, die Augen verdrehend:
»Der Kammerherr hat mir befohlen, zu melden, daß ungeachtet des heftigen Sturmes ein Fischer mit seinem Boot gelandet ist und einen schwarzen Mönch hergebracht hat, welcher dir etwas sehr Wichtiges zu überbringen hat und darum bittet, sogleich vorgelassen zu werden.«
»Der Kammerherr Joachim möge den Mönch hereinführen.«
Der Sarazene verschwand, auf nackten Sohlen über den kirschroten Bagdader Teppich gleitend, so lautlos, wie er gekommen war.
Der Kaiser zog sein in einem fliederfarbenen Seidenstrumpf steckendes linkes Bein auf den Sitz herauf und blickte gespannt auf die schwere geschnitzte Tür. Dabei überlegte er:
›Etwas sehr Wichtiges hat er mir zu überbringen ... Was mag das sein? Aber schließlich sind alle Nachrichten wichtig ... Ob er mir von einem neuen Angriff des ägyptischen Sultans zu melden hat oder von neuer Aufsässigkeit und Unbotmäßigkeit der deutschen Herzöge und Fürsten oder von einem boshaften Ränkespiel der gehässigen Bischöfe, die den König von Frankreich gegen mich aufwiegeln? ... Nein, das vermutlich alles nicht! Ein Fischer hat ihn hergebracht ... Sollte er am Ende aus Triest oder Venedig kommen? Dort ballt sich die schwarze Wolke zusammen, die das sonnige Italien in Dunkelheit hüllen könnte ...‹
Der Kaiser schnitt gerade mit einer Schere den Docht der Öllampe zurecht, da öffnete sich die Tür, und der Kammerherr, der ein himbeerrotes Wams und um den Hals eine feine Goldkette trug, trat über die Schwelle, gefolgt von einem Benediktinermönch in schwarzer Kutte.
Friedrich, der sich mit auf das Knie gestütztem Arm weit vorgebeugt und den Fremdling genau betrachtet hatte, als wollte er ergründen, wie weit er Vertrauen verdiene, befahl:
»Tritt näher!«
»Ich würde mir nicht erlaubt haben«, sprach mit sammetweicher Stimme

der Kammerherr, indem er sich selbstgefällig den sorgfältig gestutzten und gepflegten Bart strich, »Eure Majestät noch zu so später Stunde zu stören, wenn Bruder Giacomo, wie er sich nennt, mir nicht beim Namen des Allmächtigen zugeschworen hätte, er käme geradeswegs aus dem Lager der Tataren und wäre der Überbringer höchst wichtiger Zeitungen.«

Überrascht lehnte sich Friedrich im Sessel zurück, musterte den Mönch noch einmal von oben bis unten und sagte dann:

»Gott zum Gruß, Frater!«

»Der Friede Gottes, welcher höher ist denn alle Vernunft, sei mit unserem Herrn und Kaiser heute und immerdar!« sprach der Benediktiner und verneigte sich ehrerbietig so tief, daß seine Tonsur auf dem Scheitel sichtbar wurde.

»Wer bist du? Woher kommst du? Was für Zeitungen hast du mir zu melden?« fragte der Kaiser. »Sprich, ohne etwas zu verheimlichen, als seiest du in der Beichte.«

Die von Sonne und Regen ausgeblichene, ins Graue verschossene schwarze Kutte, die abgetretenen, mit einer Schnur zusammengebundenen Sandalen, das abgezehrte, braungebrannte Gesicht des Mönchs – alles das zeugte von weiten Wanderungen und harten Entbehrungen.

»Ich heiße Fra Giacomo, stamme aus Verona und gehöre der dortigen Bruderschaft des heiligen Benedikt von Nursia an, deren Abtei in ihren Mauern Eurer Majestät Vorfahren und Vorgänger bei ihren Römerzügen oft beherbergt hat. Endlose Wege bin ich gewandert und kam zuletzt auch nach Spalato ...«

»Nach Spalato?« rief der Kaiser ungläubig.

»Ja, und wurde in der Nähe der Stadt von einem Tatarentrupp ergriffen. Einer dieser barbarischen Heiden wollte mich auf der Stelle niedersäbeln, ein anderer aber zeigte auf das Kreuz auf meiner Brust« – damit hielt der Mönch dem Kaiser ein langes Kreuz aus Palmholz entgegen, das ihm um den Hals hing –, »und da schleiften sie mich, nachdem sie mir eine Fangschlinge übergeworfen, in ihr Lager.«

»Ins Tatarenlager? Wirklich?«

»Ja, wirklich und wahrhaftig.«

Der Mönch begann zu schwanken und mußte sich am Rand des Tisches festhalten, sonst wäre er umgefallen.

»Ich bitte um Verzeihung wegen dieses Schwächeanfalls«, murmelte er. »Der Hunger hat mich meiner letzten Kräfte beraubt.«

Der Kaiser schlug mit einem Knöchel an einen arabischen Bronzeschild, der neben ihm aufgehängt war und einen vollen hallenden Ton von sich gab. Auf der Schwelle erschien der junge Sarazene.

»Bring einen Krug stärkenden Weins, Brot, Obst und ein Stück Käse!« sagte der Kaiser zu ihm, und zu dem Mönch: »Setze dich einstweilen auf den Teppich nieder, aber erzähle weiter, bis man dir eine Stärkung reicht.«

»Auf Befehl ihres Khans müssen die Tataren uns Mönche und Priester verschonen, damit sein Chronist sich mit uns unterhalten und alles, was er von uns erfährt, aufzeichnen kann.«

»Und da hast du dich gründlich ausfragen lassen: Wie stark mein Heer ist? Und wo es steht? Und so weiter... Nicht wahr?« zürnte der Kaiser.

»Aber nein, gewiß nicht!« verwahrte sich der Benediktiner. »Ich schwör's bei der Allerheiligsten Jungfrau!... Übrigens bin ich auch gar nicht danach gefragt worden.«

»Wonach denn sonst?«

»Das will ich gern sagen, aber ich möchte alles der Reihe nach erzählen...«

»So erzähl der Reihe nach!«

Inzwischen hatte der Sarazene einen Krug Wein samt einem Silberbecher und dazu auf einem Tablett Brot, Obst und Käse gebracht und alles auf einen Wink des Kaisers vor den Benediktinermönch hingestellt, der gierig ein paar Schlucke trank, zwischendurch aber in seiner Erzählung fortfuhr:

»In ihrem Lager schleppten mich die Tataren zu anderen Gefangenen, es waren Angehörige eines Bergstamms, und wir mußten am Fuße eines Hügels warten, auf dessen flachem Gipfel die obersten mongolischen Heerführer beisammensaßen, in ihrer Mitte Batu-Khan. Daß er es war, erkannte ich daran, weil alle andern vor ihm auf dem Bauch krochen.«

Der Mönch nahm sich eine Apfelsine und begann sie zu schälen.

»Und wie sieht er aus?« wollte der Kaiser wissen.

»Er ist noch jung, von Mittelgröße, aber stämmig, hat, wie die meisten Mongolen, schielende Schlitzaugen, richtige Katzenaugen, und spitze weiße Wolfszähne. Wenn er einen anschaut, so geht einem sein Blick durch und durch... An seinem Topfhelm aus Leder trug er eine lange schwarze Adlerfeder... In der Nähe der Versammlung waren mehrere Bäume etwa in Manneshöhe gekappt und zugespitzt. Wenn jemand den Khan erzürnt hat, so wird er auf einen solchen Pfahl gesetzt, dessen Spitze sich in seinen Leib bohrt.«

»Hast du das mit eignen Augen gesehn?«

»Nein, man hat es mir bloß erzählt. Aber mich schauderte schon bei dem bloßen Gedanken... Als die Beratung zu Ende war, brachte man meine Mitgefangenen, jene Männer aus den Bergen, vor den Khan, der sie durch einen Dolmetscher ausfragen und dann hinrichten ließ. Ihnen wurden vor meinen Augen mit einer Keule die Schädel eingeschlagen, und ich selber entrann diesem Schicksal bloß durch das Dazwischentreten eines Mannes, der wie ein mohammedanischer Mullah[1] gekleidet war. Dieser Mann, der dem Khan als Dolmetscher dient, erwirkte meine Begnadigung bei einem der mongolischen Feldherrn und führte mich dann in sein Zelt. Dort befragte er mich nach meinem Namen, nach meinem Herkommen, nach den Regeln und Bräuchen unseres Ordens,

---

1 Mullah = Herr, ein für Theologen, Richter und Fromme gebräuchlicher Titel.

nach den Lebensverhältnissen in meiner Heimat und nach dergleichen Dingen mehr...«

»Und nicht nach der Stärke meiner Heere und anderen mit der Kriegsführung zusammenhängenden Dingen?« wunderte sich der Kaiser und sah den Mönch mißtrauisch an.

»Nein, durchaus nicht. Aber ich komme jetzt zum Wichtigsten und Wesentlichsten... Dieser Dolmetscher, er nannte sich Duda...«

»Duda?« unterbrach der Kaiser den Mönch. »Wirklich Duda? Sagte er so?«

»Gewiß.«

»Und wie sah er aus? – Hochgewachsen, hager, rothaarig und rotbärtig?«

»Ja, ja, genauso!« bestätigte der Mönch.

»Und wie alt etwa? – Doch laß mich nachrechnen – er müßte jetzt in der Mitte der Sechziger stehn?«

»Ja, so alt etwa mag er gewesen sein.«

»Und er lebt noch?... Es sind so viele Jahre seither vergangen, und er hat so manches Leid erfahren... Doch sprich, rede! Was wollte er von dir?«

»Er sagte zu mir: ›Ich werde dich heil und unversehrt aus dem Lager schaffen, wenn du mir dafür einen Gegendienst leistest...‹ – ›Oh, gern!‹ erwiderte ich. – ›Wenn du dir eine reiche Belohnung verdienen willst, so begib dich stracks nach Triest und von dort über Venedig nach der Insel Sizilien zum Kaiser Friedrich und übergib ihm einen Brief von mir... Ich werde dir als Reise- und Zehrgeld eine Handvoll Silberlinge mitgeben.«

»Und wo hast du den Brief?« rief der Kaiser. »Weshalb hast du ihn mir nicht gleich übergeben, statt mich mit deinem albernen Geschwätz hinzuhalten?«

Der schwarze Mönch sprang auf und fuhr mit der Hand in die weiten Falten seiner Kutte, wühlte erst in der linken, dann in der rechten Tasche, stand schließlich mit vor Schreck weit aufgerissenen Augen ganz verdattert da und stammelte:

»Ich hab' sie doch eben noch gehabt, das kann ich beschwören. Ja, ich hab' sie vorhin noch gehabt, bei meiner Seele Seligkeit kann ich das beschwören...«

Dann steckte er auf einmal, als sei ihm ein Einfall gekommen, die Hand in eine Pilgertasche, die ihm am Gürtel hing, und rief erleichtert: »Dem Allmächtigen sei Dank! Da sind sie ja!«

Damit reichte er auf dem flachen Teller seiner ziemlich schmutzigen Hand mehrere große Walnüsse hin.

»Was soll ich damit?« rief der Kaiser. »Du willst dich wohl über mich lustig machen? – Wo ist der Brief?«

»Die Nüsse sind hohl, und innen drin werden sich mehrere Blättchen finden, die besagter Duda eigenhändig beschrieben und in die Schalen gesteckt hat, die er dann mit Tannenharz verklebte.«

Der Kaiser nahm mit seiner gepflegten Hand, an deren Fingern kostbare Diamantringe funkelten, die Nüsse entgegen und betrachtete sie von allen Seiten. Dann griff er nach einem kleinen Dolch und öffnete damit die Nußschalen. In jeder lagen tatsächlich winzige Papierbällchen, die er behutsam glättete.
Aber zunächst schien er aus dem Geschriebenen nicht klug zu werden. ›Was ist das?‹ dachte er. ›Arabische Schriftzeichen, aber die Worte ergeben keinen Sinn… Oder doch?‹
Er las noch einmal, dann rief er:
»Aber ja, es sind lateinische Worte, nur mit arabischen Buchstaben geschrieben!«
Er griff zu einer Feder und transkribierte alles, was auf den Blättchen stand, in lateinische Schrift, und da verstand er auch den Sinn…

Dudas Brief

»Erhabenster, durchlauchtigster Kaiser!
Mit den innigsten Wünschen für ein langes Leben, Wohlergehen, Glück und Ruhm grüßt Dich Dein ehemaliger Leibarzt, der Dir unwandelbar ergebene Duda, genannt ›der Redliche‹.
Getreu den von Dir erhaltenen Anweisungen habe ich seinerzeit[1] Deine Pflegetochter Maria Chiaramonte von Bethlehem zur Meeresküste geleitet, in der Hoffnung, sie dort an Bord einer der von Dir bezeichneten Felucken bringen zu können. Aber noch ehe wir bis zur Küste gelangten, wurden wir eines Nachts in den Bergen von einer Räuberbande überfallen und samt anderen Reisenden unserer Karawane in die Gefangenschaft geschleppt. Immerhin bewahrten uns meine Kenntnisse der arabischen Sprache und der Heilkunde zunächst vor dem Ärgsten. Ich vermochte die Räuber zu überzeugen, daß Maria meine Enkelin, ich selber aber Mohammedaner und Arzt und mit magischen Kräften zu Wunderkuren und Weissagungen begabt sei, daß ich aber, einmal unter die Kreuzfahrer geraten, mir notgedrungen den Anschein hätte geben müssen, als bekenne ich mich zum Christenglauben. Für meine Wundbehandlungen, die ich fast stets mit bestem Erfolg vornahm, nahm ich von den arabischen Kriegern niemals Bezahlung an; so begegneten sie mir mit stetig steigender Achtung und nannten mich Duda den Redlichen. Später wurden wir nach Bagdad verkauft, wo wir mehrere Jahre lebten.
Jetzt aber bewahre Deine Fassung, denn ich habe Dir eine traurige

---

1 Friedrich II., wegen verzögerter Erfüllung seines Versprechens, einen Kreuzzug zu unternehmen, in päpstlichem Banne, fuhr 1228 zur See nach Akkon und erhielt von dem ägyptischen Sultan El-Kâmil durch Vertrag Jerusalem (wo er sich zum König von Jerusalem krönte) und Nazareth sowie die Landstriche von da bis zur Küste nebst Sidon zugesprochen. Es war der fünfte Kreuzzug.

Mitteilung zu machen: Deine Pflegetochter, die heitere unschuldige Maria, ist vor Sehnsucht nach Dir gestorben. Langsam siechte sie vor Kummer über die Trennung von Dir dahin, und schließlich erlosch ihr Lebenslicht vollends. Mit Deinem erlauchten Namen auf ihren blassen Lippen hauchte sie ihre reine Seele aus. Sie war so abgezehrt, daß die Zerstörung, die dem Tode folgt, kaum noch etwas fand, woran sie ihr Werk hätte tun können. Mehrere Tage lag sie auf einer Bahre, die ich mit meinen Händen aus Schilf geflochten und mit duftenden Blumen und aromatischen Kräutern bedeckt hatte, als wäre sie nur in einen zeitlichen und nicht in den ewigen Schlaf gesunken, so daß ich mich nicht entschließen konnte, ihren Leichnam der Erde zu übergeben.
In jenem Häuschen, worin ich damals wohnte, war ein Kämmerchen mit einem Fensterchen, welches ich tagsüber wegen der Fliegen durch Läden verschlossen hielt, nachts aber öffnete, damit der Mond seine Silberstrahlen auf Marias Antlitz fallen lassen konnte. Jede Nacht verbrachte ich in Tränen und Gebeten neben der Bahre Deiner Pflegetochter, die bis zur letzten Stunde ihres kurzen Lebens geglaubt hatte, der Freudentag, an dem sie zu Schiffe ins heimatliche Sizilien zurückkehren und Dein Antlitz wiedersehen würde, könne nicht mehr fern sein.
An dem Tage, da der Kalif von Bagdad mir befahl, an einer Gesandtschaft zum Tatarenkhan nach Ketschi-Sarai teilzunehmen, trug ich zusammen mit einem hilfreichen Greise die leichte irdische Hülle der unschuldigen Maria auf den am hohen Ufer des großen Euphratstromes gelegenen Friedhof, wo wir ihr unter einer einsamen Palme ein Grab gruben. Ich bedeckte es mit einer Steinplatte, in die ich unter einen Palmzweig in arabischer Schrift den Namen »Mirjam« meißeln ließ.
Beruhigt konnte ich nun als Begleiter des jungen Emirs Abd ar-Rahmân, den der Kalif Mustansir als seinen Gesandten zum Tatarenkhan Batu schickte, die weite und beschwerliche Reise zu der an der Wolgamündung gelegenen Residenz der Blauen Horde antreten.
Als Arzt und Schreiber machte ich im Gefolge des Tatarenkhans den Feldzug bis ans Adriatische Meer mit, wo es mir in der Nähe der Stadt Spalato glückte, einen Benediktinermönch aus Verona, namens Fra Giacomo, vor einem grausamen Tode zu bewahren. Er hat mir unter Eid versprochen, als Gegenleistung diesen Brief in Deine allergnädigsten Hände zu legen, und ich zweifle nicht, daß Du ihn dafür freigebig belohnen wirst, zumal da er, wie Du weiterhin gleich erfahren wirst, Dir eine frohe Botschaft überbringt.
Ich möchte aber, ehe ich Dir diese frohe Zeitung melde, zuvor noch sagen, daß ich auf dem Kriegszug durch die vielen verwüsteten Länder in eine Hölle geblickt habe, wie sie sich fürchterlicher kein Sterblicher vorstellen könnte. Wenn die Mongolen auch in die italischen und fränkischen Länder eingefallen wären, so wäre der ganze Erdkreis von Blut überschwemmt worden.
Um so mehr freue ich mich, Dir, ehe ich meinen Brief beende, versichern

zu können, daß die Italer, Franken und Deutschen von der Geißel des Krieges verschont bleiben werden; denn Batu-Khan hat heute dem Gesandten des Kalifen von Bagdad erklärt, daß er nicht weiter nach Westen vorrücken, sondern sein Heer heim in die Kiptschakensteppe führen wird.
Ich schätze mich glücklich, daß ich, wenn dieser Brief Dir unter die Augen kommt, der erste bin, der die frohe Friedensbotschaft Dir und Deinen Völkern verkünden darf: die Botschaft, daß die Feuersbrunst des Krieges an den Grenzen Deiner Reiche haltgemacht hat.
Meine Zukunft ist ungewiß und dunkel. Gern würde ich in die teure Heimat zurückkehren und den die Zeit überdauernden Blättern anvertrauen, was ich im Morgen- und im Abendlande gesehen und erlebt habe... Doch unser aller Zukunft ruht in den Händen des Allerhöchsten, der allein weiß, was uns frommt.«
Kaiser Friedrich lehnte sich in seinem Sessel zurück. In seinen Augen standen Tränen und trübten seinen Blick. Der Kammerherr stand reglos und wartete auf ein Wort seines Herrn, der nach einer langen Pause sagte:
»Nachrichten von weittragender Bedeutung! Ein mir treu ergebener, zuverlässiger Mann schreibt mir, daß die Tatarenhorden um- und heimkehren werden...«
»O Santa Maria!« rief der elegante Kammerherr und bekreuzigte sich fromm.
»Wenn der Statthalter von Triest diese Nachricht bestätigt, so dürfen wir ganz sicher sein, daß die bedrohliche Woge des heranbrandenden tatarischen Meeres genau bis zu den Grenzen unserer Reiche gerollt und schon wieder zurückgeflutet ist... Was aber die Mongolen zur Umkehr bewogen haben mag, das wird ewig ein unlösbares Rätsel bleiben. Sie hätten ja fast unbehindert durch ganz Italien ziehn und ungestraft überall ihre heidnischen Bräuche und ihre barbarischen Gesetze einführen können. Nun, Gott in seiner unendlichen Güte hat uns davor bewahrt... Und dem Mönch, der diese frohe Botschaft gebracht hat, will ich's danken.«
Der Benediktinerbruder aber lag, von Erschöpfung und Müdigkeit übermannt, schlafend auf dem Teppich.
Kaiser Friedrich legte die Blättchen säuberlich zusammen und in eine Schatulle aus Perlmutt, die er einem Fach seines Schreibtisches entnahm.
Dann schlug er mit dem Klöppel gegen den Bronzeschild und sagte zu dem lautlos eintretenden jungen Sarazenen:
»Richte dem Kapitän der Felucke aus, daß ich meine Reise nach Ägypten aufschiebe!«

Dreizehnter Teil

Das Ende des Feldzugs

Ein Gespräch am Ufer der Donau

(Aus Hadschi Rachims Aufzeichnungen)

»Bald wird mein Reisetagebuch, von dem ich mich niemals trenne, weder tags, da ich es in meiner Reisetasche verwahre, noch nachts, da ich es samt der Tasche als Kissen unter mein müdes Haupt schiebe, abgeschlossen sein. Nur noch wenige unbeschriebene Blätter enthält es; auf ihnen will ich ein Gespräch verzeichnen, das ich heute mit dem erhabenen Sain-Khan, meinem ehemaligen Schüler, führte und bei dem nur der kürzlich aus Nowgorod zu uns zurückgekehrte Arapscha zugegen war, welcher manches Hochinteressante über dieses Fürstentum und seinen Fürsten zu berichten hatte.

Auf seinem Heimmarsch war das mongolische Heer bei den Zwillingsstädten Pest und Buda wieder über die Donau gegangen und hielt nun Rast an den Grenzen Bulgariens. Auf einer grünen Ebene nahm Batu-Khan eine Besichtigung seiner von allen Seiten anlangenden Truppenverbände vor, deren Reihen sich auf diesem großen Feldzug stark gelichtet haben. Ferner veranstaltete er Reiterspiele zu Ehren der gefallenen Bahadure.

Heute abend, als ich mit Arapscha am Ufer der Donau saß, dort, wo sie sich eben durch die wie zu einem engen Tor zusammentretenden gewaltigen Felsen gezwängt hat und nun einen schön geschwungenen Bogen beschreibt, um dann breit und in majestätischer Ruhe gen Sonnenaufgang zum Meere hinzufließen, trat Batu-Khan aus seinem Zelt und gesellte sich zu uns.

Auf dem gegenüberliegenden Ufer breitete sich das Land der Bulgaren aus, eine fruchtbare Ebene, aber gänzlich verlassen von Menschen, die aus Furcht vor den herannahenden Tatarenhorden sich ins Innere des Landes zurückgezogen haben. Nur zwei-, dreimal zeigte sich in der Ferne ein kleiner Trupp von Streifzüglern. Batu-Khan fragte Arapscha: »Du wirst wohl schon von den Meinungsverschiedenheiten gehört haben, die darüber bestehn, ob man jetzt, da es doch einmal so bequem am Wege liegt, nicht auch noch einen Einfall in dieses kleine Zarenreich dort drüben machen soll? Stark genug dazu wären wir immer noch, und es würde uns wahrhaftig keine große Anstrengung kosten, auch dieses Volk noch zu unterwerfen. Jedenfalls denken die meisten meiner Temniks so; ich aber nicht. Und ich will euch auch sagen, warum nicht. Wir

werden bald wieder durch russisches Gebiet ziehn, und da besteht immerhin die Möglichkeit, daß Konas Iskander unversehens aus einem Hinterhalt hervorbricht und über mein gelichtetes Heer herfällt. Wir würden dann nicht nur neue Verluste an Kriegern zu beklagen haben, sondern möglicherweise auch die Einbuße unsrer Beute und unsrer Gefangenen. Darum kann und will ich es mir nicht leisten, vorher noch bei einem Überfall auf die Bulgaren tüchtige Kämpfer zu verlieren. ›Schnellstens nach Ketschi-Sarai!‹ heißt die Losung, und ehe wir nicht dort sind, habe ich keine Ruhe mehr. Du aber, mein treuer Arapscha, wirst dich wieder nach Nowgorod begeben und mich über alle Handlungen Iskanders informieren. Ich werde ihm gebieten, nach Ketschi-Sarai zu kommen. Ich will und muß ihn sehen und sprechen. Er ist, nach allem zu urteilen, was du mir von ihm erzählt hast, stark und klug und könnte ein ebenso gefährlicher Feind wie nützlicher Freund sein...«
Batu-Khan ordnete noch an, daß ich am nächsten Tag mit der Vorhut vorausreiten sollte, um Juldus-Hatun durch die Nachricht von der baldigen Rückkehr ihres Gemahls und Gebieters zu beglücken.
So rückt der Tag, da ich meiner Pflicht als Chronist dieses gewaltigen Kriegszuges ledig sein werde, immer näher.
Darum will ich hier rasch noch ein paar Worte einfügen über das Schicksal jener, von denen ich mich habe schon im Verlaufe des Rückmarsches trennen müssen:
Da ist zunächst Nochai-Khan, der mit Khan Batus Genehmigung seinen Tumen nach Bulgarien hineinführt, um zu des Zaren Heer zu stoßen. Die griechische Kaisertochter aus dem östlichen Rûm hat er mit sich genommen. Sie hatte geduldig alle Strapazen des beschwerlichen Feldzuges ihm zuliebe ertragen und ihm nach seiner Verwundung bei der Einnahme Kyjuws durch ihre ärztliche Kunst und aufopfernde Pflege das Leben gerettet. Gewiß träumt er noch immer davon, sie zum Dank dafür wieder auf den Thron ihrer Vorfahren zu heben.
Zusammen mit Jesun-Nochai-Khan hat uns auch der Gesandte des Kalifen Mustansir von Bagdad verlassen, dessen edle Gesinnung ihn mir lieb und wert gemacht hat. Durch seine Fürsprache hat der mutige Jüngling mehr als ein Menschenleben vor Batu-Khans tödlich-wilder Grausamkeit bewahrt. Ich nehme an, daß er den Kalifen vor Batu-Khans Unberechenbarkeit warnen und ihn veranlassen wird, alle erdenklichen Sicherungsmaßnahmen zum Schutze seines Reiches und Volkes zu treffen. Ich bin jedenfalls von Herzen froh, daß die Prophezeiung der Wahrsagerin Bibi-Gündus, von der Abd ar-Rahmân mir gesprächsweise erzählt hat, nicht in Erfüllung gegangen ist.
Auch der eigensinnige große Atalik Subudai-Bahadur ist von uns geschieden und im Groll, wie ich vermute, denn er wird sich nie damit abfinden können, daß sein Schüler, der Enkel des heiligen Regenten, sich geweigert hat, dessen letztes Vermächtnis zu vollziehen.
Noch früher als die drei eben Genannten ist der redliche Duda aus meinem Gesichtskreis entschwunden – ein rätselhafter Mensch: ob-

gleich wir, namentlich zuletzt, in ständigem Verkehr, ja sogar beinahe in Freundschaft miteinander lebten, weiß ich bis heute noch nicht, wem er eigentlich diente und wohin er sich gewendet haben mag.
Glücklich der Wanderer, der nach langer Pilgerschaft endlich die heiligen Stätten seines Mekka in der Ferne erblickt!«

Wie Juldus-Hatuns Stern aufleuchtete

(Aus Hadschi Rachims Aufzeichnungen)

»... Ich muß das entsetzliche Erlebnis, das mich bei meiner Rückkehr nach Ketschi-Sarai bis in die Grundfesten meines Wesens erschütterte, unbedingt diesen Blättern anvertrauen...
Nachdem ich mich in einem großen Boot, dessen zwölf Rudersklaven mit Ketten an ihre Bänke gefesselt waren, über den Itil hatte setzen lassen, nahm ich die vorgeschriebenen Waschungen vor und dankte dem Allmächtigen und Allwissenden von Herzensgrunde für die große Güte, daß er mich wohlbehalten wieder an den Ausgangspunkt meiner langen und beschwerlichen Wanderung zurückgeführt hatte.
Längs des ganzen Flußufers waren während meiner Abwesenheit viele neue Jurten und Hütten (meist aus Lehm erbaut und mit Schilf gedeckt) gleichsam wie Pilze nach einem Regenwetter aus dem Boden hervorgeschossen. In ihnen hatten sich Kaufleute und Handwerker aus aller Herren Ländern ansässig gemacht. Überall aber traf man noch die in Lumpen gehüllten Elendsgestalten der Gefangenen (ebenfalls aus aller Herren Ländern), die an den Knöcheln ihrer bloßen Füße Ketten trugen.
Von ferne sah ich schon das »goldene Häuschen« auf der Spitze des Hügels, den ich langsam erklomm, mein Roß am Zügel führend. Wenn auch für einen Krieger der Sattel der ihm angemessenste Platz sein mag, so ziehe ich als Derwisch dem wilden Kampflärm doch die stille Unterhaltung mit einem Buch beim Schein eines Öllämpchens vor und freute mich innerlich schon darauf, diesem Genuß des stummen Gespräches mit den erlauchten Geistern der Vergangenheit nun bald wieder recht ausgiebig frönen zu können. Nicht das mindeste Vorgefühl des Unglücks, das meiner harrte, beschlich mich.
Zwei Posten, die vor der Tür des goldenen Häuschens auf Wache standen, und mehrere ihrer Kameraden, die unweit davon mit Würfeln spielten, kamen, als sie meiner ansichtig wurden, auf mich zugestürzt, küßten den Saum meiner Kleider und rangen in jämmerlicher Verzweiflung und Trostlosigkeit die Hände.
»Ein Unglück, ein Unglück! Für unseren Gebieter, den erhabenen Sain-Khan, für uns alle ein entsetzliches Unglück!« klagten sie.
»Sagt schnell, was ist geschehn?«
»Laß es uns aber nicht entgelten, daß wir die ersten sind, die dir diese schreckliche Zeitung melden«, baten sie.
»Seid unbesorgt und sprecht!«

»Unsere Herrin Juldus-Hatun ist nicht mehr!«
Nachdem sie mir das Unglück verkündet hatten, liefen die beiden Posten wieder zum Tor zurück und nahmen, den Speer aufgestemmt, die einem Wächter ziemende Haltung wieder ein.
»Abdullah! Sadyk! Schnell hierher!« rief einer von ihnen die Diener herbei, die sofort herausgerannt kamen, um mir mein Roß abzunehmen. Ich aber stand zunächst ganz fassungslos da, und es dauerte ziemlich lange, bis ich mich dazu aufraffen konnte, in das Haus der Trauer einzutreten und die Treppe zum oberen Stockwerk hinaufzusteigen...

Ein Sarg aus glattgehobelten Brettern – darin liegt sie auf bunten Seidenkissen in einem leichten dünnen Seidengewand, die schmalen Händchen auf der Brust flach übereinandergelegt. Zwischen den Fingern ein paar frische Blüten...
Ich fürchte mich, die Augen aufzuschlagen, um einen Blick in das mir so vertraute, teure Gesichtchen zu werfen. Seit vielen Jahren, seit ich sie zum ersten Male als Mädchen sah, damals, als sie mir Milch und Fladen brachte, habe ich ihr eine grenzen- und hoffnungslose Liebe geweiht, aber niemals ein Wort über meine Lippen schlüpfen lassen, welches ihr hätte verraten können, daß sie der einzige Sinn und Inhalt meines Lebens gewesen ist.
Auf der andern Seite des Sarges hockt, in einen weißen Trauerschal gehüllt, die Chinesin I-La-He, die bei dem Einfall der Mongolen in China ihren Gatten, alle ihre Kinder und ihre Freiheit verloren hat. Jetzt hat sie auch den allerletzten Menschen verloren, an dem sie noch hing. So reglos wie die Tote oder wie eines ihrer chinesischen Götzenbilder hockt sie dort, den Blick unverwandt auf ihre im Schoß ruhenden Hände geheftet, um deren Finger eine rote Perlenschnur geschlungen ist, und nur ihre Lippen bewegen sich leise, als sie mir zuflüstert:
»Den Sarg hat unser Freund Li Tun-Po eigenhändig gezimmert. Zwei Tage vor dem Ableben unseres lieben Sternchens traf er hier ein, und sie lauschte aufmerksam seinen Erzählungen von dem Verlauf des großen Feldzuges. Wenig schienen sie die Geschenke zu erfreuen, die Batu-Khan ihr durch den Architekten übersandte und von denen sie mir sofort diesen Perlenkranz überließ, als hätte sie geahnt, daß diese Perlen, die Blutstropfen ähneln, mich stets an mein Leid erinnern werden. Zutiefst erschüttert hat sie die Nachricht vom Tode ihres Pflegebruders Mussuk, die der weise Meister ihr vielleicht doch nicht schonend genug beibrachte.
›Wo hat man ihn bestattet?‹ fragte sie.
›Sein Leichnam wurde zusammen mit dem des Khans Paidar und denen anderer tapferer Bahadure auf dem Scheiterhaufen verbrannt, um den unser ganzes ruhmreiches Heer dreimal herumritt und dazu die Ehren- und Trauerlieder sang.‹
Nach dieser Erzählung war Juldus-Hatun wie innerlich erstarrt. Wie ein Steinbild, still, stumm und reglos, saß sie in der Ecke des Zimmers und

weinte oft leise. So traurig habe ich sie nur gesehn, als ihr von Batu-Khan und ihr selbst so sehnlich erwünschtes Söhnchen starb, weil man es vermutlich vergiftet hatte.
Sie wollte niemanden empfangen; nur den Besuch zweier der Frauen Batu-Khans, die natürlich bloß kamen, um sich an Sternchens Seelenschmerz und -kummer zu weiden, konnte sie nicht gut ablehnen. Sie brachten Weintrauben, Äpfel und süße Honigplätzchen mit. Ich warnte Juldus-Hatun vor dem Genuß dieser Gaben, doch ob sie meine Befürchtungen nicht teilte oder ob ihr nichts mehr am Leben gelegen war, sie schlug jedenfalls meine Warnung in den Wind, und bald nach dem Weggang der Besucherinnen stellten sich bei ihr Symptome einer Vergiftung ein. Herbeigerufene Ärzte und Sterndeuter erprobten vergeblich alle ihre Künste. Die Kranke kam entsetzlich rasch von Kräften und verschied.«
Die Chinesin warf sich mit dem Oberkörper über den Sarg und drückte ihr Gesicht gegen den erkalteten Körper ihrer Herrin.
Ich hob meinen Blick auf zum Gesicht der Entseelten. Aus dem Gesicht war das freundliche sanfte Lächeln, welches Juldus so anziehend gemacht hatte, verschwunden. Es war streng, würde- und hoheitsvoll. Die schön geschwungenen schmalen, schwarzen Brauen waren leicht zusammengezogen. Sie erschien mir so weltenfern von allem, was sie hienieden zurückgelassen hatte. Und mir wollte es scheinen, als spräche sie lautlos zu mir:
›Sieh mich ein letztes Mal an! Ich entschwebe dieser Erde und fliege weit fort bis zum Sternbild der Plejaden. Wann wir uns wiedersehen werden? – Ich weiß es nicht. Doch es steht bei dir. Dort oben werde ich auf dich warten...‹
Mir schwindelte bei diesem Gedanken... Hatte sie ihn wirklich ausgesprochen?... Würde sie wirklich auf mich warten?...
Li Tun-Po trat herein. Wir umarmten uns schweigend als alte Freunde, die sich durch ein gemeinsames Leid noch enger verbunden fühlen. Unser beider Augen schwammen in Tränen, die uns den Blick trübten. Als wir unsere Fassung wiedererlangt hatten, besprachen wir mit I-La-He die Formalitäten der Bestattung. Schließlich war Juldus ja doch nur die Konkubine des erhabenen Sain-Khans gewesen, wenn sie auch seinem Herzen besonders nah gestanden hatte, näher als alle ihm rechtlich angetrauten Frauen.
Die Chinesin machte folgenden Vorschlag:
»In meiner Heimat läßt ein Kaiser, der das Andenken einer verstorbenen Geliebten ehren will, sie im Garten des Palastes beisetzen, den sie zu Lebzeiten bewohnt hat, und über dem Grab ein Denkmal aus Stein errichten. Fordert unsre allernächsten Freunde auf, mit uns zusammen die sterblichen Überreste der Verblichenen im Garten dieses Hauses zu bestatten. Und gewiß wird sich auch ein kunstfertiger Steinmetz oder Bildhauer finden lassen, der mir in einen weißen Stein die Abbildung einer geknickten Blüte mit einem Stern darüber meißeln kann.«

Li Tun-Po lobte diesen Vorschlag sehr und sagte, er würde niemandem diese Arbeit überlassen, sondern bis zur Ankunft Batu-Khans einen solchen Gedenkstein selbst behauen und die Sinnbilder einmeißeln. – Heute bei Sonnenuntergang haben wir in dem wunderbaren Gärtchen, in dem unsere kleine sanfte Herrin so gern verweilte, das, was an ihr sterblich war, der Erde übergeben. Als die traurige Zeremonie zu Ende war, blieb ich allein zurück, um in der Stille des Abends mein langes unstetes Wanderleben ohne Liebe und ohne häusliches Glück noch einmal im Geiste zu überschauen. Wo würde ich künftig Trost in meiner Einsamkeit finden?
Ich hob den Blick zu dem bereits erloschenen Himmel und erblickte einen hell leuchtenden, einsamen Stern. Mir kam der Gedanke, daß es die in eine andre Welt entschwebte Seele Juldus-Hatuns sei, die mir aus Himmelshöhen einen Gruß sende ... Doch wer kann das Geheimnis von Diesseits und Jenseits ergründen?
Ich würde viel darum gegeben haben, wenn ich meinem Tagebuch dieses traurige Blatt nicht hätte einzufügen brauchen.«

Beunruhigende Gedanken Batu-Khans

(Aus den Reisenotizen des Hadschi Rachim)

»Als wir erfuhren, daß der erhabene Sain-Khan sich seiner Residenz näherte, wollte keiner der »schwarze Bote« sein und ihm Juldus-Hatuns Ableben verkünden. Schließlich erbot ich mich, die Rolle eines »Unglücksraben« zu übernehmen.
Wider alles Erwarten ließ Batu mich nicht töten, erkundigte sich aber auch nicht nach Einzelheiten, sondern versank in Schweigsamkeit und Nachdenklichkeit; doch ich hatte das Gefühl, als bedrücke ihn außer Juldus-Hatuns Tod noch etwas anderes.
Einige Tage später ließ er mich zu sich entbieten und sprach:
»Neuer Kummer quält mich – Kummer über meinen ungeratenen Sohn Sartak. Du weißt, daß ich sogar während des großen Feldzugs streng darauf hielt, ihn allmorgendlich einige Stunden durch einen eigens zu diesem Zwecke aus China berufenen Gelehrten unterrichten zu lassen. Unter seiner Anleitung studierte er das nützliche Buch ›Regeln für den Feldherrn oder Die Kunst zu siegen‹. Beide, das Buch wie den Gelehrten, hatte mir kurz vor Beginn des großen Feldzuges der Anführer der Heeresgruppe ›Linker Flügel‹, Muchuli[1], aus dem Reiche der Mitte[2] geschickt.
Um zu prüfen, welche Fortschritte mein Sohn im Studium gemacht hat, näherte ich mich, ohne mich vorher anzumelden, dem Kreis von Zelten,

---

1 Muchuli, auch Mukali genannt.
2 So nennen die Chinesen ihr Land – Tschung-kwo; dichterisch: Blume der Mitte = Tschung-hwa.

in deren Mitte seine Jurte steht. Lautlos ging ich auf sie zu, indem ich dem Leibwächter, der den Vorhang vor mir aufheben wollte, durch eine Geste bedeutete, dies zu unterlassen, und lauschte von draußen. Ich vernahm leises Geflüster und verstand sehr bald, daß da drin nicht gelehrt und gelernt, sondern gehext und gezaubert wurde.
Eine mir unbekannte Stimme sprach:
›Dies ist ein kostbares Pulver, das aus dem heiligen Mekka stammt. Man muß es mit einem anderen Pulver mischen, das aus dem Herz einer weißen Taube, aus zwei getrockneten Fledermäusen und sieben schwarzen Skorpionen hergestellt wird. Diese Mischung läßt man in einem Tiegel langsam über dem Feuer erhitzen. Dann wohnt ihr eine Zauberkraft inne, die sich auf dich überträgt und dich über alle deine Feinde obsiegen läßt.‹
Ich trat ein. Sartak saß vor dem Feuer, über dem auf einem Dreifuß ein mit einem Pulver gefüllter eiserner Tiegel stand. Neben meinem Sohne hockte ein Mensch, der, nach seinem grünen Turban zu urteilen, ein Nachkomme eures Propheten Mohammed war. Als sie mich erblickten, erstarrten sie beide vor Entsetzen und saßen da wie Steinbilder.
Der chinesische Gelehrte aber lag unweit davon auf einem Teppich. Neben sich hatte er einen Tonkrug mit Wein stehn, dem er schon reichlich zugesprochen haben mußte und wovon er sich eben wieder eine hübsche Porzellanschale gefüllt hatte. Mit geschlossenen Augen sang oder vielmehr deklamierte er:

›Alles ist auf seine Weise schön:
die Silhouette eines jungen Mädchens gegen die sinkende Sonne
und der Schatten von Weidenkätzchen, der unter Mittag
auf einen von Radspuren gefurchten Weg fällt...‹

Sartak und der Muselmann stierten mich noch immer aus weit aufgerissenen Augen an. Von dem Tiegel stieg ein betäubender Rauch auf. Ich fragte den Moslem:
›Nun, was für ein Sprüchlein hat denn dein dampfendes Orakel heute getan?‹
Ohne zu überlegen, antwortete er rasch:
›Dem Khan Sartak ist eine über viele Jahrzehnte dauernde ruhmreiche Herrschaft geweissagt worden.‹
›Und was wurde dir geweissagt, mein Freund?‹
Er antwortete stotternd:
›Mir? – Mir wurde geweissagt, daß ich in Kürze dein Leibarzt und Sterndeuter werden und dank deiner Freigebigkeit dereinst einen sorgenfreien Lebensabend genießen würde.‹
›Du kannst voraussehen, was in Kürze und dereinst sein wird, wie ich höre. Kannst du mir aber auch sagen, was heute noch geschehn wird?‹
Er schwieg.
›Wenn du es mir nicht sagen kannst, dann will ich es dir sagen: Man wird dir heute noch den Kopf abschlagen!‹

Durch zwei Turgauden ließ ich den Betrüger zu meinem Bruder Berke-Khan führen, mit der Weisung, er möge den Burschen geißeln und die ihm von mir zudiktierte Strafe vollstrecken lassen... Khan Berke liebt die Muselmänner, mußt du wissen, und kann nie genug von ihnen in seinem Gefolge haben.«
Batu-Khan sah mich durchbohrend an, dann fuhr er fort:
»So befahl ich. Nun sage du mir, weiser Hadschi, habe ich recht gehandelt?«
»Wie könnte ich, der ich nichts bin als ein elender Wurm, der an einem Baumstamm hochkriecht und jeden Moment fürchtet, daß ein vorbeifliegender Vogel ihn aufpickt, mich unterfangen, zu beurteilen, ob du recht oder unrecht gehandelt hast!« rief ich und fuhr fort: »Ich könnte dir höchstens sagen, was dein erhabener Großvater, der heilige Regent, dir in seiner Weisheit gesagt haben würde...«
»Und was wäre das?«
»Du bist zwar von so vielen Moslemin umgeben, daß auf einen Mongolen zehn oder gar zwanzig Kiptschaken kommen, doch nicht sie, die Fremden, sondern nur Menschen deines Blutes – vom Blute des Mongol-Clans – können die zuverlässigen Stützen deines Reiches sein.«
»Du wiederholst mir nur, was ich selbst längst eingesehen habe, aber ich möchte etwas ganz andres von dir wissen: Wenn ich heute stürbe, meinetwegen beim Durchschwimmen des Itilstroms zu Pferde, wer würde an meine Stelle treten? Mein Sohn Sartak? – Ich mißtraue dem Konas Jaroslaw von Susdal im höchsten Maße, ja ich hasse ihn, und gleichzeitig beneide ich ihn, beneide ihn um seinen Sohn, den jungen Iskander, der trotz seiner Jugend schon eine Reihe von Siegen erfochten hat und die Bemühungen seines Vaters um das Gedeihen und die Festigung seines Landes fortsetzen wird... Natürlich werde ich seine Bemühungen zu vereiteln wissen, die Russen unterwerfen und sie wie eine Herde Stuten behandeln, die ich melken kann. Doch...«
Er versank in düsteres Sinnen, wies dann mit der Hand nach Osten und fragte:
»Steht dort, in den Ländern des Morgens, die Wiege künftiger Größe der Blauen Horde oder hinter mir, in den Ländern des Abends, die mein Heer eben erst verwüstet hat?«
Ich antwortete, vorsichtig ausweichend:
»Wenn du wirkliche Größe meinst, so muß sie überall gelten, nicht bloß auf einer Hälfte der Erde.«
»Wer aber wird das große Erbe antreten? Wer wird mein Nachfolger sein? Wer ist stark genug, den dräuenden Buntschuk meines Großvaters fest in den Händen zu halten? Sartak? – Bisher hat er noch an keiner einzigen Schlacht teilgenommen. Er hat sich so gut bewachen und beschützen lassen, daß kein Pfeil, von Feindeshand abgeschossen, bis zu ihm hätte fliegen und ihm die Haut ritzen können. Iskander aber stürzt sich, wie Arapscha erzählt, voll Löwenmut in das Kampfgewühl dort, wo es am heftigsten ist, und erringt Siege über Gegner, deren Heer weit

zahlreicher ist als das seine... Ich hatte in meinem Inneren fest gehofft, daß bei meiner Heimkehr nach Sarai Juldus-Hatun mich mit einem Knäblein auf dem Arme willkommen heißen würde, das einst ein ebensolcher Batyr werden würde, wie mein Vater Dschutschi einer war... Leider erfüllte sich diese Hoffnung nicht. Heimliche Gegner, Anhänger Gujuk-Khans, haben das Kind und die Mutter mittels Gift getötet. Oh, sie sollen ja nicht glauben, daß es ihnen gelingen wird, meiner Rache zu entrinnen! Ich werde sie schon ausfindig machen und sie lebendigen Leibes in kochendes Wasser werfen lassen!«

Er hielt inne und sprach erst nach einer geraumen Weile ruhiger weiter: »Meine Gefühle liegen in einem argen Widerstreit... Laß uns heute noch einmal zu meines Sohnes Jurte gehen. Vielleicht finden wir ihn doch mit seinem Lehrer bei einer Erörterung von Problemen der Kriegsführung. Wie froh, wie glücklich wäre ich, wenn ich dadurch eines Irrtums überführt, wenn ich erkennen würde, daß er doch die Fähigkeit zu kriegerischen Taten besäße...«

Wir saßen noch eine Weile im Gespräch beisammen, gefallener Mitkämpfer, für die es kein Wiedersehen in den heimatlichen Steppen gegeben hatte, und der sanften Juldus-Hatun gedenkend, die früher uns die Abende im goldnen Häuschen mit ihrem Geplauder und ihren Liedern zu verkürzen pflegte.

Die Dunkelheit war schon hereingebrochen, als Batu-Khan sich mit mir zu Sartak-Khans Jurte begab, vor der wir drei Männer erblickten, die sich bei unserem Näherkommen vor dem erhabenen Sain-Khan auf die Erde niederwarfen. Es waren Batus Bruder Berke, der vom Dschichangir verurteilte Moslem und der Henker.

Batu hob seinen Bruder auf und sagte:

»Ich kann mir schon denken, welche Bitte du aussprechen willst. Sie sei dir im vorhinein gewährt! Nimm diesen Betrüger und leih seinen lügnerischen Prophezeiungen dein Ohr, aber denke daran, daß er, wenn er heute mich mit seinem erstickenden Pulver hat vergiften wollen, vielleicht morgen auch für dich ein Pülverchen bereit hat. Er ist natürlich dazu angestiftet worden. Sieh zu, daß du aus ihm herausbekommen kannst, von wem. Er selber aber möge nie vergessen, daß in der Nähe unsrer Zelte ein paar spitze Pfähle in die Erde gerammt sind und daß es keine angenehmen Sitzplätze für ihn und seine Anstifter sind!«

Wir traten in die Jurte. Der Chinese saß am Feuer. Neben ihm brannte auf einem Untergestell ein Öllämpchen. Sartak, der einen kränklichen Eindruck machte, stand ehrerbietig vor seinem Vater auf und wartete, bis dieser ihm die Backen gestreichelt und sich gesetzt hatte. Dann setzte er sich wieder und ich mich ebenfalls. Der Chinese entfaltete mehrere Rollen, auf denen Zeichnungen von Kriegern in fremden Trachten und auch Grundrisse von Befestigungsanlagen und Burgen waren.

Mit dem Chinesen, dessen Kinn ein spärliches Ziegenbärtchen zierte, hatte ich mich bereits bei früheren Gelegenheiten unterhalten. Er war schon betagt, wirkte aber noch viel älter, als er wirklich war, durch die safrangelbe Hautfarbe des ausgehöhlten Gesichts und die spinnenfingrigen, ewig zitternden Hände – lauter Folgen eines Lasters, dem er im Übermaß frönte – des Haschischrauchens. Er hatte auch mich zum Genuß dieses Rauschgiftes überreden wollen, das nach seinen Worten über alle Kümmernisse des Lebens hinwegtröstet und einem die Möglichkeit bietet, zeitweise in anderen, besseren Welten zu weilen und dabei die erstaunlichsten Wonnen zu empfinden. Doch ich habe keine Lust, die Stärke meines Willens zu schwächen und die Klarheit meines Geistes zu trüben.

Batu-Khan sprach zu Sartak:

»Höre mich an, mein Sohn. Einstmals mußte deine Urgroßmutter – wie mir mein Vater viele Male erzählt hat – auf der Flucht vor blutgierigen Feinden, den verfluchten Kereiten, durch die Steppen und Berge der Mongolei irren, und nur dank ihrer Wolfslist und verbissenen Beharrlichkeit entging sie der Gefangennahme. In dieser schweren Zeit gebar sie unterwegs einen Knaben, meinen ruhmreichen Vater Dschutschi. Sie hatte nichts, um das Kind hineinzuwickeln und es vor der eisigen Kälte zu schützen. Also knetete sie einen Teig aus Lehm und bestrich das Kindchen dick damit. Nur so gelang es ihr, meinen Vater vor dem Tode des Erfrierens zu retten.

Unter so furchtbaren Heimsuchungen, unter Hunger und Entbehrungen wuchs dein Großvater heran. Du aber bist auf Seidenkissen geboren und mit Decken aus Zobelfell zugedeckt worden. Wirst du das Zeug zu einem tüchtigen Dschigiten haben? – Ich habe dir diesen Weisen, der alle Kriegskünste der großen Eroberer der Vergangenheit kennt, zum Lehrer bestellt. Gibst du dir auch Mühe, alles zu verstehn und zu behalten, was er dich lehrt?«

»Ich gebe mir die größte Mühe, alles zu verstehn«, sagte Sartak ganz leise vor Ehrerbietung. »Doch deine Schlachten und deine Siege haben mich weit mehr gelehrt als alles, was er mir zu sagen hat.«

»Mag dein Lehrer uns jetzt von der Kriegskunst erzählen. Auch ich will ihm aufmerksam zuhören, vielleicht kann er sogar mich noch etwas lehren.«

Der Chinese legte seine Hände mit den Innenseiten flach gegeneinander und winkte damit mehrere Male dem Sain-Khan zu, ehe er in seinem gebrochenen Mongolisch, das er in den langen Jahren der Gefangenschaft erlernt hatte, zu dozieren begann:

»Die berühmtesten chinesischen Gelehrten, welche vielgelobte Bücher über die Kunst der Kriegsführung verfaßt haben, verlangen von einem tüchtigen Feldherrn folgende Eigenschaften – er sei schlau und verschlagen, listen- und einfallsreich, anschlägig und findig...«

»Sehr gute Eigenschaften«, brummte Batu-Khan, »aber sie allein genügen noch nicht!«

»Alle ruhmreichen chinesischen Feldherrn«, fuhr Sartaks Lehrer fort, »zeichneten sich gerade durch diese Eigenschaften aus. Die Hauptregel bei der Kriegsführung heißt: den Feind durch Finten täuschen...«

»Eine sehr gute Regel«, brummte Batu-Khan abermals, »doch sie allein genügt noch nicht!«
Der Chinese ließ sich in seinem Vortrag nicht beirren.
»Täusche deinen Gegner, führe ihn irre! Bist du stark, so stell dich schwach, bist du kampffähig, so stell dich kampfunfähig und umgekehrt. Bist du dem Feinde nah, so tue, als ob du noch wer weiß wie weit entfernt wärest, und bist du weit, so gib dir den Anschein, als wärest du nah ...«
»Und das ist nach der Meinung deiner vielbelobten, vielgerühmten Bücherschreiber alles, was man braucht, um ein tüchtiger Feldherr zu werden?« fragte Batu-Khan, der aufmerksam dem Vortrag des Lehrers gefolgt war, erstaunt. »Nein, mein Freund, du bist wahrhaftig kein guter Lehrer der Kriegskunst, sondern eine blinde Fledermaus!«
Er warf einen Seitenblick auf seinen Sohn, der mit halboffnem Mund und schlaftrunkenen Augen vor sich hindöste.
Batu-Khan erhob sich, und wir verließen das Zelt, hinauskomplimentiert von dem eifrig dienernden Chinesen.
Draußen schimmerten ringsum nahe und ferne Lagerfeuer und uns zu Häupten die Sterne.
»Darf man nach alledem hoffen, daß mein Sohn ein tüchtiger Feldherr wird, ein wirklicher Dschichangir, der den Heeren und Völkern zu gebieten versteht?« fragte Batu-Khan, aber mehr sich selbst als mich. »Auf wessen Schultern soll ich einen Teil meiner Sorgenbürde legen?... Wie man mir berichtet, beginnen die Russen, denen ich eben erst den störrischen Nacken so tief gebeugt habe, schon wieder das Haupt zu heben. Dieses Volk ist offenbar wie ein Rohr, das sich wohl biegen, aber nicht brechen läßt. Sie sammeln sich zu Scharen, heißt es, und widersetzen sich meinen Knesen... Was nützt es mir da, wenn Kyjuw in Schutt und Asche liegt? Ich habe dort gewaltige, unersetzliche Verluste erlitten, ich habe überhaupt zu viele meiner besten Krieger in diesen verfluchten Urussuten-Fürstentümern geopfert, in der Hoffnung, dieser Schlangenbrut den Kopf zu zertreten...
Jetzt will ich an die Erweiterung und Befestigung der Hauptstadt des von mir geschaffenen Reiches der Blauen Horde gehn. Unter den Gefangenen, die wir aus den russischen Städten hierhergebracht haben, hat man auf meinen Befehl alle Handwerksmeister ausgewählt. Diese Leute verstehn sich auf mancherlei und können mir beim Aufbau gewiß von Nutzen sein.
Man hat mich aufgefordert zur Teilnahme an dem nach Kara-Korum einberufenen Kurultai, auf welchem der neue Kagan aller Mongolen gewählt werden soll. Ich werde an diesem Kurultai nicht teilnehmen, ich habe mir hier ein neues Reich gegründet; und sollte die Wahl auf mich fallen, so werde ich ablehnen und empfehlen, an meiner Stelle meinen Vetter Mengu zum Kagan auszurufen. Doch ich sehe schon voraus, daß alle Teilnehmer des Kurultais sich dem Verlangen der herrschsüchtigen Witwe meines Oheims Ugedai beugen und ihren Sohn, den boshaften, zum Herrschen unfähigen Gujuk, wählen werden. Doch

das ist ihre Sache!... Mein ganzes Interesse konzentriert sich jetzt auf mein Reich der Blauen Horde, dessen Schwerpunkt hier in Descht-i-Kiptschak liegt, und ich mache mir heute schon Gedanken, was aus diesem Reich einmal werden soll, wenn ich zum Heer des über den Wolken thronenden heiligen Regenten eingegangen bin. Wessen starke Hand soll dann die von mir unterworfenen Völker auch weiterhin niederhalten und die Zügel der Herrschaft straff anziehn? Während des großen Feldzuges verließ mich der tückische Gujuk-Khan – das war gut so! Doch daß auch jene andern beiden mich verließen, der alte Subudai-Bahadur, der mich erzogen hat, und der junge Jesun-Nochai, den ich erzogen habe – das ist schlimm! Und gestern sagtest du mir, daß auch du von mir gehen wolltest...
Im Norden aber steht der Konas Iskander und wirft ständig einen bedrohlichen Schatten auf alle meine Unternehmungen, mögen sie noch so glänzend sein. Immer muß ich befürchten, daß er unversehens mit seinem Heer in mein Reich einfällt...
Solche Gedanken beunruhigen mich neuerdings Tag und Nacht. Doch du bist der einzige, dem ich sie anvertraut habe... Dunkel und ungewiß erscheint mir die Zukunft meines Reichs...«

Dies war meine letzte Unterredung mit dem erhabenen Sain-Khan.
Jetzt, da ich im Begriff bin, meine Chronik abzuschließen, und mich noch einmal alles dessen erinnere, was ich während dieser furchtbaren Jahre gehört und gesehen habe, kann ich meinen künftigen Lesern nur wünschen, daß sie von den Schrecknissen, die die Menschen meiner Zeit haben durchmachen müssen, verschont bleiben mögen – von den Schrecknissen eines grausamen und sinnlosen Krieges!...«

ISBN 3-378-00043-0

Gustav Kiepenheuer Verlag Leipzig und Weimar
Elfte Auflage (Vierte Taschenbuchauflage)
Lizenz Nr. 396/265/53/89 LSV 7211
Gesamtherstellung: Druckerei Neues Deutschland, Berlin
Umschlaggestaltung: Ulrike Weißgerber
Schrift: Times-Antiqua
Printed in the German Democratic Republic
Bestell-Nr. 788 146 6
00580